ijinger Beihai-Park

m Panjiayuan-Markt in Beijing

Der

Auf

Titelbild: Die Große Mauer
Foto: dpa Picture-Alliance

Im Huang Shan Gebirge

Fischverkauf im Dorf Sai Kung bei Hongkong

Chongqing, die größte Stadt der Welt

ROUTEN UND TOUREN

Herausnehmbare Tourenkarten
(Tasche hinten)

Karten und Pläne

Herausnehmbare Faltkarte
im Maßstab 1: 6.500.000 (Tasche hinten)

HINWEISE

Erläuterung der Symbole

- Für Familien und Kinder besonders geeignet
- Behindertengerechte Einrichtung
- CREDIT Alle Kreditkarten akzeptiert
- Keine Kreditkarten akzeptiert

Preise für eine Ü im DZ ohne F

•••• über 1200 Y
••• bis 1200 Y
•• bis 500 Y
• unter 250 Y

Preise für Hauptgerichte ohne Getränke

•••• ab 400 Y
••• ab 150 Y
•• bis 150 Y
• bis 70 Y

Querverweise in Übersichtskarten und Stadtplänen, z.B. ➤ **S. 98/99, [e 5]** sowie zusätzlich (mit Großbuchstaben) in das entsprechende Planquadrat der Faltkarte.

MERIAN TOP TEN
Höhepunkte Chinas, die Sie gesehen haben sollten, Karte siehe Seite 8/9

1 GROSSE MAUER
Wie kaum ein anderes Bauwerk ist die Große Mauer Symbol einer stolzen chinesischen Nation. Um die Entstehung des Grenzwalls ranken sich Mythen und Geschichten (S. 182).

2 VERBOTENE STADT
Der ehemalige Kaiserpalast aus der Ming-Zeit liegt mitten in Beijing. Hinter wuchtigen Mauern glänzen goldene Dächer (S. 190).

3 PINGYAO
Hier kann man das China vergangener Zeiten erleben. Zum Glück hat man die Pracht der alten Fassaden erkannt und die Stadt zum UNESCO-Weltkulturerbe erklärt (S. 206).

4 XI'AN
Auf eine grandiose Vergangenheit blickt die heutige Provinzhauptstadt zurück. Mehr als tausend Jahre lang war hier der Sitz der Kaiser. Um das 8. Jahrhundert war die Stadt weltweit die größte nach Bagdad und ein reicher Handelsplatz an der Seidenstraße (S. 211).

5 BUND
Die Gebäude der Kolonialzeit beherbergen heute schicke Bars und Restaurants. Den Blick aber zieht es zum anderen Ufer nach Pudong, wo Riesen aus Stahl und Glas Chinas Zukunft verkünden (S. 227).

6 PUTUOSHAN
Die verwunschene Insel vor Shanghai lädt zu einem Kontrastprogramm ein: Während man in den Städten auf dem Festland in quirliges Leben eintaucht, kann man sich hier in den stillen Klosteranlagen vom Pilgerleben inspirieren lassen (S. 236).

7 LI-JIANG-FLUSSFAHRT
Wie auf einem Gemälde wirkt die Landschaft beiderseits des Li-Flusses zwischen Guilin und Yangshuo. Und tatsächlich diente

diese Idylle vielen chinesischen Künstlern als Motiv: Gemächlich zieht das seichte Wasser dahin, Bambushaine säumen die Ufer. Ab und an ist zwischen den weltberühmten, einzigartigen Karsttürmen ein kleines Dorf zu sehen (S. 282).

8 BERG EMEI

Aus saftig-grünen Hügeln erhebt sich der Berg Emei Shan. Seit der Han-Dynastie gilt er als heilig, viele hiesigen Tempel sind dem Gott der universellen Güte gewidmet. Wer den Gipfel erklimmt, verbindet ein spirituelles mit einem Naturerlebnis (S. 295).

9 LIJIANG

Am Fuße des Jadedrachen-Schneebergs liegt das Städtchen, das seit 1999 zum UNESCO-Weltkulturerbe gehört. Der Charme der Holzhäuser, vor denen rote Laternen schwingen, ist schlicht bezaubernd (S. 308).

10 SEIDENSTRASSEN

Von Xi'an aus verliefen die sagenumwobenen Seidenstraßen nach Westen durch ganz Zentralasien. Wer ihnen heute folgt, gelangt zu verlassenen Forts und auf lebhafte Basare, entdeckt uralte buddhistische Kunst und das muslimische China (S. 330).

DER GUTE TIPP VON MERIAN
Autorenempfehlungen, die Sie vor Ort mehr erleben lassen, ab S. 90.

MERIAN TOP TEN

Höhepunkte Chinas, die Sie gesehen haben sollten, siehe Seite 6/7

CHINA

Staatsform: Volksrepublik
Einwohner: 1,32 Milliarden
Fläche: 9,59 Mio. Quadratkilometer
Hauptstadt: Beijing
Bevölkerungsdichte: 64 Ew./km²
Amtssprache: Hochchinesisch, »Putonghua«
Religion: Atheismus, allerdings ist religiöse Betätigung erlaubt. Buddhismus ist am weitesten verbreitet.

Die Staatsflagge: Im Jahr 1912 wurde der Kaiser gestürzt und die Republik ausgerufen. Als 1949 der Bürgerkrieg beendet war und sich die Kommunistische Partei (KP) gegen die Kuomintang durchgesetzt hatte, wurde die Flagge eingeführt. Rot ist die Farbe der Kommunisten und die der Han-Chinesen. Der große Stern steht für die KP, die vier kleinen symbolisieren die Werktätigenklassen – Arbeiter, Bauern, Kleinbürger und »patriotische Kapitalisten«. Nach anderer Lesart stehen sie für die Völker, die neben den Han in China leben: Mandschuren, Mongolen, Uiguren und Tibeter.

FRAUENBEWEGUNG

Die Mosuo sind eine matriarchalisch geprägte Minderheit im Südwesten Chinas. Die lebenslange Ehe ist bei ihnen unbekannt.

BRÜCKE ZUM WESTEN

Shanghai galt einst als Symbol der Kolonialherrschaft. Heute ist es Wirtschaftsmetropole, Warenwunderland und Symbol moderner Architektur.

GLAUBE IM WIND

Gebetsfahnen flattern über vielen tibetischen Gebirgspässen. Jeder Windstoß trägt das aufgedruckte Gebet in die Welt.

STUFEN DES LEBENS

Wie Kunstwerke durchziehen Reisterrassen die Landschaft. Laufend müssen sie gegen die Elemente verteidigt werden.

NESTBAU IN BEIJING

Bereits vor Eröffnung der Olympischen Spiele 2008 wurde das Nationalstadion zur Ikone des neuen und modernen China (v)erklärt.

WILLKOMMEN IN CHINA

Das Riesen-Reich bewegt sich in hohem Tempo auf die Zukunft zu und entdeckt gleichzeitig seine Traditionen. Vorkommunistische Bauten wie buddhistische Tempel, kaiserliche Paläste und poetische Gärten liegen inmitten pulsierender Megastädte. Landschaften, Menschen und Gegensätze garantieren eine spannende Reise. Und in kulinarischer Hinsicht lassen sich ganz neue Welten entdecken.

Der Drache steht für männliche Stärke, zeugende Naturkraft und die Macht des Kaisers.

Die Willkommenskiefer, eines der Erkennungszeichen des Huang-Shan-Gebirges, das zum Weltkulturerbe der UNESCO gehört, thront auf den ungewöhnlich bizarren Felsformationen.

EIN LAND MIT VIELEN MUSTERN

Jahrtausendealtes Reich, Wirtschaftswunderland, Diktatur, mystische Weltgegend – Chinas Mantel schimmert wie ein bunter Seidenstoff. Zeit also nachzusehen, aus welchen Fäden er gewoben ist.

Eine Reise nach China ist ein spannendes Unterfangen. Es ist ein Anklopfen bei einer fernen, zunächst gänzlich fremd scheinenden Kultur, deren Denkschulen und Religionen, Sitten und Bräuche, Schrift und Schönheitsideale sich abseits von europäischem Einfluss entwickelt haben. Die Unterschiede gehen bis in kleine Details: Die Suppe trinkt man nach dem Hauptgang, und selbst der Nachname steht vor dem Vornamen. Dieses Land vereint noch dazu die unterschiedlichsten Aspekte innerhalb seiner Grenzen: Einfache Lehmdörfer finden sich ebenso wie futuristische Megastädte, verlassene Tempel unweit angesagter Szene-Bars, uralte Kulturdenkmäler neben modernster Architektur.

Die meisten Gäste wagen den ersten Einstieg mit einer organisierten Reise, die kulturelle und landschaftliche Highlights verbindet: die Skyline von Shanghai, die Karstlandschaft um Guilin, die Terrakotta-Armee in Xi'an und kaiserlichen Bauten Beijings. Für einen ersten Eindruck ist das schon nicht schlecht – vergessen sollte man allerdings nicht, auch einen Blick auf die Szenerie abseits der typischen Attraktionen zu werfen. Wer sich ein paar Tage oder Stunden Zeit nimmt, kann ganz in der Nähe der Sehenswürdigkeiten Eindrücke vom chinesischen Alltag aufschnappen: Im Französischen Viertel Shanghais schlendern die Reichen und Schönen zwischen edlen Boutiquen und winzigen Stübchen hiesiger Nachwuchsdesigner herum oder entspannen bei einem Caffè Latte. Zwischen den Karstbergen pflügen Bauern das Feld mit Ochsen, waten knietief im Reisfeld und scheuchen abends die Enten durch das kleine Dorf nach Hause. Im muslimischen Viertel Xi'ans bieten Händler laut rufend ihre Waren feil – die kleinen Straßen sind vom Korianderduft der Kebabstände durchzogen, abends beleuchten rote Glühlampen die Körbe voll bunter Trockenfrüchte.

> Wer versucht, das Land in Schubladen zu zwängen wird scheitern

In Beijing reichen ein paar Tage kaum aus, um neben den wichtigsten Sehenswürdigkeiten noch einen Blick auf die schrille Kunstszene zu werfen, die wachsenden Vororte per Fahrrad zu erkunden, auf dem lebhaften Wochenendmarkt nach falschen Antiquitäten zu stöbern und am Abend um die malerischen Seen im Altstadtviertel zu schlendern.

Schon jetzt wird deutlich: China lässt sich nicht in eine Schublade zwängen. Es entspricht keinem klar umrissenen Bild – und ist noch dazu ständig in Veränderung. Überall wird gebaut, abgerissen, erneuert – was heute gilt, ist morgen

schon überholt. Der rasante Wandel ist vielleicht eines der markantesten Merkmale des Landes. Für Alteingesessene bringt er eine gewisse Wehmut mit sich: Ob das lauschige Lieblingslokal morgen noch steht oder einem neuen Wolkenkratzer weicht, ist nie gewiss. Ob der Tempel, der bislang verwunschen zwischen alten Zypressen eine ehrwürdige Ruhe ausstrahlte, morgen für den Tourismus »renoviert« und leuchtend bunt angemalt wird, ebenso wenig. Patina ist nicht erwünscht, Gemütliches auch nicht. Das bringt eine gewisse Ungewissheit mit sich. Sollte einer der in diesem Buch angegebenen Geheimtipps nicht auffindbar sein oder sich in neuem Kleid präsentieren, trösten Sie sich: Eben das ist China.

Der rasante Fortschritt bringt **große Veränderungen** und allgegenwärtigen Wandel

Auch ich habe nach einer Abwesenheit ganze Straßenzüge nicht wieder erkannt; einiges schien vertraut, anderes gänzlich fremd – es war, als würde die eigene Orientierung mich trügen: Ist das wirklich die Stadt, die ich kenne? Auf der anderen Seite leben jedoch auch alte Traditionen wieder auf, die noch vor einigen Jahrzehnten verboten und verpönt waren. Schreine mit Bodhisattva-Figuren und daoistischen Gottheiten tauchen in kleinen Nebengassen oder Restaurantecken auf. Mitten im Shoppingviertel trippeln junge Frauen auf Stöckelschuhen und im Minirock kurz im Tempel vorbei, um einer Gottheit mit Räucherstäbchen zu huldigen und um Erfolg in der Karriere zu bitten. Ein Mix aus Religionen und Gottheiten, je nach Bedarf, verschmilzt wieder mit dem Alltäglichen. Auf den heiligen Bergen werden neue Klöster gebaut. Und zu den traditionellen Festen wird ein großes Brimborium veranstaltet: Hauptsache voll und laut!

Ganz entgegen der gängigen Klischees sind Chinesen nämlich längst nicht immer zurückhaltend und leise. Nicht nur die Städte lärmen mit ihren Baustellen, Menschenmassen und ihrem Verkehr. Lautstärke ist oft ein Ausdruck von guter Laune, doch auch Streitigkeiten und Tratsch werden auf der Straße schon mal ganz offen ausgetragen. Obwohl generell ein zuvorkommender Höflichkeitskodex gilt, trifft man im täg-

Brausendes Leben in Beijing: Ineinander verschlungene Straßen durchziehen die urbane Häuserlandschaft.

lichen Straßenverkehr nur allzu oft auf Menschen, die durchaus ruppig miteinander umgehen; da drängelt man in den Bus, bevor andere aussteigen können, und statt geduldig in der Schlange zu warten, entwickelt sich vor Ticketschaltern nicht selten ein wilder Pulk. Schlafende Schalterbeamte sieht man zwar immer seltener, doch hier und da bleibt ein Hauch von Planwirtschaft zu spüren.

Umso aufdringlicher sind die fliegenden Händler, die sich auf dem freien Markt behaupten müssen. Kapitalistische Marktwirtschaft unter Führung der Kommunistischen Partei – das ist nur ein Paradox von vielen, denen man als Fremder verwirrt gegenübersteht. In China ist man Widersprüchen gegenüber gelassener. Vielleicht liegt das in den alten Philosophien begründet, die schon vor 2500 Jahren erklärten: Gegensätze bedingen sich, sie schließen sich nicht aus.

Westliche Ausländer erregen, abseits der international ausgerichteten Städte, noch immer große Aufmerksamkeit. Ein fröhliches »Lao wei!« ist sicherlich Ihnen gewidmet, es bedeutet wörtlich »Alter von draußen!« – ist aber nicht unhöflich gemeint. Auch ein gemeinsames Lichtbild mit Ausländern ist sehr beliebt (ich frage mich manchmal, in wie vielen Familienalben ich schon gesammelt sein mag). Immer mehr Chinesen entdecken das Reisen für sich, und darum gilt für die Gipfel heiliger Berge, entlegene Klöster wie glitzernde Shopping-Malls: Ein Chinese mit Fotoapparat ist wahrscheinlich schon da.

Wer Menschen begegnen möchte, braucht also nur eine gewisse Offenheit mitzubringen. Die Neugierde ist Fremden gegenüber sehr groß. Nicht selten wurde ich selbst auf der öffentlichen Toilette – in China oft ohne Türen – auf meine Herkunft und meine Arbeit hin abgeklopft.

Aufgeschlossenheit schafft garantiert interessante Begegnungen

Auch mein Notizbuch erregt regelmäßig Interesse; schon manch eine Traube Schaulustiger beobachtete mich fasziniert beim Schreiben von lateinischen Buchstaben, manchmal schnappte sich auch einer das Buch, blätterte darin herum und urteilte fachmännisch: »Ich verstehe nicht, was sie schreibt ...«

Sollte Ihnen ab und zu nach etwas Ruhe zumute sein, ziehen Sie sich in ein Teehaus oder einen Park zurück, dort lässt sich ganz entspannt das Treiben rundherum beobachten. Wer dagegen richtig ins Geschehen eintauchen möchte, kaufe sich ein Zugticket für »hart sitzen« oder »liegen«. (Es ist ein letztes Zeichen von realem Sozialismus, dass es beim Bahnfahren klassenlos zugeht; die erste Klasse heißt ganz einfach »weich«.)

Bei Zugreisen lernt man **Land und Leute** recht privat kennen

Im Zug herrscht eine familiäre Atmosphäre; jeder holt gleich nach der Abfahrt seinen Proviant heraus, zieht bequeme Schlappen an, plaudert oder spielt Karten. Als Ausländer ist man schnell mittendrin; die Antworten für die drei Standardfragen nach Herkunft, Familienstand und Einkommen sollten Sie sich schon mal zurechtlegen.

Das Bahnfahren ist eine ideale Art, das Land kennenzulernen. Neben freundlichen Bekanntschaften sammelt man Eindrücke von der Größe und der Natur des Landes. Während aus den Lautsprechern schnulzige Musik dudelt, gleiten die Landschaften Chinas vorbei, die von sibirischer Tundra bis zu tropischem Regenwald und von öden Wüsten bis zu terrassierten Reisfeldern reichen. Unterwegs ist Zeit für die Kleinode am Rande, die beim Jetten von Highlight zu Highlight verschlossen bleiben. Das individuelle Reisen ist aufgrund der Sprachbarriere eine kleine Herausforderung. Doch mit etwas Unternehmungslust und ein paar Tipps (→ Kapitel »Zu Gast in China« S. 170) lassen sich die schönsten Erlebnisse sammeln.

Aufgrund der großen Entfernungen lohnt es, eine Region genauer zu erkunden. Jede Gegend Chinas ist in sich schon sehr vielseitig: Im Norden lockt das imperiale China. Hier, in der Gelben Erde entlang des Gelben Flusses, haben die Herrscher der verschiedenen Dynastien ihre Spuren hinterlassen, mit prächtigen Palästen und reich ausgestatteten Gräbern, mit Tempeln, die von ihrer Buddhafrömmigkeit zeugen, und mächtigen Mauern, die von der Angst vor den

Der Beihai-Park in Beijing ist der älteste kaiserliche Garten der Welt. Mit dem Bau wurde vor über 1000 Jahren begonnen.

nordischen Reitervölkern erzählen. In den Megastädten im Osten ist der berauschende Zukunftssog besonders stark spürbar; die Energie, mit der das Land nach vorn drängt, manifestiert sich in futuristischen Hochhäusern und mehrstöckigen Super-Highways. Dazwischen aber zeugen kunstvolle Gärten und alte Kanalstädte von früheren Blütezeiten. Üppige Vegetation und malerische Landschaften zeichnen den Süden aus, wo alte Bräuche und Volksglauben besonders ausgeprägt sind. Modernität und Tradition stehen nah beieinander; im Perlflussdelta dominieren Fabriken und Hightech. Der Südwesten des Landes ist landschaftlich wie kulturell die reinste Schatzkiste; allein in der Provinz Yunnan leben mehr als 20 anerkannte »Minderheiten« mit eigenen Bräuchen und Traditionen zwischen schneebedeckten Gipfeln und tropischen Regenwäldern. Die Gebiete von Tibetern und Uiguren schließlich könnten als eigene Länder betrachtet werden, obgleich sie dies politisch nicht sind und auch kulturell immer mehr an Eigenständigkeit verlieren.

China öffnet seine Schatztruhe – reich an Kunst und Kultur

Die Unabhängigkeit dieser Randgebiete ist in China ein brisantes Thema. Noch im Vorfeld der Olympischen Spiele wurde die Frustration der Tibeter über die jahrzehntelange Unterdrückung laut. Doch für Chinesen gehört dieses Gebiet ganz selbstverständlich zur eigenen Nation. Die Propaganda in Schule und Medien pflegt den Mythos eines homogenen Landes, geeint durch eine jahrtausendealte, kontinuierliche Geschichte. Der Stolz vieler Chinesen liegt in eben dieser mächtigen Nation mit ihrer grandiosen Geschichte begründet. Hier teilt sich die Welt in zwei Hälften: »Wir Chinesen« und »Ihr Ausländer«. Zwar wird im Westen viel Erstrebenswertes oder Nachahmenswertes gesehen. Doch auch das Eigene wird vehement betont.

Der Nationalismus wächst, und das Bild von China, das von Ausländern wahrgenommen wird, soll möglichst positiv sein. Im Sinne der »Liebe zum Vaterland« wird jegliche kritische

Stimme und Meinungsäußerung verboten, die Missstände im Land aufzeigen will. Denn von einer »harmonischen Gesellschaft« – so der Slogan der Regierung – ist China weit entfernt. Im Zuge der gesellschaftlichen Umwälzungen klafft die Schere zwischen Arm und Reich immer weiter auseinander. Millionen von Wanderarbeitern flüchten vor der Armut auf dem Land, um in den prosperierenden Städten nach einem Einkommen zu suchen. Während neue Multimillionäre im Luxus schwelgen, reicht es vielen anderen kaum zum Überleben.

Millionäre und Wanderarbeiter – die Gesellschaft muss große Veränderungen verkraften

Diese Unterschiede sind auch für den Reisenden deutlich sichtbar. Und so bedeutet eine Reise durch China auch die alltägliche Konfrontation mit aktuellen Problemen und Widersprüchen.

Es heißt, je länger man sich mit China beschäftige, desto weniger verstehe man es. Ich weiß nicht, ob ich China jemals verstanden habe, aber ich hoffe, mit diesem Reiseführer Anstöße geben zu können, einige der vielen Facetten dieses unerschöpflichen Landes zu entdecken. Denn so großartig die Kulturdenkmäler sind, so berauschend die Geschwindigkeit der Megastädte, so beeindruckend die landschaftlichen Schönheiten – die wirkliche Faszination macht das verwirrende Beieinander all dieser Aspekte aus. Und vielleicht regt es an, abseits jeder Klischees und Bilder vom »fremden« oder »typischen« China ganz persönliche Eindrücke zu sammeln und sich auf sinnliche Erlebnisse zu besinnen: Das Klacken von Mahjiong-Steinen mit begleitenden fröhlich lauten Gesprächsfetzen, das Schwirren der Tauben über Beijinger Hinterhöfen, das Scheppern des Morgenappells zur täglichen Schulgymnastik. Der Geruch von Kohle über den Provinzstädten, der Duft von Räucherstäbchen in dunklen Tempeln oder von frisch gebratenen Jiaozi aus einer der kleinen allgegenwärtigen Garküchen.

Ah, das chinesische Essen! Das allein ist bereits eine Reise nach China wert. Auch auf ausschließlich kulinarischen Pfaden ließen sich die Regionen erkunden: vom scharfen Westen zum mild-süßen Osten, vom bodenständig-deftigen Norden zum exotisch-bunten Süden. Vergessen Sie alles, was Sie aus deutschen Chinarestaurants kennen, und begeben Sie sich auf Entdeckungsreise: Straßenstände locken mit lokalen Köstlichkeiten, Nachtmärkte bieten ein schier endloses Sortiment an Snacks und Speisen, die in lebendiger Atmosphäre zwischen Garküchen und Grillständen gekostet werden können. Edle Restaurants mit Panoramablick lohnen ebenso wie unscheinbare Kaschemmen, die auf Plastiktischen und in lauter Umgebung vielleicht das beste Essen servieren, das Ihr Gaumen je genossen hat. Auf Märkten, in Kochtöpfen und bei Banketten erschließt sich die Vielfalt des Landes auf köstliche Weise.

In ganz China gibt es diese Teigtaschen mit unterschiedlichen Füllungen. In den Bambuskörben werden sie gedämpft und serviert.

LITERARISCHE STIMMEN

In ihrem Roman »Stadt der Steine« verwebt Guo Xiaolu das Leben in der hektischen Großstadt Beijing mit Erinnerungen an ihre Kindheit in einem kleinen Fischerdorf an der südchinesischen Küste. Altes und neues China, überlieferte Bräuche und virtuelle Welten liegen nicht nur in ihrer Prosa dicht beieinander. Ein Leben zwischen Räucherstäbchen und DVDs, Meeresdämonen und Mobiltelefonen.

Quellenangabe: Guo Xiaolu, »Stadt der Steine«. Aus dem Englischen von Anne Rademacher, München 2005.

Dicht an dicht leben die Menschen in solchen Wohnblöcken in Beijing.

Guo Xiaolu beschreibt in ihrem autobiografisch geprägten Roman »Stadt der Steine«, wie sich eine junge Frau von ihrer Vergangenheit befreit.

UNTER DER SALZKRUSTE

Die Hauptperson dieses Romans driftet von der erdrückenden Gegenwart der Großstadt in ihre schreckliche Vergangenheit und findet schließlich ihre eigene Stimme.

Chinesen müssen von ihrem Schmerz erzählen, besonders aufgrund der langen, dunklen Geschichte, meint Schriftstellerin Guo Xiaolu, und sie erzählen selten von ihren Träumen, ihrem Glück, ihren Hoffnungen. Tatsächlich ist die chinesische Literatur, die in den letzten Jahrzehnten ins Deutsche übersetzt wurde, dominiert vom Thema der Kulturrevolution, jener traumatischen Zeit der Umerziehungskampagnen, Denunziationen und Verfolgungen. Der kollektiv erfahrene Schmerz wird in Romanen wie Jung Changs »Wilde Schwäne« oder Dai Sijies »Balzac und die kleine chinesische Schneiderin« mal düster, mal rührend verarbeitet.

Auch Guo Xiaolus »Stadt der Steine« ist einem Schmerz entsprungen – doch es ist deutlich die Erzählung einer jüngeren Generation, in der die Kulturrevolution nur noch in Randbemerkungen vorkommt. Sie ist verankert im Beijing der Jetzt-Zeit, in das immer wieder Erinnerungen aus einem fernen, ländlichen China einsickern, einem China, das sich gänzlich von dem der Großstadt unterscheidet. Der stark autobiografisch geprägte Roman macht auf faszinierende Weise deutlich, wie dicht alte Bräuche und neues Lebensgefühl beieinander liegen.

»Die Liebe ist unsicher, unsere Jobs sind unsicher, unsere Zukunft in dieser Wohnung ist unsicher«, konstatiert die 28-jährige Hauptfigur Coral, die mit gemeinsam ihrem Freund Red in Beijing lebt – in dieser »gewaltigen, sonnenversengten Megalopole Beijing« – und die doch nicht das Gefühl hat, irgendwohin zu gehören. Sie jobbt in einer Videothek, wohnt in einer lichtlosen Ein-Zimmer-Wohnung und führt ein eher verschlafenes, zielloses Leben ohne Hoffnung auf Veränderung. Beijing dagegen wächst immer weiter.

> »Jeden Tag **rattert und brodelt es** in der Stadt. Die Gerüste der neuen Wolkenkratzer **steigen höher und höher** in den Himmel, bis sie sogar in die Flugrouten von niedriger fliegenden Maschinen ragen. **Nur Red und ich** kauern immer noch unten im Erdgeschoss.«

Wie ihre Protagonistin zählt die junge Schriftstellerin und Filmemacherin (Jahrgang 1973) zu einer Generation von Chinesen, deren Leben vor allem vom rasanten gesellschaftlichen Wandel und einer gewissen Haltlosigkeit geprägt ist. Dieses Gefühl der Figuren, die im rasanten Wandel nicht mithalten können und stattdessen in Lethargie verfallen, unterscheidet Guos Roman von denen anderer junger Autorinnen. Gefeierte Pop-Diven wie Mian Mian (»La la la«) und Wei Hu (»Shanghai Baby«) lassen ihre Heldinnen im aufregenden Großstadtleben zwischen Sex und Partys geradezu »explodieren«. Das rief die chinesische Zensur auf den Plan und brachte den Büchern umso größere Aufmerksamkeit im Westen. Doch wirken sie oft merkwürdig aufgesetzt und hohl; es erscheint ein Bild einer selbstverliebten und gleichzeitig von sich selbst gelangweilten Generation, immerzu kämpfend, imitierend, auf der Suche nach mehr. Guos Figuren sind melancholischer, nachdenklicher – und eigenwilliger.

»Vielleicht«, überlegt die müde Coral, habe die bleierne Schwere, die über ihnen liegt, »mit den 24 Stockwerken über uns zu tun, mit der geballten Schwerkraft Tausender Mitbewohner, die auf uns drückt.

Sie kochen und kacken, vögeln und feiern, drücken ständig
auf die Toilettenspülung, duschen, bohren, streiten,
schlagen ihre Kinder, um sie im nächsten Moment wieder zu hätscheln,
machen Aerobic-Übungen und **spielen Mah-Jong –**

von morgens bis abends, an Wochentagen, Wochenenden und in den Ferien. Als würde die überschäumende Energie ihres Alltagslebens sich Schicht für Schicht über uns auftürmen.«

Coral scheint eine Außenseiterin in dieser hektischen, engen Betriebsamkeit zu sein. Und doch hat sie eben diesen lauten, brodelnden Ort gesucht, der sich so sehr von dem Ort ihrer Kindheit, einem kleinen Fischerdorf der südchinesischen Küste, unterscheidet.

»Das Haus in dem ich aufwuchs ...
war kaum mehr als ein kleiner Stein –
salzverkrustet, still, unauffällig und **unbedeutend.«**

Sie flieht es mit fünfzehn, schiebt einen Sicherheitsabstand von eintausendachthundert Kilometern zwischen sich und die vom Regen gepeitschte Stadt und begräbt jeden Gedanken daran. Die Erinnerung kehrt mit einem riesigen, getrockneten Aal zurück, der ihr völlig unerwartet von einem Unbekannten aus dem Fischerdorf zugeschickt wird. Der starre, fast unheimliche Brocken bringt mit seinem Salzgeruch Assoziationen an die Oberfläche; anfangs sind sie »verwischt und undeutlich, wie Bilder, die ich durch eine regenverschleierte Fensterscheibe sehe«, dann immer klarer.

Es sind poetische Bilder von dunklen Klippen, steinernen Häusern und feuchten, steinigen Wegen, zwischen denen sie ihre Kindheit verbracht hat. Es ist eine einsame Kindheit; die Eltern existieren nicht, die Großeltern reden kein Wort miteinander, und auch im Dorf ist das stille Mädchen aus dem »Haus ohne Fischer« eine Außenseiterin. Sie trägt den merkwürdigen Spitznamen »Kleiner Hund«, ein Name, der Glück bringe, »denn je schlimmer ein Spitzname, so lautete die allgemeine Überzeugung, umso unwahrscheinlicher, dass sich der Meeresdämon das Kind holen kann«.

Doch die Freundinnen tragen mindestens ebenso seltsame Namen: »Erhoffter Junge« ist die Siebte in einer Reihe von Töchtern, ihre ältere Schwester heißt schlicht »Nummer Drei«. Im ländlichen China Ende der 1970er-Jahre sind Töchter noch immer nicht viel Wert und jeder hofft auf einen Stammhalter.

Die Großmutter war noch als Kindsbraut in die Stadt der Steine gekommen. Mit zwölf Jahren hatte sie ihre Sachen gepackt und war mehrere Tage zu Fuß gelaufen, um hierher zu gelangen, in Erwartung eines besseren Lebens am Meer. Doch dann machte sie den folgenschweren Fehler, beim Hochzeitsessen den Fisch mit den Stäbchen zu wenden und noch dazu seine Augen zu essen – ein nicht wiedergutzumachender Verstoß gegen die Essensvorschriften und Symbole der uralten Fischerfamilien: »Die See war ihr Leben, und für alles, was einen Fischer an Glück oder Unglück ereilen mochte, gab es einen Fisch als Symbol.« Die neue Schwiegertochter hatte gerade Schiffe kentern lassen und die Sicht auf Fang oder gefährliche Klippen genommen. Ihr frisch angetrauter Gatte sollte bis zum Ende seines Lebens kein Wort mehr mit ihr reden.

> **»Nach diesem Vorfall** wurde meine Großmutter für immer vom Familientisch verbannt. Den Großteil ihres Lebens verbrachte sie in der Küche, wo sie das Feuer schürte, die Mahlzeiten zubereitete, **die Nachttöpfe leerte,** Garnelen pulte, Staub wischte und Fischklöße kochte.«

Erzählungen wie diese machen deutlich, wie wenig homogen das »alte China« war, wie viele regionale Sitten und Gebräuche es gab, und wie eine Schwiegertochter, nur wenige Tagesreisen entfernt aufgewachsen, für immer eine Außenseiterin bleiben würde. Kaum jemand zog fort; die Verbindung zum Land und den Ahnen, die dort zu verehren waren, war sehr groß. Die Großmutter konzentrierte sich auf das Rezitieren religiöser Texte. »Sie sprach ihre Sutras immer in der Küche vor der weißen Porzellanstatue von Guanyin, die unseren Herd schmückte. Wenn sie alle Sutras eines Tages rezitiert hatte, zündete sie ein Räucherstäbchen an, verbeugte sich und steckte das brennende Stäbchen in ihr altes, angeschlagenes Räucheröfchen.«

Noch heute sieht man in vielen Gegenden Südchinas kleine Altäre in Seitengassen oder Häusern, an denen vor allem ältere Frauen beten. Früher hatte jedes Haus einen solchen Altar, der einer Lieblingsgottheit der Familie und den Ahnen gewidmet war. Täglich wurden Räucherstäbchen und kleine Gaben geopfert. Die Verehrung der Ahnen spielte im alten China eine entscheidende Rolle. Zur Beerdigung und an Festtagen versorgte man sie mit Gütern für das Jenseits, indem man Papiergeld verbrannte. Heute sieht man auch Autos, Handys und Häuser; alles aus Papier gearbeitet, zur Versorgung der Vorfahren im Jenseits.

Auch die Großmutter übernimmt nach dem Tod ihres verhassten Gatten diese Aufgabe und scheint endlich anzukommen in der »Stadt der Steine«.

»**In der nächsten Welt** würde mein Großvater unter den toten Seelen und Dämonen keine Geldsorgen mehr haben, denn ich wusste, dass meine Großmutter, so lange sie lebte, Jahr für Jahr große Mengen von Papiergeld für ihn verbrennen würde. **Nach seinem Tod** bekam meine Großmutter endlich die Chance, **eine gute Ehefrau zu sein.**«

Coral aber verlässt das Dorf, obgleich auch sie für die Ahnen zu sorgen hat und obgleich man ihr, wie allen anderen, gleich bei der Geburt ein Grab ausgewählt hatte. Je länger sich Coral und Red mit dem Aal beschäftigen, immer mehr Zubereitungsmöglichkeiten finden und ihn Stück für Stück verspeisen, desto mehr verdaut auch Coral ihre Geschichte. Nach und nach erfährt der Leser von dem, was sie fort trieb: traumatische Erlebnisse von Missbrauch, Vergewaltigung und Abtreibung.

»Stadt der Steine« ist, typisch für ein chinesisches Buch, eine Schilderung von Schmerz und Trauma. Doch besticht der Roman durch seine poetische, leichte Sprache und die für China ungewöhnliche Erzählstruktur, die im Driften zwischen Vergangenheit und Gegenwart einprägsame Bilder des alten und neuen Chinas auffächert. Am Ende entlässt die Autorin ihre Hauptfigur, mit der Vergangenheit versöhnt, in ihre Zukunft. Auch Guo Xiaolu verließ ihr Heimatdorf und später auch Beijing. Sie lebt heute, wie viele chinesische Autoren, im Ausland. »Denn wenn man in China ist«, sagt sie, »übertönt die große, chinesische Stimme die eigene.«

Duft für die Götter und Gedenken an die Ahnen. In fast jedem Haus findet man einen kleinen Altar mit wohlriechenden Opfergaben.

citigroup

DAMALS UND HEUTE

Chinas Weg durch die Geschichte war viele Jahrhunderte von kaiserlichen Machtstrukturen geprägt. Die letzten 100 Jahre waren besonders schwierig für das Land. Doch die völlige Abkehr von dynastischen Prinzipien hin zur Volksrepublik und die Entwicklung zum Wirtschaftswunderland offenbart auch Chinas Potenzial.

Harmonische Symbiose: Teehaus am Yuyuan-Garten vor der Skyline Shanghais

Junge Soldaten aus Maos Roter Garde während der »Kulturrevolution«. Sie stürzte das Land ins Chaos und begründete dennoch den Personenkult um Mao.

KAISER, KONFUZIUS, KOMMUNISMUS

Geschichte hat in China eine spirituelle Dimension. »Wu qian nian de lishi« – 5000 Jahre Geschichte – ist eine stehende Redewendung, von der Chinesen oft und gern Gebrauch machen.

Bei den 5000 Jahren handelt sich nicht um eine historische Angabe, sondern vielmehr um eine mythische Zahl, mit der man das Pathos langer Tradition heraufbeschwört. Es ist ein weiter Weg von den frühen Palastkulturen in der nordchinesischen Tiefebene bis zum kriegerischen Imperium des Ersten Kaisers, von den anarchischen Philosophen des chaotischen Mittelalters zum Glanz des Tang-Hofes. Die Spanne reicht ebenso vom konfuzianisch regierten Weltreich bis zu den Wirren eines leidvollen 20. Jahrhunderts. Chinas Aufstieg in der jüngsten Vergangenheit ist erlebte Zeitgeschichte.

Die Idee einer einheitlichen Tradition über fünf Jahrtausende ist eine immer wieder neu justierte Projektion späterer Epochen. In Wirklichkeit ist die chinesische Geschichte nicht weniger abwechslungsreich als die Europas. Die frühen Kaiserreiche unterscheiden sich von späteren Dynastien ähnlich stark wie das Römische Reich von der französischen Monarchie am Hof des Sonnenkönigs. Auch an erbitterten Konflikten und Kriegen zwischen rivalisierenden Teilstaaten ist das Reich der Mitte nicht arm. Kulturgeschichtlich ist China alles andere als einheitlich. Die beherrschende Stellung konfuzianischen Denkens wurde von der offiziellen Geschichtsschreibung stark übertrieben. Nahezu durch das gesamte erste Jahrtausend unserer Zeitrechnung spielte es nur eine untergeordnete Rolle. Stattdessen gaben daoistisch inspirierte Philosophien und später der Buddhismus den Ton an.

Schließlich waren – und sind – die Volkskulturen, über die die Zentralstaaten herrschten, nicht homogen. Kein Wunder, unterscheiden sich die lokalen Umgangssprachen noch heute so stark, dass mündliche Kommunikation oft schwierig, stellenweise unmöglich ist. In alter Zeit wichen auch die Sitten von Provinz zu Provinz stark voneinander ab, sodass ein Beamter aus Beijing die

Weiter auf S. 46

DIE DYNASTIEN AUF EINEN BLICK

Frühzeit:
Shang-Dynastie (ca. 1600–1046 v. Chr.)
Westl. Zhou-Dynastie (1122–771 v. Chr.)
Östl. Zhou-Dynastie (771–256 v. Chr.)
Qin-Dynastie (221–206 v. Chr.)
Han-Dynastie (206 v. Chr.–220 n. Chr.)
Die Zeit der Uneinigkeit (220–581)
Sui-Dynastie (581–619)
Tang-Dynastie (618–907)

Neuzeit:
Song-Dynastie (960–1279)
Yuan-Dynastie (1279–1368)
Ming-Dynastie (1368–1644)
Qing-Dynastie (1644-1911)

GESCHICHTE IN ZAHLEN

➤ Um 7000 v. Chr.
Am Mittellauf des Gelben Flusses entstehen erste jungsteinzeitliche Ackerbaukulturen auf dem Gebiet des heutigen China. Erste Anzeichen der Weinproduktion.

➤ Um 3000 v. Chr.
Die Halbgötter Fuxi, Nügua und Shennong herrschen der Legende nach über China.

Um 3000–2500 v. Chr.
Der mythische Gelbe Kaiser regiert über ein legendäres, goldenes Zeitalter.

➤ Um 2100–1600 v. Chr.
Auf dem Gebiet der heutigen Provinz Sichuan und in Erlitou am Gelben Fluss entwickeln sich die ersten Bronzekulturen.

➤ Ca. 1600–1046 v. Chr.
Die Shang-Dynastie, eine Palastkultur am Mittellauf des Gelben Flusses, ist das erste historisch verbürgte Herrscherhaus auf chinesischem Boden.

➤ 1122–256 v. Chr.
Die feudale Zhou-Dynastie prägt Chinas klassisches Altertum.

➤ 551–479 v. Chr.
Konfuzius lebt im Teilstaat Lu im heutigen Shandong. Die Lebensdaten des Laozi, der ein älterer Zeitgenosse sein soll, sind dagegen unklar. Selbst seine Urheberschaft des daoistischen Klassikers Dao De Jing ist umstritten.

➤ 475–221 v. Chr.
In der Zeit der streitenden Reiche kämpfen die Teilstaaten der zerfallenden Zhou-Dynastie um die Vorherrschaft in China. Blütezeit der klassischen chinesischen Philosophie.

➤ 221–206 v. Chr.
Die Qin-Dynastie ist Chinas erstes Kaiserreich. Der Gründer Qin Shi Huangdi lässt seine Nekropole in der Hauptstadt Chang'an (im heutigen Xi'an) von einer Terrakotta-Armee bewachen.

➤ 206 v. Chr.–220 n. Chr.
In der Han-Dynastie wird der Konfuzianismus zur Staatsdoktrin erhoben. In dieselbe Zeit fällt die Verbreitung des religiösen Daoismus. Die ersten buddhistischen Gemeinden bilden sich in China.

➤ 220–581
Das chinesische Reich zerfällt in eine Reihe rivalisierender Teilstaaten.

➤ 317
Die Kernlande der chinesischen Kultur am Gelben Fluss geraten unter die Herrschaft zentralasiatischer Dynastien.

➤ 581
Vereinigung Chinas unter der Sui-Dynastie

➤ 618–907
Die Tang-Dynastie gilt als Chinas Goldenes Zeitalter. Das Land erreicht seine bis dahin

größte Ausdehnung. Die Entwicklung des chinesischen Chan- oder Zen-Buddhismus erreicht ihren Höhepunkt, die chinesische Lyrik findet zu ihrer klassischen Form.

➤ 629–645
Der Mönch Xuanzang reist in die buddhistische Nalanda-Universität in Indien und bringt neue buddhistische Schriften ins Reich der Mitte. Xuanzang veröffentlicht einen umfassenden Reisebericht unter dem Titel »Aufzeichnungen über die westlichen Gebiete«.

➤ Um 630
Bau der Huaisheng-Moschee in Guangzhou (Kanton)

➤ 751
Arabische Armeen stoppen den Vormarsch der Tang im heutigen Kasachstan.

➤ 960
Gründung der Song-Dynastie

➤ Um 1040
Bi Sheng (990–1051) erfindet den Buchdruck mit beweglichen Lettern.

➤ 1127
Die Dschurdschen erobern Nordchina. Die Song-Dynastie flüchtet nach Süden über den Yangzi.

➤ Ab 1271
Die Mongolen unter Kublai Khan erobern China und gründen die Yuan-Dynastie.

➤ Um 1275
Marco Polo, sein Vater Niccolo und sein Onkel Maffeo erreichen Khanbalik, die Hauptstadt der mongolischen Yuan-Dynastie.

➤ 1403
Der Ming-Kaiser Yongle verlegt die Hauptstadt von Nanjing nach Beijing.

➤ 1406–1420
Bau der Verbotenen Stadt

➤ 1582
Der italienische Jesuit Matteo Ricci erreicht Beijing. Die Jesuitenmission bringt neue naturwissenschaftliche Kenntnisse, vor allem aus Astronomie und Mechanik, nach China. In Europa verbreitet sich – angeregt von jesuitischen Berichten – die Mode der Chinoiserie.

➤ 1644
Die nordostasiatischen Mandschuren erobern das Reich der Mitte und

Maffeo, Niccolo und der 17-jährige Marco Polo unterwegs zum mongolischen Herrscherhaus in Khanbalik

gründen mit der Qing-Dyanstie das letzte chinesische Kaiserreich.

➤ 1683

Qing-Truppen erobern Taiwan. Zum ersten Mal wird die Insel in ein chinesisches Reich eingegliedert.

➤ 1773–1782

Im Auftrag Kaiser Qianlongs kompilieren Gelehrte das Siku Quanshu, eine mehr als 36 000 Bände umfassende Enzyklopädie chinesischer Literatur und Gelehrsamkeit.

➤ 1793

Eine britische Gesandtschaft unter Lord George Macartney erreicht Beijing und wird am chinesischen Hof als Tributmission eines entlegenen Barbarenstammes abgekanzelt.

➤ 1796–1804

Der anti-mandschurische Weiße-Lotus-Aufstand läutet das Ende des Goldenen Zeitalters für die Qing ein.

➤ 1808

Die Royal Navy besetzt die portugiesische Exklave Macao. Auf Druck Beijings räumen die Briten die Stadt noch im selben Jahr.

➤ 1839–1842

Mit dem ersten Opiumkrieg zwingt die Royal Navy das Qing-Reich, neben Guangzhou (Kanton) auch Shanghai und vier weitere Städte für den Handel mit Großbritannien zu öffnen. Hongkong wird britische Kolonie.

➤ 1850–1871

Der Taiping-Aufstand verwüstet Südchina. Das Reich droht zu zerbrechen.

➤ 1856–1860

Der zweite Opiumkrieg endet mit der Brandschatzung des Alten Sommerpalastes im Norden Beijings durch britisch-französische Truppen. Im Vertrag von Tianjin wird China zur Legalisierung des Opiumhandels gezwungenen. China verliert seine pazifische Nordküste an Russland.

➤ 1893

Geburt Mao Zedongs

➤ 1911–1912

Der Kindkaiser Puyi dankt ab.
Am 1. Januar 1912 wird Sun Yat-sen provisorischer Präsident der Republik China.

➤ 1917

China tritt auf Seite der Alliierten in den Ersten Weltkrieg ein. Mehr als 140 000 Arbeiter sind an der französischen Front.

➤ 1919

Der Vertrag von Versailles schlägt die ehemaligen deutschen Kolonien im chinesischen Shandong Japan zu. Das ist der Startschuss für die Bewegung vom Vierten Mai, die als Kulminationspunkt der Modernisierungsbemühungen gilt. Schriftsteller Lu Xun, »Vater der modernen chinesischen Literatur« gehört dazu, ebenso wie Romancier Mao Dun, der einflussreiche Gelehrte Hu Shi und die Gründer der Kommunistischen Partei Chinas Li Dazhao und Chen Duxiu.

➤ 1925

Der 58-jährige Sun Yat-sen stirbt am 12. März in Beijing.

➤ 1934–1936

Auf der Flucht vor den Truppen Chiang Kaisheks begibt sich die KP auf den Langen Marsch, der sie über mehr als 12 000 Kilometer von der Südprovinz Jiangxi nach Yan'an im nordwestlichen Shaanxi führt.

➤ Juli 1937

Japanische Truppen überschreiten die Marco-Polo-Brücke vor Beijing und beginnen die Invasion Chinas. Insgesamt hat China im Krieg gegen Japan zwischen 20 und 35 Millionen Tote und Verwundete zu beklagen.

➤ 1945–1949

Nach der Kapitulation Japans beginnt der Bürgerkrieg zwischen Kuomintang und Kommunisten. Er endet mit der Gründung der Volksrepublik in Peking am 1. Oktober.

➤ 1956–1957

Unter dem Motto »Lasst 100 Blumen blühen, lasst 100 Schulen miteinander wetteifern« fordert die Partei auf Initiative Maos die Chinesen zu offener Kritik an ihrer Politik auf. Sobald das Ausmaß der Unzufriedenheit zum Vorschein kommt, bricht Mao die Hundert-Blumen-Bewegung abrupt ab und ersetzt sie durch die »Anti-Rechtsabweichler-Kampagne«, die Hunderttausende zum Teil mit Arbeitslager und Exekution bestraft.

➤ 1958–1961

Der »Große Sprung nach vorn« zerrüttet die Wirtschaft. Nach konservativen Schätzungen verhungern 14 Millionen.

➤ 1966–1976

Mit der Kulturrevolution stürzt Mao China ins Chaos und bringt sich wieder an die Macht. Beginn des Personenkults um Mao.

➤ 1974

Maos letzter Coup: Der US-Präsident Nixon kommt nach Beijing. Die Volksrepublik nimmt Taiwans Platz in der UNO ein.

➤ 1976

Mao Zedong stirbt am 9. September.

➤ 1979

Shenzhen wird Sonderwirtschaftszone.

➤ 1989

Die Volksbefreiungsarmee setzt den Studentenprotesten auf dem Platz des Himmlischen Friedens ein blutiges Ende.

1997

Deng Xiaoping stirbt am 19. Februar.

➤ 2005

Chinas Volkswirtschaft überholt die britische und wird zur viertgrößten weltweit.

➤ 2008

Olympische Sommerspiele in Beijing

Die Lehre des Philosophen Konfuzius beeinflusst das Verständnis vieler Chinesen von sozialen Strukturen bis heute.

Versetzung etwa ins westlich gelegene Sichuan wie eine Verbannung empfand.

Das stärkste Element der Vereinheitlichung war dagegen traditionell die Kultur der Oberschicht und ihr Geschichtsbewusstsein.

Fast jedes große Herrscherhaus in China hat sich in die Tradition der Dynastien eingereiht. Das änderte sich 1911 mit dem Sturz der letzten Dynastie. Das 20. Jahrhundert war zum größten Teil eine bittere Zeit der Krise, des Kriegs und der Selbstentfremdung, ja sogar des Selbsthasses. War die traditionelle Kultur nicht mit schweren Mängeln behaftet? Wie sonst ließ sich die Not im Reich der Mitte erklären? Nach Gründung der Volksrepublik begab sich China auf eine rastlose und oft selbstzerstörerische Suche nach einer neuen Identität.

Seit Beginn der Wirtschaftsreformen von Deng Xiaoping hält China die Welt mit seinem rasanten Aufstieg in Atem. Selbst die gewaltsame Niederschlagung der Demokratiebewegung auf dem Platz des Himmlischen Friedens 1989 konnte das Land nur kurzfristig vom Kurs der Erneuerung abbringen. Zwar ist China bis heute keine Demokratie , und wird es vielleicht nie werden. Doch in der Wirtschaftswunderatmosphäre der Volksrepublik spielt Politik eine untergeordnete Rolle. Die zumeist ausgesprochen patriotisch gesinnten Chinesen haben das Gefühl, dass es bergauf geht. Zwar liegt nach wie vor vieles im Argen. Doch China geht es heute in jeder Hinsicht besser als zu irgendeinem anderen Zeitpunkt in seiner jüngeren Vergangenheit. Auch traditionelle Kultur wird heute positiv bewertet und die Klassiker erfreuen sich unter jungen, gebildeten Chinesen neuer Beliebtheit. Die Zeit schmerzhafter Selbstentfremdung ist vorbei.

Shang-Dynastie

Traditionell führt China seinen Stammbaum auf den legendären Gelben Kaiser und seine Nachfolger Yao und Shun zurück, die vor rund 5000 Jahren wähend des sogenannten Goldenen Zeitalters über ein sagenhaftes Ur-China regiert haben sollen. Die ältesten Spuren einer Hochkultur am Gelben Fluss sind allerdings weitaus jünger. Die Shang-Dynastie (ca. 1600–1046 v. Chr.) ist das erste historisch verbürgte Herrscherhaus auf chinesischem Boden. Inschriften auf Orakelknochen und bronzenen Kultgefäßen aus der Shang-Zeit sind Chinas älteste schriftliche Urkunden.

Westliche Zhou-Dynastie

Doch erst als die Shang-Dynastie am Ende des zweiten Jahrtausends stürzte, begann mit der Westlichen Zhou-Dynastie (1122–771 v. Chr.) zum ersten Mal eine Epoche, die eine zentrale Rolle im chinesischen Selbstbild spielt. Die Zhou hielten am Glauben der Shang fest, dass der Himmel dem König den Auftrag zur Herrschaft erteilt. Doch sie ergänzten ihn um die entscheidende Idee, dass die Mission im Fall der Misswirtschaft auch wieder entzogen und sie einem anderen übertragen werden kann. Die Ideologie vom moralisch gerechtfertigten Mandat des Himmels, das sich stets in der Regierungspraxis bewähren muss, blieb für die gesamte Geschichte des kaiserlichen China zentral. Noch heute sind die Spuren deutlich zu erkennen. Der moderne Ausdruck für Revolution – »geming« – lautet wörtlich übersetzt: Das Mandat ändern.

Wie die Shang- so war auch die westliche Zhou-Dynastie ein loser, feudaler Verband, in dem das Primat des Königs von seiner Hausmacht abhing. Diese verloren die Zhou-Könige, als ihnen der Westen ihres Gebiets von einer Invasion zentralasiatischer Reiternomaden entrissen wurde. 771 v. Chr. verlegten sie ihre Hauptstadt ins weiter östlich gelegene Luoyang. Damit begann eine Epoche der Unruhe, die bis zur Gründung des ersten Zentralreiches mehr als ein halbes Jahrtausend später dauern sollte.

Östliche Zhou-Dynastie

Die stärksten Lehnsherren machten sich von den Zhou-Königen unabhängig. 500 Jahre kämpften sie um die Vorherrschaft. Das Zeitalter des politischen Niedergangs war zugleich die Zeit der größten kulturellen Schöpferkraft. Die Zeit der Ost-Zhou (771–256 v. Chr.) ist darum auch als die Ära der Philosophen bekannt – als die »Zeit der hundert Schulen«, die miteinander wetteiferten.

Die erste und älteste dieser Schulen war diejenige von Konfuzius oder Meister Kong (551–479 v.Chr.), der im Teilstaat Lu im heutigen Shandong einen niedrigen Posten bekleidete. Er betrachtete sich als Überlieferer einer großen Tradition, die er vom Untergang bedroht sah. Seine Lehren kreisten in erster Linie um das richtige Verhalten des Aristokraten oder »junzi«. Moral und Ritus, Pflichtbewusstsein und Anständigkeit waren für Konfuzius die richtigen Mittel, die chaotische Welt wieder zu ordnen.

Der Daoismus, die zweite große Familie von chinesischen Philosophien, ist dagegen eher privat und anti-konventionell und bevorzugt Zwanglosigkeit, Spontaneität und Natürlichkeit. Als Gründer des daoistischen Denkens gilt Laozi, der ein etwas älterer Zeitgenosse des Konfuzius gewesen sein soll.

Nach dem Tod des Konfuzius spitzte sich der Kampf um die Vorherrschaft in China immer weiter zu. In den Materialschlachten zwischen etwa gleichstarken Rivalen kam alles auf den richtigen Kniff, die bessere Strategie, die überlegene Herrschaftstechnik an. Philosophen zogen wie Unternehmensberater von Hof zu Hof.

Zu ihnen gehört der große konfuzianische Klassiker Menzius, dessen Lehre von der angeborenen Tendenz des Menschen zur moralischen Güte Schule machte. Unmittelbaren Erfolg hatte er aber nicht. Der blieb einer Gruppe von amoralischen Denkern, den Legalisten, vorbehalten. Güte und Menschlichkeit waren in ihren Augen nutzloser Unfug. Ihre Lehren handeln von rücksichtsloser Machtentfaltung.

Im Teilstaat Qin machte man den Legalismus zur alleinigen Staatsdoktrin. Die systematische Reduktion der Politik auf messbare, vor allem militärische Macht führte zum Erfolg. Im Jahr 224 vernichtete der Herrscher von Qin seinen letzten großen Gegenspieler. Unter dem Titel Qin Shi Huangdi gründete er drei Jahre später Chinas erstes Kaiserreich.

Qin-Dynastie

Aus der Sicht der Geschichtsschreibung ist Qin Shi Huangdi, Gründer des ersten Kaiserreiches, ein Herrscher von wahrhaft dämonischer Größe (→ Spezial S. 50). Intellektuelle Vielfalt und ethische Standards standen der freien Machtentfaltung seiner Staatsmaschinerie nur im Weg. Wie in einem antiken Vorlauf der Kulturrevolution ließ er unorthodoxe Bücher verbrennen. Die konfuzianischen Gelehrten wurden eingekerkert und der Legende nach sogar lebendig begraben.

Doch seine positiven Verdienste waren dauerhafter als sein Zerstörungswerk. Er ließ die chinesische Schrift vereinheitlichen zu einer Form, die auf dem Festland bis zur von Mao befohlenen Schriftreform in den 1950er-Jahren gebräuchlich war. In Taiwan und in Hongkong ist sie noch heute verbindlich. Vor allem ersetzte der Erste Kaiser die alte aristokratische Elite mit einem Schlag durch einen straff organisierten Beamtenapparat. Jedoch hatte er sich zu viele Feinde gemacht. Nach seinem Tod 210 brach das Chaos aus. Aus den Flammen des Qin-Reiches ging der nächste Zentralstaat hervor – die Han-Dynastie.

Han-Dynastie

Liu Bang gründete das Haus der Han, das in Ost- und Zentralasien in den folgenden vier Jahrhunderten den Ton angab. Die lange Herrschaft der Han (206 v. Chr.–220 n. Chr.) verankerte den Gedanken des Einheitsreiches so fest im Selbstbild der Chinesen, dass sie ihn nie wieder aufgaben. Wie sehr Liu Bangs Dynastie Epoche machte, zeigt sich auch daran, dass die Chinesen sich noch heute als die Han bezeichnen.

Rasch gelang es, die chinesische Welt wieder zu einem zentral regierten Kaiserreich zu machen. Kaiser Wu (im Amt 141–87 v. Chr.) erhob den Konfuzianismus zur offiziellen Staatsdoktrin. Auch machte er seinem Namen (Wu – der Kriegerische) alle Ehre und dehnte den Machtbereich von Nordkorea über Vietnam bis nach Kasachstan aus.

Die Zeit des inneren Friedens verhalf auch der Wissenschaft und Kultur zu einer neuen Blüte. Im Umkreis des Hofes bildete sich eine Gelehrtenakademie, deren Mitglieder, allen voran der Philosoph Dong Zhongshu, den Konfuzianismus zu einem komplizierten, halb magischen System kosmologischer Yin-Yang-Spekulationen umformten.

Im Auftrag Wus verfasste der Hofhistoriker und Astronom Sima Qian

(145–90 v. Chr.) Chinas erste Universalgeschichte. Die »Aufzeichnungen des Historikers« wurden zum Vorbild für die imperiale Geschichtsschreibung und gehören bis heute zum Bildungskanon. In diese Zeit fällt auch die Erfindung des Papiers, ebenso wie die Entwicklung der Stahlproduktion.

Nach einem kurzen Interregnum kam mit Liu Xiu wieder ein Han-Kaiser auf den Thron. Er verlegte die Hauptstadt von Chang'an (dem heutigen Xi'an) ins weiter östliche Luoyang und läutete die Zeit der Östlichen Han-Dynastie ein.

Rund 150 Jahre nach Gründung der Ost-Han lähmte ein langer, mörderischer Machtkampf zwischen der adligen Literaten- und Beamtenschicht und den mächtigen Palasteunuchen die Dynastie. Immer größere Teile der Landbevölkerung fielen ins Elend. Ihr halb religiöser, halb vom Hunger motivierter Aufstand der Gelben Turbane ließ das Haus der Han im Chaos versinken.

Die Zeit der Uneinigkeit

Der Untergang der Han zog schwere Erschütterungen nach sich, die die chinesische Welt und ihre Nachbarn für die nächsten knapp vier Jahrhunderte nicht mehr zur Ruhe kommen ließen (220 – 581 n. Chr.).

Im Jahr 317 fiel die Hauptstadt Luoyang in die Hand zentralasiatischer Nomadenkrieger. Die Oberschicht floh nach Südosten über den Yangzi und etablierte das Teilreich der Östlichen Jin. Der Norden blieb unter der Herrschaft teilsinisierter Nomadenkrieger; im Süden dominierten Aristokratenfamilien.

Politisch waren die Wirren nach der Han-Dynastie ein Fiasko. Kulturell aber blühte China auf. Ungehemmte Freiheit, exzentrische Konventionsfeindlichkeit und anarchischer Esprit wurden zu den Idealen der neuen Gesellschaft.

Niemand verkörperte dieses Ideal besser als die Sieben Heiligen vom Bambushain und ihr Freund Rong Qiqi. Ihre Zusammenkünfte waren eine Kombination aus Trinkgelage, improvisierter Poesie, Lautenspiel, inspirierter Spiritualität und ungezwungener Natürlichkeit. Die Ba Da – die Acht Ungehemmten – wirken heute wie das Vorbild der amerikanischen Beat-Generation.

Ein anderes Vorbild ist der Kalligraf Wang Xizhi. Sein Ruhm gründet sich vor allem auf sein Nachwort zu einer Sammlung von beschwipsten Gedichten, verfasst von einer Schar trinkfreudiger Poeten, unter ihnen Wang, bei einer Zusammenkunft im Jahr 353 am Orchideenpavillon. Die Kalligrafie war so begehrt, dass Tang-Kaiser Taizong sie gut 300 Jahre später stehlen ließ, um sie mit ins Grab zu nehmen. Heute existiert die Schrift in zahlreichen Kopien.

Auch in der Philosophie und der Staatskunst – in China eng verwandt – ging man neue Wege. Im Norden machten die zentralasiatischen Militärherrscher den Buddhismus zur Staatsreligion. Gleichzeitig verschafften sich im Süden mehr philosophische Spielarten des Buddhismus Zugang in die Welt der Oberschicht – eine Entwicklung, die die intellektuelle Szene in China über Jahrhunderte prägen sollte.

Weiter auf S. 52

EIN KAISER IN TODESANGST

Die gigantische Grabanlage des grausamen Kaisers Qin Shi Huangdi zeugt von seiner Obsession für die Unsterblichkeit.

Modelle von Palästen, Pavillons und Amtsgebäuden füllten die Grabkammern. Die Ströme des Landes, selbst der große Ozean, wurden mit Quecksilber nachgebildet, das eine mechanische Vorrichtung in Bewegung hielt. Oben waren Konstellationen des Firmaments dargestellt, unten das geografische Relief der Erde. Leuchter mit Walfischöl sollten, ohne zu verlöschen für immer brennen. Armbrüste mit mechanischen Selbstauslösern zielten auf Eindringlinge ...« – so beschreibt Sima Qian, ein bedeutender Historiker zwei Generationen nach Qin Shi Huangdi (259–210 v. Chr.), das Grab des Ersten Kaisers. Noch immer ist es ein ungelüftetes Geheimnis, ob wirklich solch faszinierende Schätze unter dem unscheinbaren Grabhügel warten. Denn bis heute wurde er nicht geöffnet. Die riesige, das Grab bewachende Tonarmee (die der Bericht erstaunlicher Weise nicht erwähnt; → S. 212) lässt weitere gigantische Funde nicht ausschließen. Zudem wurde ein erhöhter Quecksilberwert gemessen, der die historischen Beschreibungen bestätigen könnte. Doch bislang reichen Konservierungs- und Ausgrabungstechniken nicht aus, um sich an das große archäologische Rätsel zu wagen. Lacke und Farbüberzüge lösten sich bis vor Kurzem bei Luftkontakt auf; erst vor wenigen Jahren entwickelte man ein kompliziertes Verfahren, sie zu retten. Andere Entwicklungen stehen noch aus.

Der Auftraggeber der geheimnisvollen Grabanlage, Qin Shi Huangdi, soll in Todesangst gelebt haben. Mit militärischer Macht und drakonischen Gesetzen herrschte er über ein Reich, für dessen Gründung er sechs andere Königreiche in gewaltigen Feldzügen unterworfen hatte. Es gab also Feinde genug. Nachdem er sich zum »Ersten gottgleichen Kaiser von Qin« (Qin Shi Huangdi) ernannt

Reizvoller Kontrast: Über den uralten Grabanlagen des Ersten Kaisers ist ein modernes Museum entstanden.

hatte, vereinte er das neue Reich wirtschaftlich und verwaltungstechnisch. Sein zentralistischer, in Provinzen aufgeteilter Staat blieb das Vorbild für spätere Dynastien. Er standardisierte Zahlungsmittel, Maße und Gewichte, vor allem aber die Schrift, die sich so über zwei Jahrtausende hielt.

Seine Ziele erreichte er mit Militärmacht. Er war Anhanger des Legalismus, jener philosophischen Schule, die die Unterwerfung des Volkes mit strengen Gesetzen, harten Strafen und Sippenhaft pries und dem Regenten absolute Herrschaft zusprach. Fast alle Vergehen standen unter Todesstrafe. Hunderttausende arbeiteten unter Zwang an mächtigen Projekten, langen Schutzmauern und einem Straßennetz von fast 6500 Kilometer Länge. So bereiste der Kaiser sein Land, geschützt in einer gepanzerten Kutsche – von der mehrere identische unterwegs waren, um Angreifer zu täuschen.

Über 2000 Jahre alt sind die Soldaten der kaiserlichen Terrakotta-Armee. Jede Statue besitzt individuelle Gesichtszüge.

Er war auf der Suche nach einem Lebenselixier. Denn obgleich er mit seiner Grabanlage eine Welt für das Jenseits erschaffen ließ, war er besessen von der Idee der Unsterblichkeit. Weise, Alchemisten und Wahrsager berieten ihn. Auf mythischen Inseln im östlichen Meer sollte die Unsterblichkeit zu finden sein. Schiffsexpeditionen suchten vergeblich. Eine von ihnen, mit 3000 Knaben und Mädchen an Bord, kehrte nie zurück – der Legende nach gründeten sie das Königreich Japan.

Der Kaiser starb auf Reisen, wahrscheinlich wegen einer Vergiftung durch »lebensverlängernde« Quecksilbertrünke. Sein Leichnam war wochenlang weiter unterwegs. Niemand sollte merken, dass er nicht mehr am Leben war; seine Gefolgschaft wollte ungehindert die Macht an sich reißen. Als der Gestank sie zu verraten drohte, hängte man einen Wagen voller gesalzener Fische an. Wenige Jahre später ging das Reich in Aufständen unter; in den Grundzügen aber war ein geeintes »China« entworfen. Dennoch wurde der Erste Kaiser in späteren Dynastien nicht verehrt, sondern er ging als despotischer Tyrann in die Geschichte ein. Dies mag auch daran liegen, dass die Geschichtsschreibung in den Händen der Konfuzianer lag – Gegnern, die vom Ersten Kaiser verfolgt und umgebracht wurden. Erst Mao Zedong sah in dem mächtigen Ersten Kaiser ein großes Vorbild.

Die kriegerischen Imperien der Sui und Tang

Nachdem der General Yang Jian den Norden unter seine Herrschaft gebracht hatte, setzte er zum erfolgreichen Feldzug gegen die südlichen Dynastien an und gab sich den Namen Kaiser Wen (der Kultivierte) der Sui-Dynastie (581–619). Doch der Kaiser mutete seinen Untertanen zu viel zu. Der Bau des Großen Kanals fällt in seine Zeit, genauso wie umfassende Reformen von Verwaltung und Militär. Gigantische Feldzüge gegen Korea endeten in einem Debakel, das zum Zusammenbruch führte.

Es war an der Tang-Dynastie (618 bis 907), von Kaiser Wens ehrgeizigen Reformen zu profitieren. Die Tang-Periode gilt als Chinas Goldenes Zeitalter.

Die Tang dehnten die Grenzen des Imperiums von Tadschikistan nach Korea und tief ins Landesinnere von Vietnam hinein aus. Noch weiter reichte die kulturelle Ausstrahlung der Dynastie. So trat Japan in den Orbit der chinesischen Kultur ein und adaptierte die Kultur so gründlich, dass ihre Spuren heute in Japan deutlicher zu erkennen sind als in China selbst.

Der Chan-Buddhismus (besser unter seinem japanischen Namen Zen bekannt) kam zur vollen Reife und entwickelte sich zum dominanten intellektuellen und künstlerischen Trend der Epoche, der Malerei und Lyrik stark beeinflusste. Die Dichtungen von Li Bai und Du Fu zählen zu den Höhepunkten der Literatur.

Die Hauptstadt Chang'an (das heutige Xi'an) wuchs zur größten Stadt der Welt heran und entwickelte sich zu einem Schmelztiegel. Die Oberschicht war von allem Fremdländischen fasziniert. Kleidung, Musik, Tänze, Spiele und Kunstgegenstände vor allem aus Zentralasien, aber auch aus Persien und der arabischen Welt galten als der letzte Schrei.

690 brachte sich die Konkubine des kranken Kaisers Gaozong durch eine Reihe raffinierter Hofintrigen auf den Thron. Damit wurde sie zur ersten und einzigen Kaiserin in der langen chinesischen Geschichte. Im Rückblick stellten die eisern patriarchalisch gesinnten Literaten und Beamten das Interregnum Wu Zetians als Schreckensherrschaft einer Hexe dar.

Doch der eigentliche Wendepunkt für die Tang kam erst 50 Jahre nach der gefürchteten Kaiserin. Der General An Lushan zettelte eine Militärrevolte an, von der sich das Reich nicht erholte. Die bis dahin so kosmopolitische Dynastie wandte sich nun zunehmend der Nabelschau zu. Ausländisches wurde verdächtig. Selbst der Buddhismus, der sich seit mehr als einem halben Jahrtausend in China ausbreitete, geriet ins Kreuzfeuer. Im Jahr 845 kam es zu einer landesweiten Verfolgung, die den Buddhismus hier dauerhaft schwächte.

Das Reich kam nicht mehr zur Ruhe. Selbstherrliche Generäle, aufmüpfige Barbaren, Naturkatastrophen, Bauernaufstände und Palastintrigen machten die Tang manövrierunfähig. Schließlich stürzte der ehemalige Salzschmuggler Zhu Wen die Dynastie. Zhu versuchte sich als neuer Kaiser, aber er wurde mit in den Strudel des Untergangs der Tang gerissen.

Song-Dynastie

Diese Dynastie (960–1279) ist Ruhmesblatt und Tiefpunkt der chinesischen Geschichte. Trotz der militärischen Gründung durch General Zhou Kuangyin gehörte ein ziviler, oft nahezu bürgerlicher Stil zu den Neuerungen der Song-Zeit. Die Staatsmacht ging immer stärker in die Hände einer Literatenschicht über, die sich durch die landesweit abgehaltenen Beamtenprüfungen rekrutierte.

Landflucht, Urbanisierung und ein blühender Überseehandel erzeugten eine städtische und weltoffene Gesellschaft. Die Erfindung des Papiergelds fällt in die Zeit, genauso wie die des Buchdrucks mit beweglichen Lettern. Auch Naturwissenschaft und Technik machten große Fortschritte. Kompass und Schießpulver gehören zu den Erfindungen dieser Epoche.

Der Philosoph Zhu Xi fasste daoistisches, buddhistisches und konfuzianisches Denken zu einer neuen Synthese zusammen, die auch in Korea und Japan Epoche machte.

Kristallisationspunkt der schönen Künste war der glänzende Hof in Kaifeng. Vor allem Kaiser Huizong (im Amt 1100–1125), selbst ein erstrangiger Kalligraf und Maler, liebte es, sich mit Künstlern zu umgeben.

1127 eroberten die Dschurdschen, ein zentralasiatisches Reitervolk, die Hauptstadt Kaifeng. Der schöngeistige Huizong wurde in die Mandschurei verschleppt. Die Dynastie rettete sich über den Yangzi und verlegte ihre Hauptstadt ins heutige Hangzhou.

Mitte des 13. Jahrhunderts fiel das Dschurdschen-Reich in Nordchina den Eroberungsfeldzügen der Mongolen zum Opfer. Wenig später griff der Mongolen-Khan Möngke auch nach dem Süden Chinas. 20 Jahre nach den ersten Angriffen der Mongolen flüchtete der letzte Kaiser an den entlegenen Südrand des Reiches und beging Selbstmord. Zum ersten Mal in der Geschichte fiel China in die Hände von Fremdherrschern.

Yuan-Dynastie

Möngke Khan hatte den Angriff auf China begonnen, Dschingis Khans Enkel Kublai brachte das Reich der Mitte unter die Herrschaft der Mongolen. Theoretisch war er nun der Herrscher über das gesamte Mongolenreich von Bagdad bis Beijing, doch er und seine Nachfolger konzentrierten sich auf das Reich der

Der Dichter Li Bai: Er starb angeblich bei dem Versuch, den Mond auf dem Wasser zu umarmen.

Mitte und gründeten eine neue Dynastie – die Yuan (1279–1368). Das hinderte sie nicht daran, ihre chinesischen Untertanen als Bürger dritter Klasse zu behandeln. Über ihnen standen die nichtchinesischen Untertanen des Reichs, über beiden die Mongolen.

Indirekt förderten die Yuan damit die schönen Künste wie kaum eine Dynastie vor ihnen. Denn die chinesische Literatenschicht, traditionell für den Staatsdienst bestimmt, sah sich ihrer Chancen beraubt und wandte sich entschlossen der Dichtung, Malerei und der spirituellen Praxis zu. Die Pax Mongolica brachte die wirtschaftliche und intellektuelle Globalisierung mit einem Schlag auf ein nie da gewesenes Niveau.

Die innenpolitischen Weichenstellungen der Yuan wurden stilbildend. Straffe Zentralisierung der Macht in der Person des Kaisers hatte es in dieser Schärfe in China seit der Antike nicht mehr gegeben. Die Ming-, später die Qing-Kaiser hielten daran fest.

Ming-Dynastie

Aber die mongolische Yuan-Dynastie versank völlig in Korruption und Misswirtschaft. Knapp 90 Jahre nach ihrer Gründung wurde sie von einer Revolte unter der Führung von Zhu Yuanzhang aus China vertrieben.

Der tyrannische Zhu, Gründer der Ming-Dynastie (1368–1644), wirkt in mancher Hinsicht wie ein Vorgänger Mao Zedongs. Er misstraute den Intellektuellen. Wie der Große Vorsitzende pflegte auch Zhu einen radikal autokratischen Führungsstil. Mit seiner Geheimpolizei verbreitete er Angst und Schrecken und führte mörderische »Säuberungen« durch.

Zhu mochte ein unangenehmer Zeitgenosse sein; wirtschaftlich und militärisch jedoch war seine Herrschaft ein voller Erfolg, den sein Nachfolger, der Yongle-Kaiser, weiter konsolidieren konnte. Yongle hatte sich in den Wirren um Zhus Nachfolge durch eine blutige Palastintrige in der Hauptstadt Nanjing auf den Thron geputscht. Nach seiner Thronbesteigung verlegte er die Kapitale ins Zentrum seiner eigenen Hausmacht nach Beijing. Dort ließ er die Verbotene Stadt anlegen. Auch der noch heute deutlich sichtbare rechteckige Grundriss Beijings geht auf seine architektonischen Initiativen zurück.

Um Chinas Prestige als das Zentrum der zivilisierten Welt wiederherzustellen, schickte er die damals weitaus größte und modernste Flotte der Welt unter dem Kommando des Eunuchen Zheng He (→ SPEZIAL, S. 56) auf sieben große Expeditionen, bis in den Persischen Golf und an die Ostküste Afrikas.

Seine Nachfolger allerdings brachten die Dynastie auf Isolationskurs. Doch der chinesische Seehandel in Südostasien florierte – allen Verboten zum Trotz; Mitte des 16. Jahrhunderts landeten zudem die ersten Portugiesen im Perlflussdelta, denen bald Spanier, Holländer und Engländer folgten. 1557 erhielten die Portugiesen das Recht, auf einer kleinen Halbinsel den Stützpunkt Macao einzurichten. In der Ming-Zeit gelangten auch die ersten christlichen Missionare an den Hof, allen voran der italienische Jesuit

Matteo Ricci (1552–1610). Gegen Ende ihrer Herrschaft zeigte die Ming-Dynastie die üblichen Zeichen der Erschöpfung: Machtkämpfe und Hofintrigen, Hungersnöte und Bauernaufstände brachten die Ming zu Fall. 1644 nahmen Bauernrebellen die Hauptstadt ein. Der letzte Ming-Kaiser erhängte sich im Jingshan-Park im Norden der Verbotenen Stadt. Die Mandschu, die im Nordosten eine schlagkräftige Armee aufgebaut hatten, nutzten die Chance. 1644 rückten sie in Beijing ein und gründeten Chinas letzte Kaiserdynastie, die Qing.

Qing-Dynastie

Nun fiel das Land zum zweiten Mal unter Fremdherrschaft. Doch zu einer Neuauflage der kurzen Mongolendynastie sollte es nicht kommen, denn die Mandschu verstanden es, sich die Loyalität der chinesischen Oberschicht zu sichern.

Um als rechtmäßige Kaiser akzeptiert zu werden, gaben sich die Mandschu »katholischer als der Papst«. So konfuzianisch orthodox wie die großen Qing-Kaiser hatte sich kaum ein chinesischer Monarch gezeigt. In der Glanzzeit der Qing wurde das Reich der Mitte zum reichsten, mächtigsten und größten Staat der Erde.

Unter der Herrschaft der Kaiser Kangxi und Qianlong zwischen dem späten 17. und dem Ende des 18. Jahrhunderts erreichte China den Gipfel seiner Macht. Die fetten Jahre führten jedoch zu einer Bevölkerungsexplosion, der die Qing nicht gewachsen waren. Arbeitslosigkeit, Unzufriedenheit und Unordnung breiteten sich so lange aus, bis sie in einer Serie blutiger Aufstände kulminierten.

Während innenpolitisch das Goldene Zeitalter der Mandschu mit einem langsamen, bösen Erwachen endete, geriet China auch außenpolitisch in ein schwieriges Fahrwasser. Denn in den europäischen Nationen, allen voran Großbritannien, hatte sich im Zuge der Industria Industrialisierung und kolonialen Expansion ein neuer, aggressiverer Stil eingebürgert. Europa schickte nun hartgesottene Kaufleute. Vor allem für die Briten war das Geschäft mit chinesischem Tee von entscheidender Bedeutung, denn der »China Trade« war der finanzielle Eckstein ihrer Kolonien in Indien. Allerdings war die Handelsbilanz mit China negativ. Schließlich registrierten die findigen Kaufleute, dass indische Erzeugnisse in China ein Verkaufsschlager waren. Außerdem ersetzte das Opium den Tee als das weltweit bedeutendste Handelsgut seiner Zeit.

In China entwickelte sich die Opiumsucht zu einer wahren Volksseuche. 1838 schickte Peking deshalb den Sonderbeauftragten Lin Zexu nach Kanton, um den Handel mit der Droge zu unterbinden. Die Antwort war der Erste Opiumkrieg, der vier Jahre später mit einer vernichtenden Niederlage der Qing endete. Damit begann die Zeit der Demütigung Chinas. Das Reich der Mitte hatte sich lange für den Mittelpunkt der zivilisierten Welt gehalten und war in der Regel mächtig genug gewesen, diesen Führungsanspruch auch durchzusetzen. Doch ein weiterer Opiumkrieg, die Brandschatzung des kaiserlichen Sommerpalastes in Beijing durch englisch-

Weiter auf S. 58

CHINA ALS SEEMACHT

Im frühen 15. Jahrhundert wurde der gesamte Seeraum von Japan bis zur Ostküste Afrikas vom Kaiserreich beherrscht.

Die Armada von 62 Schiffen, 215 kleineren Booten und knapp 28 000 Mann Besatzung lässt die Segler von Kolumbus oder Vasco da Gama, die knapp 100 Jahre später die Weltmeere befuhren, wie kleine Nussschalen anmuten. Die größten Dschunken, Neunmaster mit riesigen, leuchtend roten, seidenen Segeln, hatten eine Wasserverdrängung von 3000 Tonnen und eine Länge von 120 Metern – viermal so lang wie das Schiff des Kolumbus. Kleinere Schiffe, mit Pferden, Vorräten, aber auch schnelle, bewaffnete Erkundungs- und Botenschiffe begleiteten die Riesen. In ihren Frachtbäuchen trugen die großen »Schatzschiffe« kuriose Waren aus aller Welt ins Kaiserreich.

Kaiser Yongle war durch einen Putsch an die Macht gekommen und regierte deshalb ohne das rechtmäßige »Mandat des Himmels«. Er versuchte, auf andere Art seine Herrschaft zu festigen. Kurz nach der Thronbesteigung ließ er die gigantische Flotte bauen; der Ruhm seines Kaiserreichs sollte in alle Welt getragen werden.

Die erste Expedition stach im Jahr 1405 in See. Admiral der Flotte war Zheng He, Eunuch und enger Vertrauter des Kaisers. Als Angehöriger der muslimischen Hui-Minderheit war er als Kind nach einem muslimischen Aufstand gefangen genommen und an den Hof gebracht worden. Zheng, der nie auf dem Meer gewesen war, befehligte die Flotte und machte China binnen Jahrzehnten zur bedeutendsten Seemacht. Sie dominierte den Handel im Indischen Ozean, dem Persischen Golf, in den Gewässern Sumatras und Javas und im chinesischen Meer. Andere Länder mussten Tribut zollen, notfalls setzte die Flotte gefügige Herrscher ein. Feste Stützpunkte errichteten die Chinesen jedoch nicht.

Sieben Expeditionen führte Zheng He von 1405 bis 1433, dann war es mit der Seefahrt plötzlich vorbei, denn am Kaiserhof

Mit 62 mächtigen Schatzschiffen und 215 kleineren Beibooten befehligte Zheng He die größte Flotte der damaligen Welt.

hatte ein Machtwechsel stattgefunden. Der Kaiser war 1424 gestorben, unter dem schwächeren Nachfolger stritten Eunuchen und Beamte um die Vorherrschaft. Es war ein Kampf zwischen Land und Wasser: Während die Eunuchen als Händler oder Bankiers vom Seehandel profitierten, waren die Beamten auf Seite der Gutsbesitzer, welche die Flotte nur als Kostenfaktor sahen. Schließlich setzte sich der konfuzianische Dünkel durch, das Land kehrte sich nach innen. Die Flotte verfiel, ab1500 war es verboten, hochseetüchtige Schiffe zu bauen.

Es begann die Isolation. Auch zu den nördlichen Nachbarn grenzte sich das Land ab, mit enormem Aufwand entstand die Mauer; das Land im Inneren erstarrte. 1557 erreichten die Portugiesen die Südküste und errichteten den Stützpunkt Macao. Niemand leistete ihnen Widerstand. Der Weg für die europäischen Expansionen war bereitet.

Heute spekuliert man vor allem im Westen: Was wäre, wenn Zheng He nicht zurückgerufen worden wäre? Hätte Europa politischen und wirtschaftlichen Einfluss auf Ostasien, ja die ganze Welt erlangen können? Die verpasste Chance, der historische Wendepunkt zur Isolation werden in China selbst weniger diskutiert. Vielmehr feiert man die glorreichen Taten Zheng Hes. Zum 600. Jubiläum der Expeditionen wurden vielerorts Statuen des Seefahrers aufgestellt. Der erfolgreiche Admiral, der die Welt nicht unterwarf, sondern mit vermeintlich friedlichen Handelsbeziehungen bereicherte, soll als Sinnbild des neuen China herhalten.

Opium fürs Volk: In großen Mengen drückten die Briten das Rauschmittel in den chinesischen Markt – ein enormes Geschäft.

französische Truppen und der chancenlose Boxeraufstand ließen China in die halb-koloniale Abhängigkeit absinken.

Parallel zur außenpolitischen Malaise schlitterte China im Inneren in die Katastrophe. Von 1850 bis 1871 brachte der Taiping-Aufstand unter Führung von Hong Xiuquan die Dynastie an den Rand des Zusammenbruchs. Inmitten der innenpolitischen Zerrüttung und außenpolitischen Dauerkrise versuchte man trotzdem, zur Reform nach japanischem Vorbild anzusetzen. Doch die Modernisierungsversuche des Kaisers Guangxu blieben schon in den Ansätzen stecken.

Cixi, die Witwe seines Vorgängers, bangte um ihre Stellung als graue Eminenz am Hof und ließ den jungen Regenten Guangxu kurzerhand unter Hausarrest stellen. Ihre lange Herrschaft trug nichts dazu bei, China zu retten. Am deutlichsten wird ihre Weltfremdheit an der Tatsache, dass sie das von Guangxu für die Modernisierung der Marine bestimmte Budget für ein prachtvolles Marmorschiff im kaiserlichen Lustgarten verbauen ließ.

Drei Jahre nach dem Tod der Cixi dankte der Kindkaiser Puyi ab. 1912 rief der südchinesische Revolutionsführer Sun Yat-sen die Republik China aus. Die Geschichte der chinesischen Kaiserreiche war endgültig zu Ende.

Die Republik

Nun war China ein zerrissenes Land. Zwar fanden sich die verschiedenen chinesischen Regionalmächte unter der Führung von Sun Yat-sen zusammen, dem provisorischen Präsidenten der jungen Republik. Doch die Malaise war noch lange nicht vorbei. Die Republik war nicht stark genug, um den selbstherrlichen Warlords – einer bunten Truppe aus ehemaligen Armeeführern, Banditenkönigen und qing-zeitlichen Provinzfürsten – Herr zu werden.

Der Einflussbereich des neu gegründeten Staates beschränkte sich auf die Provinz Guangdong im äußersten Süden des Landes und war selbst dort prekär.

1925 starb Sun Yat-sen. Chiang Kaishek setzte sich als Suns Nachfolger in der revolutionären Nationalpartei Kuomintang (KMT) durch. Unter seiner Führung waren die KMT-Armeen schließlich bereit zum lange geplanten Nordfeldzug. Chiang nahm die Ostmetropole Nanjing ein und machte sie zur Hauptstadt.

Die Jahre bis 1937 – in China unter dem Namen »Das Jahrzehnt von Nanjing« bekannt – bedeuteten für das Land eine Phase der Konsolidierung und Erholung. Die Ausschaltung der verbliebenen Warlords war eine Frage der Zeit, und auch die Kommunisten stellten keine ernste Bedrohung dar.

Daran konnten auch die beachtlichen Erfolge des jungen Mao Zedong nichts ändern. Mao blieb ein krasser Außenseiter. Chiang schickte seine Truppen nach Jiangxi. Die KP und mit ihr Mao ergriffen die Flucht. Ihr langer, mörderischer Irrweg durch China, der später als der »Lange Marsch« berühmt wurde, wäre der KP ohne Zweifel zum Verhängnis geworden – wenn ihr nicht der Angriff Japans auf China das Leben gerettet hätte.

1937 begannen die Truppen des Tenno ihren Feldzug gegen die Republik China. Die Regierung floh aus Nanjing ins entlegene Chongqing in der Westprovinz Sichuan. Trotzdem blieb Chiang vom Angriff der Japaner relativ unbeeindruckt. Für eine ernstere Bedrohung hielt er langfristig die Kommunisten, gegen die er nun, mitten in den Wirren des Krieges gegen Japan, zum Vernichtungsschlag ausholte.

Doch mit diesem Manöver verlor er den Rückhalt in den eigenen Reihen. In einer spektakulären Nacht- und Nebelaktion zwangen ihn seine eigenen Offiziere mit vorgehaltener Pistole, ein neues Bündnis mit Maos KP im patriotischen Kampf gegen Japan einzugehen. Mao nutzte die Chance, seine nordchinesische Machtbasis in den Kriegswirren auszudehnen und sich für den kommenden Bürgerkrieg gegen die KMT zu rüsten.

Als die USA das Japanische Reich 1945 durch den Abwurf von zwei Atombomben auf Hiroshima und Nagasaki zur bedingungslosen Kapitulation zwangen, war China noch weit vom Frieden entfernt. Kurz nach der Niederlage Japans brach in China der Bürgerkrieg aus. Vier Jahre lang rangen KMT und Kommunisten um die Vorherrschaft, bis Chiang Kaishek nach Taiwan floh.

Das China Mao Zedongs

»Das chinesische Volk hat sich erhoben!«, rief Mao Zedong am 1. Oktober 1945. Nach 100 Jahren kolonialer Demütigungen mit Kriegen und Revolutionen schien das Land endlich über den Berg. Bald kehrte Normalität ein, zumindest in den Städten. Dass sich zugleich auf dem Land eine brutale Bodenreform vollzog, wollte man dort, wo die öffentliche Meinung gemacht wurde, nicht genau wissen.

Es ging voran, aber Mao war unzufrieden. Die erfolgreichen Planer um Liu Shaoqi und seinen Protegé Deng Xiaoping ließen den Revolutionshelden in die zweite Reihe abdriften. Bald würde er nur noch zum Paradepferd am Nationalfeiertag taugen.

Außerdem ging ihm Chinas Fortschritt nicht schnell genug. Mao wollte

China zur Großmacht machen, und zwar noch zu seinen Lebzeiten. Etwas musste geschehen.

Mao boxte einen ehrgeizigen Wirtschaftsplan durch: In Rekordzeit sollte das Land in die erste Reihe der Wirtschaftsnationen aufschließen und die alte Supermacht Großbritannien in der symbolträchtigen Stahlproduktion übertreffen. Gleichzeitig sollte die Landwirtschaft auf einen Schlag vollständig verstaatlicht werden.

Das Wahnsinnsprojekt lief unter der Bezeichnung »Der Große Sprung nach vorn«. Es war ein schrecklicher Fehlschlag. Die Regierung hielt ihre Bürger dazu an, in selbst gebastelten Hochöfen Stahl zu kochen – und zwar nicht nur aus Eisenerz, sondern auch aus Türklinken, Kochtöpfen und Küchenmessern. So verwandelte man landesweit riesige Mengen nützlicher Gebrauchsgegenstände in wertlosen Abraum. Zudem war ein bedeutender Teil der Bauern durch das sinnlose Projekt an der Landarbeit gehindert. Schlimmer noch, die ruckartige Verstaatlichung unzähliger kleiner Bauernhöfe zu gigantischen »Volkskommunen« mündete in einem organisatorischen Fiasko. Obendrein wagten die örtlichen Kader nicht, ihr Versagen einzugestehen und meldeten immer fantastischere Erntezahlen an die Zentrale. In Wirklichkeit hatten die Chinesen nichts mehr zu essen. Offiziellen chinesischen Schätzungen zufolge verhungerten zwischen 1958 und 1961 insgesamt 14 Millionen Menschen; westliche Schätzungen liegen weit darüber.

Maos Autorität war schwer beschädigt, die Regierungsarbeit lag wieder in den Händen von Pragmatikern wie Liu Shaoqi und Deng Xiaoping. Der Mann, der sich wenig später als »Großer Steuermann« bejubeln lassen sollte, verließ die Hauptstadt und ging in Shanghai auf Tauchstation.

Von dort brachte er 1966 die »Große Proletarische Kulturrevolution« ins Rollen, eine große Säuberungskampagne, mit der Mao seine politischen Rivalen

Kinder zur Zeit der »Kulturrevolution«: Die Mao-Bibel war jahrelang einziger Unterrichtsstoff.

zur Strecke brachte und sich zurück an die Spitze putschte. Dazu vernichtete er beinahe die Partei, die er mit ins Leben gerufen hatte. Um das verhasste Establishment loszuwerden und seine Träume von permanenter Revolution und persönlicher Omnipotenz zu verwirklichen, hetzte Mao eine Parteifraktion gegen die andere auf und gab der chinesischen Jugend »carte blanche«, den Älteren, ihren Lehrern und ihren Vorgesetzten in Schule, Universität, Fabrik und Partei zu zeigen, was eine Harke ist.

Staatschef Liu Shaoqi und seine Frau Wang Guangmei wurden im Gefängnis zu Tode gequält; zahlreiche altgediente Parteigenossen aus der Zeit des Langen Marsches erlitten ein ähnliches Schicksal. Lehrer wurden von ihren Schülern öffentlich gedemütigt und geschlagen, Familienmitglieder in der Atmosphäre des Misstrauens gegeneinander aufgehetzt und zahllose Kulturschätze zerstört. Am schlimmsten wütete die Kulturrevolution in den Siedlungsgebieten der Minderheiten, vor allem in Tibet, der Inneren Mongolei und im moslemischen Xinjiang. Immer tiefer verstrickte sich das Land in komplizierten Fraktionskämpfen, die sich hier und da schließlich gegen Maos Autorität selbst zu richten begannen.

Weil er die staatliche Verwaltung außer Gefecht gesetzt hatte, blieb Mao nur noch die Armee, um die Ordnung wiederherzustellen. Offiziell dauerte die Kulturrevolution zehn Jahre – von 1966 bis 1976 – doch tatsächlich war sie schon nach drei Jahren einer Militärdiktatur unter der Führung Mao Zedong und der »Viererbande« um Maos Gattin Jiang Qing gewichen. Die letzten Jahre von Maos Herrschaft waren eine bleierne Zeit, in der ein erschöpftes China immerhin einigermaßen zur Ruhe kam.

Deng Xiaoping

Als der 82-jährige Mao Zedong 1976 in Peking starb, war die Zeit reif für einen Neuanfang. Jiang Qing und ihre Getreuen wurden zu lebenslangen Haftstrafen verurteilt. Zahlreiche Opfer der Kulturrevolution wurden posthum rehabilitiert. Mao wurde rückwirkend von der Schuld an dem Desaster freigesprochen. Zu wichtig war der »Große Vorsitzende« inzwischen als Symbol für die Volksrepublik geworden, als dass man ihn hätte entsorgen können.

In den Jahren nach Maos Tod kehrte Deng Xiaoping an die Parteispitze zurück. In zähen Machtkämpfen gelang es ihm, sich gegen die Konservativen in der Partei durchzusetzen. Seit den frühen Achtzigern trat seine Politik der wirtschaftlichen Öffnung in Kraft. Deng stellte die Weichen für Chinas rasanten Aufstieg, der bis heute andauert.

Die Beschränkungen der Redefreiheit lockerten sich. Chinas Intellektuelle witterten Morgenluft. Vor allem Westliches, das nun zum ersten Mal seit Jahrzehnten wieder ins Land kam, war begehrt. Die Stimmung der frühen Achtziger ist in China deshalb unter der Bezeichnung »Westlerfieber« bekannt.

Für eine Weile schien fast alles möglich zu sein. Allen Ginsberg ging in China auf Lesereise. Absurdes Theater wurde an Chinas Bühnen goutiert. Im Abseits staatlicher Kontrolle entwickelte sich in Shanghai und Beijing eine avantgardistische Kunstszene.

Als 1989 der Kalte Krieg in Europa zu Ende ging, schien auch in China die Zeit der Kommunistischen Partei abgelaufen zu sein. Im Frühsommer besetzten Beijinger Studenten den Platz des Himmlischen Friedens und brachten die Parteiführung mit ihrer Forderung nach demokratischen Reformen in die Defensive. Auch in Shanghai und anderen chinesischen Städten verlangten Intellektuelle und Arbeitervertreter nach Gewaltenteilung, mehr Transparenz und weniger Korruption.

Die chinesische Führungsriege bangte um das Überleben der Volksrepublik. Am 4. Juni 1989 ließ sie unter der Federführung von Premier Li Peng die Demonstrationen auf dem Platz des Himmlischen Friedens zusammenschießen. Die Zahl der Todesopfer ist nicht geklärt. Die Schätzungen reichen von 200 bis 3000.

Es stand zu befürchten, dass die konservativen Hardliner nun ein Comeback versuchen würden. Denn Dengs Öffnungspolitik war in der KP noch immer umstritten. Doch unter der Ägide des gemäßigten Jiang Zemin, den Deng im selben Jahr ins Amt des Parteivorsitzenden gehievt hatte, ging es mit der wirtschaftlichen Liberalisierung weiter. Politisch und kulturell hielt die Führung die Zügel allerdings kurz. In den Neunziger-Jahren ging es in China deshalb in erster Linie ums Geldverdienen. Was politisch – vorerst jedenfalls – nicht zu haben war, versuchte ein jeder, so gut er konnte, wirtschaftlich zu kompensieren.

China heute

Unter Hu Jintao hat sich dieser Trend fortgesetzt. Der politische Idealismus der Achtziger-Jahre ist in China im Großen und Ganzen passé. Doch das Land hat nicht nur zu wirtschaftlicher Hochform gefunden, auch kulturell ist die Atmosphäre in der Volksrepublik heute liberaler als je zuvor.

Die chinesische Gesellschaft ist komplexer geworden. In Beijing und Shanghai hat sich eine Vielfalt von Subkulturen und verschiedenen Lebenswelten entwickelt. Kritik an der Regierung und ihren Vorgängern, etwa an Mao Zedong, kann zwar heute in China privat mit Freunden besprochen werden. Veröffentlicht werden darf sie dagegen nicht.

Zu den größten Herausforderungen zählt heute die buchstäblich atemberaubende Umweltverschmutzung. Sie hat so bedrohliche Ausmaße erreicht, das sie dem Wiederaufstieg gefährlich werden kann. Außerdem hat das Land ein gewaltiges Verteilungsproblem. Die Landbevölkerung ist vom Boom der Städte abgekoppelt und oft der Willkür selbstherrlicher Provinzfürsten ausgeliefert.

Doch sollte man nicht vergessen, wie sehr sich die Lage der meisten Chinesen in den vergangenen Jahrzehnten verbessert hat. Heute haben die Chinesen Grund zum Optimismus. Sie haben das Gefühl, dass ihr großes Land nach langer Krisenzeit endlich zu seiner alten Form zurückfindet.

Frischer Anstrich für Deng Xiaoping. Unter seiner Führung erlebte Chinas Volkswirtschaft in den 1980er-Jahren einen Aufschwung.

IM FOKUS

Chinesischer Alltag wird von althergebrachten wie hypermodernen Aspekten bestimmt. Religion und Medizin haben weit zurückreichende Wurzeln, Architektur, Film oder auch das Problem der Plagiate sind neueren Datums. Tatsachen und Hintergründe sollen verstehen helfen, wie das drittgrößte Land der Erde tickt.

Auf den Punkt gebracht: Akupunktur ist ein wichtiger Teil der chinesischen Medizin.

Kein Tempelfest ohne Räucherwerk: Opfergaben für Götter und Ahnen werden mit großer Hingabe dargebracht.

VON ALLEM EIN BISSCHEN

Konfuzianismus, Daoismus und Buddhismus prägen die spirituellen und moralischen Vorstellungen der Chinesen. Verwoben mit älteren Glaubensvorstellungen bilden sie eine synkretistische Volksreligion.

Alle drei Lehren gehen auf das 5. Jh. v. Chr. zurück. Der Konfuzianismus mit seiner Betonung von sozialer Hierarchie, Etikette, Ritus und Bildung prägte vor allem das öffentliche Leben: Sitten, Erziehung und Regierung. Er bestimmte maßgeblich die soziale Ordnung bis hin zum Familienleben (→ S. 218).

Die Grundlage des **Daoismus** ist das Buch »Dao De Jing« (etwa: »Das Buch vom Weg und seiner Kraft«), das dem legendären Weisen Laozi zugeschrieben wird – seine historische Existenz ist jedoch umstritten. Poetisch umschreibt es das »Dao«; das Unbenennbare, welches Ursprung aller Dinge ist; frei von Form, Zeit und Grenzen ist es ständig in Bewegung. Aus dem Dao gehen die dualen Kräfte Yin und Yang hervor, die sich gegenseitig bedingen und ergänzen. Nur ihre vollkommene Ausgeglichenheit bewirkt Harmonie. Der Weise passe sich dem Rhythmus dieses kosmischen Prinzips an, indem er »wu wei« (Nicht-Eingreifen) betreibe und im Einklang mit der Natur lebe. Der Text des Philosophen Zhuangzi (3. Jh. v. Chr.) bildet eine weitere wichtige Grundlage des Daoismus.

Im Lauf der Jahrhunderte, vor allem in Auseinandersetzung mit dem einflussreicher werdenden Buddhismus, entwickelte sich neben der philosophischen eine religiöse Ausprägung des Daoismus mit einem umfangreichen Götter-Pantheon. Viele Aspekte alten Volksglaubens wurden übernommen. So beschäftigten sich Daoisten mit der Suche nach Unsterblichkeit, die durch Meditation und Alchemie erreicht werden sollte. Priester hatten die Aufgabe, zu heilen und böse Geister durch mystisch-magische Praktiken zu vertreiben. Später beeinflussten daoistische Ideen Sekten und Geheimbünde, die teils mächtige Aufstände inszenierten. Jenseits vom Daoismus der Tempel, Priester und Riten regte der philosophische Daoismus Eremiten an, sich in die Berge zurückzuziehen, um Unsterblichkeit zu erlangen. Auch Künstler waren stark vom Daoismus inspiriert, der sich in ihren Bildern und einem lockeren Leben jenseits konfuzianischer Etikette niederschlug. Selbst konfuzianische Beamte suchten im Ruhestand den Rückzug vom öffentlichen Leben und seinen Annehmlichkeiten – allerdings meist im heimischen Literatengarten.

Vier edle Wahrheiten

Der **Buddhismus** gelangte um die Zeitenwende von Indien über die Seidenstraße nach China. Als fremde Religion wurde er zunächst misstrauisch als Bedrohung für die chinesische Kultur gesehen, fasste aber mit seiner vielversprechenden Lehre von der Überwindung des Leids ab dem 4. Jh. Fuß und erlebte seinen Höhepunkt zur Tang-Zeit. Chinesische Mönche pilgerten nach Indien, um Originaltexte zu sammeln und zu übersetzen. Die Religion geht auf den Prinzen Siddharta Gautama zurück, der nach langer Wanderschaft und Wahrheitssuche unter einem Bodhibaum Erkenntnis erlangte. Sein Titel »Buddha« bedeutet »Erleuchteter«. Grundsätze seiner Lehre sind die »Vier Edlen Wahrheiten«, die besagen: Im irdischen Leben herrscht Leiden; die Ursachen des Leidens sind Leidenschaften wie das Verlangen; Erlösung vom Leid erfolgt durch den Eintritt ins Nirvana; der Weg zum Nirvana ist der »Edle Achtfache Pfad« aus rechtem Glauben, Denken, Reden, Handeln, Leben, Streben, Gedenken und Sich-Versenken. Nirvana, wörtlich »Verlöschen« oder »Verwehen«, ist der Zustand jenseits von Sein und Nicht-Sein, die Erlösung aus dem »Samsara«, dem ewigen Kreislauf der Wiedergeburten.

Die in China praktizierte Form des Mahayana-Buddhismus (auch »Großes Fahrzeug« genannt), verspricht allen, auch Laien, die Möglichkeit der Erleuchtung. Unterstützung erfahren die Menschen dabei von »Bodhisattvas«: Wesen, die Erleuchtung erlangt haben, ihren Übergang ins Nirvana jedoch aufschieben, um anderen zu helfen. Besonders populär ist der Bodhisattva der Barmherzigkeit. Ursprünglich männlich, wurde er im 10. Jh. in China zur weiblichen »Guanyin« umgeformt. Auch andere Mitglieder des buddhistischen Pantheons erfuhren eine chinesische Wandlung; so entstand der lachende Dickbauchbuddha als eine daoistisch inspirierte Form des Maitreya-Buddha.

Religion im Alltag

Viele Chinesen besuchen sowohl daoistische wie buddhistische Tempel. Der **alltäglich praktizierte Glaube** ist meist eine **synkretistische Volksreligion**. Sie beruht auf alten Vorstellungen und Riten wie zum Beispiel der Ahnenverehrung, in die Aspekte aller drei Lehren eingeflossen sind. Vor allem der Daoismus ist so eng mit altem Volksglauben über Geister und Kräfte von Himmel und Erde verwoben, dass heute vieles, das nicht eindeutig

Musizierende Nonnen in daoistischer Tracht in einem Kloster der heiligen Wundangshan-Berge

konfuzianisch oder buddhistisch ist, als »daoistisch« bezeichnet wird. Geisterglaube ist fast nur noch in alten Geschichten präsent. Ahnenverehrung spielt jedoch noch immer – bzw. wieder – eine zentrale Rolle. Viele Familien haben einen kleinen Hausaltar mit Ahnentafeln der verstorbenen Vorfahren sowie buddhistischen oder daoistischen Figuren, denen regelmäßig geopfert wird. Auch in Läden und Restaurants sieht man Glück bringende Schutzgottheiten.

Weissagungen gewinnen wieder an Bedeutung, ebenso Beratung durch Feng-Shui-Meister, die günstige Orte für Häuser und Gräber weisen, oder die Auslegung günstiger Tage, ob für die Hochzeit oder nur den guten Haarschnitt. Die Kommunistische Partei sieht das Aufleben dieser alten Praktiken mit Sorge. Während sie ursprünglich sämtliche Religionen ablehnte, steht seit 1982 die Religionsfreiheit in der Konstitution. Religionsausübung wird jedoch vom Staat überwacht. Nur Atheisten dürfen Parteimitglied werden. Viele während der Kulturrevolution zerstörte Tempel wurden inzwischen wieder aufgebaut. Oftmals sind es jedoch leere Hüllen; touristisch interessante Baudenkmäler, deren Mönche oft eher als Aufpasser fungieren.

Die Zahl der buddhistischen Mönche und Nonnen nimmt allerdings wieder zu. Daoistische Priester und Mönche, erkennbar an Haarknoten und schwarzweißer Kleidung, sind selten. Offizielle Zahlen zur Religiosität der Bevölkerung gibt es nicht, Schätzungen schreiben dem Buddhismus 50 bis 80 Prozent zu, dem Daoismus etwa 30 Prozent. Weitere wichtige Religionen sind der Islam, der schon im 9. Jh. über Händler nach China gelangte, sowie das Christentum, um dessen Verbreitung sich zunächst Jesuiten (16. Jh.) bemühten, später katholische und protestantische Missionare.

Hallen der Verehrung

Der Aufbau jedes **buddhistischen Tempels** folgt nach demselben Muster: In der Eingangshalle wachen seitlich vier grollende Himmelskönige, die das Böse in Form von Dämonen unter ihren Füßen zertrampeln. In der Mitte lacht

Offiziell sind die meisten Chinesen Atheisten. Seit einigen Jahren leben religiöse Bräuche jedoch wieder auf.

ein Dickbauchbuddha, auf seiner Rückseite steht meist Weituo, der Wächter der Lehre. Ein großes Bronzegefäß im ersten Hof dient Besuchern zum Verbrennen von Weihrauch für die Buddhas, die in der folgenden Haupthalle warten. Meist sind es die Buddhas der Drei Zeitalter, die auf Lotusblüten – dem Symbol der Reinheit – thronend dargestellt sind: in der Mitte Shakyamuni, der Buddha der Gegenwart (der historische Siddharta Gautama), links daneben der Buddha der Vergangenheit, Dipamkara, und rechts der Buddha der Zukunft, Maitreya. Es folgt eine Lehr- und Versammlungshalle sowie eine letzte Figurenhalle. Sie kann das Bildnis der Guanyin enthalten (oft dargestellt mit tausend Armen und Augen, die alles Leid sehen), kleine Figürchen der »Zehntausend Buddhas« oder einen schlafenden Buddha beim Eintritt ins Nirvana. Die meisten Tempel sind sowohl Stätten der Verehrung für die Allgemeinheit, wie auch Klöster für Mönche oder Nonnen. Daoistische Tempel folgen demselben Vorbild. Selbst Moscheen gleichen in China äußerlich einem typischen Tempel, mit Minarett in Pagodenform.

Viel beschäftigter Gott

Eine sehr beliebte Figur volksreligiöser beziehungsweise daoistischer Schreine ist der grimmig blickende und rotgesichtige Guandi – einst ein mutiger und loyaler General, der zur Gottheit erhoben wurde. Er ist zugleich der Gott des Krieges, der Händler, der Literatur und der Verkäufer der Sojapaste.

DAS HERZ AUF DER ZUNGE TRAGEN

Krankheiten werden nicht auf Fehlfunktionen einzelner Organe zurückgeführt, sondern auf Störungen im Ablauf ihres Zusammenspiels.

Die Sicht der Traditionellen Chinesischen Medizin (TCM) auf den Körper ist gänzlich anders als die der westlichen Schulmedizin. Der Körper wird als Mikrokosmos gesehen, in dem dieselben Regeln gelten wie im Makrokosmos. TCM wurde stark vom Daoismus geprägt: Die Ausgeglichenheit von Yin und Yang und der ungehinderte Fluss der kosmischen Energie spielen eine wichtige Rolle. Dazu kommen konfuzianisch inspirierte, hierarchische Vorstellungen: Alle Organe sind in bestimmten Kreisläufen miteinander verbunden; sie nähren einander oder kontrollieren sich. Ist ein Organ geschwächt oder zu stark, hat dies Auswirkungen auf andere.

Gleichgewicht der Kräfte

Die Lebensenergie Qi durchfließt die Organe und den ganzen Körper auf bestimmten Bahnen, sogenannten Meridianen. Ist der Fluss des Qi blockiert, gerät das Gleichgewicht aus den Fugen, und der Mensch wird krank. Dies kann sich sowohl physisch wie auch psychisch zeigen. Durch das Einstechen von Nadeln (Akupunktur) an bestimmten Punkten entlang der Meridiane kann das Qi reguliert und der Mensch geheilt werden. Neben der Akupunktur gehören zur TCM auch weniger bekannte Techniken wie Moxibustion, Schröpfen, Tuina-Massage und Akupressur. Den größten Stellenwert aber hat die Kräuterheilkunde, die auf einen großen, über Jahrtausende angesammelten Wissensschatz unzähliger Kräuterarten zurückgreifen kann. Es ist die Kunst des Arztes, Unregelmäßigkeiten früh zu erkennen, bevor sie sich als Krankheit manifestieren. Im alten China wurde ein Arzt sogar nur so lange bezahlt, wie der Patient gesund blieb. Techniken der TCM werden heute neben der Schulmedizin in jedem Krankenhaus in China praktiziert, und jede Apotheke führt ein Sortiment an Kräutern, pflanzlichen Mitteln und Tinkturen. An manchen Wallfahrtsstätten werden beliebte Raritäten für Langlebigkeit und Potenz zu horrenden Preisen verkauft.

Klassische Apotheken verkaufen Kräuter, Gewürze und andere Ingredienzien für Zubereitungen nach der Traditionellen Medizin

KLEINE KAISER, GERAUBTE FRAUEN

Die Ein-Kind-Politik verändert das Gesicht der Gesellschaft. Einzelkinder, Überalterung und Frauenmangel sind Teil der aktuellen Probleme.

Die Familie ist seit Jahrhunderten die Kerneinheit der chinesischen Gesellschaft. Das Zusammengehörigkeitsgefühl der Clans ist stark. Doch »fünf Generationen unter einem Dach«, einst Idealbild der chinesischen Familie, findet man heute kaum noch. Die Jungen verlassen zunehmend das Elternhaus; vor allem aber hat die »Ein-Kind-Politik«, die 1979 eingeführt wurde, das Sozialgefüge dramatisch verändert. Die Bevölkerungsexplosion des heute menschenreichsten Landes wurde mit Erfolg eingeschränkt: Das Wachstum liegt heute bei 0,6 Prozent. Da eine große Nachkommenschaft auf dem Land jedoch oft die einzige Altersversicherung war und ist, rebellierte man dort stark gegen das Gesetz, das schließlich entschärft wurde. Heute dürfen Bauern ein zweites Kind bekommen, wenn das erste ein Mädchen war. Denn viele traditionell denkende Eltern wünschen sich noch immer einen männlichen Stammhalter, der sie im Alter versorgen kann, da Töchter traditionell in die Familie ihres Mannes »wegheiraten«.

Das soziale Ansehen der Frau hat sich stark verändert. Nach konfuzianischem Rollenbild sollte sie keusch, tugendhaft, zurückhaltend und fleißig sein, vor allem

Die intensive Förderung des oft einzigen Kindes steht im absoluten Mittelpunkt des Familienlebens.

aber musste sie gehorchen: zunächst dem Vater, dann dem Ehemann und den Schwiegereltern, als Witwe dem erwachsenen Sohn. Ein vollwertiges Familienmitglied wurde sie erst mit der Geburt eines Sohnes; bei Kinderlosigkeit konnte sie verstoßen werden. Die Emanzipation der Frau setzte mit der Revolution von 1911 ein und wurde von den Kommunisten gefördert. Poster dieser Zeit zeigen kraftstrotzende Stahlarbeiterinnen mit rosigen Wangen und leuchtenden Augen; das Gegenteil der grazilen, zarten Frauen mit »Lotusfüßen« der Kaiserzeit. Doch traditionelle Vorstellungen ließen sich nicht völlig wegwischen; in den letzten Jahren erleben sie teilweise eine Renaissance. Zwar gibt es erfolgreiche Geschäftsfrauen, dennoch kann von Gleichheit keine Rede sein; in der Politik beispielsweise spielen Frauen eine verschwindende Rolle, und vor allem auf dem Land bleibt das Bild traditionell. Die Abtreibung von weiblichen Föten ist daher nicht unüblich, obgleich das Feststellen des Geschlechts im pränatalen Ultraschall offiziell nicht erlaubt ist. Bei offiziellen Verstößen gegen die Ein-Kind-Regel müssen hohe Strafen gezahlt und Schul- und Gesundheitsgebühren komplett selbst getragen werden. So ist ein großes Ungleichgewicht der Geschlechter entstanden; auf 100 neugeborene Mädchen kommen momentan 119 Jungen; in manchen Gegenden sind es gar 100 zu 165. Auf dem Land haben viele Männer Schwierigkeiten, eine Frau zu finden, es gibt sogenannte »Junggesellen-Dörfer«. Im Jahr 2020 soll es laut Schätzungen 30 bis 40 Millionen »überschüssige« Männer im heiratsfähigen Alter geben. Heiratsvermittlungen haben einen jährlichen Gesamtumsatz von elf Milliarden RMB. Auch Frauenraub und handel sind Folge des Ungleichgewichts. Andersherum blüht die uralte Tradition der Konkubinen wieder auf, die unter den Kommunisten verboten war. Die verwöhnte Zweitfrau ist Prestigeobjekt reicher Geschäftsleute und Kader.

Lust und Last

Folge der Ein-Kind-Regelung sind die verzogenen Einzelkinder. »Kleine Kaiser« werden die verhätschelten Zöglinge genannt, denen man alle Wünsche erfüllt. Bis zu 50 Prozent des Einkommens geben Eltern für den Liebling aus. Die erste Generation ist inzwischen in ihren Mittzwanzigern und, laut Sozialstudien, unfähig, Beziehungen zu führen und Gemeinschaftssinn zu entwickeln. Die verhätschelten Jahre im Kleinkindalter werden oft von strenger Disziplin abgelöst. Erziehung und Bildung sind Eintrittskarten in ein besseres Leben, der Zugang ist beschränkt, die Konkurrenz groß.

Durch die Überalterung waren 2006 14 Prozent der Bevölkerung über 60 Jahre, 2050 soll es fast ein Viertel der Bevölkerung sein. In den Städten leben fast 50 Prozent der über 60-Jährigen allein. Erstmals entstehen Altersheime; sie gelten als sichere Einnahmequelle. Wie das Problem langfristig gelöst werden soll, ist unklar.

DIE KEHRSEITEN DES BOOMS

Chinas Wirtschaft entwickelt sich rasant. Doch die Schere zwischen Arm und Reich wird immer größer, die Umweltverschmutzung ist verheerend.

Chinas Wirtschaft blüht. Die Wachstumsraten der inzwischen drittgrößten Handelsmacht liegen seit fünf Jahren über 10 Prozent, Anfang 2008 warnte Präsident Hu Jintao vor einer Überhitzung. Neben maroden Banken und korrupten Beamten überschatten Ressourcenknappheit und massive Umweltprobleme das Wirtschaftswunder. Mehr als die Hälfte der Flüsse sind durch Industrieabwässer verschmutzt, der Grundwasserspiegel sinkt dramatisch. 16 der weltweit 20 schmutzigsten Städte liegen in China, mehr als 300 Städte haben den gesundheitsverträglichen Grenzwert für Luftverschmutzung der WHO überschritten. Jedes Jahr sterben mehrere Hunderttausend Menschen an den Folgen der Umweltvergiftung.

Ein Großteil der chinesischen Landbevölkerung lebt in ärmsten Verhältnissen.

Bittere Armut auf dem Land

Heute genießen zwar viele Chinesen Wohlstand, aber auch das Sozialgefälle wächst dramatisch. Während sich in den Städten eine konsumfreudige Mittelschicht bildet und die Zahl der Millionäre wächst, lebt ein Großteil der Bevölkerung in ärmlichen Verhältnissen auf dem Land. Das durchschnittliche Jahreseinkommen beträgt hier 4100 Y (410 €) – höchstens ein Drittel von dem der Städter. Auf der Suche nach Arbeit verließen 200 Millionen Wanderarbeiter ihre Dörfer. Auch innerhalb der Städte klaffen die Verhältnisse weit auseinander. Marode Staatsfirmen hinterließen Millionen Arbeitslose, die weder kranken- noch rentenversichert sind. Wanderarbeiter schuften illegal und unter katastrophalen Bedingungen. Die Löhne werden oft monatelang nicht ausgezahlt. Unruhen werden laut; arbeitslose Städter, unbezahlte Arbeiter oder enteignete Bauern erheben ihre Stimme. 87 000 Protestaktionen gab es im Jahr 2006. Die Regierung rief die Parole »Für eine harmonische Gesellschaft« aus, die fortan statt Luxuswerbung an Baustellenzäunen prangen soll.

MALEREI UND KALLIGRAFIE

Die traditionelle Malerei veränderte sich im Lauf der Jahrhunderte kaum. Es gibt akkurate Hofmalerei und expressive Tuschekunst.

Herausragendes Beispiel der Hofmalerei ist die Darstellung der Inspektionsreise des Kangxi-Kaisers (um 1700). Zwölf detailreiche Querrollen zeichnen die Ereignisse minutiös nach: Über 1200 Figuren zieren allein jedes Teilstück. Mit einer Gesamtlänge von 230 Metern gilt das Bild als längstes und kompliziertestes der Kunstgeschichte.

Gemalte Meditation

Doch die narrativ-realistische Arbeit der professionellen Hofmaler war weit weniger angesehen als die expressiven Werke der Literatenbeamten. Sie betrieben Malerei, ebenso wie Kalligrafie, Musik und Dichtung quasi zum elitären Zeitvertreib. Ihr vornehmstes Thema war die Landschaft, »shanshui« (Berg und Wasser). Nicht die Nachahmung der Natur war das Ziel, sondern vielmehr die Ergründung ihres Wesens, ihrer »inneren Wahrheit«. Der Akt des Malens hatte einen meditativen Aspekt; erst wenn der Künstler, aufmerksam und konzentriert, das Motiv verinnerlicht hatte, folgte er seiner Vorstellung unmittelbar, mit schwungvollen, schwarzen Tuschelinien. Freie Flächen, wie helle Wolken oder klares Wasser, durften für die Harmonie zwischen Fülle und Leere nicht fehlen. Solche daoistisch inspirierten Szenen zeigen den Menschen allenfalls winzig klein, als Eremiten inmitten überragender Landschaft. Weitere Motive wie Bambus, Blumen und Tiere sind symbolisch zu lesen: So stehen der elastische, standhafte Bambus für edlen Charakter, Kranich, Kiefer und Pflaumenblüte für langes Leben. Schrift, als Signatur, Kommentar oder Siegel, ist integraler Bestandteil eines jeden Bildes.

Als eigene, hoch angesehene Kunstform ist auch die Kalligrafie Ausdruck der Empfindungen und Persönlichkeit des Künstlers. Pinselführung und Duktus spielen dabei eine zentrale Rolle. Beide Kunstformen haben die »Vier Schätze des Literatenzimmers« (Papier, Pinsel, Tusche, Reibstein) als Grundmaterialien. Auf Brokat aufgezogen, wurden die Blätter schließlich als Rolle verstaut und nur zum Betrachten hervorgeholt. Bilder bedeutender Künstler wurden oft imitiert. Auch in der zeitgenössischen Kunst, etwa der Fotografie, werden berühmte Klassiker zitiert.

Werkzeuge eines Kalligrafen: Tusche-Stein und Bambuspinsel mit weichen Tierhaarborsten.

TONHÖHEN UND HERZLOSE ZEICHEN

Chinesisch ist für viele Ausländer Furcht einflößend und faszinierend zugleich. Den Chinesen selbst ist es Inbegriff ihres Nationalstolzes.

Etwa 3500 Jahre alt sind die Orakelknochen, auf denen man erste Schriftzeichen entdeckte. Seit 2200 Jahren hält die Schrift China zusammen. Damals vereinheitlichte der Erste Kaiser die anarchische Zeichenvielfalt im Land, um die junge Einigkeit zu festigen. Seitdem hat sich die Schrift nur unwesentlich geändert, auch alte Tempelinschriften können von einem durchschnittlich gebildeten Chinesen entziffert werden.

Verbindung schaffen

Die Schrift verbindet Geschichte und Gegenwart, aber auch die entlegenen Ecken des Landes: In einem Riesenreich, in dem unzählige Dialekte und Regionalsprachen babylonische Verwirrung stiften können, bietet die Schrift eine sichere Verständigungsmöglichkeit. Trifft ein Städter aus dem Norden einen Bauer der südlichen Provinz, so kritzeln sie mit dem Finger unsichtbare Schriftzeichen auf ihre Handflächen.

Chinesisch gilt Fremden oft als unlernbar. Wer es als Langnase geschafft hat, fehlerfrei Mandarin zu sprechen, kommt ins Staatsfernsehen. Wer ein einfaches »ni hao« (hallo) herausbringt, erntet Begeisterung. Dabei ist zumindest die Grammatik ganz einfach; die Satzstellung ist simpel, es wird weder konjugiert noch dekliniert.

Schwieriger ist dagegen die Aussprache mit ihren vier verschiedenen Tonhöhen. Je nach Betonung kann derselbe Laut etwas ganz anderes bedeuten; so heißt ein hohes, gleich bleibendes »ma« »Mutter«, ein resolut gesprochenes, abfallendes »mà« dagegen »schimpfen«. Dieser Beispiele gibt es viele, und so lässt sich der schöne Satz »ma ma ma ma ma?« zusammenstellen. Richtig betont, heißt er: »Beschimpft die pockennarbige Mutter das Pferd?« Aber nicht jeder Satz ist so verwirrend, und auch bei wackeliger Tonkunst lässt sich vieles aus dem Zusammenhang erschließen.

Kopfzerbrechen bereiten dagegen die Zeichen. Über 50 000 soll es geben; beherrschen kann so viele jedoch niemand. Wer 5000 bis 6000 schreiben und lesen kann, gilt als gebildet; zum Zeitunglesen reichen die häufigsten 3000. Die meisten Wörter setzen sich aus zwei bis drei Silben bzw. Zeichen zusammen. So bilden »Feuer« (»huo«) und »Wagen« (»che«) gemeinsam die Eisenbahn (»huoche«). Hängt man noch ein »stehen, Stand« (»zhan«) dran, wird daraus der Bahnhof (»huochezhan«).

Kurzschrift für alle

Jedes Zeichen muss neu gepaukt werden. Anders als oft angenommen, ist Chinesisch keine »Bildsprache«. Generell erschließen sich weder Sinn noch Aussprache von selbst. Ein paar Hinweise gibt es aber doch: So trägt z. B. Flüssiges immer das Zeichen für Wasser in sich,

Als gebildet gilt, wer ein Zehntel der rund 50 000 chinesischen Zeichen lesen und schreiben kann.

das ein paar Tropfen gleicht. Nach diesem Element (»Radikal«) findet man ein Zeichen im Wörterbuch – wobei heutzutage viele Nachschlagewerke nach der lateinischen Umschrift geordnet sind. Diese heißt »Pinyin« und wurde von Mao eingeführt. Er führte auch die vereinfachte »Kurzschrift« ein, um der hohen Analphabetenrate entgegenzuwirken. Sie galt vielen schon damals als Verstümmelung; riss man doch wichtige Elemente aus dem Zeichen: So verlor die »Liebe« 愛 das »Herz« 心 und steht nun ohne da: 爱.

Der Computer bedeutete eine neue Herausforderung für das Schreiben. Allein das neue Design für eine Schriftart kostet viele Jahre. Zu Ehren Maos wurde kürzlich eine Schriftart seiner Handschrift entwickelt.

Und die Eingabe über die Tastatur wurde wieder zu einer Frage des Nationalstolzes: Eine übliche Lösung war, die lateinische Umschrift einzutippen und aus der Liste der gleich lautenden Zeichen das richtige per Mausklick zu wählen. Als endlich eine buchstabenfreie Lösung entwickelt war, jubelte man, die chinesische Nation habe sich von der durch westlichen Imperialismus aufgezwungenen westlichen Sprachkultur befreit. »Wir sind leidenschaftliche Söhne und Töchter der chinesischen Nation. ... Die Revolution der chinesischen Schriftzeichen hebt mit uns an ... hoch die chinesische Nation! Hoch!« – so der Werbeslogan der Softwarefirma.

CHINESISCHE ARCHITEKTUR

Der Städte- und Häuserbau hat sich in den letzten Jahrzehnten massiv gewandelt; früher beruhte er auf unveränderlichen Grundsätzen.

Städte und Häuser, ob Paläste, Tempel oder Gehöfte, waren im kaiserlichen China nach einem Grundprinzip angelegt: Die Orientierung an Symmetrie und Himmelsrichtungen stellte den Ausdruck eines Weltbildes dar und sollte den Menschen an der kosmischen Harmonie teilhaben lassen. Die übliche Bauform ist das Ensemble von Gebäuden, die sich rechtwinklig um einen Hof gruppieren und dabei symmetrisch entlang einer Süd-Nord-Achse arrangiert sind. Eine schützende Mauer umgibt das Anwesen. Diese Grundform konnte um beliebig viele, sich staffelnde Höfe entlang der Hauptachse oder zu den Seiten hin erweitert werden.

In der Mitte der Anlage, wo Nord und Süd, Yin und Yang, sich vereinen, liegt der symbolische Höhepunkt; hier befindet sich der Ahnentempel der Familie, der Thron des Kaisers oder der Platz des

höchsten Buddha. Auch Städte waren nach diesem Prinzip gegliedert, deutlich wird dies z.B. am historischen Stadtbild von Beijing: Entlang der Süd-Nord-Achse befinden sich die wichtigsten Bauten, darunter der Himmelsaltar und der Glocken- und Trommelturm; in ihrem Mittelpunkt liegt der Kaiser-Palast. Um ihn herum liegen Viertel und Straßenzüge im Schachbrettmuster, die von einer rechwinkligen Mauer umgeben waren. Das Schriftzeichen »Zhong« (Mitte) ist Abbildung dieser Idealform: 中 – ein Rechteck, von einer Nord-Süd-Achse durchschnitten.

Zickzack gegen böse Geister

Im gebirgigen Süden des Landes ist das Stadtbild oft weniger rigide, stattdessen passt man sich hier der Topografie an und bestellt professionelle Feng-Shui-Berater, die zu idealer Lage und Ausrichtung der Bauten beraten. Berg und Wasser, das Erhabene (Yang) und das Tiefe (Yin) sollten sich ergänzen, günstige Einflüsse gesammelt und negative abgewehrt werden.

Auch im Norden finden sich Elemente zum Fernhalten von schlechten Einflüssen: Blend- oder »Geistermauern« versperren den Eingang eines Anwesens optisch und auch für böse Geister, da diese laut Volksglauben nur geradeaus gehen können. Auch Zickzackbrücken und erhöhte Schwellen in Tempeltoren dienen diesem Zweck.

Kein Stilbruch: ein Pagodendach – das durchaus neu sein kann – mit klassischem Zierrat neben modernem Wolkenkratzer

Vorherrschende Bauweise war über drei Jahrtausende hinweg die sogenannte »Holzskelettbauweise«, die hölzerne Säulen, Balken und Dachstuhl ohne Nägel zusammenfügt. Die faszinierend anzusehende Konsolenkonstruktion unter dem Dach war in der Tang- und Song-Zeit noch erforderlich, um große Dachüberstände zu erzielen, später diente sie der Ästhetik repräsentativer Bauten. In Nordchina ist sie meist in einem »Brokatmuster« bunt bemalt; im Süden hebt sich dagegen schlicht dunkles Holz von weiß verputzten Wänden ab. Das weit geschwungene Dach, das vielleicht typischste Merkmal chinesischer Baukunst, ragt über den steinernen Grundsockel des Gebäudes hinaus, sodass Regenwasser hinüberlaufen kann. Der elegante Aufwärtsschwung verleiht dem wuchtigen Dach optische Leichtigkeit.

Schmuckscheiben und Firstziegel zieren das Dach, das meist grau, bei kaiserlichen Gebäuden jedoch gelb ist. Die Zahl der Tierfiguren auf den Dachgraten, die Unheil abhalten sollen, weist auf den Rang des Gebäudes hin; ebenso wie die Höhe des Sockels, die Zahl der Säulen und die Pracht des Daches.

Generell waren Bauten eingeschossig; zu den seltenen mehrgeschossigen Bauten zählen Pagoden, ein ursprünglich aus Indien stammender Bautyp, der sich in China zu schlanken, hohen Türmen entwickelte. Die tibetische, bauchige Form der »Flaschenpagode« ähnelt dem indischen Original der »Stupa«. Sie dient der Aufbewahrung von Reliquien und heiligen Schriften und ist meist bei buddhistischen Klöstern zu finden.

Beijings neue Kulissen

Seit den 1950er-Jahren verdrängte sozialistischer Plattenbau traditionelle Häuser. Mit dem Bauboom der 1990er-Jahre schwanden vielerorts die letzten Altstädte. Vereinzelte Versuche, den gesichtslosen Einheitsbauten etwas »typisch Chinesisches« aufzupfropfen, endeten in Hochhäusern mit lächerlichem Pagodendach. Vor allem in der Provinz bedeutet »Modernität« heute weiße Kachelbauten mit blau verspiegelten Fensterfronten. In den aufstrebenden Boomstädten aber entsteht spektakuläre Vorzeigearchitektur. Vor allem Beijing rüstete sich für Olympia mit einer großartigen Kulisse. Nicht umsonst befindet sich das Wahrzeichen der Spiele, das »Vogelnest«-Stadion von Herzog & de Meuron, in Verlängerung der historischen Süd-Nord-Achse der Stadt.

Im Blitzlicht: einer der ersten Filmhochschulabsolventen nach der »Kulturrevolution«, Regisseur Zhang Yimou

Das Engagement internationaler Stararchitekten ist umstritten: Wer wie Koolhaas & Scheeren für den Propaganda-Sender CCTV einen Prestigebau realisiert, muss sich schon mal dem Vorwurf eines »faustischen Paktes mit einem autoritären Staat« aussetzen. Und auch Gerkans geplante Neugestaltung des Nationalmuseums, die ausgerechnet die protzig-einschüchternde Säulenfront erhalten will, um das Ensemble am Tiananmen-Platz nicht zu stören, lässt Fragen nach Motiven der Architekten offen.

Zumal solche Prestigebauten wenig an den Problemen der Stadtentwicklung ändern, die mit überlasteten Verkehrsnetzen, Luftverschmutzung, Bevölkerungszustrom und übergroßer Wohndichte drängen. Idealstadtpläne wie die von »Luchao« oder der Ökostadt »Dongtan« bleiben die Ausnahme. Neben futuristisch-kühnen Objekten und traditionellen Hofhäusern gibt es regional unterschiedlichste Bauformen zu entdecken; seien es Jurten im mongolisch geprägten Norden, Lösshöhlen, Zierbrücken der Dong, Wohnburgen der Hakka, trutzige Steinbauten Tibets oder die zentralasiatischen Moscheen Xinjiangs.

Die Anzahl der Reiter auf dem Dach gibt über den Rang eines Gebäudes und seiner Bewohner Auskunft.

ELEKTRISCHE SCHATTEN-SPIELE

Opulente Dramen und rebellische Low-Budget-Produktionen – seit Jahren werden Filme im Westen als Sprachrohr Chinas gefeiert.

Aufsehen erregte zunächst die sogenannte »Fünfte Generation« von Filmemachern. Jene Abschlussklasse von 1982 der Beijinger Filmakademie, der berühmte Regisseure wie Chen Kaige (»Leb wohl meine Konkubine«) und Zhang Yimou (»Rote Laterne«) angehören, war die erste, die nach der Kulturrevolution studieren durfte, und auch die erste, die von europäischen Filmklassikern inspiriert wurde. Ihr Film »Gelbe Erde« (1984) um einen Kader im ländlichen China begeisterte die westlichen Kritiker. Farbigkeit und großartige Landschaften, umgesetzt in langen Standbildern, erinnerten an klassische chinesische Rollbilder.

Die ausländische Finanzierung weiterer Filme war gesichert – und nötig. Denn die Filmemacher rechneten in ihren Werken so gnadenlos mit den Schattenseiten der jüngeren Geschichte ab, dass diese im Land nicht gezeigt werden durften. Tian Zhuangzhuang erhielt für seine offene und kritische Darstellung der Kulturrevolution in »Der blaue Drachen« (1993) sogar jahrelanges Berufsverbot. Zhang Yimou entwickelte sich zum Star. Seine frühen Filme sind von besonderer Farbdramaturgie geprägt und kreisen oft um starke Frauenfiguren im ländlichen China. Die »Rote Laterne« (1991) zeigt das Leben dreier Nebenfrauen eines Qing-Kaufmanns, die in erstarrten Riten und Rivalitäten gefangen sind. Das in dem Film in Szene gesetzte, labyrinthartige Anwesen kann bei Pingyao besichtigt werden. In seinen jüngeren Filmen scheint Zhang jedoch eine ideologische Kehrtwendung vollzogen zu haben. Historienfilme mit effektvollen Massenchoreografien lassen Nationalgefühl aufkommen und begeistern vor allem das chinesische Publikum. Auch für die Eröffnungsfeier der Olympischen Spiele zeichnete er verantwortlich. So glorifiziert »Hero« (2002) die Unterwerfung des Einzelnen unter das Gemeinwohl des Reiches. Chen Kaige adaptierte die Geschichte um einen vereitelten Anschlag auf den Ersten Kaiser (»The Emperor and The Assasin«, 1998) ganz gegenteilig, mit kritischen Anspielungen auf die heutige politische Situation.

Abbilder der Jetzt-Zeit

Besonders rebellisch zeigte sich die folgende »Sechste Generation«, die in den 1990er-Jahren mit Handkamera und winziger Crew drehte: Ihre grimmigen Low-Budget-Filme handeln von Randfiguren der modernen chinesischen Gesellschaft inmitten einer schäbigen, industriellen Kulisse. Es waren die ersten unabhängigen Produktionen, mühselig finanziert mit der Hilfe von Freunden und Eltern – und ohne Zustimmung der Zensurbehörde. »Suzhou River« (von Lou Ye, 2000) wurde im Westen als Vorreiter der chinesischen Nouvelle Vague gefeiert. Mit »Summer Palace« legte der Regisseur 2006 den ersten chinesischen Film vor, der vor dem historischen Hintergrund der Studentenproteste auf dem Platz des Himmlischen Friedens spielt. Auch Jia Zhangke gehört zu den unabhängigen Filmemachern. Sein poetischer Film »Still Life« (2006) spielt vor der bizarren Kulisse einer Stadt am Drei-Schluchten-Staudamm, die bald in den Fluten versinken wird. Zwischen Baulärm und Ruinen irren zwei Menschen auf der Suche nach ihren ehemaligen Partnern umher. In seinen kontemplativen, ruhigen Betrachtungen alltäglicher Szenen entwickelt der Film fast dokumentarischen Charakter.

Filmszene aus »Hero« (2002) von Regisseur Zhang Yimou: Hauptdarsteller Jet Li

Generationswechsel

Die jüngsten Absolventen der Filmakademie erscheinen inzwischen weniger rebellisch, sie wenden sich den alltäglichen Sorgen durchschnittlicher Menschen zu. Mehrere Filme erzählen in ruhigen Bildern von alten Menschen, die im rasanten Wandel des Boomlandes ihren Platz nicht mehr finden.

Wieder hat ein Generationenwechsel stattgefunden: Die jungen Filmemacher haben weder Kulturrevolution noch Tiananmen miterlebt, sie gehören zur Ein-Kind-Generation, die als politisch desinteressiert und verwöhnt gilt. Hinzu kommt, dass die Finanzierung der Filme durch neue Produktionsfirmen und eine tolerantere Zensurbehörde einfacher wird. Ihre Filme sind weniger kontrovers und kritisch als die ihrer Vorgänger, doch öffnen auch sie Einblicke in chinesische Realitäten.

»Filme sind von ihrer Natur her Reflexionen des Lebens und Diskurse über die Wirklichkeit, durch die wir auf uns selbst zu blicken vermögen«, so Jia Zhangke. Dies gilt für alle Generationen, jede reflektiert ihre Zeit in Licht und Schatten.

MAO ZEDONG: IDOL DES NEUEN CHINA

Der »Große Vorsitzende« wird noch heute von vielen als heldenhafter Revolutionär und weiser Staatsmann verehrt.

Im China des 21. Jahrhunderts ist Mao vor allem auf Trödelmärkten allgegenwärtig: Er winkt von Weckern, glänzt in Porzellan, strahlt vor roter Sonne auf Plakaten und lächelt rosarot von Banknoten. Doch nicht nur als 100-Y-Schein oder Touristenkitsch ist der »Große Vorsitzende« hoch im Kurs. Laut Umfragen gehört Mao Zedong (1893–1976) auch heute zu den wichtigsten Vorbildern der chinesischen Jugend (neben Basketball-Star Yao Ming und Microsoft-Milliardär Bill Gates), und wird von vielen Älteren geradezu göttergleich verehrt. In Taxis baumelt sein Bildchen als Glücksbringer, manche Häuser haben gar einen eigenen Mao-Altar. Sein Heimatdorf Shaoshan, einst Pilgerziel Millionen Roter Garden, sieht seit den 1990er-Jahren wieder wachsende Besucherströme, und vor dem Mausoleum auf dem Tiananmen-Platz steht man weiterhin Schlange. Seine verheerenden Kampagnen wie der »Große Sprung« oder die »Kulturrevolution« werden ausgeblendet. Mao gilt als glorreicher Staatsgründer, der ein zerrüttetes Land von fremder Bevormundung befreite. Die Partei hegt und pflegt dieses Positiv-Image seit Jahrzehnten; braucht sie doch ihren »Großen Steuermann« als Galionsfigur, der ihre andauernde Alleinherrschaft legitimiert. Kritische Stimmen werden in China unterdrückt.

Maos Verdienste

Im Ausland erregte zuletzt die minutiös recherchierte Mao-Biografie von Jung Chang und Jon Halliday Aufsehen, die den Diktator für 70 Millionen Tote verantwortlich macht und ihn als skrupellosen Machtmenschen darstellt, der mit Terror und Intrige regierte. »70 Prozent gut, 30 Prozent schlecht« bewerteten dagegen ganz offiziell die Parteigenossen die Verdienste und Exzesse Maos. Geschichtsbücher schweigen dazu komplett. Über die glorreichen 70 Prozent soll bald ein gigantisches Kulturzentrum im Dorf Shaoshan Auskunft geben, zur »patriotischen Revolutionserziehung« für die junge Generation. Das Idol lebt.

In englischer Übersetzung sollten Maos Werke die Welt erobern. Heute steht er nur noch in China hoch im Kurs.

KOPIEREN, FÄLSCHEN, NACHAHMEN

Ob Zigaretten, DVDs oder Häuser – vieles wird kopiert. Das Verständnis von Original und Fälschung ist schlichtweg ein anderes als im Westen.

China ist ein Schlaraffenland für billige Einkäufe. Die schicke Markentasche, das feine Designerhemd, den modischen Turnschuh; alles schleppt man für ein paar »kuai« davon – das Armani-Hemd allerdings im Boss-Karton und den Schuh gleich mit Nike-Häkchen *und* Puma-Logo drauf. Ein Dorn im Auge von Urhebern und Zoll.

Verluste durch Plagiate

Rekordfund im Hamburger Hafen war bisher eine 107 Container große Ladung mit falschen Marken-Sportschuhen, die schleunigst beschlagnahmt und zerschreddert wurde. Auf 660 Milliarden Euro wird der Verlust durch Plagiate weltweit jährlich geschätzt, ein Großteil davon kommt aus China. Viele westliche Firmen stecken im Dilemma: Durch die Produktion in China liefern sie die Blaupausen für ihre Produkte gleich mit; auf die günstigen Herstellungsbedingungen und das Potenzial des riesigen Marktes wollen sie jedoch nicht verzichten. Einige chinesische Firmen zeigten sogar stolz ihre Kopie dem Urheber – mit der Bitte um Verbesserungsvorschläge, erzählt ein deutscher Unternehmer fassungslos. Kurz: Das chinesische Verständnis von Nachahmung, Kopie und Urheberrechten scheint ein anderes zu sein.

Das mag kulturelle Wurzeln haben. Schon in der traditionellen bildenden Kunst war das Verständnis eines »Originals« ein anderes. Es ging nicht darum, etwas genuin Eigenes, Neues zu schaffen. Der beste Schüler war der, der den Meister haargenau kopierte, und auch gestandene Künstler zeigten dadurch Expertise, dass sie den Schreibstil eines berühmten Kalligrafen oder den Pinselschwung eines Malers nachahmen konnten. Doch nicht überall sieht man das so. Zu Unstimmigkeiten kam es in einem englischen Küstenstädtchen, als man erfuhr, dass der Ort originalgetreu in China nachgebaut wurde – dort heißt er »Thames Town« und regte interessante Copyright-Fragen an. Keine Beschwerden kamen bisher aus Washington zum Nachbau des Weißen Hauses, in dem fortan »Präsident Huang« mit seiner Dienerschaft residiert. In Themenparks wird rastlos halb Europa nachgebaut, und auch eigene Kulturgüter erfahren eine »Disney-fizierung«.

Neues im alten Stil

Im Namen der »Restaurierung« werden ganze Altstädte abgerissen und als Touristenattraktion wieder errichtet. Auch früher wurden Gebäude häufig erneuert; das vergängliche Baumaterial Holz erforderte dies. Kaum ein Tempel ist im Original erhalten. Doch lebte dort zumindest der Geist des Alten weiter, die Räumlichkeiten wurden lebendig weiter genutzt. Heute bleiben oft nur Fassaden, die noch dazu neu aussehen.

Andere Einstellung: Wer perfekt kopiert, drückt Respekt für das Original aus – bei Kunstwerken wie bei Turnschuhen.

Der Charme und die Patina alter Gemäuer sind in China nicht gefragt. Beliebt ist, was aussieht wie gerade vollendet. Auch die Verbotene Stadt hat für Olympia frisches Make-up aufgetragen.

Original chinesisch?

Auch in Schönheitsfragen wird westlichen Idealen nachgeeifert. Große Mandelaugen, hohe Nasenrücken, lange Beine, größere Brüste – viele Chinesinnen geben dafür ein Vermögen aus und ertragen langwierige, nicht ungefährliche chirurgische Eingriffe. Neben gefälschtem Aussehen gibt es auch gefälschte ausländische Experten: Austausch-Studenten werden angeheuert, um auf Tagungen und in Verhandlungen so zu tun, als seien sie soeben eingeflogene Fachleute aus Europa.

Immer häufiger aber wird auch der Ruf nach Abgrenzung vom Westen laut. »China kann auch Nein sagen«, so der Titel eines millionenfach verkauften Buches, das schon Mitte der 1990er die nationalistische Stimmung spiegelte. Hin- und hergerissen zwischen Minderwertigkeitsgefühl und Größenwahn entwickelt das Land einen ausgeprägten Nationalismus. Man sucht etwas Eigenes, Chinesisches. Doch wie das aussieht, ist noch nicht klar. Der radikale Bruch mit Traditionen während der Kulturrevolution hinterließ ein Vakuum, das erst wieder gefüllt werden muss. Im Zuge von rasanter Veränderung, importierter Modernisierung und ersehnter Eigenständigkeit ist ein klarer Weg für das »original Chinesische« noch nicht gefunden.

KRITISCHE STIMMEN

Im Vorfeld der Olympiade hat sich die Menschenrechtslage in China weiter verschlechtert. Kritiker werden zum Schweigen gebracht.

Als Reisender bemerkt man zunächst kaum etwas von der allgegenwärtigen Unterdrückung. Doch spielt sie sich ganz in der Nähe von Touristen-Attraktionen ab. Die Brüder Ye wurden verhaftet und misshandelt, weil sie versuchten, sich gegen die Zerstörung ihres Hauses zu wehren, das für die Spiele weichen musste. Der Diskuswerfer Fang Zheng durfte trotz herausragender sportlicher Leistungen nicht an den Paralympics teilnehmen; seine Behinderung erinnert an das Massaker vom Platz des Himmlischen Friedens von 1989, wo er beide Beine unter einem Panzer verlor. Gemüsehändlerin Lin wurde zu Tode geprügelt – von Polizisten, die gegen illegale Straßenstände vorgingen. Für ein sauberes Image wurden schon im Vorfeld Bettler aus den Straßen entfernt, Regimekritiker weggesperrt und die Internet-Zensur weiter verschärft.

Neue Aktivisten

All das beschrieb Hu Jia im September 2007 in einem offenen Brief, der auch in deutschen Medien veröffentlicht wurde. Der Bürgerrechtler gehört zu einer neuen Generation von Aktivisten, die trotz erheblicher Drohungen und Einschüchterungen mutig ihre Stimme erheben. Die Kritiker wenden sich ganz konkreten Mängeln des Systems zu. Auch Hu wollte sich nur für Umweltschutz und Aids-Opfer einsetzen. Im Zuge dieses Engagements war er zunehmend Repressalien ausgesetzt und entwickelte sich so zum politisch informierten Menschenrechtler. Sein Video Tagebuch mit dem Namen »Prisoners in Freedom City« zeigt die Überwachung und Schikane unter Hausarrest (auf Youtube). Wenige Monate später wurde er verhaftet und zu dreieinhalb Jahren Gefängnis verurteilt. Seine Frau samt Baby blieb unter Hausarrest in der »Freiheitsstadt« – so der Name ihres Appartmentblocks; ihr Telefon und Internet wurden gekappt.

International wird die eingeschränkte Meinungs- und Pressefreiheit, die Zensur des Internets, die Überwachung, Drangsalierung und Inhaftierung von Journalisten und Anwälten schon seit Jahren kritisiert, ebenso wie Folter und Todesstrafe in großer Zahl (amnesty international schätzt 8000 Fälle jährlich). Im Vordergrund des Dialogs stehen jedoch meist die verlockenden wirtschaftlichen Möglichkeiten. Erst die Tibet-Politik Beijings im Frühjahr 2008 zog Proteste der breiten Öffentlichkeit nach sich, die in China mit einer Welle des Nationalismus beantwortet wurde. Die Prophezeiung westlicher Geschäftsleute, der Aufschwung würde zu mehr Demokratie und Freiheit führen, entpuppt sich bisher als Illusion. Wer eine Reise nach China antritt, sollte sich daher im Vorfeld detailliert mit den Schattenseiten des Landes auseinandersetzen.

DIE HAN UND »IHRE« MINDERHEITEN

Zur Kaiserzeit galten andere Ethnien als Barbaren, Mao wollt sie umerziehen – und heute entdeckt man sie als exotisches Tourismusobjekt.

Chinas Bevölkerung ist alles andere als einheitlich. Neben der Mehrheit der Han-Chinesen (benannt nach der Han-Dynastie, → S. 48) gibt es eine Vielzahl anderer Ethnien, die insgesamt immerhin 105 Millionen Menschen ausmachen. Sie leben vor allem in den westlichen und südlichen Randgebieten Chinas, die nicht zum historischen Kernland gehören. In den 1950er-Jahren legten chinesische Forscher die Zahl von 55 sogenannten »Nationalen Minderheiten« fest, die sich in Sprache, Glauben, Sitten und Bräuchen von den Han und voneinander unterschieden. Einige Ethnien wurden einfach zusammengeworfen: So wurden Angehörige der Geja plötzlich den Miao, die Mosuo den Naxi zugerechnet, obwohl sie sich als eigenständige kulturelle Gruppen wahrnahmen.

Fünf großen Ethnien, den Tibetern, Uiguren, Mongolen, Hui und Zhuang, wurden autonome Regionen zuerkannt. Darüber hinaus gibt es noch zahlreiche autonome Bezirke und Kreise; insgesamt machen sie fast die Hälfte der Staatsfläche Chinas aus.

Abhängige Unabhängigkeit

Doch von wirklicher Autonomie kann keine Rede sein. Viele dieser Gebiete sind geopolitisch und aufgrund ihrer Bodenschätze von höchstem Interesse für China, und so siedelten sich im Lauf der Jahrzehnte immer mehr Han-Chinesen an – um der Bevölkerungsdichte im Osten zu entkommen, aber auch, um die wertvollen Territorien zu sichern und um »separatistischen Bewegungen« entgegenzuwirken. Bestrebungen für (mehr) Unabhängigkeit wurden immer wieder, z.B. in Tibet und Xinjiang, mit militärischer Härte niedergeschlagen.

Sprachen gehen verloren

Meist funktionierte die Unterdrückung jedoch subtiler. Schon durch die Überzahl der Han wurden lokale Sitten und Bräuche verdrängt. Schulen in regionalen Sprachen wurden geschlossen; nur wer Chinesisch spricht, hat Chancen auf Arbeit, und doch werden Han generell vorgezogen.

Auch die Ausübung der Religion, oft ein zentraler Aspekt der Kultur, war über viele Jahre hinweg untersagt, und so blieb vielerorts nichts übrig als eine leere folkloristische Hülle. Nomaden wurden zwangsangesiedelt, Tempel zerstört, Mönche verhaftet und gefoltert. Auch heute geht die Religionsfreiheit nur so weit, wie die Kommunistische Partei es zulässt: Erst 2007 entzog sie tibetischen Mönchen das Recht, selbstständig nach Wiedergeburten zu suchen; wer lebender Buddha ist, entscheidet nun die KP.

Schönheiten in bunten Kostümen sind für »Han-Chauvinisten« beliebtes Fotomotiv – politische Anliegen sind jedoch unerwünscht.

DER GUTE TIPP VON MERIAN

Entdecken Sie die schönsten Flecken und authentische kulturelle Erlebnisse des Reichs der Mitte. Hier nennt Ihnen unsere Autorin ihre ganz besonderen Empfehlungen und wenig bekannte Neuigkeiten. Gehen Sie auf die Reise von der Gegenwart in die Vergangenheit und von den Küsten tief ins Innere des Landes.

Exquisite Villenanlage mit Mauer-Blick: Commune by the Great Wall (→ S. 93)

Fließende Grenzen: Für das Bamboo House der Commune by the Great Wall entwarf der japanische Architekt Kengo Kuma filigrane, lichtdurchlässige Bambuswände.

HOTELS

Architektur-Erlebnis mit Mauer-Blick

Licht fällt durch schmale Bambusstäbe, wirft tanzende Muster auf Tisch und Steinboden. Die Grenzen zwischen innen und außen scheinen aufgehoben: Durch die Bambuswände öffnet sich der Blick auf struppige Hügel, überzogen von einem Schleier lichter Blüten. In diesen Hügeln erstreckt sich die Große Mauer. Das »Bamboo Wall«, Werk des japanischen Architekten Kengo Kuma, ist Teil der Villenanlage »Commune by the Great Wall«: Im Auftrag der Kempinski-Gruppe entwarfen zwölf Architekten individuelle avantgardistische Häuser, die sich im Tal unterhalb der Mauer zu einem einzigartigen Ensemble gruppieren. Modernes asiatisches Design fügt sich in die Landschaft, deren Elemente aufgegriffen oder kontrastiert werden. Kumas Bambushaus, eine Hommage an Chinas typisches Baumaterial, scheint mit seiner architektonischen Leichtigkeit und Durchlässigkeit wie eine Antwort auf den massiven, abschirmenden Grenzwall. Auch im Innern dominieren Kontraste: Feingliedrige, helle Stützen treffen auf groben, dunklen Natursteinboden. Das offene Teehaus schwebt geradezu über einem Wassergraben. Auch das lang gestreckte »Suitcase House« des Architekten Gary Chang hat große Leichtigkeit. Von der Dachterrasse, die einem riesigen Schiffsdeck gleicht, schweift der Blick ins Grün.

Mittels Schiebewänden lässt sich die Aufteilung der Räume individuell gestalten: Chang war hier von dem kleinen Hongkonger Apartment inspiriert, in dem er aufwuchs. Ein einziges Zimmer wurde dort vielfältig genutzt und Platz selbst in beengten Möglichkeiten geschaffen.

Die Wohnflächen hier reichen von 333 bis über 700 Quadratmeter; der Service folgt individuellen Wünschen: ob Butler oder Yoga-Lehrer, Angelausflug oder Cocktailparty auf der Mauer. Gäste dinieren in den Privatgemächern oder im edlen »View Restaurant«. Ein Highlight ist der Exklusivzugang zur Mauer, auf der man stundenlang spazieren gehen kann, ohne jemandem zu begegnen. Die außergewöhnliche »Kommune« kann man auch nur als Tagesgast besichtigen.

WEGWEISER 1

Commune by the Great Wall

➤ S. 98/99, [e 2] ➤ [L 5]

Etwa eine Stunde von Beijing auf dem Badaling Highway bis Shuiguan; Tel. 010/81 18 18 88, Fax 81 18 18 66; www.commune.com.cn; »Walnut Valley«: 11 Villen mit 46 Zi. ●●●● »Stone Valley«: 31 Villen mit 190 Zi. ●●●● Eintritt (für Nicht-Gäste) 150 Y; CREDIT

Einzelne Zimmer können auch im neueren »Stone Valley« bezogen werden. Dort bringt man den Nachwuchs in der »Childrens Commune« unter und entspannt im Spa.

Refugium im Herzen der Altstadt

Das Taxi biegt in eine kleine, staubige Gasse. Graue Backsteinhäuser säumen den Weg, ein Fahrrad-Lastkarren schaukelt vorbei. Der Taxifahrer hält mehrmals an, um nach dem Weg zu fragen. Selbst Ortskundige scheinen sich in dem Geflecht aus engen, verzweigten Wegen kaum zurechtzufinden. Zweifel kommen auf, ob hier wirklich ein exquisites Boutique-Hotel zu finden sein wird. Doch der erste Eindruck täuscht: Beijings wenige verbliebene Altstadtgassen sind zur gehobenen Wohngegend geworden. In äußerlich unscheinbaren, innen aufwendig renovierten Hofhäusern wohnen einige der Wohlhabendsten der Stadt.

Und so ist auch das Côté Cour SL ein besonderer Geheimtipp: Hinter großen, rot glänzenden Türen verbirgt sich ein kleines, sehr feines Hotel, das den Charme des alten China mit der Energie des modernen Beijing verbindet. Das traditionelle Haus ist liebevoll restauriert, die 14 Zimmer, um den Innenhof angeordnet, bieten modernen Komfort und stilvolles chinesisches Design. Die Inhaberin Shauna Liu lässt sich vielfältig inspirieren: »In dieser Gegend lebten früher die Tänzer und Musiker des kaiserlichen Hofes – ihre Kreativität und Passion wollen wir hier aufleben lassen.«

Zeitgenössische Kunst aus ihrer Privatsammlung trägt ebenso zum besonderen Ambiente bei wie antike Möbelstücke. Details wie ein farbig ge-

Moderner Komfort in chinesischem Design – im Côté Cour SL fügen sich Einzelstücke zu einer charmanten Einheit.

webter Teppich, seidene Kissen oder ein geschnitzter Wandschirm setzen Akzente. Im Bad dienen Porzellanschalen als Waschbecken. Der Flachbildschirm im Schlafzimmer bietet zwar mehr internationale Sender als so manches Luxushotel in China, doch der Blick durch die mit Holzmustern verzierten Fenster in den Innenhof mit blühenden Sträuchern und bemalten Holzsäulen ist viel reizvoller. In der hellen Lounge laden ruhige Musik und Sessel zum Entspannen ein. Eine hohe, schmale Lacktür dominiert den Raum, vor dem großformatigen Bild eines befreundeten Fotokünstlers hebt ein Buddha schützend seine Hand. Am langen Tisch gibt es morgens Müsli und französisches Gebäck.

WEGWEISER 2

Côté Cour SL

➤ Stadtplan, [AG 3] ➤ [L 5]

70 Yanyue Hutong, Dongcheng Viertel, Beijing; Tel. 010/65 12 80 20, Fax 65 12 72 95; www.hotelcotecoursl.com; U-Bahn: Dengshikou, Wangfujing oder Chaoyangmen; 14 Zi. •••• CREDIT

Es ist der herzliche, sehr persönliche Service, der den Besuch zum unvergesslichen Erlebnis macht: Shauna und ihr kleines Team kümmern sich liebevoll um ihre Gäste. Sie buchen Konzerttickets, reservieren Restaurants und geben Tipps für Ausflüge in die Stadt. In Kunstgalerien kennt sich die Gastgeberin ebenso gut aus wie mit Design und Mode, und bei besonderen Wünschen begleitet sie den Ortsfremden schon mal auf einen Einkaufsgang. So fühlt man sich im kleinen Hofhaus schnell wie zu Hause.

Wolkenkratzer-Wettrennen

Mit einem leisen Sirren gleitet der Fahrstuhl in den 53. Stock, die Tür öffnet sich zur welthöchsten Hotellobby. Von den Zimmern in weiteren 30 Stockwerken darüber wirkt die Stadt so unwirklich und fern wie ein flimmerndes Panoramabild. Auch elegante Bars und Restaurants locken mit Weitblick und Höhenrausch. Aber nicht jeder nimmt dafür den Fahrstuhl. Profi-Kletterer Alain Robert wollte 2001 das mit 421 Meter damals höchste Gebäude Chinas und fünfthöchste der Welt im Spiderman-Kostüm besteigen – allerdings durfte er nicht. Die Behörden ließen ihn so lange zappeln, bis er unverrichteter Dinge das Land verließ – nur um wenige Wochen später in der Zeitung zu lesen, dass der vorbeischlendernde Schuhverkäufer Han Qizhi »einem plötzlichen Impuls folgend« seinen Spaziergang in der Vertikalen fortgesetzt hatte und kurzerhand bis aufs Dach des Jinmao-Turms gestiegen war. Dort erwartete ihn schon die Polizei. Dass die Fassade aus Stahl und Glas so einladend wirkt, liegt mög-

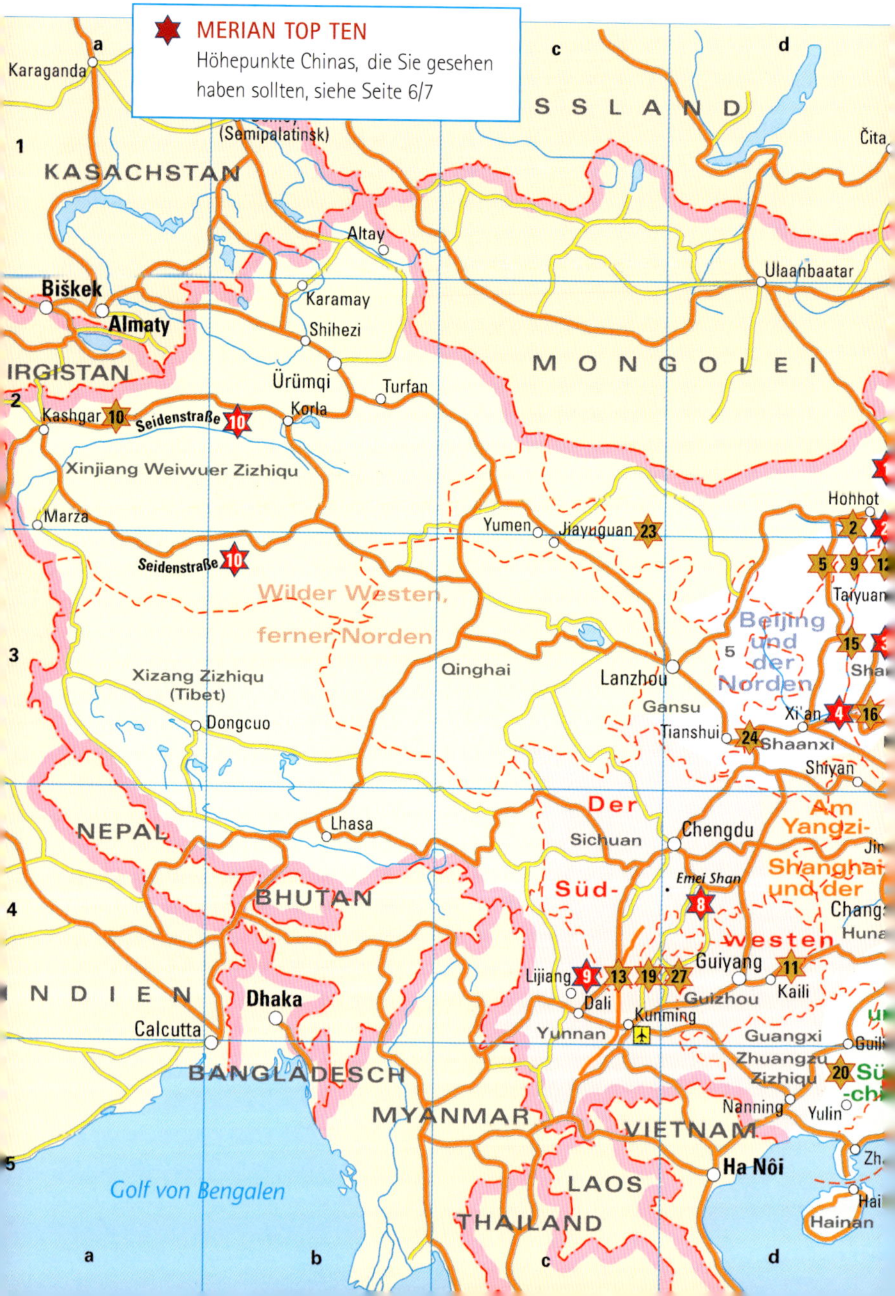
MERIAN TOP TEN
Höhepunkte Chinas, die Sie gesehen haben sollten, siehe Seite 6/7
a
b
c
d
1
2
3
4
5
Karaganda
(Semipalatinsk)
SSLAND
Čita
KASACHSTAN
Altay
Ulaanbaatar
Biškek
Almaty
Karamay
Shihezi
IRGISTAN
Ürümqi
Turfan
MONGOLEI
Kashgar
10
Seidenstraße
10
Korla
Xinjiang Weiwuer Zizhiqu
Marza
Hohhot
Yumen
Jiayuguan
23
2
Seidenstraße
10
5
9
Taiyuan
Wilder Westen, ferner Norden
Beijing und der Norden
15
Qinghai
Lanzhou
Xizang Zizhiqu (Tibet)
Gansu
Dongcuo
Xi'an
4
16
Tianshui
24
Shaanxi
Shiyan
Der Süd-westen
Lhasa
Chengdu
Am Yangzi-
NEPAL
Sichuan
Emei Shan
Shanghai und der
8
BHUTAN
Chang
Huna
Guiyang
11
Lijiang
9
13
19
27
Kaili
INDIEN
Dhaka
Dali
Guizhou
Kunming
Calcutta
Yunnan
Guangxi
Guili
Zhuangzu Zizhiqu
20
BANGLADESCH
MYANMAR
Nanning
Yulin
VIETNAM
Ha Nôi
Golf von Bengalen
LAOS
Hainan
THAILAND

ten Zutaten erstaunlich gut zueinander. Ein wahrer Gaumenkitzel! Und so offenbart sich eine der grundlegenden Kochstrategien des Meisters: das Auge täuschen, mit visuellen Erwartungen spielen und den Gast durch eine Schule der Wahrnehmung schicken. Dabei steht jedoch immer der Geschmack im Vordergrund; Aromen entfalten und offenbaren sich nacheinander wie bei einem guten Wein.

Pairet bezeichnet sich selber als individuellen Avantgardisten. Doch seine Kreationen knüpfen auch an die Schule der »Cuisine Moleculaire« an. Neben herkömmlichen Techniken experimentiert er mit wissenschaftlichen Mitteln der Chemie, um Gerichte mit völlig neuartigen Eigenschaften zu erzeugen, wie zum Beispiel Schäume und Gelees aus Gemüse. So wirkt die »Cuddlefish Noodle« wie eine einzige rund aufgerollte Nudel aus zartem Mus, besteht aber aus Sepia. Das alles mag nach Spielereien klingen, doch der kulinarische Genuss überzeugt. Schon in Edelrestaurants in Paris, Hongkong, Istanbul und Sydney begeisterte Pairet Kritiker und Gäste. In Shanghai zählt er zu den anerkannten Spitzenköchen und sieht allenfalls Jeremy Leung und Jean-Georges Vongerichten als ernstzunehmende Kollegen an (»Whampoa Club« bzw. »Jean-Georges«, beide im Three on the Bund auf der gegenüberliegenden Flussseite).

Die Verve dieser Stadt, die sich täglich neu erfindet, regt an: Auch lokale Gerichte inspirieren den weltweit geschulten Koch, dessen Palette der Zutaten und Methoden unterschiedlichste Einflüsse verschiedener kulinarischer Traditionen aufweist. So ist der »Jumbo Shrimp« eines der ältesten und berühmtesten Gerichte des Restaurants, eine Hommage an das kantonesische Gericht »Drunken Shrimp«. Während beim Original lebende Garnelen in süßem Alkohol zunächst leibhaftig betrunken gemacht werden, wird hier eine einzige riesige Garnele im Weckglas auf Lemongras und Orange zart und langsam gedünstet, sodass sich die Aromen wunderbar entfalten und verbinden. Auch serviert wird das köstliche Gericht im Glas; wieder ein humorvoller Wink des Chefs an die Gäste am Tisch. Diese verlassen schließlich glücklich und voller sinnlicher Erlebnisse diesen Tempel der Kochkunst und Speiselust. Die eigenwilligen kulinarischen Reiseeindrücke bleiben lange auf der Zunge und in der Erinnerung.

WEGWEISER 4

Jade on 36 翡翠36

➤ S. 232/233, [e 3] ➤ [N 7]

Im Pudong Shangri-la Hotel, 33 Fu Cheng Lu, Shanghai; Tel. 021/68 82 88 88; www.jadeon36.com; tgl. ab 18 Uhr; vier Probemenüs in je drei Größen (4–8 Gänge) •••• CREDIT

Traumhaft speisen am Palastgraben

Ein romantischer Abend in Beijing beginnt mit einem Spaziergang entlang der Mauer der Verbotenen Stadt. Hier, wo über Jahrhunderte das Herz des riesigen kaiserlichen Reiches schlug, ist es abends wunderbar still. Ein Weg führt zwischen dem alten, verwaschen-roten Gemäuer und dem Wasser des Palastgrabens entlang. Ein Rikschafahrer fährt vorbei und erzählt seinen Gästen von den 9999 Zimmern, die sich hinter den neun Meter hohen Mauern verbergen, von der Glückszahl Neun und dem angeblichen Material der Mauern: Aus Reisziegeln sollen sie sein, aus Ei und Klebreis.

> **WEGWEISER** 5
>
> **Courtyard (Siheyuan)** 四合苑
>
> ➤ Stadtplan, [AF 3/4] ➤ [L 5]
>
> **Nordöstl. des Osttors Donghuamen, 95 Donghuamen Dajie, Beijing; Tel. 010/65 26 88 83; www.courtyardbeijing.com.; tgl. 18–22, So 11.30–14.30 Uhr; unbedingt reservieren ••• CREDIT**

Gleich beim Osttor liegt eines der besten (und teuersten) Restaurants der Stadt: Das »Courtyard« ähnelt von außen anderen Hofhäusern der umliegenden Hutong-Viertel. Innen aber bestimmen helle, luftige Räume in Weiß und Glas das coole Ambiente. Der beste Platz – unbedingt vorher reservieren – ist ein kleiner Tisch am Fenster, direkt über dem Wasser. Die Küche ist französisch mit asiatischen Einflüssen; Foie Gras, Lamm mit Cashewkruste und Kokos-Lemongras-Huhn gehören zu den Favoriten. Auch die Weinauswahl kann sich sehen lassen. Das Beste: In der Cigar-Lounge im oberen Stockwerk laden alte Ledersessel, Zigarren und gute Tropfen zum Ausklang des Tages – auch sie mit Blick über die Palastmauern.

Leckerbissen mit Herzklopfen

Hongkong ist eine geschäftige Stadt, dynamisch, rasant, in Eile. Um Herzensdinge geht es dort nur ausgesprochen selten. Umso deutlicher wird, welch hohen Stellenwert die kleinen Leckerbissen haben, die diesen Namen tragen dürfen: »Dim Sum«. Das heißt, das Herz berühren. Es sind diese kleinen kulinarischen Köstlichkeiten, für die sich die Hongkonger jeden Sonntag Zeit nehmen. Es wird ausgiebig geschlemmt, nach Möglichkeit in großem Kreis. »Yum Cha« nennen sie das: Tee trinken. Verharmlosender kann eine Bezeichnung kaum sein; ist sie doch Ausrede für genüssliches Sich-die-Bäuche-Vollschlagen.

Wer das echte Dim-Sum-Ereignis erleben will, geht ins City Hall Maxim's Palace auf Hongkong Island. Bei Hafenblick und etwas kitschigem Ambiente treffen sich hier Hunderte Großfamilien in vergnüglicher Atmo-

Bei einem »Dim Sum«-Menü stehen verschiedene gefüllte Teigtäschchen zur Auswahl.

sphäre und zelebrieren das Wochenendessen – von Morgengrauen bis weit in den Nachmittag hinein. Das Teetrinken spielt trotz erlesener Teesorten wie Drachenbrunnentee oder »tie guan yin« nur eine kleine Nebenrolle. Stattdessen wird Wägelchen um Wägelchen verlockender Gaumenfreuden an Ihrem Tisch vorbei gerollt; in kleinen Körbchen türmen sich Hackfleischbällchen und Teigtaschen jeder nur erdenklichen Art. Man schnappt sich, was einem gefällt oder einen neugierig macht: Garnelen im Tofumantel, süße Reisküchlein, frittierte Frühlingsröllchen oder kleine Rippchen. Seien Sie experimentierfreudig! Hier gibt es bei der Auswahl (endlich mal) keine Verständigungsprobleme, das Auge entscheidet.

Gedämpfte Hühnerfüße, ein Renner unter den chinesischen Stammgästen, werden ausländische Besucher wohl meist entschlossen links liegen lassen. Die knackigen Shrimps dagegen, die durchs hauchzarte Reismäntelchen schimmern (»har gau«), werden auch bei Einsteigern rasch zu den Favoriten zählen. Ebenfalls nicht zu verachten sind Dampfbrötchen mit süßlicher Barbecue-Schweinefleischfüllung (»cha siu bao«).

Aber Achtung: Manche der kleinen köstlichen Herzensberührer sind sehr viel sättigender, als man ihnen zutraut. Und, keine Sorge, der Servierwagen kommt ja immer wieder vorbei, mit neuen Köstlichkeiten, die entdeckt werden wollen.

WEGWEISER 6

City Hall Maxim's Palace, Hongkong

➤ S. 98/99, [e 5] ➤ [L 10]

Hongkong City Hall, Lower Block, 3. Stock, 1 Edinburgh Pl., Hongkong Island; Tel. 08 52/25 21 13 03; So 9–11.30, Mo–Sa 11–15, 17.30–23.30 Uhr ••

Vegetarische Klosterküche

Weit streift der Blick vom Nanputuo-Kloster die Bucht hinunter übers Meer. Im schattigen Innenhof sitzen Mönche und Pilger beim gemeinsamen Essen. Es ist eine einfache, aber berühmte Küche, die hier den Gästen serviert wird: vegetarische Gerichte, viel frisches Gemüse, Salate und Tofu. Wer kein Fleisch essen möchte, hat es in China erstaunlich oft schwer. In fast jeder fleischlosen Gemüsesuppe findet sich doch noch ein Stück Huhn. Die Restaurants in Tempeln, von denen es eine ganze Reihe gibt, sind eine Ausnahme: Da sich strenge Buddhisten dem Vegetarismus verschrieben haben, wurde in Klosterküchen eine Vielzahl köstlicher Speisen ohne Fleisch entwickelt. Besonders raffiniert sind diejenigen Kreationen, die berühmte Fleisch- und Fischgerichte nachahmen: Tofu-Ente und Reis-Fisch sind in Geschmack und sogar Form dem Original oft täuschend ähnlich.

Aber auch herkömmliche Gemüsegerichte sind köstlich: Ob zarte Wasserkastanien mit Sellerie, Mais mit Pinienkernen, Pilze mit Bambussprossen, knackige Zuckerschoten, und natürlich Tofu in jeder erdenklichen Form, alles ist frisch zubereitet und meist nur kurz frittiert oder gedünstet. Fast jedes Kloster, das zahlreiche Besucher hat, bietet eine breite Speisekarte. Erkundigen Sie sich also bei einem Tempelbesuch ruhig, ob es dort ein Restaurant gibt! Hinzu kommt die besondere Atmosphäre, die das Mahl zu einem Erlebnis macht.

WEGWEISER 7

Tempel Nanputuo Si 南普陀寺

➤ S. 98/99, [e 4] ➤ [M 9]

Siming Nanlu, Xiamen; Tel. 05 92/208 64 90; tgl. 8–17 Uhr •

Das Nanputuo Si Kloster an der Küste von Fujian bietet ein besonders schönes Beispiel für diese Art der Klosterküche. Als eines der größten und lebendigsten Tempelklöster Südchinas ermöglicht es den Gästen Einblicke ins aktive Tempelleben. Aus den Hallen klingen die von Mönchen gemurmelten und gesungenen Sutren, ein steter Strom von Besuchern verneigt sich vor Buddhafiguren und entzündet Räucherstäbchen.

Gleich in der Eingangshalle, hinter dem dicken lachenden Buddha, steht Wei Tuo, der Beschützer buddhistischer Klöster, und demonstriert das Zeichen der Gastfreundschaft: Sein Stab, den er in den Händen hält, zeigt zu Boden, was bedeutet, dass dieses Kloster reich ist, es kann reisende Mönche mit Unterkunft und Verpflegung versorgen. (Hielte er den Stab waagerecht, wäre dies ein diskreter Hinweis darauf, eine andere Bleibe finden zu müssen.) Glücklicherweise ist die Einladung heute nicht nur für fromme Buddhisten gedacht.

EINKAUFEN

Gesundheitsdesign

Chinesische Kräuterläden können unglaublich urig sein: In dunkel verrauchten Holzkammern hängen trocknende Pflanzen und Früchte, aus großen Flakons starren in Alkohol eingelegte Schlangen, im Regal verstauben getrocknete Salamander, und Hunderte kleiner Schubladen und Dosen bewahren mysteriöse Heilmittel, die oft eher an einen zusammengeharkten Waldboden erinnern als an Medizin. Eu Yan Sang ist das genaue Gegenteil dieser Läden: Hell, modern und mitten in einer Shopping-Mall werden Produkte präsentiert, die Traditionelle Chinesische Medizin (TCM) mit Lifestyle und Healthcare verbinden. 1879 eröffnete der Chinese Eu Kwong, der ausgezogen war, um sein Glück in Südostasien zu suchen, in Malaysia sein erstes Geschäft. Heute gibt es über 120 Filialen in Asien, 41 davon allein in Hongkong. Die schickste wurde vom Designer Joseph Sy entworfen: Niedrige Tische in Burgunderrot und Schwarz dominieren die schlichte Einrichtung, akzentuiert durch innovative Beleuchtung. Auf einer Galerie im Eingangbereich erläutern Schaukästen die Grundlagen der chinesischen Medizin. Auch die Produkte können sich sehen lassen, hübsch verpackt in Schächtelchen und Dosen eignen sie sich durchaus als Geschenk oder Mitbringsel. Etwas ist bestimmt für die Lieben dabei: ob »Vogelnest im Fläschchen« für das generelle Wohlbefinden oder »Lingzhi Kapseln« zur Stärkung des Immunsystems. Auch Pillen gegen Haarausfall, Appetitlosigkeit, Husten, Beschwerden bei Menopause oder Menstruation gehören zu den Verkaufsschlagern, ebenso Beauty-Produkte für schöne Haut. Die Qualität der hauseigenen Rezepturen ist international anerkannt. Wer nur süß schlemmen möchte, greift zur Gesundheitsschokolade.

WEGWEISER 8

Eu Yan Sang, Filiale Telford

➤ S. 98/99, [e 5] ➤ [L 10]

Shop 302–303, Level 3, Telford Plaza II, Telford Gardens, 33 Wai Yip Street, Kowloon Bay; Tel. 08 52/29 97 22 68; www.euyansang.com.sg; tgl. 10–21 Uhr

Kuriositäten nett verpackt: »Vogelnest im Fläschchen« stärkt das Immunsystem.

MÄRKTE

Das ganze Land auf einem Markt

Früh morgens nimmt man den ratternden Bus oder das Taxi in die südlichen Vororte Beijings. Zwischen Hochhäusern und Schnellstraßen breitet sich hier der wohl größte Trödel- und Antikmarkt Chinas aus. Buddhafiguren lehnen Kopf an Kopf, Teekannen stapeln sich in jeder erdenklichen Form und Größe, Tuschmalereien hängen neben kreischend-bunter moderner Kunst. Schon früh um sechs packen die Händler ihre Waren aus. Um die besten Stücke zu ergattern, sollte man morgens da sein. Auf dem großen Areal kann man den ganzen Vormittag stöbern und feilschen. Über 3000 Stände reihen sich in langen Gängen aneinander. Manche Nischen gleichen kleinen Läden, während andere Verkäufer ihre Waren einfach nur auf einem Teppich ausbreiten.

Von volkstümlichen Handstickereien bis hin zu Nachahmungen von Gegenwartskunst kann man hier so ziemlich alles finden. Es gibt Möbel, Jade, Silberschmuck und hölzerne buddhistische Perlenarmbänder; Schwerter und Papierlampions, Seidendrachen und Schattentheaterfiguren; bestickte Taschen, Jacken und Kissen, Steinschalen mit Silberrand; kleine rote Schränke, bunt bemalte Truhen, hölzerne Körbe und spitze Mandarin-Hutschachteln. Kurz: eine Versammlung aller erdenklichen chinesischen Kuriositäten. Wirklich alt ist hier wahrscheinlich gar nichts, aber die Sachen sehen wirklich schön aus, und das Handeln, Stöbern und Entdecken machen sehr viel Spaß.

WEGWEISER 9

Panjiayuan 潘家园

➤ Stadtplan, [östl. AH 6] ➤ [L 5]

Im Süden der Stadt, an der dritten Ringstraße (Dongsanhuan Nanlu), Beijing; Metrostation im Bau, bisher: U-Bahn Guomao, dann weiter per Bus 28 oder Taxi. Gleich südlich von hier befindet sich die »Beijing Curio City« (Guwan Cheng 古玩城), die auf vier Stockwerken noch mehr Waren anbietet.

Die Verkäufer kommen aus allen Ecken und Enden des Landes; selbst Mütterchen aus Bergdörfern des südlichen Guizhou sind dabei, die zwischen ihren riesigen Haufen kunstvoll bestickter Röcke und Borten fast verschwinden. Über das Handeln kommt man in Kontakt; wenn ein Anbieter kein Englisch spricht, hilft man sich mit Taschenrechner, Zetteln oder Fingerzeichen weiter. Aufgeregt kritzelt jeder seinen Preis auf das Papier, bricht in helle Empörung aus und handelt dann doch weiter.

Denken Sie daran, dass vor allem bei Ausländern die Preise in die Höhe schnellen, und kontern Sie entsprechend – bis zum Zehnfachen des Mindestpreises verlangt mancher ohne Wimpernzucken. Mao sitzt dazwischen

Auf dem Panjiayuan, Chinas größtem Trödel- und Antikmarkt, kann man wunderbare Souvenirs ergattern.

und grinst als Porzellanfigur, eingeklemmt zwischen einem vergoldeten Buddha und kitschigen Mingvasen. Ist man sich einig geworden, werden die Waren oft in hübschen stoffbezogenen Schachteln verpackt. Wird man sich nicht einig, geht der Käufer einfach weiter – meist rutscht der Preis dann noch mal ruckartig in den Keller. Wenn nicht, hatte man schon einen guten Preis erreicht und kann auch später noch zurückkehren. Findige Geschäftsleute verkaufen an den Eingängen große Tragetaschen für die ergatterten Schätze.

Die »Antik-Zone« des Markts ist die ganze Woche über geöffnet, der größere Teil des Markts jedoch nur am Wochenende. Nach all dem Gedränge und Gefeilsche stärkt man sich am besten mit einem kleinen Leckerbissen; vor allem die dampfenden gegrillten Süßkartoffeln aus den Feuertonnen der fliegenden Händler sind sehr empfehlenswert. An einem kalten Wintermorgen wärmt man sich hier die Hände, um dann den gemütlichen Bummel fortzusetzen.

Sonntagsmarkt in Kashgar

Im äußersten Winkel des Landes, umgeben von hohen Gebirgszügen und durch die schier endlose Takla-Makan-Wüste vom chinesischen Kernland getrennt, liegt Kashgar, uralter Knotenpunkt der Seidenstraßen. Schon vor Jahrtausenden bevölkerten Händler unterschiedlichster Herkunft die Oasenstadt und ihre Märkte. Der Austausch von Seide und Jade, Religionen und Ideen blühte. Und noch immer wird mit Leidenschaft gehandelt.

Händler und Käufer reisen aus den umliegenden Bergen und Oasen an; unter ihnen Tadschiken, Uiguren und Kasachen, Nomaden, Kaufleute und Viehzüchter. Schon früh am Morgen ziehen blökende und wiehernde Karawanen von Eselskarren und Lastern in die Stadt ein, beladen mit Waren, Menschen und Tieren. Dann wird gefeilscht, zur Probe geritten, ins Maul geschaut und fachmännisch betätschelt. Schafherden wechseln den Besitzer und bekommen vor Ort gleich eine Handschur mit der Schere. Aufgebracht Feilschende zerren eine Kuh hin- und her, Schaulustige gesellen sich zu großen Menschentrauben, um spannenden Verhandlungsstreits beizuwohnen, Touristen fotografieren. Merken Sie sich den Ausruf »boisch! boisch!«, sonst könnten Sie Gefahr laufen, von einem Eselskarren gerammt zu werden. Das Getöse und Gewimmel geht bis zum frühen Abend, wenn die letzten Käufer mit ihren neuen Tieren von dannen ziehen. Während des ganzen Tages laden Tee- und Imbissstände am Rande der Marktfläche zu einer Pause ein. Über einem dampfenden Lamm-Brötchen oder einer Schale handgezogener Nudeln lässt sich das aufgeregte Treiben genüsslich beobachten.

WEGWEISER 10

Sonntagsmarkt (Yengi Bazaar/Xingqitian Shichang 星期天市场) bzw. Viehmarkt (Mal Bazaar/Dongwu Shichang 动物市场)

➤ S. 98/99, [a 2] ➤ [A 4]

Jeden Sonntag in Kashgar, Provinz Xinjiang; Anreise per Bahn (23 Std. ab der Provinzhauptstadt Ürümqi) oder Flugzeug (ab Ürümqi)

Ein paar Kilometer weiter findet in einer großen Markthalle der zweite Teil des Spektakels statt. Auch wenn keine Tiere im Spiel sind, geht es hier nicht weniger lebhaft zu: Ob Blechpfanne, Autoreifen, Trockenfrüchte, Brokatsitzkissen, Hut, Messer oder Plastikschüssel – an unzähligen kleinen Ständen gibt es alles, was der tadschikische Nomade, der kashgarische Städter, der pakistanische Händler oder der europäische Tourist gebrauchen könnte. Dieser Basar ist – in kleinerem Rahmen – jeden Tag geöffnet, am Sonntag ist der Andrang jedoch am größten. Es mag in Xinjiang Märkte geben, die weniger touristisch sind, etwa in den Orten Hotan oder Kuqa. Doch keiner ist so eindrucksvoll.

Miao-Markt bei Kaili

Märkte von unglaublicher Farbenpracht erlebt man in der Bergregion Südchinas. Hier leben verschiedene Ethnien, die sich von den Han-Chinesen deutlich unterscheiden und von ihnen als nationale Minderheiten bezeichnet werden. In kunstvollen Trachten kommen sie auf den Wochenmärkten zusammen, um zu feilschen, zu tratschen und Tee zu trinken. Vor allem die Gegend um Kaili ist für ihre Märkte berühmt. Die sonst eher unattraktive Provinzstadt blüht an Sonntagen geradezu auf: Miao-Frauen kommen aus den umliegenden Dörfern, um Gemüse und Federvieh zu verkaufen, alte Frauen bieten Schmuck an, und Männer bringen ihre Singvögel für Gesangswettbewerbe mit. Früchte und Gemüse häufen sich in Bambuskörben, in der Fleischgasse liegen Innereien und Köpfe aus, eine andere Ecke ist auf Kräuter und Heilpflanzen spezialisiert. Freiluftfriseure und Zahnärzte bieten ihre Dienste an, Tüftler reparieren alte Radios und Fernseher.

Unzählige Snack-Stände laden die von weither Angereisten zur Rast; gebratener Tofu ist als kleine Stärkung besonders beliebt. Für den ausländischen Gast ist die Kleidung der Dörfler besonders faszinierend: Frauen tragen oft bunte, aufwendig gearbeitete Kleider und besonderen Haarputz,

Farbenfrohe Stickereien: Die Miao kennen mehr als 130 verschiedene Muster und Motive.

wobei jedes Dorf seine eigenen Traditionen hat. Es gibt üppige Stickereien, dunkle geometrische Muster, grellbunte Löwen, Blumen und Schmetterlingsbilder, Batik- und Faltenröcke und auffälligen Silberschmuck, der von schlichten spiralförmigen Halsketten bis zu schwerem, klingendem Kopfschmuck reichen kann. Junge Mädchen erlernen früh die Stickkunst, der Grad ihrer Kunstfertigkeit trägt zu ihrem Ansehen bei. Muster knüpfen an lang tradierte Bräuche an und geben Eingeweihten Aufschluss über den sozialen Status der Trägerinnen. Aber auch neue Einflüsse, wie rosafarbene Handtücher und Plastikblumen, werden einfallsreich in die Garderobe einbezogen und halten sie lebendig. So werden traditionelle Haartrachten inzwischen auch zu T-Shirts und Hosen getragen, und alte Frauen färben neben Schärpen auch mal die Jeans ihrer Enkelinnen im Indigo-Bottich. Nur in den Museen sind die Kostüme eingefroren »stilecht«.

WEGWEISER 11

Miao-Markt bei Kaili

➤ S. 98/99, [d 4] ➤ [J 9]

CITS in Kaili organisiert Touren, 53 Yingpang Donglu, Kaili; Tel. 08 55/822 25 06; www.toguizhou.com/english; tgl. 9–17.30 Uhr; Chong'An: ca. 40 km nordwestl. von Kaili; Shidong: ca 80 km nordöstl. von Kaili; Anreise über Taijiang

Auch in den umliegenden Dörfern trifft man sich im Fünf-Tage-Turnus: Im kleinen Ort Chong'An beispielsweise, wo zwischen alten Mühlen und einem moosbedeckten daoistischen Tempel Schnaps, Pilze und Enteneier verkauft werden. Oder im winzigen Dorf Shidong, wo noch einige alte Holzhäuser den Fluss überblicken. Schon die Anreise führt durch wunderbare Landschaft, eine kurvenreiche Strecke vorbei an steilen Terrassenlandschaften, klaren Flüssen und traditioneller Holzarchitektur. Die Reise hierher ist noch recht abenteuerlich: Die Straßen sind nicht gut ausgebaut, Busse teils noch klapprig, Unterkünfte bestenfalls einfach.

Wie Prinzessinnen unter sich: Miao-Frauen in ihrer prunkvollen Tracht auf dem Wochenmarkt bei Kaili

Hilfsbereit und stets zur Stelle: Kleinstunternehmer mit mobiler Fahrradreparaturwerkstatt

SPORT UND ERHOLUNG

Mit dem Fahrrad durch Beijing

Wer China mit dem Fahrrad er-fährt, ist mitten drin. Vor allem in Beijing ist es das ideale Fortbewegungsmittel: Zum Laufen sind die Entfernungen der sehr weitläufigen Hauptstadt viel zu groß, im Taxi oder Bus zieht das Leben draußen vorbei – und man steht die halbe Zeit still, im Stau. Auf dem Fahrrad aber treibt der Reisende zwischen plaudernden Freundinnen und Lastenradlern auf Dreirädern dahin, lässt Sehenswürdigkeiten und Alltagsleben langsam vorbeigleiten und kann spontan absteigen, wenn etwas Interessantes am Wegrand auftaucht.

Besonders schönes Terrain sind die verwinkelten Altstadtgassen der Hutongs, wo hinter jeder Biegung ein neuer Anblick wartet. Schwungvoller fließt der Strom der Radfahrer auf den breiten, für Zweiräder reservierten Spuren der großen Straßen. Zwar mag der vorbeisirrende Schwarm zunächst anarchisch-gefährlich wirken, doch jeder fährt so flexibel und vor allem so langsam, dass das Fahren viel sicherer ist, als es scheint. Wer einfach mitfährt und sich dem Tempo anpasst, kann dabei viel Spaß haben. Es ist die perfekte Geschwindigkeit, um sich die Stadt anzueignen.

Beim Radeln ist es sinnvoll, sich an markanten Punkten zu orientieren. Die klassische Nord-Süd-Achse zum Beispiel, an der viele historische Sehenswürdigkeiten liegen, bietet sich als Richtung an: westlich vom Park des Himmelspalastes aus über die Qianmenjie nach Norden, vorbei am streng bewachten Tiananmen Platz (über den man das Rad nicht einmal schieben darf) und weiter an den Palastmauern entlang. Nördlich von hier folgen alte Viertel mit Alleen, schmalen Gassen und einigen kleinen Seen. Ein Stück geht es am Qianhai-See entlang, dann weiter Richtung Trommelturm, wo die moderne Verlängerung der historischen Achse beginnt: hinauf bis zum »Olympic Green« mit den beeindruckenden Bauten der neuen Sportstadien.

Wer ganz aus dem Parcours von Palästen, Tempeln und wichtigen Plätzen ausbrechen, wer das China abseits der Sehenswürdigkeiten entdecken möchte, der fahre einfach los: Richtung Stadtrand und noch ein bisschen weiter. Hier, wo Stadt in Land übergeht, wo der Fortschritt noch roh und unfertig ist und sich die Entwicklung in der Schwebe befindet, lässt sich erahnen, in welchen Umständen viele Chinesen wirklich leben.

Eine knappe halbe Fahrradstunde östlich der Stadt zum Beispiel, immer am Ost-West-Boulevard Changan Jie entlang: Dort, wo Kaiserpalast und World Trade Centre weit zurückliegen, grenzen ummauerte Villenviertel an einfache Ziegelhütten, gehen Golfplätze und Felder ineinander über. Mehrere Kilometer wuchern urbaner und ländlicher Lebensstil durcheinander: Kraftwerke und Schweine- oder Entengchöfte versorgen die Stadt, Eselskarren fahren Kohlebriketts aus und Jugendliche spielen am staubigen Straßenrand Billard. Solche Touren ins Ungewisse können die Augen öffnen, für Einblicke, die sich niemals planen lassen. Es ist kein Risiko, sich über Feldwege treiben zu lassen; die große Hauptstraße, die geradewegs ins Zentrum zurückführt, ist immer zu hören, und zur Not weisen Ansässige den Weg, die auch ohne gemeinsame Sprache wissen werden, wo der Ausländer hin möchte.

WEGWEISER 12

Fahrradfahren in Beijing

➤ Stadtplan Faltkarte, [AE 5] ➤ [L 5]

Mietfahrräder gibt es in den meisten Touristenhotels oder beim »Bird of Freedom« (Zixingche Chuzu Fuwuzhan 自行车服务站) in der Qianmen Dajie 47 (ggü. Qianmen Quanjude Roast Duck Restaurant); Tel. 010/63 13 10 10; tgl. 7-20 Uhr; 15-20 Y/Std oder 50-60Y/Tag, 300-600 Y Pfand. Geführte Radtouren z.B. bei www.bikechina.com Das Berliner Reisebüro China by Bike (www.china-by-bike.de) ist auf mehrwöchige Touren spezialisiert.

Sollte der »Phoenix« oder die »Fliegende Taube« eine Panne haben, ist Hilfe schnell zur Hand: An vielen Ecken hocken Kleinstunternehmer mit ihrer mobilen Werkstatt. Für ein paar »kuai« flicken sie Reifen, ziehen gerissene Ketten neu auf oder ersetzen defekte Bremsklötze.

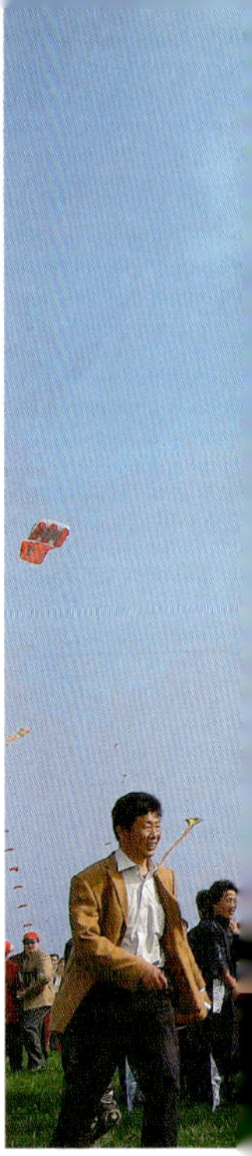

Höhenflüge: Golfen in Yunnan

Klack – ein kleiner weißer Ball fliegt vor hohen, ebenso weißen Bergen durch die Luft. Imposant ragen die schneebedeckten Gipfel des Jadedrachen-Schneebergs über dem feinen Rasen des gleichnamigen Golfplatzes auf, der mit seiner Lage auf 3100 Metern über dem Meer zu den höchsten der Welt gehört – übertroffen nur noch von einem Platz in La Paz.

Hier oben fliegen die Bälle weiter. Chinas Top-Golfprofi Zhang Lian Wei, der bei der Gestaltung des Platzes mitwirkte, trieb seinen Ball um rund 20 Prozent weiter als anderswo. Nicht verwunderlich also, dass es sich bei dem vom bekannten Golfarchitekten Neil Haworth entworfenen Platz um den derzeit längsten 18-Loch-Golfcourse weltweit handelt; seine 8548 Yards (ca. 7800 m) spielen sich wie 7000 Yards (ca. 6400 m) in tieferen Lagen. Die Caddies haben in ihren Golfbags neben Schlägersatz und Bällen vorsichtshalber auch Sauerstoffflaschen für die Spieler bei sich.

Golf gehört zu den neuen Lieblingshobbys von Chinas Superreichen; auf der Shanghaier Gala der reichsten Männer Chinas wurde es auf Platz zwei gewählt – gleich hinter Luxusfernreisen. Der erste Golfplatz eröffnete Mitte der 1980er-Jahre, doch erst in den letzten Jahren setzte ein regelrechter Boom ein. In den Kriterien »größer, höher, länger, schöner« brauchen die chinesischen Golferlebnisangebote den internationalen Vergleich nicht scheuen. Im abgelegenen, aber landschaftlich wunderschönen Südwesten würde man keine exklusiven Golfresorts von internationaler Klasse vermuten, und doch befinden sich hier neben dem Jade Dragon Snow Mountain Golf Club gleich mehrere besondere Plätze: Als bester Golfcourse Chinas gilt der »Spring City Golf & Lake Resort« nahe der Stadt Kunming, in wunderschöner Lage am See. Von hier könnte man über Dali (ebenfalls mit Golfplatz) weiterreisen nach Lijiang, wo der »Lijiang Ancient Citiy International Golf Club« auf 2600 Metern über dem Meer an das Spiel in Höhenlagen gewöhnt.

Und am Fuße des mythenumwobenen Jadedrachen-Schneebergs, wo einst Dongba-Priester ihre Riten durchführten und Yaks in Höhenlage grasen, golft man dann mit Hochvergnügen.

WEGWEISER 13

Jade Dragon Snow Mountain Golf Club
玉龙雪山高尔夫球俱乐部

➤ S. 98/99, [c 4] ➤ [G 9]

30 Min. von Lijiang; www.yunnangolf.com; 550–1050 Y (inkl. Green, Caddie, Buggy)

Um die riesigen Flugdrachen in die Luft zu befördern und dort zu manövrieren, ist voller Körpereinsatz gefragt.

BESONDERE FESTE

Drachenfestival Weifang

Drachensteigenlassen ist ein beliebter Freizeitsport in China. Auf Plätzen und in Parks kann man alte Männer beobachten, den Kopf tief in den Nacken gelegt und mit verzücktem Blick in den Himmel starrend, wo weit oben am Ende einer langen, unsichtbaren Schnur ein paar schwarze Punkte herumwackeln. Wer es spektakulärer möchte, sollte im April auf die Halbinsel Shandong in den Ort Weifang fahren, der als Ursprungsort der Drachenkunst gilt. Und noch immer blüht hier das Handwerk der Papier- und Seidendrachenherstellung.

Richtig lebendig wird es in den Tagen des Drachenfestivals, wenn Gäste aus aller Welt anreisen, um an Wettkämpfen und Flugshows teilzunehmen. Da kann man Wesen aller erdenklichen Größen und Formen in den Himmel steigen sehen: riesige Libellen mit feinen Flügeln, Tiger, bärtige Masken im Pekingopernstil und komplizierte, dreidimensionale Sterne.

Pure Lebensfreude drückt eines der mächtigsten Wesen der chinesischen Mythologie aus: der Drache.

Am Boden herrscht reges Treiben, oft werden viele Hände benötigt, um die großen, sperrigen Fluggefährte überhaupt in die Luft zu befördern: das lebensgroße Doppeldeckerflugzeug oder die längste Papierschlange der Welt. Zwischen ihnen tanzen Seepferdchen, Fische und Oktopusse mit langen Tentakeln. Die Zuschauer stehen dicht gedrängt mit gereckten Köpfen und stieben ab und zu auseinander, wenn ein Wind zu stark war und ein Fluggeschöpf kopfüber nach unten saust. Natürlich fehlen auch die klassischen chinesischen Drachen nicht; ein beliebter Fototermin ist der neben dem mannshohen Kopf eines solchen, mit aufgerissenem Maul und kullernden Augen, dahinter der lange, schlangenförmige Körper.

In alten Zeiten wurden auch Menschen mit den Drachen in die Lüfte gehoben: Die hölzernen Flugobjekte waren zur militärischen Aufklärung im Einsatz. Andere wurden zum Ziehen von Wagen und Schiffen benutzt. Erste Beschreibungen von Drachen aus Papier und Seide, die über Rahmen gespannt wurden, stammen aus der Tang-Zeit (7. bis 10. Jh. n. Chr.). Das örtliche Museum zeigt besonders kunstvoll gearbeitete Stücke aus den letzten Jahrhunderten. Faszinierend ist auch der Besuch in einer Manufaktur, von der es hier eine ganze Reihe gibt: Das Gerüst des Drachens wird aus feinen Bambusspalten hergestellt, die über einer Flamme gebogen werden. Mit Seide bespannt wird es schließlich handbemalt. Einige haben dreidimensionale Köpfe; die klassischen Vogeldrachen auch eingehängte Beine, um eine realistische Landung zu imitieren. Der Reiherdrachen schlägt sogar mit den Flügeln und gibt so ein täuschend echtes Bild ab. Weifang bezeichnet sich nicht umsonst als Welthauptstadt der Drachenkunst.

WEGWEISER 14

Drachenfestival Weifang 潍坊

➤ S. 98/99, [e/f 3] ➤ [M 6]

Provinz Shandong; Mitte April; Anreise per Bahn über Qingdao (ca. 2 Std.); Übernachtung im Farrington Hotel (Fuwah Binguan), 168 Fushou Lu, am Vergnügungspark; Tel. 05 36/888 19 88; 320 Zi. ●● MASTER VISA

Laternenfest in Pingyao

Die Feierlichkeiten zum chinesischen Neujahrs- oder Frühlingsfest dauern 15 Tage. Und während der tosende Auftakt dieses Festes mit kollektivem, ohrenbetäubendem Geböller, familiärem Aufruhr und vor allem heillos überfüllten Hotels und verstopften Zügen für Außenstehende eher anstrengend sein kann, ist der Abschluss mit dem »Laternenfest« umso schöner. Die Zeit der Familienbesuche ist nun vorbei, das öffentliche Leben nimmt wieder seinen gewohnten Lauf. Bunt und farbenfroh sind jedoch die Jahrmärkte auf Plätzen und in Tempeln. Schausteller und Straßenkünstler geben Vorführungen, Händler und Kunsthandwerker preisen ihre Waren an. Im Mittelpunkt stehen die wunderbaren Papier-Laternen. Besucher bewundern die mit großer Sorgfalt gefertigten Fabelwesen, Tierkreiszeichen, majestätischen Paläste, legendären Figuren oder prächtigen Blumen – der Kunstfertigkeit scheinen keine Grenzen gesetzt. Das traditionelle Fest, dessen Ursprünge bis auf die Han-Dynastie zurückgehen und das vor allem zur Qing-Dynastie ausgiebig zelebriert wurde, erlebt nun in manchen Orten eine Wiederbelebung. In Shanghai wird es im Yuyuan-Garten begangen, in Beijing präsentiert der taoistische »Tempel der Weißen Wolke« (Baiyun Guan) ein lebendiges Spektakel. Besonders eindrucksvoll erlebt man das Fest im historischen Städtchen Pingyao. Vor der Kulisse der alten Ladenfronten in den Kopfsteinpflasterstraßen wirken die vielen roten Laternen, die sanft im Wind schwingen, umso hübscher. Schon zum Neujahrstag wurden Türen und Rahmen mit roten Spruchbändern und Scherenschnitten geschmückt. Segenswünsche, Verse und Symbole für Wohlstand und Glück zieren fast jedes Haus, und so vibriert der Ort vor lebendiger, alter Kultur. Abends ziehen Kinder mit Laternen durch die Straßen. Man isst »Yuanxiao«, süße Klebreisbällchen mit Sesam- und Walnussfüllung, mit einer süßen Suppe. Laut und bunt geht es auf der Liugen Lu zu. Immer wieder gehen Feuerwerk und Böller los, mechanische Puppen und Spielautomaten dudeln auf dem Jahrmarkt. Oben auf der mingzeitlichen Stadtmauer sind die schönsten Laternen ausgestellt; so leuchten hoch oben über dem Ort feinste Papiergebilde in allen Formen und Farben. Und auch der Blick über die Dächer ist wunderschön; vor jedem Haus brennen rote Lampions. Ist Schnee gefallen, wirken die Laternen umso malerischer.

WEGWEISER 15

Laternenfest (Dengjie) 灯节

➤ S. 98/99, [d/e 3] ➤ [K 6]

Zum Vollmond, am 15. Tag des ersten Mondmonats; 9. Februar 2009; 28. Februar 2010. Pingyao ist per Nachtzug direkt von Beijing erreichbar. Hotels und weitere Informationen → S. 206

SEHENSWERTES

Das Grab des Han-Kaisers Jingdi

Die Terrakotta-Armee des Ersten Kaisers ist weltberühmt. Entsprechend groß ist der Andrang; über 40 Millionen Besucher kamen seit 1978.

Kaum bekannt ist, dass auch spätere Kaiser tönerne Gefolgschaften mit ins Grab nahmen. Ein Beispiel sind die Terrakottafiguren aus dem Grab des Han-Kaisers Jingdi, das ebenfalls in der Umgebung von Xi'an liegt und sehr viel weniger besucht wird. Obwohl die Figuren hier nur knapp hundert Jahre später angefertigt wurden, unterscheiden sie sich doch deutlich von ihren bekannten »Vorfahren«: Sie sind klein, deutlich schmächtiger und stellen Menschen des Hofes dar: Eunuchen, Beamte, Frauen und Bedienstete lächeln dem Besucher entgegen. Faszinierend ist es, weil die vielfältigen Gestalten, die bisher ausgegraben wurden, Einblicke in tägliches Leben statt in militärische Strategie geben. Da im alten China das Jenseits als eine Weiterführung des Lebens auf Erden angesehen wurde, ist der Blick in diese Gräber so etwas wie ein Blick in andere Jahrhunderte und ihre Wertevorstellungen. Kaiser Jingdi (188–141 v. Chr.), der vierte Kaiser der Han-Dynastie, galt als gütiger, mildtätiger Kaiser, der seine Herrschaft auf das daoistische Konzept des Nicht-Handelns (»wuwei«) gründete. Dieses empfiehlt eine Anpassung an den natürlichen Rhythmus des Universums, und damit ein Zurücknehmen der eigenen Macht und Person: »Wer danach strebt, sein Volk zu führen, muss seine Person ihm hintanstellen«, heißt es im daoistischen Klassiker Dao De Jing, und auch: »Wer die Macht begehrt und aktiv versucht, dies zu erreichen, dem wird dies misslingen.«

WEGWEISER 16

Grab Yangling des Han-Kaisers Jingdi (Han Yangling) 韩阳陵

➤ S. 98/99, [d 3] ➤ [J 7]

20 km nördlich von Xi'an; Tel. 0 29/3 71 53 73; tgl. 8–19 Uhr; Eintritt 45 Y, Dez–Feb 30 Y

Kaiser Jingdi senkte Steuern und Strafmaße, verhandelte mit Nachbarvölkern in Diplomatie – anders als der Erste Kaiser hundert Jahre zuvor. Die Periode der wirtschaftlichen Blüte und des Friedens spiegelt sich in den Grabbeigaben wider: Die Armee spielt eine Nebenrolle. Neben den schmalen, schlan-

Die kreisrunden Erdhäuser der Hakka-Ethnie dienen als befestigtes Dorf. Jede Familie bewohnt ein »Tortenstück«.

ken, etwa 70 Zentimeter hohen Figuren gibt es Küchen und Vorratskammern, damit der Kaiser auch im Jenseits im Überfluss leben konnte. Selbst der »Kalte Palast«, in dem die Gattinnen und Konkubinen lebten, derer der Kaiser überdrüssig geworden war, ist vorhanden.

Ausgrabungsschächte wurden mit dickem Plexiglasdach versehen, sodass sich der Besucher direkt über den Originalfundplätzen befindet und sie sich aus der Nähe ansehen kann. An einigen Stellen kann man Archäologen bei der Arbeit zusehen. Momentan wird der Erdhügel, unter dem sich die eigentliche Grabkammer befindet, abgetragen. Es bleibt also spannend!

Die Anreise zum Grab kann umständlich sein, zumal manchmal unterschiedliche Namen verwendet werden (Grab Jingdi; Grab Yangling; Han Jing Mausoleum). Manche Reiseagenturen bieten den Besuch im Rahmen der »westlichen Tour« um Xi'an an. Mehr Zeit hat, wer sich ein Taxi chartert (ca. 200 Y für einen halben Tag). Das Grab liegt nördlich von Xi'an an der alten Straße zum Flughafen, der Besuch lässt sich also auch mit der Fahrt zum Flieger verbinden. Nehmen Sie Proviant mit, vor Ort gibt es keine Restaurants.

Erdhäuser der Hakka

In den 1960er-Jahren erspähten US-amerikanische Satelliten riesige kreisrunde Gebäudestrukturen in den bewaldeten Hügeln gegenüber von Taiwan. Man hielt sie für nukleare Teststationen. Tatsächlich handelte es sich bei den mysteriösen Bauten um jahrhundertealte Wohnhäuser der Hakka-Ethnie, die vor fast 1500 Jahren aus dem Norden Chinas hierher emigrierte und in der neuen Heimat nicht auf große Zuneigung stieß. Bald began-

nen die Hakka, festungsartige Erdhäuser (»tulou«) aus gestampftem Lehm zu bauen, um sich vor Eindringlingen und wilden Tieren zu schützen.

Es sind wuchtige Bauten, die von außen wie mächtige Trutzburgen wirken. Massiv ragen vier oder fünf ockerfarbene Stockwerke in die Höhe, nur in den oberen Etagen gibt es kleine Fensteröffnungen. Das Innere aber wirkt familiär, gesellig: Hinter einem massiven Tor öffnet sich der Bau in einen Innenhof voller Leben. Hühner laufen herum, Menschen waschen Gemüse oder kochen, in einem Ahnentempel glimmen Räucherstäbchen vor vergilbten Fotos. Der Bau ist mit hölzernen Wandelgängen und Balustraden versehen, die unzählige kleine Kammern erschließen. Bis zu 400 Personen wohnten in einem Rundhaus: ein ganzes Dorf in einem Haus. Die Wohnsegmente sind vertikal angeordnet, jede Familie wohnt vom Erdgeschoss bis unters Dach. Brandfeste Mauern unterteilen das Rund in acht Abschnitte, so bildet das Gebäude ein riesiges »Bagua«, ein achtseitiges Diagramm daoistischer Philosophie.

Bis zu 20 000 Erdhäuser soll es geben. Sie liegen verstreut in entlegenen Gebieten der Provinz Fujian. Inzwischen sind einige Siedlungen an gute Straßen angebunden, und ihre Bewohner entwickeln ein Gespür für den Tourismus: Bei Yongding wurden Erdhäuser zum »AAAA Touristic Spot« erklärt; einem kulturellen Ziel ersten Ranges. Mehrere Dutzend Erdhäuser verschiedenster Formen liegen hier an einem malerischen Fluss.

Das kleine »Rusheng Lou« umfasst nur 16 Zimmer, der »Prinz der Rundhäuser«, »Zhengcheng Lou«, ist ein gewaltiger Komplex. Seine grandiose Struktur besteht aus zwei Kreisen; einem niedrigen, inneren, und einem vierstöckigen, äußeren. Einige der 222 Zimmer werden an Gäste vermietet. Die Räume sind klein und simpel; ausgestattet nur mit einem harten Holzbett, einer Glühbirne, einer Thermoskanne und einem Nachttopf. Es ist eine spartanische, aber lohnende Nachtruhe: Wenn der Trubel des Tages verklungen ist, kommt der Zauber dieser Bauten richtig zur Geltung. Auf der Balustrade sitzend, blickt der Gast in das Rund der sonnengedunkelten Holzgalerien; über dem Schindeldach wölbt sich ein funkelnder Sternenhimmel. Die Trutzburg vermittelt ein Gefühl von Geborgenheit und Zusammenhalt, aber auch Weite. Ihre Bewohner orientierten sich jahrhundertelang nach innen und hielten die Bräuche der Hakka-Kultur lebendig. An einem solchen Abend hat man Teil an der Gemeinschaft im Rund.

WEGWEISER 17

Erdhäuser der Hakka

➤ S. 98/99, [e 4] ➤ [M 9]

Im Dorf Hukeng bei Yongding 永定, Provinz Fujian; Anreise von Xiamen per Bus in knapp 3 Std.; Taschenlampe und Moskitoschutz mitbringen; Übernachtung im »Zhengcheng Lou« bei Herrn Liu; Tel. 0597/55 313 69 •

Akrobatik, Pantomime und Musik: Die Pekingoper ist ein Erlebnis für die Sinne – und die Nerven.

AM ABEND

Im Ur-Haus der Pekingoper

Becken scheppern aufeinander, ein zunächst langsames Klappern steigert sich zum dramatischen Höhepunkt, tosend erklingt ein Gong – und der Held mit grell bemaltem Gesicht wirbelt auf die Bühne, sein seidenes Gewand bauscht sich im Sprung. Pekingoper ist ein Erlebnis für Sinne und Nerven; musikalisch nicht jedermanns Sache, ist die Mischung aus Akrobatik, Pantomime und Kampfkunst visuell ein eindruckvolles Schauspiel.

Besonders stilvoll wohnt man einer Aufführung im Zheng-Yi-Ci-Theater bei, der ältesten Opernbühne Chinas. In dem alten Gebäude, das 1667 ursprünglich als Tempel errichtet wurde, spielte man schon vor gut 200 Jahren. Die Pekingoper selbst ist relativ jung; sie ist eine Mischung verschiedener lokaler Opernformen, von denen es Hunderte im Land gab.

Historisch bedeutsamer ist die Kun-Oper, die ebenfalls im Zheng Yi Ci gespielt wird. Kaiser Qianlong (Regierungszeit 1736–1795) war vor allem von den südlichen Schulen angetan und ließ zu seinem 80. Geburtstag Darsteller aus verschiedenen Regionen anreisen, die diese neue Opernart entwickelten. Bis ins 20. Jahrhundert hinein war sie sehr beliebt. Ältere Menschen kennen oft noch jeden Schritt und jede Arie. Handlungen und Figuren sind bis ins Detail festgelegt, selbst die Mimik folgt einer symbolhaften Choreografie. Gewänder und Maske geben Aufschluss über die Charaktere. Blasse Männer mit pinkfarbener Augenpartie sind die heldenhaften Hauptdarsteller »Sheng«. Ihr weiblicher Gegenpart »Dan« wurde traditionell ausschließlich von Männern gespielt. Spaßmacher, sogenannte »Chou«, wirken schon durch ihre weiße Bemalung um Nase und Augen lustig. Die »Jing«, stattliche, bärtige Figuren, deren Gesichtszüge hinter bizarren Masken fast verschwinden, können Abenteurer, Bösewichte oder Krieger sein, je nach der Bemalung. Die Vorführungen wurden deutlich verkürzt; akrobatische Szenen überwiegen, in denen viele Charaktere auftreten. Die Stimmung ist gelassen; an kleinen Tischen unterhält man sich, trinkt Tee und knabbert Erdnüsse. Wer möchte, kann ein Peking-Enten-Menü verspeisen.

WEGWEISER 18

Zheng Yi Ci Theater (Zhengyici Juchang)
正乙祠剧场
➤ Stadtplan, [AE 5] ➤ [L 5]
220 Qianmen Xiheyanjie, Qianmen, Beijing; Tel. 010/83 15 16 49; U-Bahn He Ping Men; tgl. 19.30–21 Uhr; Tickets ab 150 Y; Entenmenü 110 Y

Fast vergessene Klänge

Der Besuch des Naxi-Orchesters ist zunächst ein visuelles Erlebnis: Eine stattliche Truppe uralter Männer mit weißen Ziegenbärten und runzligen Gesichtern geleitet sich gegenseitig in würdevoll glänzenden, bodenlangen Roben von brillanter Farbenpracht auf die Bühne. Dann setzen die alten Herren zum Spiel an und ungewöhnliche Klänge aus einer anderen Zeit erfüllen den Raum. Noch aus der Tang- und Songzeit sollen einige dieser Stücke stammen, die im restlichen Land verloren gingen und hier nun jeden Abend eine große Zuhörerschaft finden.

Der Leiter des Orchesters, Xuan Ke, führt auf Englisch und Chinesisch in die Stücke ein. Es gibt Suiten, sogenannte »Baisha Xiyue«, die seit den Eroberungsfeldzügen des Kublai Khan im 13. Jh. hier gespielt werden. Dieser vermachte sein halbes Militärorchester samt Notenblättern der Stadt, nachdem ein lokaler Herrscher seinen Truppen über den Fluss geholfen hatte. Andere Stücke, sogenannte »Dongjing Opern«, mit klangvollen Namen wie »Lied des Wasserdrachens« oder »Wellen, die den Sand waschen«, gehören zu einer Form der rituellen Musik, die von daoistischen Mönchen gesungen wurde. Doch nicht nur die Stücke, auch einige Instrumente sind einzigartig: So das Saiteninstrument »Sugudu«, das ursprünglich aus Ägypten stammte und zur kosmopolitischen Tangzeit über Indien nach

Alte Männer spielen noch ältere Musik: Ein Konzert des Naxi-Orchesters ist ein außergewöhnlicher Genuss.

Yunnan gelangte, sich aber im restlichen Land nie etablieren konnte. Andere, wie die lautenähnliche Pipa, die zweisaitige Fiedel Erhu oder die Guzheng-Zither, aber auch Flöten und Schlagwerk, sind klassische chinesische Instrumente.

Der Forscher Peter Goullart beschrieb die Musik im Jahr 1940 als »Jubellied des universellen Lebens, unberührt von den Konflikten des menschlichen Daseins; eine Musik der Götter, eine unvergängliche Musik dieses friedlichen, gelassen-heiteren Landes«. Die Kulturrevolution allerdings überlebte sie nur knapp: Die Musiker vergruben viele der alten Instrumente und probten heimlich weiter. In den Achtzigern fast ausgestorben, wurde die alte Tradition 1987 mit der Gründung des Naxi-Orchesters durch Xuan Ke neu belebt. Er selbst hatte wegen Kritik an der kommunistischen Regierung 21 Jahre im Gefängnis verbracht, heute aber steht er stolz auf der Bühne und präsentiert sein Ensemble, dessen Musik allenthalben als »lebendes Fossil« gerühmt wird.

Manche der Künstler sind inzwischen verstorben und durch junge Musiker ersetzt worden. Die Alten aber sitzen versunken auf ihren Stühlen, warten mit stoischer Miene auf das nächste Stück und scheinen schon mal einzuschlafen, wenn Xuan Ke seine ausschweifenden Erläuterungen zu den 23 Stücken und antiken Instrumenten mit allerhand Anekdoten ausschmückt. Doch noch vor dem nächsten Gong, rechtzeitig zum Einsatz, sind alle wieder aufmerksam dabei.

WEGWEISER 19

Naxi-Orchester (Naxi Guyue Hui) 纳西古乐会

➤ S. 98/99, [c 4] ➤ [G 9]

In der Naxi Music Academy, Dong Dajie, Lijiang; Konzerte tgl. 20–21.30 Uhr; Eintritt 100–140 Y. Achtung! Schräg gegenüber, im »Dongba Palace«, findet eine schlechte Kopie in der Version der Regierung statt.

Märchenhaftes Musical

Die Gegend um Guilin ist berühmt für ihre malerische Flusslandschaft mit an den Ufern aufragenden Karstbergen und schmalen, still dahingleitenden Fischerflößen. Abends schicken Kormoranfischer ihre Vögel zum Fang; die kleinen, nur von Öllampen beleuchteten Boote treiben wie Scherenschnitte auf dem glatten Wasser. Dieses romantische Szenario gibt es heute allerdings fast nur noch für Touristen.

Die arbeitslosen Fischer haben eine neue Beschäftigung gefunden: als Darsteller eines gigantischen Musicals. Für die spektakulären »Impressionen von Liu Sanjie« spielen Hunderte Darsteller auf dem Fluss vor natürlicher Kulisse. Erzählt wird ein altes Folklore-Märchen, das hier in der Gegend der Zhuang seinen Ursprung hat. Die Geschichte dreht sich um ein Mädchen namens Liu Sanjie, die »dritte Schwester der Familie Liu«. Sie singt so schön, dass ein raffgieriger Landbesitzer sie zur Frau haben will. Sie aber flieht gemeinsam mit ihrem Liebsten – und hinterlässt eine Spur von wunderbaren Gesängen: Überall dort, wo sie entlang reisen, klingen ihre Lieder nach, die daraufhin in der ganzen Region bekannt werden. Es sind Lieder von Liebe, Freiheit und der Auflehnung gegen Unterdrückung

Show auf dem Li-Fluss: das gigantische Musical »Impressionen von Liu Sanjie«. Hier 200 Zhuang-Mädchen beim großen Finale.

und Ausbeutung. Doch die Geschichte ist in diesem Fall nebensächlich. Es ist vor allem ein visuelles Erlebnis, das den Besucher erwartet: Beeindruckende Lichteffekte und Farben setzen Tänzer und Fischer in Szene, die auf dem Wasser vor dem entrückt-schönen Panorama spielen. Zwölf Karstberge bilden das märchenhafte Bühnenbild, Mond und Sternenhimmel tun ihr Übriges. Keine Aufführung gleicht der anderen, denn unter freiem Himmel spielen auch Wind und Wetter ihre Rollen. Da die Zuschauer vor der zwei Kilometer langen Flussbühne im Freilichtamphitheater sitzen, kann die Vorstellung bei schlechter Witterung schon mal ausfallen.

WEGWEISER 20

Impressionen von Liu Sanjie (Yinxiang Liu Sanjie) 印象刘三姐

➤ S. 98/99, [d 5] ➤ [K 9]

Bei Yangshuo, Autonome Region Guangxi;
Tel. 07 73/ 88 119 82; www.yxlsj.com;
tgl. 20 Uhr, Dauer ca. 70 min; Eintritt ab 200 Y

Die Bilder bleiben lange in Erinnerung: Die Berge verschwinden im Dunkel der Nacht, ein erleuchtetes Boot taucht auf. Hunderte Fackeln erhellen die Szene, auch sie treiben auf Fischerbooten. Licht und Farben läuten verschiedene Kapitel ein: Mal scheint das dunkle Wasser scharlachrot gefärbt, und schimmernde, seidene Stoffbahnen wirbeln zu Sturmböen auf. Dann tanzen goldene Fischernetze im Wasser oder Hirten führen ihre Wasserbüffel vor grün illuminierten Bergen nach Hause. Schließlich wird es still, auf einer einzelnen riesigen Mondsichel tanzt die Hauptdarstellerin ihren Abschiedstanz. Beim großen Finale treten 200 Zhuang-Mädchen in traditionellen Kostümen mit silbernem Kopfschmuck singend vor die Zuschauer.

Inszeniert wurde das Musical von dem Star-Regisseur Zhang Yimou, der auch bei der Eröffnungszeremonie der Olympischen Spiele in Beijing Regie führte. Er sieht in der Kommerzialisierung der lokalen Kultur eine große Chance für die Bevölkerung in Guangxi: Die Darsteller, die größtenteils aus den umliegenden Dörfern rekrutiert wurden, verdienen mit ihren Auftritten wesentlich mehr als mit Feldarbeit und Fischfang. Und so soll das touristische Spektakel auch die wirtschaftliche Unterstützung einer armen Region fördern. Eindrucksvoll ist es in jedem Fall.

IN-TREFFS

Glamour-Nächte

Möglichst verrückt wollen sie sein – exzentrisch, glamourös, in Seide gehüllt. Mit Gucci-Tasche unterm Arm und Versace-Sonnenbrille auf der Nase, auch in der dunkelsten Bar, streifen Shanghaier Mädchen durch das Nachtleben. Die Stadt mit der schillernden Vergangenheit lädt wieder zum Tanz.

»Paris des Ostens« wurde sie in ihrer kolonialen Glanzzeit genannt, auch »Hure des Orients«. Das Shanghai der 1930er gilt als lasterhaft und elegant, mondän und korrupt. Opiumhöllen und Bordelle wurden von Gangsterbossen regiert, und wer zu deren Partys geladen war, gehörte zum Establishment. Mit diesem Image kokettiert man heute. In edlen Bars und Nachtclubs setzt sich in Szene, wer zum jungen, wilden Shanghai gehören will, und folgt dabei einem nostalgischen Sog nach den verrucht-glamourösen alten Zeiten.

Auch brave Mädchen schmeißen sich in Schale, wollen nach einem Tag im Büroturm ihre neuen Freiheiten ausloten. Ihre Vorbilder sind zwei Stars der Literaturszene: Mian Mian und Wei Hu, Chronistinnen des Nachtlebens. Ihre Geschichten um Sex, Drogen und verzweifelte Liebe sind in China als dekadent und pornografisch verboten – dennoch kennt und liest sie fast jeder urbane junge Chinese, und vor allem jeder Ausländer.

In der Buddha-Bar oder der Bar Rouge hofft man, sie zu treffen und einen Hauch ihrer Starallüren beobachten zu können. »Wie ein farbenprächtiges Feuerwerk«, so Wei Hu in ihrem Roman »Shanghai Baby«, möchte sie »mit lautem Getöse in den Himmel über der Stadt aufsteigen« – aber wo das passiert, weiß man nie, ändert sich das Nachleben doch so schnell wie eine verglühende Leuchtkugel.

WEGWEISER 21

The Glamour Bar

➤ S. 232/233, [d 2] ➤ [N 7]

6. Etage, Bund Nr. 5 (Ecke Guangdong Lu), Shanghai; Tel. 021/63 50 99 88, Fax 63 22 00 99; www.m-onthebund.com

Hotspot des Shanghaier Nachtlebens: In der »Glamour Bar« ist die Chance groß, etwa der Autorin des Skandalromans »Shanghai Baby« zu begegnen.

Die »Glamour Bar« scheint zu den zuverlässigen Orten zu gehören, die auch nach Jahren immer noch angesagt und schick sind. In einem Kolonialbau direkt am Bund, eingerichtet in mondän-modernem Stil, bewundert man sich und andere zwischen zarten, handgemalten Wandbildern und zahlreichen Spiegeln. Die Gläser, die über dem Tresen hängen, funkeln wie ein riesiger Kronleuchter. Und wenn die berühmten Nachteulen nicht vorbeikommen, kann man auch anderen lauschen: DJs lassen mit ihrer Musik die 1920er-Jahre wieder aufleben, Qipao-Fashion-Designer laden zum Tee, hippe Schriftsteller präsentieren ihre neuesten Werke. Alles »very glamorous, very Shanghai«.

Spiel mit der Zeit und mit der Perspektive: Köpfe des Kommunismus in einer Ausstellung im Kulturviertel »Dashanzi«

Die angesagtesten Künstlerviertel Chinas

Die Zahl 798 ist zum Synonym für die zeitgenössische chinesische Kunstszene geworden, ursprünglich ist es die Nummer einer Fabrikhalle am Rande Beijings. Hier siedelten Mitte der 1990er-Jahre Chinas junge, aufstrebende Künstler, die die billigen Flächen als Ateliers und Wohnräume nutzten. Galerien und Cafés folgten, und mit dem einsetzenden Hype um die chinesische Kunst stieg das »798 – Dashanzi« zum Trendviertel auf.

Heute trifft sich hier die internationale Kulturszene zu Vernissagen und Partys, Neugierige und Trendbewusste schlendern von Galerie zu Galerie und kaufen ausgefallenes Design. Ein labyrinthisches Viertel mit bröckeligem Industriecharme; zwischen den grauen Gebäuden stehen Pfützen, innen rosten die Heizungsrohre, und in manchen Hallen prangen noch Slogans vom »Vorsitzenden Mao, der roten Sonne, die in unserem Herzen scheint« an der Wand. Die schlichte Ästhetik der Hallen, Ende der 1950er-Jahre von ostdeutschen Architekten im Bauhaus-Stil entworfen, paart sich nun mit kreischenden Pop-Art-Gesichtern oder grimmigen Skulpturen.

Ein Großteil der Arbeiten wird vor allem für den internationalen Kunstmarkt produziert. Fashion-Designer nutzen das besondere Flair als Hintergrund für Shows und Galas. Das lukrative Imagepotenzial des modischen Kulturviertels hat inzwischen selbst die Regierung erkannt und den Komplex, dem schon der Abriss drohte, 2006 zum Industriedenkmal ernannt.

Kontext und Hintergründe eröffnet das »Ullens Centre for Comtemporary Art« (UCCA). Das 2007 eröffnete private Kunstmuseum ermöglicht durch sorgfältig kuratiertes Programm einen neuen Blick auf die verwirrende, dem Laien wenig erschlossene chinesische Kunstszene. In einem schicken White Cube werden Retrospektiven bedeutender Künstler und Strömungen gezeigt; eine Bibliothek ergänzt die Vermittlungsarbeit. Ein Restaurant bietet Ruhe nach dem Sturm der vielfältigen Bilderfluten.

Der Kommerzialisierung mit steigenden Mietpreisen haben viele Künstler inzwischen allerdings den Rücken gekehrt und ein paar Kilometer weiter ein neues Viertel gegründet. »Caochangdi« ist (derzeit noch) weniger belebt und angesagt als »798«, beherbergt aber die interessanteren Galerien. Das »China Art Archives and Warehouse« des Künstlers Ai Weiwei war eine der ersten, die sich hier ansiedelten. Inzwischen ziehen andere nach. Die Schweizer Galerie »Urs Meile« gehört zu den wichtigsten Venues, sie zeigt junge chinesische Gegenwartskunst, darunter Arbeiten von Ai Weiwei, Xie Nanxing, Li Dafang und Wang Xingwei.

Interessant sind auch der große Komplex »East End Arts« und die »Platform Gallery«. Konzeptionelle Arbeiten werden neben Fotografie, Video, Skulptur und Installationen, Musik und Performances gezeigt. Das Café des »Universal Studios – Beijing« etabliert sich als Treffpunkt der Bohème; dazwischen aber finden sich weiterhin einfache Nudelstände und Dreiradkarren.

WEGWEISER 22

Künstlerviertel in Beijing

➤ Stadtplan, [nordöstl. AH 1] ➤ [L 5]

Da die Adressen für Taxifahrer nicht immer leicht zu finden sind, ist es ratsam, die Telefonnummern der Galerien dabei zu haben; per Handy kann sich der Fahrer so dirigieren lassen.

798 – Dashanzi 大山子, Chaoyang, Beijing; ca. 30 Min. nordöstl. des Stadtzentrums; am Airport Expressway, Ausfahrt Jiuxianqiao Lu; Galerie: Dashanzi Art Zone, Tel. 010/64 37 62 48, www.798space.com; Museum: Ullens Centre for Contemporary Art (UCCA), Tel. 010/64 38 66 75, www.ullens-center.org; Di–So 10–19 Uhr; Eintritt 30 Y, erm. 10 Y, Do freier Eintritt.

Caochangdi 草场地 5 km weiter nördl., jenseits der 5. Ringstraße, 104 Caochangdi Cun, Cui Gezhuang Xiang, Beijing; Galerien: China Art Archives and Warehouse (CAAW), Tel. 010/84 56 51 52, www.archivesandwarehouse.com; Galerie Urs Meile, Tel. 010/64 33 33 93, www.galerie-meile.ch; East End Arts, Tel. 010/80 96 56 16, www.eastendart.net

BESONDERE ORTE

Jiayuguan – das letzte Fort der Mauer

Hinter den Zinnen breitet sich die Ödnis aus, umschlossen von schneebedeckten Gipfeln der Qianlong-Gebirgskette und dem bedrohlich-dunklen Massiv der »Schwarzen Berge«. Die mächtige Lehmfestung Jiayuguan ist ein verlorener Ort. Das Ende der Welt.

So empfanden es die Chinesen, für die das 1372 erbaute Fort über Jahrhunderte letzter Außenposten der zivilisierten Welt war. Hinter dem »ersten Pass unter dem Himmel« folgte nur noch feindliches, barbarisches Wüstenland. Innerhalb der mächtigen, zehn Meter hohen Mauern waren Heere von bis zu 30 000 Soldaten stationiert, Wachen spähten von den Ecktürmen, auf Pferden ritt man an den Zinnen entlang.

Zwei Tortürme führen ins Fort: einer gen Osten, wo China liegt. Ihm ist ein Tempel und eine offizielle Empfangshalle für Würdenträger vorgelagert. Der andere gen Westen, Richtung Feindesland. Von hier brachen Abenteurer in unbekannte Gebiete auf, Expansionsfeldzüge sicherten das Gebiet. Die meisten Scheidenden aber gingen unfreiwillig durch das »Seufzertor«; ihr Weg führte geradewegs in die Verbannung. Auf die in Ungnade gefallenen Mandarine, Sträflinge oder politisch Exilierten wartete nur noch die Wüste, die sich über endlose 1600 Kilometer bis zum Pamirgebirge erstreckt. Unzählige melancholische Gedichte und sorgenschwere Zeichen wurden im Lauf der Jahrhunderte in die Wand des Torgangs geritzt – traurige Verse von Verdammten, die vielleicht nie wiederkehrten. Selbst zu Maos Zeiten war die westliche Provinz Xinjiang ein Ort der Straf- und Arbeitslager.

WEGWEISER 23

Jiayuguan 嘉峪关

➤ S. 98/99, [c 2/3] ➤ [G 5]

An der Bahnstrecke an der alten Seidenstraße, ca. 9 Zugstd. von Lanzhou, 5 Zugstd. von Dunhuang; Provinz Gansu. Hotel: Taihe Shanzhuang 太和山庄, am Jiayuguan Fort, ca. 5 km vom Bahnhof; Tel. 09 37/639 66 22; 7 Zi. •

Hinter diesem »Mund« erstreckt sich Chinas »Rachen« ins Landesinnere: Als natürliche Passage zwischen Gebirgszügen und Wüste war und ist der Hexi-Korridor der einzige Weg ins Land. Wie in einem schmalen Nadelöhr liefen hier die Handelswege aus Zentralasien zusammen.

Als Kontrollposten war das Fort strategisch immens wichtig. Unbezwingbar sollte es sein, und doch wirkt es eher verloren in seinem verzweifelten Versuch, Sand und Wüstenstürmen zu trotzen. Pavillons krönen seine Tore, doch die Farbe ihrer scharlachroten Säulen ist abgeblättert. Trotz regelmäßiger Renovierung frisst der Wüstensand am Gemäuer. Die

Ehemals Außenposten der zivilisierten Welt: Lehmfestung Jiayuguan, Endpunkt der chinesischen Mauer.

verzierten Balken der Dächer wirken fremd in der Unwirtlichkeit.

Man kann hier übernachten: Direkt neben dem Fort befindet sich ein kleines Gasthaus im Stil eines Hofhauses. Die Zimmer sind einfach, abends bietet der Innenhof mit seinen hübschen Blumenbeeten nichts außer Stille und einen sagenhaften Sternenhimmel. Ein Museum liegt gleich neben der ming-zeitlichen Festung. Tagsüber tummeln sich hier Touristen, die vor dem Tor Kamele reiten und sich in antiker Soldatenrüstung fotografieren lassen. Zur Dämmerung aber ist alles verlassen. Dunkle Wolken ballen sich vielleicht zusammen, der Wind rüttelt an den alten Toren. Ein paar Kamele lagern im Wüstenstaub, eine Bahn pfeift auf ihrem Weg durch den Hexi-Korridor. Etwas von der Stimmung dieses einsamen Ortes und seinen jahrhundertealten Abschieden und Ängsten lässt sich erahnen.

Winzerdorf »Kleine Quelle«

Das kleine Dorf Zhoujiacun liegt in einem Flusstal am Rand der Wüstenprovinz Gansu. Die Wände der Häuser sind aus gestampftem Lehm, die geschwungenen Dächer aus gebrannten Ziegeln; Ton in Ton fügen sie sich in die trockene Landschaft. Bündel von Chilischoten hängen an den Türen, gelb-schwarzer Mais trocknet um Baumstämme gewickelt. Kleine Höfe ducken sich unter krummen Kakibäumen, auf schmalen Sandwegen spielen Kinder. Bauern pflügen mit Pferd oder Esel das Feld. Solch ländliche Idyllen gibt es zahlreich im armen Hinterland Chinas, doch kaum ein Reisender bekommt sie je zu Gesicht.

Im Dorf des Zhou Clans aber, in dem fast alle Menschen denselben Nachnamen tragen, kann man authentisches Dorfleben kennenlernen. Denn hier, in einer der ärmsten Provinzen des Landes, haben zwei Deutsche eine ungewöhnliche Idee in die Tat umgesetzt: Sie haben ein Weinbaugebiet nach europäischem Vorbild aufgebaut.

Wein war in China bis vor Kurzem nahezu unbekannt. Inzwischen etabliert sich importierte Ware zwar als Statussymbol in Edelrestaurants der Ostküste. Doch das ist weit entfernt von den Realitäten dieser armen Region, die mit Landflucht und Bodenerosion zu kämpfen hat.

Verrückt sind die wagemutigen Winzer Hans-Joachim Holler und Manfred Seebauer aber trotz allem nicht. Zwar war es schwierig, die ersten Weinstöcke einzuführen und dann auch die Bevölkerung von dem Projekt zu überzeugen. Doch beide haben langjährige Erfahrungen in land- und forstwirtschaftlicher Entwicklungsarbeit in China. Und so soll die »Kleine Quelle«, so der Name des Projekts, auch der Bodenerosion und Fehlwirtschaft entgegenwirken.

Die trockenen Böden sind ideal für Wein, der kaum Wasser, aber viel Sonne braucht. Eine begleitende Aufforstungsmaßnahme soll vor weiterer Erosion schützen. Für die Bevölkerung wird der Wein langfristig ein sicheres Einkommen darstellen; sie sollen als selbstständige Bauern Trauben zuliefern. Bislang verlassen die meisten Männer das Dorf und verdingen sich in den Städten als Wanderarbeiter.

Für Reisende ist die pittoreske Rückständigkeit reizvoll: Hier hatten die Bauern nicht genug Geld, um ihre Häuser mit den weißen Kacheln zu modernisieren, die kleine Orte überall sonst im Land wie eine große öffentliche Bedürfnisanstalt wirken lassen.

Wer das einfache Landleben – Trinkwasser schöpft man aus dem Brunnen, geheizt wird mit Kohleöfen – einmal hautnah miterleben möchte, kann in einem Bauernhaus auf einem Kang, ein traditionelles, von unten beheiztes Steinbett, schlafen und in chinesischen Familien einfache Hausmannskost probieren. Wer nur in den Weinbergen spazieren möchte, kann auch im Hotel der nahen Stadt übernachten. Anmelden sollte man sich jedenfalls frühzeitig, da die Gründer und der junge, engagierte Winzer Sebastian Holler, der sich vor Ort um den Weinanbau kümmert, nicht das ganze Jahr über dort sind. Ihre Kenntnisse der sozialen Strukturen ermöglichen besondere Einblicke ins chinesische Landleben. Auch Wanderungen in umliegende Naturschutzgebiete oder ein Ausflug zu den nahen Maijishan-Grotten können organisiert werden. Und natürlich eine exklusive Weinprobe.

WEGWEISER 24

Kleine Quelle

➤ S. 98/99, [d 3] ➤ [H 6/7]

Im Dorf Zhoujiacun 周家村, knapp 1 Std. von der Kreisstadt Tianshui 天水 (Taxi 50–100 Y). Info und Anmeldung unter www.weinundwald.de
Tianshui ist per Bahn von Xi'an in 3,5 Std. erreichbar. Übernachtung in Tianshui im Golden Sun Hotel (Jin Taiyang Jiudian 金太阳酒店),
Tel. 09 38/827 77 77; 56 Zi. •• DINERS MASTER VISA

Experimentierfelder deutscher Architekten

Wie wäre es mit einem Besuch in einer Utopie? Oder einem Ausflug in den deutschen Vorort Shanghais? In China setzen deutsche Architekten außergewöhnliche Projekte um, darunter zwei komplett neu errichtete Städte im Umkreis von Shanghai: die Hafenstadt »Lingang New City«, entworfen vom Hamburger Architekturbüro Gerkan, Marg and Partners (GMP), und die Siedlung »Anting New Town« vom Frankfurter Albert Speer.

China ist ein Traumland für Architekten. Großartige Aufträge locken, wo Städte explosionsartig wachsen und Baugenehmigungen ohne viel Aufhebens erteilt werden. Nichts scheint unmöglich. Wachsende Mega-Citys wie Shanghai müssen mit millionenfachem Zustrom umgehen und brauchen Satellitenstädte zur Entlastung. Diese sollen möglichst repräsentativ und ausgefallen sein. Für die deutschen Architekten, die in China nicht nur exotisch bauen, sondern auch als besonders pünktlich, diszipliniert, präzise und zuverlässig gelten, ist das eine große Chance: Wo sonst kann man gleich eine ganze Stadt für 800 000 Menschen entwerfen? Chandighar, Brasilia und Canberra sind die einzigen vergleichbaren Stadtneugründungen der letzten hundert Jahre.

WEGWEISER 25

Lingang New City/German Town Anting
临港新城 / 安亭新城
➤ S. 232/233, [westl. a 2] und [südl. b 5] ➤ [N 7]
Lingang New City: 60 km südöstl. von Shanghai; Shuttle-Bus vom Flughafen Pudong oder per Taxi (45 Min.); Übernachtung im Hotel JinJiang Inn, 960 Lingang Zhu Cheng Hu Xi Er Lu; Tel. 021/ 68 28 31 31; www.jj-inn.com; 100 Zi. •• VISA
German Town Anting: 30 km westl. von Shanghai; Metro-Anschluss in Planung, Anfahrt per Taxi.

GMP-Partner Meinhard von Gerkan träumte beim Entwurf von Lingang New City gleich den jahrhundertealten Traum der Idealstadt: Die Verwirklichung modellhafter Architektur für eine formschöne, humane Stadt war sein erklärtes Ziel. »Luchao – aus einem Tropfen geboren« hieß der Stadt werdende Traum von da an. Seine »Quintessenz von Reflexionen, eine Stadt menschengerecht zu machen« gestaltet sich so: In der Mitte ein riesiger, kreisrunder See mit Badestrand und Promenade, um den sich in konzentrischen Kreisen Straßen und Siedlungen ausbreiten, dazwischen bieten Grünflächen und verkehrsberuhigte Zonen Raum für geselliges Leben. Kulturbauten und Freizeitangebote liegen auf Inseln in dem künstlichen See, sie tragen klangvolle Namen wie »Atoll des Wissens« oder »Haus der Ströme« und sind über Brücken und Fähren erreichbar. In China mag man solche Metaphern, und mitten im Nirgendwo, zwischen Meer und Schilfland, sollten sie real werden. Baubeginn war 2003, zunächst musste jedoch neues Land für die Stadt aufgeschüttet werden. Der runde See mit Promenade ist inzwischen fertig, man kann ihn mit dem Bus oder geliehenen Fahrrädern auf einer fertig ausgebauten Straße umrunden. Auch einzelne Viertel mit repräsentativen Bauten wie dem Rathaus, dem Maritim-Museum und einem Uni-Campus stehen schon. Ein Leben wie an der Copacabana mit Cafés gibt es noch nicht, aber ein erstes Restaurant am See ist Vorbote des geplanten Vergnügens, auch ein Hotel gibt es schon. Bis zum Jahr 2010 wird ein Viertelkreis der Seebebauung abgeschlossen sein, komplett fertig ist die Stadt erst 2020. Aufgrund der 1,5 Millionen gepflanzten Bäume herrscht dennoch nicht der Eindruck, auf einer Riesenbaustelle zu sein. Alles erinnert eher an einen skurrilen Themenpark: Der

Besucher erlebt eine Stadt in der Entstehung, gerade das macht den besonderen Reiz dieses Ortes aus.

Etwas kleinere Ausmaße hat dagegen die »Anting New Town« von Albert Speer, die 50 000 Menschen Platz bietet. Im Jahr 2005 war sie nach nur 24 Monaten Bauzeit fertiggestellt und wartet nun auf wohlhabende Käufer. Noch sind die Gehsteige leer und viele Fenster der europäisch anmutenden Wohnblocks dunkel. Denn billig sind sie nicht. Aber hier zu wohnen, ist Prestigesache, und so ziehen immer mehr Pendler in den neuen, schicken Vorort von Shanghai. Zwischen grünen Innenhöfen, Spielplätzen und fünfstöckigen Häuserblocks könnte man sich auch in einem deutschen Vorort wähnen, wären da nicht die bunten Farben der Gebäude: Rot, orange, gelb oder hellgrün strahlen die Wohnhäuser, die Geschäfte und die Kirche. Ursprünglich wollten die Architekten nur unterschiedliche Nutzungsbereiche auf dem Ansichtsmodell farbig markieren. Doch von chinesischer Seite wurde gleich alles ins reale Stadtbild übernommen. Auch die Wachen in Fantasieuniform, die potenziellen Käufern salutieren, lassen die leere Stadt eher unwirklich und wie eine Filmkulisse wirken.

Ursprünglich wollten die Auftraggeber tatsächlich eine typisch deutsche Stadt mit Fachwerk und Butzenscheiben – davon konnte sie der Architekt allerdings abbringen und baute stattdessen eine Stadt mit mittelalterlichem Grundriss, aber modernem Aussehen. Goethe und Schiller – als Vertreter deutscher Kultur – warten übrigens geduldig auf ihren Sockeln im Stadtkern auf chinesische Europa-Fans.

Wie Segel oder Flossen, die eine Wasseroberfläche zerteilen: das geplante maritime Museum in Lingang New City

Ein Maler vor seinem Atelier oder – eher – ein Kunsthandwerker vor seinem Geschäft in Dafu

Im Schlaraffenland der Kopisten

Shenzhen ist so etwas wie die Musterstadt des chinesischen Wirtschaftswunders. 1980 von Deng Xiaoping zur Sonderwirtschaftszone erklärt, profitierte es von der Nähe zu Hongkong, seinen zahlreichen Investoren und seinem Hafen. Heute ist das ehemalige Fischerdorf viertgrößter Hafen der Welt, über den ein Siebtel aller chinesischen Im- und Exporte laufen. Mit einem jährlichen Durchschnittseinkommen von 3300 Euro ist es die reichste Stadt Chinas.

Für Hongkonger ist der »Vorort auf dem Festland« ein Shopping-Paradies; gleich hinter dem Grenzübergang steht eine riesige »Fake mall« – ein Kaufhaus voll nachgemachter Markenartikel. Viele Hongkonger Geschäftsmänner haben neben einer Fabrik auch gleich eine Zweitfamilie hier: ganze »Konkubinendörfer« voll schöner Bauernmädchen, die ihre Chance genutzt haben. Während der frühen Jahre, als Shenzhen noch ein durch Stacheldrahtzäune abgegrenztes Kapitalismus-Versuchslabor war, beobachteten Kader die Geschäfte der internationalen Investoren und begannen sie abzukupfern. Heute werden noch ganz andere Sachen kopiert. Die Schweiz zum Beispiel. »Yintelagen« (Interlaken) heißt ein Alpenidyll-Themenpark mit Pferdekutschen, Fachwerkhäusern, Geranienkästen, Hustenbonbons und zweimal täglich Fastnachtsumzug. Neben dem Vergnügungspark »Fenster zur Welt«, dem Flugzeugträger-Park »Minsk World« und dem Minderheitenpark »Folk Culture Village« ist auch »Prächtiges China« sehr beliebt, das sämtliche berühmte Sehenswürdigkeiten des Landes in Miniatur zeigt.

Die Liebe zum Kopieren gipfelt in Dafen, dem Malerdorf. 775 größere Manufakturen gibt es hier; sie alle produzieren massenweise Van Goghs, Rembrands, Klimts und Mondrians. Bis zu 10.000 Maler hocken in Ateliers und pinseln. Die schnellsten Arbeiter schaffen 30 Bilder pro Tag, bei großen Aufträgen übernimmt einer schon mal 1000 Exemplare desselben Motivs. Die kleine Siedlung ist weltweit führende Produktionsstätte für Ölbild-Kopien. Aufträge kommen aus Amerika und Europa, geschätzte 60 Prozent der weltweit in Arztpraxen, Hotels und Wohnzimmern hängenden Gebrauchskunst stammt von hier.

Auch Dafen war vor knapp 20 Jahren noch ein Dorf. Heute stapeln sich Van Goghs Sonnenblumen neben Botticellis Madonnen, anonyme Schinken hängen neben prallen Früchten von Cezanne; Winterlandschaften sind ebenso zu haben wie barbusige Mädchen vor tangzeitlichen Flötisten.

Preise werden je nach Aufwand berechnet. Van Gogh ist besonders billig, denn: »Der ist einfach!« Teurer wird es bei detaillierten, großformatigen Bildern mit mehreren Figuren; einen da Vinci übernehmen nur Experten. Ein Bild mit ein bis drei Figuren kostet etwa 150 Euro, bei mehr als neun Figuren im selben Format sind es gleich 250 Euro. Gemalt wird, was der Kunde verlangt. Sollte das Motiv nicht vorliegen, dient auch ein winziges Foto oder ein Computerausdruck als Vorlage. Wer möchte, kann sich selbst ins Bild rücken: Das eigene Lächeln in Botticellis Venus? Der verzückte Blick der Liebsten in Klimts »Kuss«? Alles kein Problem, lieferbar in ein bis drei Wochen.

WEGWEISER 26

Shenzhen 深圳

➤ S. 98/99, [e 5] ➤ [L 10]

Flughafen ca. 40 Min. westlich der Stadt. Verbindung von und nach Hongkong per »KCR East Rail« vom Grenzterminal Luo Hu (Lo Wu). Die Metrolinie 1 fährt von Luo Hu zu den Themenparks (Endstation Shijiezhichuang) westlich der Stadt. Nach Dafen Youhua 大芬油画 gelangt man per Taxi; www.oilpainting-dafen.com

LAND UND LEUTE

Der Heiler vom Jadedrachen-Schneeberg

Weißer Bart, knitteriges Gesicht, kleine wachsame Augen: So präsentiert sich Dr. Ho auf dem überlebensgroßen Porträt, das er jeden Morgen vor der Tür seiner Praxis im kleinen Ort Baisha im Südwesten Chinas aufstellt. Seit der Reiseschriftsteller Bruce Chatwin im Jahr 1986 den damals schon alten Mann in der »New York Times« als »daoistischen Heiler vom Jadedrachen-Schneeberg« beschrieb, reisen immer mehr Leute nach Yunnan. Solche, die von weit her kommen, mit romantischen Vorstellungen vom zurückgezogen lebenden chinesischen Weisen wurden oftmals enttäuscht. Denn Ho Shixiu ist kein weltentrückter Mann, im Gegenteil. Ihm gefällt die Aufmerksamkeit, die ihm zuteil wird. Die Wände seines Empfangszimmers sind mit Visitenkarten hochrangiger und weniger hochrangiger Besucher sowie mit Artikeln über seine Person gepflastert. Dem überrumpelten Gast wird zunächst ein weiterer Stapel von Zitaten aus der Weltpresse in die Hand gedrückt, hübsch geordnet nach Sprachen, und dann hebt Dr. Ho an zum Vortrag über seine Medizin – und sich selbst. Während er auf Englisch plaudert, serviert seine Frau, in lokaler Naxi-Tracht gekleidet, bescheiden lächelnd Gesundheitstee aus dem Kräutergarten. Sie war es, die ihn am Leben hielt, in den schweren Zeiten der Kulturrevolution, erzählt Ho Shixiu dankbar.

Doch lieber schaut er in die Zukunft, baut schon an seinem eigenen Museum. Sohn und Enkel sollen seine Arbeit fortsetzen. Die Heilkunde nimmt er durchaus Ernst. Wer möchte, kann sich untersuchen lassen (Zunge raus, Puls fühlen) und eine eigene Kräutermischung mitnehmen. Bezahlt wird nach eigenem Ermessen; 100 Y sind ein angemessener Zoll von Respekt. Auch ein Versandservice gehört zu Dr. Hos Angebot. Stapelweise Post zufriedener Kunden zeugen vom Erfolg.

Ho Shixiu ist eben doch ein chinesischer Weiser: Er lässt sich nicht in eine Schublade packen und kümmert sich selbst um seine Imageverwaltung. Im sich rasch wandelnden Land nimmt er mit Energie, Geschick und einer gewissen Undurchschaubarkeit seine Chancen wahr.

WEGWEISER 27

Dr. Ho Jade Dragon Snow Mountain Chinese Herbal Medicine Clinic 玉龙雪山本草诊所

➤ S. 98/99, [c/d 4] ➤ [G 9]

Im Dorf Baisha, 20–30 Fahrradminuten von Lijiang, Provinz Yunnan, Südwestchina; Kontakt: Tel. 08 88/5 14 20 15; jdsmchmcl@yahoo.com.cn

Mehr und mehr Reisende zieht es seinetwegen in die Provinz Yunnan: der berühmte Kräuterheilkundler und geschickte Selbstvermarkter Dr. Ho.

ZU GAST IN CHINA

Hier können Sie den Grad des Abenteuers und der Exotik selbst bestimmen. China kommt europäischen Reisenden oft und gern entgegen – etwa in den großen Hotels –, doch wer etwas Landestypisches erleben möchte, sei es in puncto Unterkunft, Essen oder Fortbewegung, wird fündig, wenn er nur die Augen offenhält.

Zum Mittherbstfest am 15. September werden Mondkuchen gebacken (→ S. 160).

Ein Hotel für höchste Ansprüche: die atemberaubende Lobby des Grand Hyatt Shanghai (→ S. 95).

WOLKENKRATZER, HOFHAUS, KLOSTER

Immer mehr kleine, individuelle Gasthäuser mit besonderem Charme sowie exquisite Luxushotels mit internationalem Service und Komfort öffnen ihre Pforten für Gäste.

Vor allem in den Großstädten im Osten Chinas gibt es eine gute Auswahl an Hotels der gehobenen Klasse. Internationales oder Hongkong-Management ist eher zu empfehlen als das chinesische. Die Konkurrenz ist groß, so dass eine Übernachtung nicht einmal besonders teuer sein muss.

Chinesische Mittelklassehotels sind eher trist. Die Zimmer sind bestenfalls funktional, auch wenn die Lobby mit Chrom und Marmor prunkt. Sehen Sie sich die Zimmer immer an, bevor Sie einchecken. Vor allem die Bäder lassen oft zu wünschen übrig. Innerhalb eines Hotels können die Standards stark variieren, es lohnt, sich verschiedene Preisklassen zeigen zu lassen. Auch der Service des Personals fällt unterschiedlich aus; so kümmern sich selbst manche sogenannten Vier-Sterne-Hotels nur gleichgültig um ihre Gäste. Die Anzahl der Sterne sagt – gerade bei Staatsbetrieben – nicht viel aus: Sie werden einmalig vergeben und nicht wieder überprüft. Buchen Sie, wenn möglich, auf Empfehlung oder wählen Sie vor Ort ein Hotel.

Besonders originelle Bleiben finden sich im unteren Preissegment: Manch kleine Gasthäuser sind in traditionellen Häusern untergebracht, die zwar nicht viel Komfort, aber umso mehr Charme bieten. Nicht immer gibt es ein Bad im Zimmer. Viele dieser Häuser werden von Familien geführt, die sich rührend um ihre Gäste kümmern. Solche gemütlichen Bleiben gibt es eher in kleinen Orten wie Lijiang oder Pingyao.

ZUR ORIENTIERUNG

Die Hotels in den jeweiligen Orten sind nach Preisklassen von •••• bis • geordnet. Die dem Punktesystem entsprechenden Preisspannen finden Sie im Inhaltsverzeichnis auf Seite 5. Empfehlenswerte Adressen finden Sie bei den jeweiligen Orten im Kapitel »Unterwegs«.

ANDERS WOHNEN

Billige chinesische Hotels sind meist heruntergekommen. Eine wunderbare Ausnahme stellen hier die Internationalen Jugendherbergen (IYH) dar, die in den letzten Jahren in bedeutenden Städten eröffnet haben. Die freundlichen, gut geführten Häuser bieten saubere Doppelzimmer, die oft mehr Komfort bieten als ein chinesisches Mittelklassehotel. Einige befinden sich sogar in alten Hofhäusern oder in landschaftlich besonders schöner Lage (www.hihostels.com).

Vereinzelt eröffnen kleine Häuser mit individuellem Flair und dem Komfort eines wirklichen Luxushotels. Reisende mit Hang zur Nostalgie können in ehemaligen Kolonialhäusern absteigen (einige besondere Hotels finden Sie unter www.the-silk-road.com).

Sehr einfach, aber ein unvergessliches Erlebnis ist eine Übernachtung im Kloster. Die Betten für Wanderer an den heiligen Bergen des Buddhismus sind extrem billig, aber auch sehr schnell belegt. Meist gibt es nur harte Pritschen und Gemeinschaftstoiletten. Doch die verwunschene Lage am Berg und das Aufwachen beim Gemurmel von Sutren und Weihrauchduft sind einmalig. Ähnlich nah dran wohnt man in Hakka-Erdhäusern (→ Der gute Tipp von MERIAN, S. 119) oder Familienunterkünften: In kleinen Dörfern bieten Familien schon mal ein Bett an (»nongjia« 农家). Camping ist gänzlich unüblich, erst in den letzten Jahren bietet sich im Südwesten und Westen des Landes vereinzelt Gelegenheit dazu. In manchen Gegenden der Mongolei und Xinjiangs bieten Nomaden eine Übernachtung in der Jurte an; teilweise gibt es sogar regelrechte Jurtendörfer für Touristen. In Anbetracht der riesigen Entfernungen im Land sind Schlafwagen der Bahn eine zeitsparende und zugleich interessante Alternative zu Hotelübernachtungen. Strecken wie Shanghai–Beijing oder Beijing–Xi'an lassen sich gut in einer Nacht bewältigen; die Züge für diese beliebten Strecken sind komfortabel (→ Orientierungshilfen, S. 171, und Reiseservice, S. 352 ff.)

Hotelzimmer sind fast immer problemlos zu bekommen. Ausnahmen sind die drei nationalen Feiertagswochen (1. Mai, 1. Oktober, Frühlingsfest), an denen zudem die Preise in die Höhe schnellen. Generell ist Vorausbuchen nicht nötig. Aktuell geben chinesische Hotels an der Rezeption oft Rabatte von mindestens 10 bis 20 Prozent, nicht selten auch 50 Prozent. Veröffentlichte Zimmerpreise (z.B. auf den Hotel-Websites) werden so gut wie nie gezahlt. Anders ist es bei ausländisch geführten Hotels, die auf ihren Webseiten echte Rabatte anbieten.

Zentrale Buchungsadressen sind zum Beispiel www.starwood.com (gehoben), www.sinohotel.com (mittel) oder www.hostelasia.com (günstig).

VORAUSKASSE BEI EINZUG

Eine chinesische Besonderheit ist die Vorauszahlung beim Einchecken. Manchmal wird eine Kaution in doppelter Zimmerhöhe verlangt (bewahren Sie die Quittung auf). Kreditkarten werden oft nur in den internationalen Hotels akzeptiert. In kleineren Häusern zahlt man generell bar. Beim Einchecken muss ein Formular ausgefüllt werden, mit Pass- und Visum-Numme, sowie Art des Visums (meist »L«).

Die Ausstattung variiert erheblich, meist sind Zimmer jedoch mit Fernseher und Telefon ausgestattet. In manchen Häusern gibt es warmes Duschwasser nur zu bestimmten Zeiten. Zimmerschlüssel werden nur in den oberen Kategorien ausgehändigt, ansonsten schließt das Etagenpersonal auf. Manche Hotels haben kleine Zimmertresore, sonst sollte man Wertsachen im Hoteltresor abgeben. Internetzugang besteht in gehobenen Hotels vom Zimmer aus, andere haben ein »Businesscentre«; kleine Gasthäuser oft ein Internetcafé. Nachtclubs und Karaokebars in Hotels deuten oft auf Prostitution hin; nächtliche Anrufe für »anmo« (Massage) sind oftmals nur durch Her-

Alternative zum Mittelklassehotel: Wohnen in einer Jugendherberge, wie hier in einem alten Hofhaus in Pingyao.

ausziehen des Telefonsteckers nachhaltig zu unterbinden.

Das Frühstück ist meist im Preis inbegriffen. Nur in internationalen Hotels wird neben dem chinesischen Buffet auch europäisches Frühstück angeboten. Die meisten größeren Hotels haben mindestens ein Restaurant; Luxushäuser beherbergen oft die besten Restaurants der Stadt. Kleine Gasthäuser laden manchmal zum familiären Essen, meist muss man jedoch auf Restaurants in der Nähe ausweichen. Gegessen wird eher früh. Auscheck-Zeit ist zwölf Uhr mittags, für den halben Übernachtungspreis bleibt das Zimmer bis 18 Uhr gebucht. Fast alle Hotels bewahren Gepäck nach dem Auschecken bis zur Abreise kostenlos auf. Manche Hotels bieten bei Voranmeldung kostenlose Abholung vom Flughafen oder Busbahnhof. Oft sind über das Hotel gebuchte Taxis aber auch recht teuer; erkundigen Sie sich im Voraus über den Preis. Ein Trinkgeld wird generell nicht erwartet, internationale Hotels berechnen zumeist eine Service-Pauschale von 15 Prozent

Empfehlenswerte Adressen verschiedener Kategorien finden Sie bei den jeweiligen Orten im Kapitel »Unterwegs in China«. Die unserem Punktesystem entsprechenden Preisspannen finden Sie im Inhaltsverzeichnis auf Seite 5.

WOHNEN WIE IM ALTEN CHINA

In traditionellen Häusern mit geschwungenen Dächern, roten Laternen und antiken Möbeln kann echte Nostalgie aufkommen.

Langsam entdeckt man das Wohnen im alten Stil: Hofhäuser und Residenzen werden zu Gasthäusern umgebaut. Manche sind einfach, sehr familiär und ursprünglich, andere opulent. Wenn Laternen im Innenhof schwingen und man zwischen Wandschirm und Hochzeitsschrank in seidenen Kissen versinkt, kommen einem Träume von vergangenen Zeiten in den Sinn.

ALTE PRACHT

Innerhalb der Stadtmauern des historischen Ortes Pingyao haben die Häuser ihr qing- oder ming-zeitliches Aussehen bewahrt. Mehrere schöne Herbergen schmiegen sich in das alte Straßenbild. Das komfortabelste ist das Haus des »Pingyao International Financiers Club«: Seine prächtige, mit Schnitzereien verzierte Fassade ist aus dunklem Holz, rote Scherenschnitte schmücken die Fenster. Das 300 Jahre alte Anwesen mit 18 Innenhöfen gehörte einer Bankiersfamilie. Hölzerne, von Steinlöwen flankierte Treppen führen auf lange Balkone. Auch hier kann man auf dem traditionellen Kang, einem von unten beheizten Steinbett übernachten – im kalten Winter ist das eine wunderbare Alternative zum Himmelbett.

Pingyao International Financier Club (Guoji Jinrongjia Julebu) ➤ [K 6]
56 Xi Dajie, Pingyao; Tel. 03 54/5 88 88 88, Fax 5 68 91 11; www.pibc.cn; 80 Zi. •••–•••• VISA MASTER DINERS

Auch in den gewundenen Gassen von Lijiang, einem Bergort Südwestchinas mit sprudelnden Bächen, Kopfsteinpflaster und verschachtelten Häusern, verstecken sich urtümliche Herbergen. Wirklich luxuriös wohnt man 20 Minuten außerhalb im »Banyan Tree Resort«. 55 Villen mit – Ziegeldächern und privatem Innenhof ahmen den Stil der traditionellen Naxi-Architektur nach, sind aber elegant, komfortabel und geräumig ausgestattet. Jede Villa hat ihren Jet-Pool und liegt in einem Garten. Der Blick fällt auf den schneebedeckten Jadedrachen-Schneeberg.

Banyan Tree Resort ➤ [G 9]
P.O. Box 55, Lijiang; Tel. 08 88/533 11 11, Fax 5 33 22 22; www.banyantree.com/en/lijiang/index.html; 55 Villen •••• CREDIT

Zimmer mit Aussicht: Das Banyan Tree Resort in der Provinz Yunnan liegt direkt am Fuße des Jadedrachen-Schneebergs.

WOHNEN AN DER MAUER

In der »Red Capital Ranch« bei Beijing wurde ein qing-zeitliches Jagdanwesen in den Hügeln wieder zum Ort der Erholung und des Rückzugs. Die zehn renovierten Steinhäuser sind rustikal-folkloristisch eingerichtet und bieten Futter für die Sinne: Knallbunte, antike Möbel leuchten vor der groben Feldsteinwand, verziert mit tibetischen und mandschurischen Motiven. Schneelöwen und Hirsche tollen auf einer alten Truhe, grüne Schlangen räkeln sich auf blau lackiertem Holzstuhl, ein leuchtend orangeroter Tiger brüllt von der Wand. Von der hölzernen Veranda schweift der Blick über graue Ziegeldächer ins Grün und über die schroffen Hügel, ein Vogel fliegt vorbei. Ein Privatweg führt direkt zur Großen Mauer. Nach ausgiebigen Spaziergängen kann man hier im Spa entspannen.

Red Capital Ranch by the Wall ➤ [L 5]
28 Xiaguandi Dorf, Yanxi, Beijing; Tel. 010/ 84 01 88 86; www.redcapitalclub.com.cn; 10 Häuser; April–Nov. ●●●● MASTER VISA AmEx

Auch in Beijing selbst werden immer mehr Hofhäuser in charmante kleine Hotels verwandelt. Besonders ist die »Red Capital Residence«: Auch dies ist ein winziges Hofhaus, ausgestattet mit seidenen Kissen, antiken Betten und traditionellem Innenhof. Doch die Dekoration ist vor allem von Erinnerungsstücken der Mao-Ära dominiert: Kleine rote Büchlein und Propagandaposter prägen den Stil, der alles andere als spartanisch ist. Lederne Sessel, dicke Teppiche und revolutionäre Ölschinken lassen annehmen, dass diese Art opulenter Kitsch wohl eher für die oberen Kader zu haben war. Die fünf luxuriösen Suiten sind nach Konkubinen, Schriftstellern und Mao selbst benannt.

Red Capital Residence ➤ [L 5]
9 Dongsi Liutiao, Dongcheng, Beijing; Tel. 010/84 03 53 08, Reservierungen Tel. 84 01 88 86; www.redcapitalclub.com.cn; 5 Zi. ●●●● MASTER VISA AmEx

55 Villen, jede mit eigenem Innenhof und zum Teil mit Pool: Wohnen im Banyan Tree Resort in der Nähe von Lijiang.

Grillspieße aller Art gehören zu den beliebtesten Snacks am Straßenrand.

EIN FEST FÜR ALLE SINNE

Schon der kulinarischen Genüsse wegen lohnt sich eine Reise nach China. Die Küche ist ungeheuer vielfältig und das Essen ein wichtiger, ausgiebig zelebrierter Bestandteil der Kultur.

Lassen Sie sich nicht täuschen von den China-Restaurants in Deutschland. Die regionalen Küchen innerhalb Chinas sind so abwechslungsreich wie das Land selbst: Gehen Sie auf kulinarische Entdeckungsreise. Die Bandbreite der Restaurants reicht von einfachen Straßenimbissen mit köstlichen Snacks bis hin zu edlen Designer-Köchen mit internationaler Fusion-Cuisine.

ZUR ORIENTIERUNG

Die Restaurants sind nach Preisklassen geordnet, von •••• bis •. Die entsprechenden Preisspannen finden Sie im Inhaltsverzeichnis auf Seite 5. Empfehlenswerte Adressen finden Sie bei den jeweiligen Orten im Kapitel »Unterwegs«. Viele Restaurants haben keine festen, aber typische Öffnungszeiten: mittags ca. 11–13, abends ca. 18–21 Uhr. Barzahlung ist üblich, Kreditkarten werden selten akzeptiert.

GESELLIGKEIT

Essen ist in China ein geselliges Unterfangen. Je größer die Gruppe, desto besser! Das gemeinsame Essen stärkt soziale Beziehungen, mit teuren Speisen beeindruckt man Gäste, bei großen Banketten schließt man Geschäftsverbindungen. Vor allem aber soll das Essen vergnüglich sein, und so kann es in chinesischen Restaurants schon mal recht laut zugehen. Ein gutes Lokal erkennt man daran, dass es voll und laut ist. Auch wenn die Fassade schäbig sein sollte und das Interieur nicht besonders einladend wirken mag, servieren diese Häuser wohl das beste Essen der Stadt. Folgen Sie also der Wahl der Einheimischen! Dabei muss man wissen, dass in China recht früh gegessen wird: Gefrühstückt wird ab 6 Uhr morgens, mittags füllen sich die Lokale schon um 12 Uhr, abends ab 18 Uhr. Gegessen wird dreimal täglich warm. Auch kleine Imbissbuden, Straßenstände und Nachtmärkte bieten eine tolle Gelegenheit, authentische und köstliche Speisen zu probieren.

DIE KUNST DER KOMBINATION

Ein typisches Menü beginnt mit allerlei kalten Vorspeisen, mit eingelegtem Gemüse oder dünn geschnittenem Fleisch. Es folgen die Hauptgerichte, die nicht nacheinander, sondern gleichzeitig serviert werden. Die Auswahl sollte möglichst groß sein. Denn dem Essen wird auch ein gesundheitsfördernder Effekt zugeschrieben, daher werden die Speisen nach bestimmten Regeln kombiniert. So sollten neben scharfen Gerichten milde vorhanden sein, neben solchen mit fester Konsistenz weiche. Erst nach den Hauptspeisen kommt die Suppe, die getrunken wird. Als Abschluss gibt es oft Obst.

Reis ist kein selbstverständlicher Bestandteil eines chinesischen Mahls. Zwar wird er zu Hause, vor allem im Süden, oft gegessen. Geht man jedoch aus, wird während der Hauptspeisen auf die sättigende Beilage verzichtet, schließlich soll so viel von den köstlichen Speisen probiert werden wie möglich. Reis wird erst nach dem Essen serviert. Als Gast sollten Sie ihn nicht anrühren, es bedeutet sonst, die Speisen reichten nicht aus, und der Gastgeber war knauserig. Sollten Sie unter sich sein und schon zu den Hauptgerichten Reis essen wollen, müssen Sie dies beim Bestellen extra betonen. Bestellt wird generell für die gesamte Gruppe, und zwar etwas mehr, als man essen kann. Alle am Tisch teilen sich sämtliche Gerichte; sie werden in der Mitte des Tisches, oft auf einer Drehscheibe, platziert. Mit den Stäbchen angelt man sich die Happen, die man essen möchte. Gerichte werden niemals getrennt gegessen. Auch wenn Sie allein essen, lohnt es, verschiedenes zu bestellen, da erst mit der Kombination leckere Vielfalt entsteht. Ebenso wenig wird getrennt gezahlt. Der Einladende zahlt die Rechnung; beim nächsten Mal kann sich der Gast revanchieren.

Nichts ist so wichtig wie ein gemeinsames Mahl: In geselliger Runde wird der Tisch reich lich gedeckt und es schmeckt am besten.

TISCHSITTEN

Die chinesischen Gepflogenheiten sind anders. Sprechen mit vollem Mund, schlürfen, leichtes Rülpsen, Ausspucken von Knöchelchen oder Rauchen während des Essens gelten nicht als unhöflich. (Niesen oder die Nase schnäuzen sollte man aber nicht bei Tisch.) Dies gilt selbst bei offiziellen Banketten, nur in feinen westlichen Restaurants sieht es anders aus. Wenn Sie eingeladen sind, wird Ihnen der Gastgeber als Ehrengast eventuell einige besondere Leckerbissen in die Schale tun. Probieren Sie, auch wenn es Überwindung kostet; es nicht anzurühren wäre unhöflich. Vermeiden Sie, Bissen aufzuspießen; auch sollten die Stäbchen nicht in die Schale gesteckt werden; dies erinnert an die Räucherstäbchen der Ahnenverehrung und gilt als Unglück bringend. Man legt sie einfach hin.

Getrunken wird zum Essen meist Bier oder Tee. Schenken Sie niemals nur sich selbst nach, sondern immer allen in der Runde. Ausgelassene Trinksprüche, auch mit hochprozentigen Schnäpsen, sind keine Seltenheit. Das beherzte »gang bei!« (Leer' das Glas!) ist durchaus als Aufforderung zu verstehen. Wenn Sie

Der Unterlauf des Yangzi im **Osten** ist als »Land voll Fisch und Reis« bekannt. Süß- und Salzwasserfisch sowie Meeresfrüchte, aber auch viel Gemüse werden vielfältig zubereitet und mild bis süßlich gewürzt.

Die Küche des **Südens** gilt als exotisch und kulinarisch besonders aufwendig und umfangreich. Kanton ist als Hochburg der chinesischen Kochkunst berühmt und ein Fest für Gourmets. Fisch und Meeresfrüchte sowie die kleinen Happen »Dim Sum« gehören zu den Spezialitäten.

nicht trinken möchten, bringen Sie dies höflich, aber bestimmt vor.

REGIONALE ZUBEREITUNG

Grob lässt sich das kulinarische China in vier Schulen teilen: Nord, Ost, West und Süd, wobei es heißt, dass man im Süden mild, im Norden salzig, im Osten süß und im Westen scharf kocht. Generell wird viel gedämpft und gekocht, aber auch das Kurzgebratene ist sehr beliebt. Die Zutaten sind frisch. Sie werden klein geschnitten und nur kurz erhitzt, sodass wertvolle Inhaltstoffe erhalten bleiben. Auch aufs ansprechende Anrichten wird viel Wert gelegt.

Im kalten **Norden** isst man oft recht deftig. Die Küche Beijings ist stark mongolisch beeinflusst. Nudeln und Teigtaschen (»jiaozi« 饺子) sind sehr beliebt, ebenso der scharfe Feuertopf und gegrillte Fleischspieße. Eine Spezialität ist die sehr viel mildere Palastküche mit vielen kleinen, hübsch präsentierten Portionen.

Die Sichuan-Küche, die den **Westen** dominiert, ist im ganzen Land für ihre Schärfe bekannt. Mit Chili und dem fast betäubenden Sichuan-Pfeffer wird nicht gespart. Doch in abgemilderter Form sind Sichuaner Gerichte im ganzen Land berühmt; »mapo dofu« 麻婆豆腐 etwa (Tofu nach Art der Pockennarbigen) ist ein Klassiker, ebenso wie »gongbao jiding« 宫保鸡丁, ein Gericht aus gewürfeltem Hühnerfleisch mit Erdnüssen und Chili.

Die Küchen der Nachbarländer beeinflussen die Randprovinzen. So ist die Küche Yunnans stark südostasiatisch geprägt. Im zentralasiatischen Xinjiang isst man viel Hammel- und Lammfleisch, Kebabs, Nudeln und Fladenbrote.

TEIGTASCHEN

»Jiaozi« 饺子, gedämpfte oder gebratene Teigtäschchen, können mit verschiedenen Fleisch- und Gemüsesorten gefüllt sein. Man bestellt nach Gewicht, die Preise sind meist pro »jin« angegeben,

KNUSPRIGER GENUSS

Die Pekingente probiert man natürlich an ihrem Ursprungsort Beijing. Und das Wichtigste: Kross muss sie sein!

Als Kublai Khan im Jahr 1271 das heutige Beijing zu seiner Hauptstadt machte, eroberte auch die mongolische Küche den Norden Chinas. Rösten und Braten hielt die chinesische Elite bis dato für barbarisch und unkultiviert. Doch nun hielten gegrillte Lammspieße und brodelnder Feuertopf Einzug. Eines der bekanntesten Gerichte chinesischer Küche überhaupt ist die Pekingente (»kao ya« 北京烤), deren Zubereitung ebenfalls kaiserlich aufwendig ist. Es wird nur eine besondere Beijinger Entensorte verwendet. Durch eine kleine Öffnung am Hals werden die (bereits toten) Enten zunächst aufgeblasen und in besonderen Öfen getrocknet. Mit süßer Marinade bestrichen, braten sie danach bei extremer Hitze im duftenden Holzfeuer, sodass die Haut goldbraun und knusprig wird. Vom Koch fachmännisch zerlegt, hüllt man die krossen Happen schließlich zusammen mit frischen Gurken- und Schalottenstreifen und einer speziellen süßlichen Soße in hauchdünne, kalte Weizenfladen. Die kaiserliche Ente ist der Höhepunkt des Mahls, zu dem auch andere Gemüse- und Fleischgerichte gehören sowie oftmals Entenleberpastete oder Entensuppe. Zur Verdauung trinkt man den hochprozentigen lokalen »Ergutou«.

Für Pekingente berühmt ist das »Quanjude« von 1864. In einer riesigen Halle werden an manchen Abenden bis zu 1000 Gäste verköstigt. Wer es lieber familiär mag, sollte das »Liqun« im Süden des Qianmen aufsuchen; ein kleines, etwas rummeliges Hofhaus, das hartnäckig dem Bulldozerangriff im alten Hutong-Viertel widerstand. Ebenfalls empfehlenswert ist das »Dadong«.

Quanjude Kaoya Dian ➤ Stadtplan [AE 5] **32 Qianmen Dajie, Beijing; Tel. 010/65 11 24 18; tgl. 11–13.30, 16.30–20.30 Uhr ••-•••; Liqun Kaoya Dian** ➤ Stadtplan [AF 5] **11 Beixiangfeng Zhangyilunankou, südl. der Qianmendong Dajie, Beijing; Tel. 010/67 05 55 78; tgl. ab 17 Uhr •-••; Dadong Kaoya Dian** ➤ Stadtplan [östl. AH 3] **3 Tuanjiehu Beikou, Beijing; Tel. 010/65 82 28 92; tgl. 11–13.30, 16.30–20.30 Uhr ••-•••**

Ein mongolisches Gericht, das zur chinesischen Spezialität schlechthin avancierte: die Pekingente.

was etwa fünf bis acht Stück entspricht. Sie werden in eine Soße aus Sojasoße, Essig und Chili gedippt. Gedämpfte Brötchen werden gern zum Frühstück gegessen; es gibt sie mit Fleischfüllung (»baozi« 包子) oder ohne (»mantou« 馒头).

FEUERTOPF ODER HOTPOT (HUOGUO 火锅)

Dieses im Norden und in Sichuan berühmte Gericht heizt ordentlich ein. Im ganzen Lokal herrscht meist ausgelassene Stimmung. Die Gäste sitzen um einen Topf mit brodelnder, meist scharfer Brühe, in die hauchdünnes Lammfleisch, Gemüse, Nudeln, Pilze und Tofu getunkt und kurz gegart werden. Getaucht in eine kalte Soße aus Sesam, sind die Happen köstlich. Bei Ausländern ist die »yuanyang«-Variante beliebt, die in einem zweigeteilten Topf eine scharfe und eine milde Brühe anbietet.

STRASSENSTÄNDE

Vor allem Nachtmärkte bieten ein breites Repertoire an Snacks an. Sie variieren je nach Region. Beliebt sind z. B. gegrillte Fleisch-, aber auch Gemüsespieße, gebackene Süßkartoffeln, kleine Teigtaschen oder Fladen, eingelegte Eier, gegrillter Tofu sowie Nudeln oder Tofu in jeglicher Form und Soße. Auch kalte Nudeln in Sesamsoße sind eine Spezialität.

TOFU (DOUFU)

Der aus vergorenen Sojabohnen hergestellte »Bohnenquark« (englisch: beancurd) ist als rein pflanzliches Eiweiß sehr gesund. Er kommt in verschiedenster Form und Konsistenz vor und ist Grundlage vieler Gerichte.

VEGETARISCHES

Vegetarier haben es nicht immer leicht in China; in fast jedem Gericht befindet sich zumindest etwas Fleisch. Es gibt jedoch eine ausgeklügelte rein vegetarische Küche, die besonders in Tempel-Restaurants zu finden ist (→ Der gute Tipp von MERIAN 7, S. 105).

AUTORENTIPP Hund?!

Haben Sie keine Angst, dass man Ihnen Zutaten wie Schlange, Hund oder Raupen unterschiebt. Zum einen kommen allzu exotische Zutaten fast nur in der südlichen Küche vor; Chinesen im restlichen Land spotten über den allzu umfangreichen Speisezettel der Kantonesen. Vor allem aber werden diese besonderen Speisen meist als exquisite Leckerbissen gehandelt und sind dementsprechend teuer. Heimlich würde sie also kein Koch in einem Gericht unterbringen. Vielmehr gibt es besondere Spezialitätenrestaurants, die zum Teil mit Fotos werben.

BESTELLEN UND PREISE

Viele Restaurants haben inzwischen Speisekarten auf Englisch. Sie können auch auf Gerichte anderer Gäste deuten oder den Koch in die Küche begleiten, um Zutaten direkt auszuwählen. Die Preisspanne reicht von ein paar »kuai« (Yuan) für Straßensnacks bis zu über 1000 Y in Luxusrestaurants. Der Durchschnittspreis für ein Gericht liegt bei 20 bis 40 Y. Bezahlt wird bar, nur Luxusrestaurants akzeptieren Kreditkarten.

Im Einkaufsrausch: Hongkongs Nachtmärkte bieten eine Fülle von Kitsch, Kunst und Krempel.

MÄRKTE UND LÄDEN ERKUNDEN

Auch beim Einkaufen lässt sich China entdecken, so vielfältig und verlockend ist das Angebot. Wer Spaß am Handeln hat, kann viel Ungewöhnliches ergattern. Der Koffer sollte bei Reisebeginn fast leer sein.

Die Bandbreite chinesischer Souvenirs reicht von alten Kalligrafien zu moderner Kunst, von feiner Seide zu edlen Tees, von farbenfrohem Kunsthandwerk zu schicker Designermode und vom antiken Schrank zur Briefmarke. Rund um die Sehenswürdigkeiten bieten Heerscharen fliegender Händler eifrig ihre Waren an, die allerdings meist überteuert und eher von bescheidener Qualität sind. Wenn Sie dort etwas erstehen wollen, sollten Sie tüchtig handeln; gerade bei ausländischen Kunden wird oft das Zehnfache des Mindestpreises gefordert. Mit Humor und Zähigkeit lässt sich am meisten erreichen. Dies gilt auch für Märkte und kleine Läden; überhaupt kann in China fast alles heruntergehandelt werden. Fixpreise gelten nur in Kaufhäusern und edlen Boutiquen. In größeren Städten gibt es oft regelrechte Souvenirmarkt-Kaufhäuser, wo auf mehreren Stockwerken Tausende kleiner Händler versammelt sind; der Vergleich von Qualität und Preis ist hier besonders angebracht.

Neben Kunsthandwerk und Seide wird vor allem Kleidung bekannter Markennamen zu Spottpreisen angeboten. Meist sind es Fälschungen, deren Verkauf illegal ist und deren Einfuhr auch beim Zoll in Europa Scherereien bereiten kann. Ähnliches gilt für Markenuhren und CDs oder DVDs, die vor allem von Straßenhändlern angeboten werden.

Kaufhäuser haben ein breites Angebot von Haushaltsgeräten bis Zahnpasta; selbst Käse und Wein sind inzwischen erhältlich. Öffnungszeiten variieren regional, meist kann man auch noch spät abends shoppen. Hotels und Museen bieten oft Souvenirs mit ausgewählter Qualität. Deutlich günstiger und lebendiger ist der Einkauf auf dem örtlichen Markt. Neben schönen Schnäppchen lassen sich hier auch gute Fotos machen.

ANTIKES

Bei »antiken« Dingen sollten Sie sich bewusst sein, dass kaum etwas wirklich alt ist; dennoch sind solche Stücke oft kunstvoll gearbeitet und haben den äußerlichen Charme eines alten Gegenstands. Ob Buddhastatue, Mingtruhe oder Mao-Büste – wer kein Experte ist, kann auch mit einem »falschen« Stück glücklich werden. Voraussetzung: Handeln und nichts vormachen lassen! Echte Antiquitäten – sollte man doch mal eine finden – brauchen ein rotes Lacksiegel und eine Ausfuhrbescheinigung des Verkäufers, um sie außer Landes bringen zu dürfen. Bewahren Sie auch die Kaufquittung für den Zoll auf. Stücke, die vor 1795 gefertigt wurden, dürfen überhaupt nicht ausgeführt werden. Schweres oder Sperriges kann man sich direkt vom Händler nach Hause schicken lassen. Möbel im schlichten Stil der Ming-Perio-

Handbemalte Puppen fürs Schattentheater, bedeutender Teil der chinesischen Volkskunst, sind ein hübsches Reisesouvenir.

de werden heute wieder neu gefertigt; so kann man sich in manchen Werkstätten ein klassisches Möbel nach Maß schreinern lassen.

FREUNDSCHAFTSLÄDEN

In den 1970er-Jahren durften nur Ausländer und nur gegen Fremdwährungen in den staatlichen »friendship stores« einkaufen. Es gab chinesische Souvenirs, aber auch Produkte aus dem Westen. Heute haben sie ausgedient, einige bieten jedoch eine gute Auswahl an (eher teuren) Mitbringseln recht guter Qualität.

JADE

Der transparent schimmernde Halbedelstein wird in China als edelste aller Substanzen verehrt. Seit etwa 5000 Jahren in Gebrauch wurde Jade zum Kultgegenstand und Glücksbringer. Nur Fachleute erkennen Qualitätsunterschiede. Neben Weiß und Grün gibt es weitere Farben. Verarbeitet wird er zu Schmuck, Figuren und Glückszeichen.

KALLIGRAFIE UND TUSCHMALEREI

Die Spanne reicht vom kostbaren Meisterwerk zu billig produzierter Massenware. Berühmte Kalligrafien sind teilweise als Steinabreibungen zu haben. Auch Zubehör wie Pinsel, gepresste Tuschblöcke oder ganze Sets in hübschen Schmuckschachteln sind schöne Mitbringsel, ebenso Steinstempel mit graviertem Namen. Die Gravur kann häufig (in Buchstaben oder übersetzt als Zeichen) in wenigen Stunden gemacht werden. Dazu gehört ein Porzellantöpfchen mit roter Stempelfarbe.

KUNSTHANDWERK

Farbenfrohe, hübsch gearbeitete Volkskunst lockt in jedem Ort zu neuen Entdeckungen. Kunstvolle Scherenschnitte, Fächer aus Seide oder Holz, Stofftierchen, leuchtend rote Zierknoten, Lackarbeiten, Jadeschnitzereien, Cloisonné (farbig emaillierte Metallobjekte) und zart bemalte Glasflakons gehören zu den typischen Arbeiten. Besonders aufwendig sind die üppigen Stickereien der ethnischen Minderheiten. Auch Drachen aus Seide, Zikaden aus Stroh, Puppen oder Figuren fürs Schattentheater, Mahjiong-Spiele oder chinesisches Schach sind schöne Erinnerungsstücke. Und Essstäbchen gibt es für jeden Geschmack.

MEDIZIN/TCM

Neben Kräutermedizin sind Akupunkturposter oder -figuren ein interessantes Mitbringsel. Massagebürsten fördern das Wohlbefinden, Klangkugeln stimulieren – in der Hand gedreht – Kreislauf und Akupunkturpunkte. Achtung! Nicht alle Materialien dürfen ausgeführt werden. (→ Reise-Service, Zoll, S. 367)

SEIDE

Der edle Stoff, oft fein bestickt, ist in jeglicher Form zu bekommen. Vielerorts können Sie sich günstig ein Teil maßschneidern lassen. Achten Sie bei der Seide auf die Qualität; besonders vielfältig ist das Angebot in den traditionellen Produktionszentren am unteren Yangzi. Auch Seidenteppiche oder Kaschmirware sind erhältlich.

TEE UND TEEGESCHIRR

Die zarten Aromen des Tees werden in China ebenso teuer gehandelt wie in Europa ein besonders edler Wein. Exzellente Qualität findet sich in den Anbaugebieten der Provinz Fujian oder bei Hangzhou. Ein passendes Teegeschirr, zum Beispiel aus dem berühmten braunen Yixing-Ton, ist gut gearbeitet, wenn der Deckel nicht wackelt.

Fächer, Pinsel, Kalligrafien: Ein breites Spektrum an größeren und kleineren Mitbringseln findet man in den Freundschaftsläden.

CHINA, TRAGBAR

Junge Mode-Designer beleben die traditionellen Elemente chinesischer Kleidungskunst mit neuen Impulsen.

Chinesische Mode besteht längst nicht mehr nur aus Drachenmustern und Seidenjacken. Junge Designer beleben traditionelle Elemente mit neuen Impulsen. In Großstädten gehen Boutiquen eigene Wege: Chinesische Stoffe und Motive werden mit modernen, neuen Schnitten kombiniert. Die Bandbreite reicht von klassisch-elegant bis exzentrisch-schrill.

MODERNE KLASSIKER

Das sind die Kleider von »Qipao by Jane«. Das wohl berühmteste chinesische Kleidungsstück, das Qipao oder Cheongsam, hat in den letzten Jahren ein Comeback erlebt: Seit Wong Karweis Film »In the Mood for Love« sind die schmalen, eleganten Kleider wieder ganz en vogue. Schlank, hoch geschlossen und geschlitzt wirken sie sexy und vornehm zugleich. Die geknöpften Einteiler sind eine sinnliche Hommage an das alte China – wobei wenig bekannt ist, dass das ursprünglich locker fallende Gewand erst von den Mandschus eingeführt wurde. Seine glamourösesten Auftritte hatte es im Shanghai der 1930er-Jahre. Die alte, fast vergessene Kunst der Schneiderei lebt wieder auf. Boutiquen bieten Maßanfertigung an; Stoff und Fütterung, Paspelierung und Längen können individuell kombiniert werden. Die Anfertigung braucht oft Wochen, dennoch ist die persönliche Anprobe ausgesprochen wichtig.

Qipao by Jane ➤ S. 232/233 [d 4]
Yuyuan Lu, Lane 361, Nr. 48, Shanghai; Tel. 021/62 49 36 78, Fax 23 01 05 52; www.qipaobyjane.com

KUNST AM KÖRPER

Impulse der Städte Hongkong, Shanghai und Beijing erweitern den Modebegriff. Im Künstlerviertel von Beijing liegen die Ateliers junger Designer direkt neben denen von Malern und Performance-Künstlern. Die junge Fotografin und Modemacherin Xiang Xiaoli verarbeitet die Werke ihrer Nachbarn auf farbenprächtigen Seidenkleidern: Sie bedruckt Textilien mit Bildern namhafter Künstler und verarbeitet sie zu reizvollen, tragbaren Sammlerobjekten.

Zum Beispiel die Interpretationen kommunistischer Propaganda-Plakate, mit denen Künstler Wang Guanyi bekannt wurde: Senfgelbe Arbeiter strecken kämpferisch ihre Fäuste in die Luft, darunter prangt rot das Coca-Cola-Logo.

In Xiangs Drittverwertung schmücken diese kämpferischen Arbeiter nun ein veritables Sommerkleid. Die Kreationen ihres »Beijing Leader Fashions Clothing Studio« gibt es ausschließlich in limitierter Auflage, Einzelstücke kosten bis zu 2000 Euro. Längst sind sie begehrte Objekte für Kunstliebhaber geworden, auch auf internationalen Modenschauen machen die ungewöhnlichen Kombinationen Furore.

Beijing Leader Fashions Clothing Studio
➤ Stadtplan [AH 1]
798 Art Factory, 4 Jiuxianqiao Lu, Beijing; Tel. 010/64 38 94 94

Modenschau von modernen Klassikern – die Models tragen die »Seidenstraßenkollektion« des Labels Shanghai Tang.

STARKE FARBEN IN NEUEM STIL

Damit hat sich »Shanghai Tang« einen Namen gemacht, der inzwischen selbst Hollywood-Stars begeistert. Giftgrün, Knallrot und leuchtendes Fuchsia gehören zu den Hausfarben, aber auch sanftere Töne und leichte Materialien kommen vor. Die erste chinesische Luxusmarke steht für zeitgemäßen, tragbaren China-Style und damit für das Selbstbewusstsein einer Elite, die sich auch modisch wieder auf eigene Traditionen beruft. Kreativchefin Joanne Ooi, eine in den USA aufgewachsene Hongkong-Chinesin, hat die China-Couture salonfähig gemacht. Sie lässt sich von Moden vergangener Dynastien ebenso inspirieren wie von der Shanghaier Skyline. Jede Kollektion steht unter einem Thema, wie »Verbotene Stadt« oder »Shanghai Modern«. Das sind hauchzarte, schwingende Sommerkleider oder elegante Herrenanzüge mit Stehkragen. Charakteristisch sind traditionelle Knöpfe und Spielereien mit typischen Tiersymbolen.

Für die Winterkollektion »Seidenstraße« wurde der kulturelle Bogen noch weiter gespannt: Mongolische, usbekische und kirgisische Motive verbinden sich mit chinesischen Pfingstrosen; Tuniken und Wollmäntel sind mit Jade, Ledertroddeln und breiten Borten verziert. Paris und New York haben den Fernen Osten längst entdeckt, Filialen in Deutschland sollen folgen.

Shanghai Tang **➤ S. 232/233 [d 4]**
Filiale Xintiandi Plaza, Shanghai: 15 Xintiandi North Block, Lane 181, Tai Cang Road; Tel. 021/63 84 16 01; weitere Filialen: www.shanghaitang.com

Wenn gefeiert wird, muss es laut und bunt zugehen – wie hier beim chinesischen Neujahrsfest.

PARTY FÜR BUDDHA UND KONFUZIUS

Die traditionellen chinesischen Feiertage werden mal bunt und ausgelassen, mal streng nach Ritus gefeiert. Häufig dauert ein solches Fest mehrere Tage, dann darf vor allem das Essen nicht zu kurz kommen.

Die traditionellen Feste Chinas richten sich nach dem chinesischen »Mond- oder Bauernkalender«, einem Lunisolarkalender, weshalb die Daten von Jahr zu Jahr um mehrere Wochen schwanken.

Wichtigstes und größtes Fest ist das **Frühlingsfest** (»Chun Jie« - das traditionelle Neujahrsfest), das zum Neumond Ende Januar oder Anfang Februar gefeiert wird. Jedes neue Jahr steht im Zeichen eines der zwölf chinesischen Tierkreiszeichen; so ist 2008 das Jahr der Ratte (die als kluge, Wohlstand bringende Beschützerin angesehen wird); am 26.1.2009 beginnt das Jahr des Ochsen, welches am 14.2.2010 vom Jahr des Tigers abgelöst wird. Mit ohrenbetäubendem Geböller soll der Glück bringende Drache geweckt und böse Geister vertrieben werden. Da dieser Spaß aber zu sehr ausuferte, wurde privates Feuerwerk in den Städten verboten. Inzwischen scheint sich dieses Verbot jedoch wieder zu lockern. In Hongkong wird ein fantastisches Feuerwerk über dem Hafen veranstaltet, hier feiert man öffentlich mit großen Drachentänzen. Im restlichen Land ist Neujahr vor allem ein großes Familienfest: Jeder fährt in den Heimatort seiner Familie, wo gemeinsam ausgiebig geschmaust wird. Typisches Neujahrsmahl sind selbst gemachte Jiaozi (Teigtäschlein). Kinder bekommen Geldgeschenke in kleinen roten Umschlägen, Türrahmen werden mit Segenswünschen und Frühlingsversen geschmückt und dekorative Symbole für Glück und Wohlstand an die Wände geklebt. Als Außenstehender bekommt man von dem familiären Aufruhr im ganzen Land nur mit, dass die ganze Infrastruktur zum Erliegen kommt und sollte daher diese Zeit besser meiden. Gegen Ende der zweiwöchigen Festzeit finden schöne Tempelmärkte statt; den Abschluss bildet das Laternenfest am ersten Vollmond im Jahr, das vor allem in Quanzhou und Pingyao eindrucksvoll gefeiert wird (→ Der gute Tipp 15 von MERIAN, S. 117).

Anfang April begeben sich in ländlichen Gegenden Familien zu den Gräbern ihrer Ahnen, wo sie zum **Totengedenkfest** (Qingming) Speisen opfern und Papiergeld verbrennen, damit der Vor-

FEIERTAGE

Es gibt den Frauentag, Jugendtag und Kindertag, das internationale Neujahr (1. Jan.); den Gründungstag der Kommunistischen Partei Chinas (1. Juli) und den der Volksarmee (1. August). Wirklich relevant sind jedoch nur der Tag der Arbeit (1. Mai) und der Nationalfeiertag (1. Oktober), die beide – ähnlich wie das Frühlingsfest – Anlass für eine mehrtägige Pause des öffentlichen Lebens sind.

fahr im Jenseits versorgt ist. Auch andere papierene Gaben wie Autos, Häuser oder Armbanduhren sind in Mode. Nicht selten verwandeln sich die Ausflüge in lebhafte Picknicks.

Im wasserreichen Süden des Landes finden am fünften Tag des fünften Monats (28.5.2009) große **Drachenbootrennen** statt: In langen, mit einem Drachenkopf geschmückten Booten ruder die Mannschaften im Takt des Trommlers. Das Fest (Duanwujie) erinnert an den Dichter-Beamten Qu Yuan, der sich im 3. Jh. v. Chr. aus Gram über den korrupten Staat ertränkt haben soll und daraufhin mit Booten gesucht wurde. Dennoch ist es ein vergnügliches Fest. Die traditionelle Speise sind Zongzi, süße Klebreispäckchen.

Wenn der Mond besonders groß und rund zu sehen sein soll, am 15. Tag des 8. Mondmonats (3.10.2009), findet das **Mittherbstfest** (Zhongqiujie) statt. Romantiker schippern im Mondschein auf einem See herum und rezitieren huldvolle Verse. (In Beijing kann man sein Glück auf dem Qianhai oder an der Uni Beida versuchen.) Das restliche Land beschenkt sich gegenseitig mit gehaltvollen runden »Mondkuchen«, ein alter Brauch, der auch heute noch einen festen Platz hat.

TEMPELFESTE

Die verschiedenen religiösen Feste sind eine tolle Gelegenheit, um lebendige, quirlige Tempel zu erleben. Hunderte von Besuchern und Pilgern drängen sich in den von Weihrauch erfüllten Hallen und Höfen, zünden bis zu einen Meter lange Räucherstäbchen an, verneigen sich und beobachten die Prozessionen der Mönche. Rund um den Tempel reihen sich Stände, die Blumen, Räucherstäbchen, Figürchen und andere Opfergaben verkaufen.

Zum buddhistischen Guanfo-Fest, das auch »Buddhas Geburtstag« genannt wird, werden Hunderte von Fischen oder Vögeln von Mönchen in die Freiheit entlassen (4. Mondmonat). Groß gefeiert, vor allem auf der Insel Putuoshan, wird auch der Geburtstag Guanyins, der Göttin der Barmherzigkeit (2. Mondmonat; 15.3.2009). In taoistischen Tempeln in Küstennähe feiert man den Geburtstag Mazus, die als Beschützerin der Seefahrer verehrt wird (3. Mondmonat, 18. 4.2009).

Zum Jahreswechsel in Hongkong wird gern der Drache losgelassen. Er ist ein wichtiges Glückssymbol.

Zu Tempelfesten werden von Pilgern besondere Opfer dargebracht. Riesenräucherstäbe kosten über 3000 Y.

Größtes konfuzianisches Fest ist der Geburtstag des Gelehrten selbst, der vor allem in seinem Heimatort Qufu mit Prozessionen gefeiert und geehrt wird (Kongzi Dachen Shengri, 28. September).

REGIONALE FESTE

Vielfältige Feste finden bei den Ethnien außerhalb des chinesischen Kernlandes statt, sie sind besonders farbenprächtig und lebendig. In Xinjiang feiert man am 21. März das muslimische Neujahr **Ay Noruz** mit Gesang, Kamelrennen und Hammelkampf. Für Pferderennen und Bogenschießen reisen Tausende von Mongolen zum **Naadam-Fest** im Juli/August. Auch Tibeter feiern eine Vielzahl religiöser Feiertage, von denen das **Monlam** im Februar besonders hervorzuheben ist: Neben Buddhaprozessionen werden riesige kunstvolle Seidenbilder (Thangkas) ausgerollt.

Im Süden des Landes, in Xishuangbanna, ist das Neujahrsfest der Dai mit dem vielsagenden Namen **Wasserspritzfest** (Poshuijie) ein feucht-fröhliches Spektakel (Mitte April). Die autonome Region Guizhou ist für ihre bunten Feste bekannt; darunter das **Schwesternmahl-Fest** (Jiemeifanjie; April), bei dem Miao-Mädchen im Sonntagsstaat den passenden Bräutigam suchen, und das **Lusheng-Fest** (Nov.).

Im sibirisch-kalten Norden werden jeden Winter gigantische, farbig erleuchtete **Eisskulpturen** aufgestellt, die Städte wie Harbin in eine wahre Märchenwelt aus Eis verwandeln (Jan./Feb.).

AUTORENTIPP Sehr ungünstige Reisezeiten: Meiden Sie die erste Mai- und Oktoberwoche sowie die Woche nach dem Frühlingsfest! Das sind für die allermeisten Chinesen die einzigen Ferienwochen im ganzen Jahr, das halbe Land ist unterwegs. Züge, Flüge und Hotels sind ausgebucht und deutlich überteuert.

Nicht gerade, was man in China erwartet: In den ausgedehnten Wüstengegenden des Nordwestens, wie hier bei Dunhuang, kann man Kamelsafaris buchen.

HEILIGE BERGE, KLINGENDE WÜSTEN

Es gibt viele Möglichkeiten, aktiv in Kultur und Landschaften Chinas einzutauchen. Gemütlich geht es beim Tai Chi im Kloster zu, spannend wird's beim Kochen und Mutige begeben sich auf Trekkingtouren.

BOOTSTOUREN

In Parks und Stadtseen ist Bootfahren sehr beliebt. Das Spektrum reicht von Tretbooten in Entenform bis zu romantischen Gondelfahrten mit Zithermusik (auf dem Qianhai in Beijing). Der Westsee in Hangzhou gehört zu den berühmtesten des Landes, schön liegt auch der Erhai-See bei Dali (Provinz Yunnan). Im Naturschutzgebiet Wuyi Shan führt eine vergnügliche Floßfahrt durch malerische Berglandschaft. Berühmt ist die Drei-Schluchten-Fahrt, die durch den Staudamm einiges ihrer Dramatik eingebüßt hat (→ Spezial S. 258).

FAHRRADFAHREN

Das Fahrrad eignet sich hervorragend als Fortbewegungsmittel in Städten. Auch landschaftlich faszinierende Regionen wie die Karstlandschaft bei Yangshuo (→ Tour 1) oder die Berglandschaften Yunnans lassen sich auf dem Sattel erkunden. Viele Hotels verleihen Fahrräder. Spezielle Reiseanbieter wie China by Bike organisieren mehrwöchige Touren.

China by Bike, Karlsgartenstr. 19, 12049 Berlin; Tel. 030/622 56 45; www.china-by-bike.de

GOLF

Es gibt in China einige der spektakulärsten Golfplätze der Welt. Der »Mission Hills«-Golfplatz bei Shenzhen ist das größte Golfresort weltweit. Zwölf Golfplätze, gestaltet von international renommierten Planern, locken die Gäste mit tollen Ausblicken und 2500 weiblichen Caddies in Pink. Landschaftlich besonders reizvoll ist das »Spring City Golf & Lake Resort« bei Kunming. Der »Jade Dragon Snow Mountain Golf Club« bei Lijiang, ebenfalls in der Provinz Yunnan, gilt als weltweit höchstgelegener Golfplatz (→ Der gute Tipp von MERIAN 13, S. 114).

KALLIGRAFIE UND TUSCHMALEREI

Sie gelten als erhabene Kunstformen und sind Übungen der Konzentration und Lebensart. Wer mittels Pinsel seinen Geist klären möchte, kann dies auf speziellen Reisen tun, z.B. von Chinaveo (www.chinaveo.com, unter »Things to Do) oder im Zentrum der Laoshan Lebenspflege (www.lebenspflege.com). Ein typischer Tag verbindet Tai Chi am Morgen mit einem Malkurs am Nachmittag.

KLETTERN

Die malerischen, weltberühmten Bergkegel der Karstlandschaft von Guilin sind inzwischen beliebte Kletterziele. Über 75 Routen führen auf die bizarren Felsen mit wunderbar weiter Aussicht. Ausgangspunkt für zahlreiche Touren ist der Ort Yangshuo. Infos, Ausrüstung und ge-

Ein Mönch bei seinen Übungen – Tai Chi fördert Körperkraft und Konzentration. Die Energie kann frei fließen.

führte Touren sind vor Ort erhältlich. Klettersaison ist von Oktober bis Februar (www.karstclimber.com).

KULINARISCHES REISEN

Reichlich Gaumenkitzel und einen wahrhaft nahrhaften Eindruck der chinesischen Kultur bieten kulinarische Reisen, wie sie auch von Chinatours (www.chinatours.de) angeboten werden. Die Reisenden lernen die wichtigsten Regionalküchen kennen, kaufen auf Märkten ein und bereiten Gerichte unter der Anleitung von erfahrenen Küchenmeistern zu. So erfährt man fundiertes Insiderwissen über die vielfältige Esskultur, den Teeanbau und die Kombination von ungewohnten Aromen, Farben und fremden Gewürzen. Auch die Peninsula Academy in Hongkong oder Beijing bietet Kurse an (www.peninsula.com).

QI GONG, TAI CHI, KAMPFKUNST

Die Harmonie von Körper und Geist steht im Mittelpunkt der chinesischen Lebenspflege (→ Spezial S. 168). Reisen mit Spezialanbietern ermöglichen erste Erfahrungen mit Tai Chi, Qi Gong und Traditioneller Chinesischer Medizin (Anbieter ist z.B. Caissa, www.caissa.de). Tai Chi oder Kongfu können auch an ihren Ursprungsorten in Klöstern in der malerischen Berglandschaft erlernt werden, ob im eintätigen Schnupperkurs bei den Shaolin-Mönchen oder in einem mehrwöchigen Aufenthalt in den Wudang-Bergen; z.B. über China Spezialreisen (www.china-spezialreisen.de) oder auch die Deutsch-Chinesische Wu-Shu-Akademie (www.wushu.de).

STRAND UND SCHWIMMEN

Trotz seiner langen Küste hat China vergleichsweise wenige schöne Strände. Die Insel Hainan wird als tropisches Badeparadies gepriesen. Traditioneller Badeort der Kader, der auch heute sehr beliebt ist, ist Beidaihe nahe Beijing. Auch Qingdao und Dalian locken mit Stränden.

TANZEN

Kramen Sie Ihre alten Foxtrott-Schritte wieder aus und gesellen Sie sich zu den tanzenden Paaren auf Plätzen oder an den Straßenecken: In ganz China wird am Abend der Kassettenrekorder rausgestellt, und dann drehen sich die älteren und auch jüngeren Tanzliebhaber, ganz unkompliziert, beschwingt und einfach nur gut gelaunt.

WANDERN AUF DER GROSSEN MAUER

Durch wild-schöne Berglandschaft auf dem berühmtesten Bauwerk Chinas wandern – für viele ist es der Traum schlechthin. Die untouristischen, nicht renovierten Teile der Mauer eignen sich für Tagestouren (→ Spezial, S. 182). In den Wachtürmen kann gecampt werden. Wer nicht allein wandern will, findet Infos unter www.wildwall.com. Reiseanbieter wie Gebeco (www.gebeco.de) oder Hidden China (www.hiddenchina.net) bieten interessante Wandertouren an.

WANDERN UND TREKKING

Das Besteigen heiliger Berge ist sportliches wie kulturelles Erlebnis. Gemeinsam mit Pilgern erklimmt man die Berge über unzählige Stufen, unterwegs kann in Klöstern übernachtet werden. Beliebte Pilgerziele sind der Emei Shan in Sichuan und der Tai Shan in Shandong. Landschaftlich besonders reizvoll ist der Huang Shan, der allerdings nicht zu den heiligen Bergen zählt, und auch das Wuyi-Shan-Gebirge in Fujian. Für Trekking-Touren sind die südwestlichen Provinzen Yunnan und Sichuan mit ihren kontrastreichen Landschaften zu empfehlen (z.B. die Tigersprung-Schlucht → Tour 2).

WINTERSPORT

Schlittschuhlaufen ist auf vereisten Seen in Beijinger Parks und anderen nördlichen Städten sehr beliebt. Der eisige Nordosten bietet verschiedenste Wintervergnügen, von Eisskulpturenklettern bis Eissegeln (v.a. in Harbin). Skifahren wird dagegen erst seit ein paar Jahren praktiziert. Im Yabuli Ski Resort, knapp 200 Kilometer von Harbin, liegen die Pisten im einstigen Jagdgebiet der Kaiser (www.yabuliski.com).

WÜSTENTOUREN

Im äußersten Westen Chinas dehnt sich eine der größten Sandwüsten der Welt: die Takla Makan. Die Dünen erreichen vor allem bei Dunhuang eine beachtliche Höhe. Hier kann man Sandrutschen, Kamelreiten und Paragliden; alles ein sehr touristisches Vergnügen. Ruhiger ist eine Wüstentour per Kamel, Jeep oder gar zu Fuß von Kashgar aus. Verschiedene Anbieter, u.a. John's Café in Kashgar, Turpan und Dunhuang (www.johncafe.net) oder China Tours (www.china-tours.de) bieten Kameltouren an.

MORGENS IM PARK

Selten ist China so still, so anmutig und konzentriert. Die frühen Stunden gehören zu den heimlichen Highlights einer Reise.

Wer morgens zeitig aufsteht, kann allerlei sonderbar anmutendes Leben im Park beobachten: Alte Frauen schaukeln von Baumästen, Kalligrafen pinseln flüchtige Gedichte mit Wasser aufs Pflaster, man übt anmutigen Fächertanz, schwingt Schwerter, dreht sich im Walzertakt oder macht Aerobic. In ruhigeren Ecken sind Einzelne tief versunken in die sanften Übungen des Taijiquan (Tai Chi, im Deutschen auch als »Schattenboxen« bekannt).

Eine Nachtigall morgens im Park irgendwo in Beijing. Die Besitzer lassen ihre Vögel gerne um die Wette singen.

DIE KRAFT DES ATEMS

Selbstertüchtigung hat eine lange Geschichte in China. Schon vor über 2000 Jahren machte man sich Gedanken zur Stärkung von Körper, Geist und Seele. So zeigt eine Seidenkarte aus dem Jahr 168 v. Chr. 44 therapeutische Übungen des »daoyin« – »Lenken und Ziehen«. Da recken und strecken sich kleine Figuren in langen Roben, spreizen die Arme, biegen den Rumpf, beugen die Knie. Auch Atemtechniken spielen eine große Rolle, sie werden ebenfalls zu dieser Zeit erstmals erwähnt. Später entwickelte sich aus diesen Techniken das »Qi Gong«; Übungen zur Stärkung des »Qi«, der Lebensenergie. Neben der Geschmeidigkeit des Körpers und der Stärkung der Muskeln hatten diese Praktiken immer auch ein höheres Ziel, waren eng verknüpft mit philosophischen und religiösen Konzepten. Ruhe von Herz und Atem, Stärkung von »Qi« (Lebensenergie), »Jing« (vitale Essenzen) und »Shen« (Seele) sollte zur Erleuchtung des Geistes führen. So waren es buddhistische Mönche, die die Kampfkunst Kongfu erfanden (→ Spezial, S. 204), aus der wiederum daoistische Einsiedler das Taijiquan, eine Art langsame Form der Kampfkunst, ableiteten. Sie beruht auf der daoistischen Idee, dass das Sanfte das Harte besiegen wird. Der Legende nach war es ein Mönch des Wudang Shan, der Schlange und Vogel im Kampf beobachtete, und von den geschmeidigen, ausweichenden Bewegungen der Schlange, die den angreifenden Vogel schließlich ermüdeten, zu dieser »weichen« Form der Verteidigung angeregt wurde.

Die verschiedenen Formen des Taijiquan bestehen aus einer Folge von zwölf bis 108 Bewegungen, deren Ausführung bis zu einer

Anmut und Eleganz – Tanz mit dem Fächer in der angenehmen Morgenfrische im Park des Sommerpalastes in Beijing

Stunde dauern kann. Jede Bewegung folgt der Dualität des Yin-Yang: ein Wechsel von Kontrahieren und Entspannen, Heben und Senken, Einwärts und Auswärts. Taijiquan ist so sanft, dass es auch ältere und schwache Menschen praktizieren können, es wirkt entspannend und belebend zugleich.

GELEBTE TRADITION

Auch das kommunistische Regime erkannte die gesundheitsfördernde Wirkung der Übungen an und förderte sie als eine Form der günstigen Vorsorgemedizin. Das friedliche, meditative Taijiquan mag auch zur Entmilitarisierung der Kampfkünste gefördert worden sein, da man verhindern wollte, dass wachsende Kulte – wie in früheren Epochen der Geschichte – zu Zellen des politischen Widerstands wurden.

Anders als andere alte Traditionen ist diese Bewegungskunst so bis heute in jedem Winkel des Landes allgegenwärtig. Es sind vor allem die Alten, die sich früh zum Sonnenaufgang draußen im Grünen treffen, um eisern bei jedem Wetter und jeder Jahreszeit die Gesundheit zu fördern. Ihre Gelenkigkeit ist bemerkenswert. Danach bleibt man zum Karten- oder Mahjiong-Spielen, trifft sich unter schattigen Bäumen zum Pläuschchen oder lauscht den Singvögeln, die in kleinen Bambuskäfigen in die Zweige gehängt werden. Es ist eine friedlich entspannte Idylle, die zu erleben das frühe Aufstehen lohnt, und ein wichtiger Aspekt für ein abgerundetes China-Bild.

An einer Bushaltestelle in Beijing. Sich mit öffentlichen Verkehrsmitteln durch das Land zu bewegen bietet die beste Chance, mit anderen Reisenden ins Gespräch zu kommen.

EINSTIEG INS RIESEN-REICH

Versuchen Sie auf jeden Fall, sich ein paar Tage auf eigene Faust im Land zu bewegen. Sie werden Spannendes erleben und Ihre ganz persönlichen Reiseeindrücke mit nach Hause nehmen können!

Kulturell und sprachlich wirkt China zunächst sehr fremd. Machen Sie sich mit den Gepflogenheiten vertraut, um Menschen respektvoll begegnen zu können. Vor allem die sprachlichen Hürden flößen vielen Reisenden etwas Angst ein. Tatsächlich können nur relativ wenige Chinesen Englisch oder gar Deutsch. Dies hat sich im Vorfeld der Olympiade verändert: So beherrschen Taxifahrer in großen Städten und andere Mitarbeiter im Touristikbereich inzwischen zumindest ein paar englische Sätze.

Auf dem Land kann die Kommunikation schwieriger sein. Die allgemeine Hilfsbereitschaft gegenüber Ausländern ist aber groß, und mit ein wenig Einfallsreichtum, Vorbereitung und ohne Scheu vor nonverbaler Kommunikation lässt sich viel bewerkstelligen.

INS GESPRÄCH KOMMEN

Ein paar chinesische Worte können Türen öffnen, selbst wenn es nur »ni hao« (hallo) oder »xiexie« (danke, sprich: chi-ä chi-ä) ist. Für die weitere Kommunikation ist ein Sprachführer sinnvoll, der sowohl chinesische Zeichen wie auch deren Umschrift angibt. Zur Verständigung zeigen Sie einfach auf die Schriftzeichen.

Ausländern begegnet man in China oft mit großer, gutmütiger Neugierde. Hüten Sie sich allerdings vor angeblichen Studenten, die in der Nähe von Sehenswürdigkeiten oder großen Einkaufsstraßen ein Gespräch beginnen. Dies sind oft Schlepper für überteuerte Geschäfte oder Restaurants.

ÜBERALL NUR ZEICHEN?

In großen Städten sind Straßenschilder sowohl mit Schriftzeichen als auch in der lateinischen Umschrift angegeben. Straßen sind oft in Nord oder Süd, Ost, West oder Zentral gegliedert (→ Autorentipp): Shanghai Nanlu und Shanghai Beilu bezeichnen den südlichen und nördlichen Abschnitt derselben Straße.

Zweisprachige Karten bekommt man im Hotel oder in Fremdsprachen-Buchhandlungen (»weiyu shudian« 外语书店).

AUTORENTIPP Merken Sie sich diese Wörter und Zeichen – fast jeder Straßenname enthält mindestens eines: Straße: »lu« 路 oder »jie« 街, Nord: »bei« 北, Süd: »nan« 南, Ost: »dong« 东,West: »xi« 西, Zentral: »zhong« 中

Generell ist es hilfreich, die Namen von Sehenswürdigkeiten, Restaurants oder anderen Zielen auf Chinesisch parat zu haben, um sie dem Taxifahrer zu zeigen oder unterwegs nach dem Weg zu fragen. In diesem Reiseführer sind daher wichtige Einträge mit chinesischen Zeichen versehen. Suchen Sie andere Ziele, bitten Sie Hotelangestellte oder andere Hilfsbereite, die Zeichen für Sie zu schreiben. Nehmen Sie ein Notizbuch mit.

Tragen Sie immer eine Visitenkarte Ihres Hotels in chinesischen Schriftzeichen bei sich. Sollten Sie sich verlaufen, gelangen Sie so per Taxi auf jeden Fall zurück. Ist ein Hotel oder Restaurant schwer zu finden, kann der Taxifahrer per Handy dort anrufen und sich den Weg erklären lassen. Mit Stadtplänen können Taxifahrer oft nicht so viel anfangen. Große Hotels und wichtige Sehenswürdigkeiten sind dagegen Wegmarken, die meist bekannter sind als Straßennamen.

Eine wichtige Anmerkung, wenn Sie nach dem Weg fragen: Auch wenn der Befragte die Antwort nicht weiß, wird er dies selten zugeben, sondern vielmehr sehr bestimmt in eine Richtung deuten, um einen Gesichtsverlust zu vermeiden. Vergewissern Sie sich im Zweifelsfall durch mehrfaches Fragen: Weisen drei Menschen in dieselbe Richtung, ist die Wahrscheinlichkeit, das Ziel zu finden, schon recht groß.

DAS GESICHT WAHREN

Es ist in sozialen Kontakten sehr wichtig, eine Lösung zu finden, die es beiden Parteien ermöglicht, in der Öffentlichkeit gut dazustehen und so »das Gesicht zu wahren«. So wird ein Hotelangestellter vielleicht nicht zeigen mögen, dass er Ihr Anliegen nicht versteht, und zwar freundlich nicken, aber unverrichteter Dinge verschwinden. Das ist nicht unhöflich gemeint. Auch wenn Sie sich aufregen – zeigen Sie es nicht offen. Desinteressierte Schalterbeamte oder taube Hotelangestellte stellen erst recht auf stur, wenn Sie laut werden. Bleiben Sie diplomatisch, aber nachdrücklich, so erreichen Sie am meisten.

ZUR RUHE KOMMEN

Entgegen weit verbreiteter Vorstellungen sind Chinesen nicht immer höflich und zurückhaltend. Gerade chinesische Reisende tauchen oft in lauten Gruppen auf.

Einfache Tätigkeiten wie Einkaufen oder Ticket-Buchungen können aufgrund der besonderen Verständigungslage zwar spannend, aber auch ermüdend sein. Lärm und Gedränge der großen Städte sowie die Aufmerksamkeit, die Ausländer auf sich ziehen, kommen hinzu. Gönnen Sie sich Pausen.

ZUG FAHREN

Wer mit dem Zug fährt, sieht viel von den Landschaften und hat reichlich Gelegenheit, Menschen zu begegnen. Als Ausländer sind Sie schnell mittendrin. Da sich Mitreisende vor allem für Ihre Herkunft, Familie und Beruf interessieren werden, ist es eine gute Idee, entsprechende Fotos dabei zu haben.

Je nach Zugart und Klasse variiert der Komfort erheblich. Express- und Schnellzüge, die man am »T« bzw »K« vor der Zugnummer erkennt, insbesondere aber die neuesten »Z«-Expresszüge, sind klimatisiert und deutlich sauberer und komfortabler als alte Züge (ohne Buchstaben). Zwischen Klassen wird im kommunistischen China nicht unterschieden, vielmehr zwischen »weichen« und »harten« Abteilen. »Weiches Sitzen« (»ruan zuo« 软座) ist nur in wenigen Kurzstre-

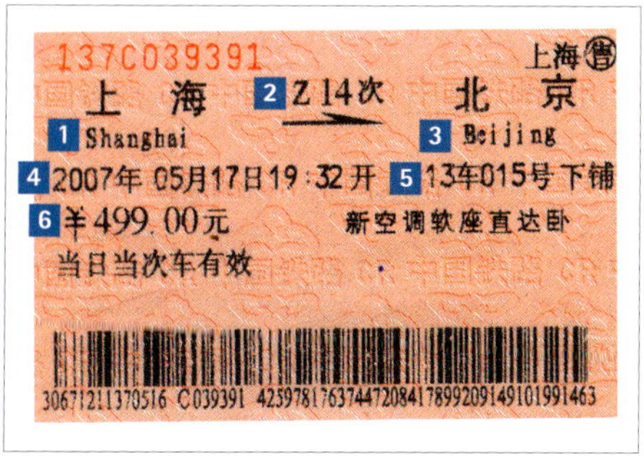

So lesen Sie eine chinesische Zugfahrkarte:

1 Abfahrtsort
2 Zugnummer
3 Zielort
4 Datum und Uhrzeit
5 Wagen, Abteil, Schlafwagenkoje (unten, Mitte oder oben)
6 Preis

ckenzügen möglich. »Hartes Sitzen« (»ying zuo« 硬座), die einfachste Form des Bahnreisens, bedeutet nicht zwingend, dass Sitze hart sind, es kann in den großen Abteilen aber sehr voll, laut und schmutzig werden. Auf eine längere Hartsitz-Fahrt sollte man verzichten und einen Liege- oder Schlafplatz buchen.

»Hart Schlafen« (»ying wo« 硬卧) entspricht etwa unseren Liegewagen: Die Waggons bestehen aus türlosen Abteilen mit je sechs Schlafkojen. Mehr Privatsphäre bieten die geschlossenen Abteile für »Weiches Schlafen« (»ruan wo« 软卧), die mit vier breiteren Bettkojen ausgestattet sind. Die Waschräume sind hier sauberer und geräumiger.

Die meisten Züge haben einen Speisewagen, und regelmäßig kommen Zugbegleiter vorbei, die Snacks, Bier und Soft-Drinks anbieten. Die Züge sind relativ sicher, behalten Sie aber vorsichtshalber Ihr Gepäck im Auge.

AM BAHNHOF

Vor der Abfahrt warten die Reisenden in großen Wartehallen; Leuchttafeln zeigen die Zugnummern an. Erst kurz vor Eintreffen des Zugs darf der Bahnsteig betreten werden. Kommen Sie dennoch frühzeitig, um in den großen Bahnhöfen genug Zeit zur Orientierung zu haben. Bewahren Sie Tickets bis zum Ende der Reise auf, da Sie im Ankunftsbahnhof nochmals kontrolliert werden. In Liege- und Schlafwagen tauscht der Zugbegleiter das Ticket gegen einen Coupon und gibt es erst gegen Ende der Fahrt zurück. Wer mitten in der Nacht seinen Ankunftsort erreicht, wird so rechtzeitig geweckt. Jeder Bahnhof hat Gepäckaufbewahrungsräume (»jicun chu« 寄存处).

TICKETKAUF

Den Fahrplan zu dekodieren, sollte man gar nicht erst versuchen. Einfacher ist es, sich an das Hotel oder ein Reisebüro zu wenden und Tickets gegen eine geringe Gebühr besorgen lassen. Da »Hard Sleeper« sehr begehrt sind, sollte man ein paar Tage vorausbuchen; mehr als fünf Tage vor der Reise kann jedoch nur in wenigen Großstädten reserviert werden.

Da die Züge oft überfüllt sind, sollten Sie zumindest einen Sitzplatz buchen. Manchmal lässt sich das Ticket im Zug noch aufwerten (»bu piao« 补票). Zu großen Feiertagen sind die Züge völlig überlastet und man bekommt keine Tickets.

ÜBERLANDFAHRTEN

Abseits der Bahnstrecken übernehmen Überlandbusse die Verbindung von Ort zu Ort (»changtu gonggong qiche« 长途公共汽车). In weniger entwickelten Gegenden sind dies oft klapprige Gefährte, in touristischen Regionen sind sie jedoch sehr modern. Tickets bekommt man am Busbahnhof (»changtu qiche zhan« 长途汽车站); sie sind weniger rar als Zugtickets. Große Linienbusse fahren nach vorgegebenem Fahrplan, gängig sind aber auch Minibusse, die abfahren, sobald sie voll sind. Man zahlt direkt beim Busfahrer. Das Ziel steht in chinesischen Zeichen auf einem Schild im Vorderfenster. Wer zwischendurch aussteigen möchte, sollte dem Fahrer gleich zu Anfang einen Zettel mit dem gewünschten Ziel zeigen. Ähnlich funktionieren Sammeltaxis, die an Bahnhöfen oder anderen zentralen Plätzen warten. Für Tagesausflüge zu touristischen Sehenswürdigkeiten gibt es häufig Touristen-Busse (»lüyou jisan« 旅游汽车), die über die örtlichen Reisebüros zu buchen sind. Um flexibler zu sein und mehr Zeit vor Ort zu haben, ist ein Taxi besser. Man sollte vorher einen Pauschalpreis aushandeln, der, je nach Entfernungen, etwa 350–500 Y pro Tag betragen sollte. Um sicherzugehen, dass das Taxi am Ziel auf Sie wartet, sollten Sie erst nach der Rückkehr bezahlen. Auch bei Bussen und Taxis gilt: Lassen Sie sich von Hotelangestellten bei der Buchung helfen.

FORTBEWEGUNG IN DER STADT

Das Taxi ist ein gutes Fortbewegungsmittel. Gehen Sie sicher, dass der Taxameter läuft (»dabiao« 打表) oder handeln Sie im Voraus den Preis aus. Oft gibt es einen festen Grundpreis (5–12 Y), der für die ersten drei Kilometer gilt, jeder weitere Kilometer kostet 1–2 Y. Dieser Preis ist von außen gut lesbar auf dem Rückfenster angebracht. Lassen Sie sich eine Quittung geben (»fapiao« 发票). Falls Sie etwas im Taxi vergessen haben, gibt die Quittung die Fahrzeugnummer und eine Telefon-Hotline an. In mehreren Städten gibt es ein U-Bahnsystem (»ditie« 地铁), das recht übersichtlich ist. Das Netz der Stadtbusse ist dagegen oft schwierig zu durchschauen. Lassen Sie sich die genaue Busnummer und Endhaltestelle geben, um Ihr Ziel zu erreichen.

HILFREICHE GEISTER

In jeder größeren Stadt gibt es offizielle Reisebüros des »China International Travel Service«, kurz »CITS«. In kleinen, aber touristischen Orten sind auch Cafés eine gute Quelle für Informationen. Meist spricht man hier recht gutes Englisch. Auch Angestellte kleinerer Gasthäuser sind oft enorm hilfreich: Sie geben Tipps, schreiben chinesische Adressen auf, tätigen Reservierungen und andere Anrufe, besorgen Bahntickets und bringen den Gast manchmal sogar persönlich ans Ziel. Individualreisende bleiben mit dieser Hilfe flexibler und »näher dran«. Also versuchen Sie es!

Ein Fahrzeug mit rotem Stern braust durch ein Hutong-Viertel in Beijing.

UNTERWEGS

Es ist gleich, wo Sie in China Ihre Reise beginnen – jede Region hat ihre ganz speziellen Vorzüge. Die einzelnen Klimazonen faszinieren mit ihrer Flora und Fauna ebenso wie die Städte, die ihre Gäste in die Vergangenheit mitnehmen oder in die Zukunft schicken.

Ein Muss für Beijing-Besucher: die 17-Bogen-Brücke beim Sommerpalast

Die Tore der Verbotenen Stadt (→ S. 190) haben neun mal neun Messingknäufe, 9999 Räume soll es geben – die Neun und vor allem ihre Vielfachen gelten als besonders glücksverheißend.

BEIJING UND DER NORDEN

Die Hauptstadt ist das wichtigste politische Zentrum und zugleich die kulturell bedeutsamste Stadt des Landes. Die Gegend zwischen der Großen Mauer und dem Gelben Fluss ist chinesisches Kernland schlechthin.

Groß ist ihr imperiales Erbe: Seit fast 800 Jahren, seit Kublai Khan Beijing im Jahr 1280 zu seiner Kapitale machte, ist die »Nördliche Hauptstadt« politisches Zentrum Chinas. Auch heute gibt Beijing den politischen Ton an, das ganze Land tickt nach Beijinger Zeit, im Fernsehen spricht man Hochchinesisch mit Beijinger Akzent. Auch für Reisende ist die Hauptstadt mit der Verbotenen Stadt, dem Platz zum Tor des Himmlischen Friedens und dem Himmelstempel ein Hauptziel.

Die gesamte Region wartet mit großartigen historischen Schätzen auf. Das Umland des Huang He, des Gelben Flusses, gilt als historisches Kernland Chinas. Hier verortet man gemeinhin die »Wiege der chinesischen Zivilisation«; archäologische Ausgrabungen zeugen von frühen Hochkulturen. Etliche Dynastien haben hier, im fruchtbaren Schwemmland des Flusses, ihre Hauptstädte angesiedelt.

Auf Schritt und Tritt begegnen dem Reisenden Spuren mächtiger Kaiser: Sie ließen gigantische Gräber anlegen und förderten den Bau beeindruckender Tempel- und Grottenanlagen.

Die charakteristische Lösslandschaft des Nordens gleitet bei einer Bahnfahrt nach Xi'an am Fenster vorbei: Terrassierte Hänge mit Höhlenwohnungen, graugelbes, zerfurchtes Land – nur erahnen lässt sich der harte Alltag der hier lebenden Bauern.

ZUR ORIENTIERUNG

Alphabetisch geordnete Unterregionen:

Die Orte der Regionen stehen in alphabetischer Reihenfolge. Hotels und Restaurants sind nach Preisklassen geordnet, von •••• bis •. Die dem Punktesystem entsprechenden Preisspannen finden Sie im Inhaltsverzeichnis auf Seite 5.

In der Küstenprovinz Shandong erreicht der bedeutende Strom schließlich das Meer. Sie ist die Heimat des Philosophen Konfuzius, dessen Lehre die chinesische Kultur maßgeblich geprägt hat. Und mit dem Tai Shan befindet sich hier einer der wichtigsten heiligen Berge Chinas.

BEIJING 北京

15 Mio. Einwohner, 50 m ü.d.M.

➤ [L 5] ➤ Stadtplan siehe Faltkarte

Auf den Besucher wirkt das graue Stadtbild mit breiten Straßen, monumentalklotzigen Bauten, Hochhäusern, dichtem Verkehr und einer starken Luftverschmutzung zunächst wenig attraktiv. Hier verbirgt sich aber ein Schatz an Kul-

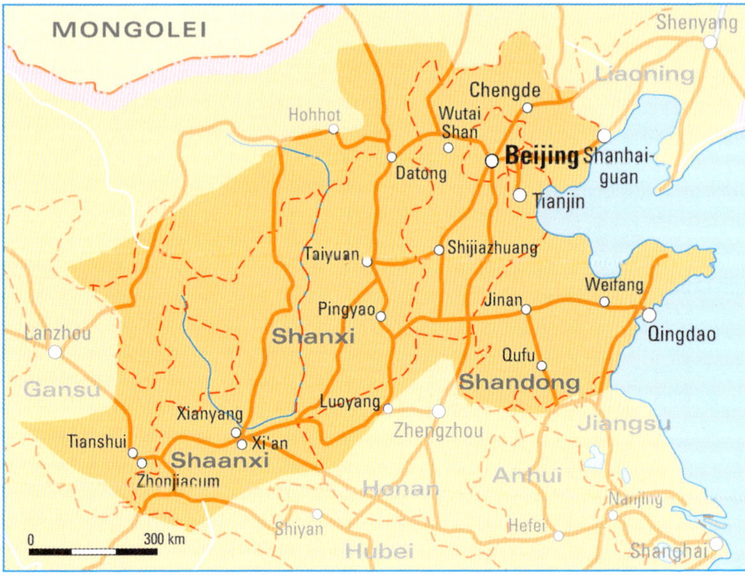

turdenkmälern, für deren Besichtigung eine Woche kaum ausreicht. Und auch neben den Sehenswürdigkeiten hat Beijing viel zu bieten. Zwar ist die Nähe der Regierung spürbar; es fehlt die Leichtigkeit und Eleganz südlicher Städte. Dennoch – oder vielmehr in bewusstem Kontrast – zieht es viele Künstler und Musiker hierher. In den letzten Jahren haben zahlreiche Szenebars, wegweisende Galerien und exzellente Restaurants eröffnet. Beijing behauptet sich als kulturelles und wissenschaftliches Zentrum des Landes. Die letzten verbleibenden Altstadtviertel geben einen schönen Eindruck vom alten Hutong-Leben, und mit den olympischen Bauten hat die Stadt viele Vorzeigeobjekte zeitgenössischer Architektur gewonnen.

Die Orientierung in Beijing ist aufgrund des schachbrettartigen Grundrisses und der historischen Nord-Süd-Achse, entlang derer sich die wichtigsten kulturellen Attraktionen reihen, recht leicht; unterschätzen Sie aber die Dimension der Stadt nicht!

Hotels

St. Regis (Beijing Guoji Julebu Fandian) 北京国际俱乐部饭店

Mit seinem exzellenten, persönlichen Service und hochklassiger Eleganz verteidigt das St. Regis seit Jahren erfolgreich den Ruf als bestes Haus der Stadt.

➤ Stadtplan [AH 4] 21 Jianguomenwai Dajie, Chaoyang, Beijing; Tel. 010/64 60 66 88, Fax 64 60 32 99; U-Bahn Jianguomenwai; www.stregis.com; 273 Zi •••• CREDIT

Hotel Kapok 木棉花酒店

Dieses schicke, unkonventionelle Boutique-Hotel mit seiner semi-transparenten Fassade liegt mitten im Herzen der Hauptstadt. Von manchen der individuell gestylten Zimmer haben Sie einen wunderbaren Blick auf die Verbotene Stadt.

➤ Stadtplan [AF 4] 16 Donghuamen Dajie, Beijing; Tel. 010/65 25 99 88, Fax 65 25 95 12; www.hotelkapok.com; U-Bahn Wangfujin; 89 Suiten ••• MASTER VISA

Lüsongyuan 侣松园

Das charmante kleine Gasthaus, einst Wohnhaus eines Qing-Generals, liegt in einem lebendigen Hutong-Viertel. Von den kleinen Zimmern im Obergeschoss blickt man über Schindeldächer. Die Suite mit Himmelbett hat einen eigenen Hof.

➤ Stadtplan [AF 2] 22 Banchang Hutong, Beijing; Tel. 010/64 04 04 36, Fax 64 03 04 18; www.the-silk-road.com; 56 Zi. •••• MASTER VISA

Ausflüge

Duftberge (Xiangshan Gongyuan) 香山公园

Schon die Kaiser schätzten die Lieblichkeit der Westberge. Idyllisch gelegene Pavillons und Tempel schmücken die bewaldeten Hügel; im Herbst schweift der Blick über leuchtend rot-gelbe Wälder. Hinter dem Nordtor erstreckt sich die verwunschene Tempelanlage des »Klosters der Azurblauen Wolke«.

➤ Stadtplan [AA 1] Ca. 20 km nordwestl. des Zentrums, in Verbindung mit einem Ausflug zum Sommerpalast gut möglich, empfehlenswert per Taxi.

Große Mauer (Changcheng) 长城

→ Spezial, S. 182

Ming-Gräber (Shisan Ling) 十三陵

In einem Tal nördlich der Hauptstadt liegen die Grabanlagen von 13 Kaisern dieser Dynastie. Der »Seelenweg«, flankiert von mächtigen steinernen Tier- und Beamtenfiguren, führt zu den Grabanlagen, von denen nur zwei erhalten und zu sehen sind. Die Opferhalle des »Changling«, dem gewaltigen Grab des Yongle-Kaisers, zählt zu den best erhaltenen ming-zeitlichen Gebäuden Chinas. 32 mächtige Säulen aus Nanmu-Holz tragen das Walmdach.

AUTORENTIPP Lohnend ist eine Wanderung zu den ruhigen, verfallenen Gräbern abseits des Touristenrummels. Mieten Sie ein eigenes Taxi für den Ausflug.

➤ Stadtplan [nördl. AC 1] Ca. 50 km nördl. von Beijing; tgl. 8.30–17 Uhr; Eintritt Changling 45 Y, Dingling 60 Y

Sehenswertes

Alter Sommerpalast (Yuan Ming Yuan) 圆明园

Europäische Truppen zerstörten 1860 die prunkvollen Palastgebäude des kaiserlichen Lustgartens, die 150 Jahre früher im opulenten europäischen Stil angelegt worden waren. Ein Teil der verwilderten Ruinen in dem melancholischen Park soll rekonstruiert werden. Es gibt ein kleines Museum.

➤ Stadtplan [nordwestl. AA 1] 4 km östl. des Sommerpalasts; tgl. 7–19 Uhr; Eintritt 10 Y, Palastruinen 15 Y

MAUER UND MYTHOS

Mit Mauern sicherten die Chinesen ihre Welt, sie umgaben Höfe, Häuser, Städte. Die berühmteste aber ist die »Große Mauer«.

Wie kaum ein anderes Bauwerk ist »die Große Mauer« Symbol für die chinesische Nation. Unzählige Mythen ranken sich um sie: Sie sei das Werk des Ersten Kaisers, über zweitausend Jahre alt, ein einziges, mächtiges Bauwerk, das sich über 6000 Kilometer von der Küste bis in die westlichen Wüsten erstrecke und eine Trennlinie zwischen China und den barbarischen Steppenvölkern des Nordens zog. Tatsächlich wurden vereinzelte Grenzwälle schon im 3. Jh. v. Chr. errichtet. Verschiedene Dynastien bauten neue Mauern, die jedoch, je nach politischer Lage, ganz unterschiedlich verliefen. Die Mauerabschnitte, die heute besichtigt werden, stammen meist aus der Ming-Dynastie, und oft wurden sie erst vor wenigen Jahren renoviert. Kurz: Es gibt nicht eine alte, große Mauer, sondern viele kleinere, jüngere.

AUTORENTIPP Eine schöne, teils anstrengende Wanderung führt über einen »wilden« Mauerteil von Jinshanling 金山岭 (nah der Stadt Gubeikou, etwa 110 km nordöstl. von Beijing, Eintritt 40 Y) nach Simatai (10 km, ca. 5 Std.). Am besten nehmen Sie ein Taxi, Tagestrip ca. 400–500 Y. 60 km nördl. von Beijing liegt die gut erhaltene, teils restaurierte, doch wild anmutende Mauer von Huanghua (黄花). Ein Tagestrip mit dem Taxi kostet ca. 250 Y. Verschiedene Anbieter offerieren Wanderungen mit Übernachtung in Wachtürmen; z.B. www.wildwall.com.

In China nährt man seit einigen Jahrzehnten Legenden um die Großartigkeit der Mauer. Der Steinwall, der sich in schroffem Terrain über Bergrücken windet, steht für die technologische Überlegenheit des alten China; er ist zum Emblem für die historische Größe des Landes geworden. Die Behauptung, sie sei vom Weltraum aus sichtbar (die schon Jahrzehnte vor der Raumfahrt aufkam) wurde erst aus den Schulbüchern gestrichen, als der erste chinesische Astronaut dies 2003 zerknirscht verneinen musste.

Die »Lange Mauer« (»changcheng« – so der chinesische Name), war durchaus nicht immer positiv behaftet. Im Grunde war der Mauerbau eine steinerne Manifestation diplomatischen Scheiterns. Viele Dynastien setzten eher auf Handel und Beziehungen denn auf Abschottung und kamen ohne Mauer aus. Oftmals hatte die Mauer nicht nur defensive, sondern konfrontative Züge, da sie weit ins Nomadenland hinein reichte.

SCHEINBARE SICHERHEIT

Der Bau der Mauer bedeutete enormen Aufwand. Für die Ming (1368–1644), die den letzten und kostspieligsten Bau starteten, mag er den Untergang herbeigeführt haben. Vor allem aber war die Mauer längst nicht so unüberwindbar, wie heute gern behauptet wird. Nomadenvölker hatten die unangenehme Eigenschaft, um Mauerab-

Die Große Mauer besteht aus zahlreichen Abschnitten, die jeweils auf die Hügelkämme gebaut wurden.

schnitte herumzureiten, Wachen mit Scheinangriffen zu überlisten oder schlicht zu bestechen. »Die Stärke der Mauer hängt vom Mut ihrer Wächter ab«, das soll schon Genghis (Dschingis) Khan gesagt haben – dessen Enkel Kublai Khan im 13. Jh. China besiegte und die Yuan-Dynastie gründete.

Begeistert waren vor allen die europäischen Besucher von dem Bauwerk. Als erster »Mauertourist« prägte der englische Gesandte Macartney im 18. Jh. den Begriff »Great Wall« – und stieß zugleich auf eine zweite, unsichtbare Barriere. Diese »mentale Mauer« mit der sich China einschloss und jeglichen Austausch mit den Europäern ablehnte, frustrierte die Engländer und führte später zur gewalttätigen, militärischen Öffnung des Handels. Doch auch das Bild eines isolierten und stagnierten Reiches ist historisch nicht ganz richtig. Die Bedeutung vieler Fremdeinflüsse, die im Lauf der Geschichte über Handel, Religion oder Fremdherrschaft das Land prägten, ist nicht zu unterschätzen.

AUF DEM DRACHEN WANDERN

Wer die Mauer besucht, kann sich dennoch von ihrer Erhabenheit beeindrucken lassen. Der Blick über das steinerne Band, das wie der Schwanz eines Drachens in endloser Ferne auf und ab verläuft, ist überwältigend. Eine Wanderung auf den nicht renovierten, »wilden« Teilen der Mauer ist ein bleibendes Erlebnis. Während sich an den beliebten Ausflugszielen wie Badaling oder Mutianyu Touristenmassen zwischen Souvenirhändlern über frisch renovierte Stufen wälzen, lässt sich in der Einsamkeit auf bröckelnden Steinen vergangene Geschichte spüren.

Beihai-Park (Beihai Gongyuan) 北海公园

Im südlichen Teil des ehemaligen kaiserlichen Lustgartens befindet sich die von einer hohen Ringmauer umgebene »Runde Stadt« (»Tuan Cheng«), ein lauschiges, von Zypressen bestandenes Areal.

Ein Jadegefäß aus dem Besitz Kublai Khans ist Überbleibsel aus dessen Palast. Über eine Brücke erreicht man die Jadeinsel mit dem Tempel des Ewigen Friedens, dessen weiße Dagoba weithin sichtbar ist. Sie wurde 1651 zum Besuch des 5. Dalai Lamas erbaut. Hier befindet sich das bekannte Fangshan-Restaurant, das die besonderen Speisen der Palastküche serviert.

➤ Stadtplan [AE 3] **Tgl. 6.30-16, Park bis 20 Uhr; Eintritt 5-10 Y. Fangshan Restaurant: Tel. 010/64 01 18 79; tgl. 9.30-14, 16-20 Uhr; Reservierung dringend empfohlen!**

Glocken- und Trommelturm (Gulou 鼓楼, Zhonglou 钟楼)

Der mächtige hölzerne Glockenturm bietet gute Aussicht über die Dächer der Hutongs und den kleineren Trommelturm. Ein früherer Turm markierte hier das Zentrum der Mongolenstadt. Der heutige Bau stammt aus der Ming-Dynastie. Sie wurden morgens bzw. abends zum Öffnen bzw. Schließen der Tore geschlagen.

➤ Stadtplan [AF 1-2] **Gulou Dongdajie, Beijing; tgl. 9-16.30 Uhr; Eintritt 10 bzw. 15 Y**

Himmelsaltar Tiantan 天坛

Die Opferstätte für den Himmel ist der größte der einst sechs kaiserlichen Altäre Beijings. Das Mandat des Himmels legitimierte die Macht des Kaisers, und so war dieses Ritual besonders bedeutungsvoll. Erstmals 1420 angelegt, geht die heutige Gestalt der riesigen Anlage auf das 15. Jahrhundert zurück. Durch das südli-

che Tor gelangt man zunächst zur runden, dreistufigen Marmorterrasse, dem eigentlichen Himmelsaltar, wo der Kaiser stellvertretend für die Menschheit ein Tieropfer darbrachte. Weiter nördlich wurden in der Halle des Himmelsgewölbes Zeremonientafeln für die Himmelsverehrung aufbewahrt. Die kreisförmige Echomauer, die sie umgibt, macht Unterhaltungen im Flüsterton von einer Seite zur andern möglich. Das akustische Phänomen der »Steine mit Dreifachem Echo« kann man, auf den Marmorplatten stehend, durch Klatschen ausprobieren.

AUTORENTIPP Stimmungsvoller Morgen: Um die besondere Akustik auszuprobieren, kommen Sie am frühen Morgen, vor den lärmenden Gruppen. Im geruhsamen Park lässt sich auch schön das morgendliche Parkleben beobachten.

Westlich von hier, im Palast des Fastens, bereitete sich der Kaiser drei Tage lang in völliger Abstinenz auf das Opfer vor.

Ein erhöhter Marmorweg führt vom Tor der Vollendeten Tugend zur Halle der Ernteopfer, dem berühmtesten Bau der Anlage, einem Meisterwerk der klassischen chinesischen Architektur. Sie wurde in der traditionellen Holzskelettbauweise ohne einen einzigen Nagel errichtet. Das Konsolengebälk im Innern ist prächtig bemalt (leider hat der Besucher nur einen eingeschränkten Blick). Die mächtigen Säulenreihen symbolisieren die vier Jahreszeiten, die zwölf Monate und die zwölf Doppelstunden der traditionellen Tageseinteilung. 1889 wurde die Halle durch einen Blitzschlag völlig zerstört, allerdings sofort wieder aufgebaut – dennoch ein denkbar schlechtes Omen für das ohnehin schon so angeschlagene Kaiserhaus.

Die üppig bemalte Halle der Ernteopfer im Himmelsaltar misst 30 Meter im Durchmesser und ist 38 Meter hoch.

➤ Stadtplan [AF-AG 6] **U-Bahn Tiantan Dongmen (Anfang 2008 noch im Bau); tgl. 6-21 Uhr; Eintritt 35 Y, Audio-Tour 40 Y**

Kohlehügel (Jingshan) 景山

Nördlich der Verbotenen Stadt erhebt sich in einem kleinen Park dieser Aussichtshügel, von dessen Pagode auf dem Gipfel man einen unübertroffenen Blick über die goldenen Dächer des Palasts inmitten der Stadt hat.

➤ Stadtplan [AF 3] **Hinter der Verbotenen Stadt; tgl. 6-21.30 Uhr; Eintritt 2 Y**

Konfuziustempel (Kong Miao) 孔庙

Der zweitgrößte Konfuziustempel Chinas, erbaut 1306, darf seit 1737 kaiserlich gelbe Ziegel tragen. Die Anlage mit knorrigen Kiefern, Pavillons und Hallen strahlt ein altehrwürdiges Flair aus. Allerdings wurde eine der Hallen kürzlich renoviert. 198 Stelen tragen die Namen von 51.624 Absolventen der staatlichen Examina, die in der Kaiserlichen Akademie (Guozi Jian, nebenan) seit 1287 abgehalten wurden. An den Vorlesungen nahm einmal im Jahr der Kaiser persönlich teil.

➤ Stadtplan [AG 1] **13 Guozijiang Jie, Beijing; U-Bahn Yonghe Gong; tgl. 8.30-17 Uhr; Eintritt 10 Y**

HUTONGS IM WANDEL

Spaziergänge durch Beijings charmante Altstadtviertel – das Gewirr kleiner Gassen durchzog einst die gesamte Stadt.

Zwar sind heute nur noch wenige dieser Viertel übrig geblieben, doch lässt sich dort noch etwas vom alten Beijing erahnen. Die schattigen Wege zwischen niedrigen grauen Hofhäusern sind Orte der Ruhe und Geselligkeit. Nachbarn treffen sich unter Bäumen zum Karten- oder Mahjiong-Spiel, alte Männer strecken ihre Bäuche in die Sonne, kleine Imbissstände bieten lokale Snacks an. Vogelgesang dringt aus den begrünten Innenhöfen. Händler auf Dreiradkarren bieten singend und klappernd ihre Waren an; jeder hat seinen eigenen Erkennungslaut.

FAMILIÄRER RÜCKZUG

Zur Kaiserzeit lebte in jedem »vierseitigen Hof« (Sihcyuan) eine Familie; das gesamte Leben spielte sich in seinem Innern ab. Mit dem enormen Bevölkerungswachstum zu Beginn der Volksrepublik wurde es eng in den Hutongs. Viele Familien teilten sich einen Hof, der durch Verschläge und Hütten erweitert wurde; das Leben wandte sich zur Straße hin. Die schlechten sanitären Verhältnisse – meist gab es nur übel riechende Sammelklos am Straßenrand – und andere Unannehmlichkeiten führten zum Abriss der als »rückständig« betrachteten Altstadthäuser. Ganze Viertel verschwanden binnen weniger Tage, oft kursierten vorher nur Gerüchte über die anstehende Umsiedlung der Bewohner. Inzwischen erkennt man aber den Wert der traditionellen Hofhäuser. Einige Viertel werden auf chinesische Art renoviert: durch Abriss und Wiederaufbau inklusive aller modernen Annehmlichkeiten. So sind sie zum beliebten Wohnort der Reichen geworden: Fast zehn Millionen Euro

legte ein Käufer für einen »Siheyuan« hin. Protzige Autos parken vor den Türen, angesagte Cafés und Restaurants schmiegen sich in die alten Straßenzüge.

WEGE ZWISCHEN ALT UND NEU

Wer die Mischung aus staubigen Hintergassen und neuer Schickeria selbst erkunden möchte, schlendert am besten durch die Viertel um die »Hinteren Seen« (Hou Hai) nördlich des Beihai-Parks. Ganze Karawanen von roten Fahrrad-Rikschas warten dort auf Besucher, so kann man sich ganz gemütlich zu den Sehenswürdigkeiten kutschieren lassen. Unabhängiger ist man mit dem eigenen Fahrrad (→ Der gute Tipp von MERIAN 12, S. 112) oder zu Fuß. Die folgenden Ziele lassen sich zu einem ausgedehnten Spaziergang oder einer Radtour verbinden.

Wenn man vom Nordtor des Beihai-Parks durch die nördlich gelegenen Gassen geht, gelangt man im Zickzack zur **Residenz des Prinzen Gong** (Gong Wangfu, tgl. 8.30–16.30 Uhr), des jüngeren Bruders des Xianfeng-Kaisers (im Amt 1851-1861). Sie zählt zu den besterhaltenen prinzlichen Wohnanlagen der Stadt. Wunderschöne Gärten mit Teichen, Pavillons und Korridoren schmücken das Innere. Die neun Wohnhöfe zählende Anlage soll den Schriftsteller Cao Xueqin zu seinem berühmten Roman »Der Traum der Roten Kammer« angeregt haben. Weitere Residenzen wie die des Schriftstellers Guo Moruo (Guo Moruo Guju) oder des Operndarstellers Mei Lanfang (Mei Lanfang Guju) liegen in der Nähe.

DURCH SCHMALE GASSEN

Gen Westen liegt die Yinding-Brücke zwischen dem Qianhai und dem Houhai-See. Folgt man dem östlichen Seeufer nach Norden, gelangt man zur **Residenz Song Qingling** (Song Qingling Guju, Di–So 9–16.30 Uhr), einem Anwesen, in dem eine Fotoausstellung und die Wohnräume der Ehefrau Sun Yat-sens, die hier 18 Jahre lebte, zu sehen sind. Eine Gasse führt von hier zur Hauptstraße Gulou Xi Dajie mit dem Trommelturm (Gulou). Südlich von hier liegen einige der schmalsten Gassen Beijings. Man kann weiter Richtung Nordwesten fahren, zum Lama- und Konfuziustempel, wo lauschige Teehäuser und Restaurants warten. Schöne Hutongs befinden sich auch westlich des Beihai-Parks, rund um den Tempel der Weißen Pagode, der im 13. Jh. von Kublai Khan angelegt wurde.

Die Viertel der unrenovierten »vierseitigen Höfe«, in denen das Hauptstadtleben einem ruhigeren Takt folgt, sind rar geworden.

Lamatempel Yonghe Gong 雍和宫

Der größte tibetisch-buddhistische Tempel Beijings wurde 1694 vom Kangxi-Kaiser als Prinzenresidenz erbaut und 1744 in ein Kloster umgewidmet. Die lauschige Anlage folgt dem klassischen chinesischen Tempelaufbau. Durch einen begrünten Vorhof gelangt man vorbei an Trommel- und Glockenturm sowie zwei Stelenpavillons zur Halle der Himmelskönige. In der nächsten Halle sind die Buddhas der »Drei Zeitalter« dargestellt. Die folgende zweite Haupthalle beherbergt in der Mitte den Buddha der Langlebigkeit, flankiert vom Medizinbuddha (rechts) und dem Buddha des Löwengebrülls, der den weltweit vernehmbaren Ruf der Lehre verkörpert. Die »Halle des Buddhistischen Rades« diente als Versammlungshalle. Sie ist dominiert von einer 5,5 Meter hohen Statue des Reformators Tsongkhapa, dem Begründer der Gelbmützenschule. Der Höhepunkt der Anlage befindet sich in der letzten, dreistöckigen Halle. Die hölzerne, 18 Meter hohe Statue des Maitreya war ein Dankesgeschenk des 7. Dalai Lama an den Kaiserhof.

➤ Stadtplan [AG 1] **U-Bahn Yonghe Gong; tgl. 9–16 Uhr; Eintritt 25 Y, engl. Audioguide 20 Y**

Ein tibetischer Mönch im Tempelkomplex von Yonghe Gong, dem »Palast der Harmonie und des Friedens«

Olympic Green (Aolin Zhongxin/Gongyuan) 奥林匹克中心/公园

Das »Olympische Grün«, Hauptschauplatz der Olympiade 2008, wurde in der Verlängerung der historischen imperialen Nord-Süd-Achse angelegt, auf der sich auch die Verbotene Stadt und der Himmelspalast befinden. Zur Gestaltung der patriotischen Vorzeigeobjekte wurden Chinas ausländisch trainierte Stararchitekten engagiert. Künstler Ai Weiwei, der am Olympischen Stadion von Herzog & de Meuron mitwirkte, wollte später nichts mit der offiziellen Propaganda zu tun haben. Das silbern glänzende, »Vogelnest« genannte Stadion gehört zu den prägnantesten Bauten im Olympic Green; vom Time Magazine wurde es zu den zehn Architekturwundern des Jahres 2007 gezählt. Nicht weniger eindrucksvoll ist das Schwimmstadion: Stahlträger, die in ihrer Gestalt an organischen Zellaufbau erinnern, formen einen blau schimmernden »Wasser-Kubus«.

➤ Stadtplan [nördl. AF 1]
U-Bahn Olympic Park

Ritan Park (Ritan Gongyuan) 日坛公园

Im stillen Park lassen Beijings Rentner Drachen steigen, üben Tai Chi oder gehen spazieren. Im Winter laufen Kinder auf einem kleinen See Schlittschuh. Vom hübschen »Stone Boat Café« an seinem Ufer kann man gemütlich zuschauen. Abends wandelt es sich in eine angesagte Bar. Auf dem von einer runden Mauer umschlossenen Altar des Parks wurde früher der Sonne geopfert.

➤ Stadtplan [AH 3-4] **U-Bahn Jianguomen oder Yonganli**

Sommerpalast Yiheyuan 颐和园

Der »Garten der Harmonischen Einheit« (Yiheyuan) diente der kaiserlichen Familie als Sommerdomizil. Vor der Kulisse der Westberge gruppieren sich Palasttempel und Pavillons um den künstlichen Kunming-See. Schon vor 800 Jahren gab es hier erste Anlagen. 1860 und 1900 von westlichen Truppen weitgehend zerstört, wurde der Garten von der ebenso berühmten wie berüchtigten Kaiserinwitwe Cixi zweimal wieder aufgebaut und diente ihr als Altersresidenz. Symbole der Langlebigkeit und Lebenskraft wie Kiefer und Kraniche dominieren die Anlage. Besonders schön ist der mit Landschaftsmotiven und Romanszenen bemalte, 728 Meter lange Wandelgang, der von den Privatgemächern in die nordwestliche Ecke des Parks führt.

Etwa auf halbem Weg erstreckt sich eine Tempelanlage zum Wanshou-Berg hinauf, der von einer achteckigen Pagode gekrönt ist. Folgt man dem Wandelgang bis zum Ende, gelangt man zum berühmten Marmorboot, das als Symbol für die Verschwendungssucht der Kaiserin galt, da es mit Staatsgeldern der Marine erbaut wurde.

➤ Stadtplan [nordwestl. AA 1] **tgl. 8.30–17 Uhr; Eintritt 50 Y, Audio-Tour 30 Y. Per Taxi,**

Nicht weniger als 728 Meter misst der reich bemalte Wandelgang im Sommerpalast Yiheyuan am Ufer des Kunming-Sees.

im Sommer auch per Kanalboot vom Beijing Exhibition Centre (nahe Zoo) erreichbar; Tickets einfach 70, hin und zurück 100 Y inkl. Eintritt

Tempel Zhihua Si 智化寺

Der kleine Tempel wirkt besonders authentisch, da er – anders als andere – nicht für die Olympischen Spiele aufgeputzt wurde. Höhepunkt ist die Zehntausend-Buddha-Halle mit winzigen buddhistischen Nischenbildern.

➤ **Stadtplan [AH 3] Westl. des Ritan-Parks, Lumiciang Hutong, Beijing; U-Bahn Jianguomen oder Chaoyangmen; tgl. 8.30–16.30 Uhr; Eintritt 20 Y**

Tiananmen-Platz (Tian'anmen Guangchang) 天安门广场

Vom Tor des Himmlischen Friedens (Tiananmen) ließ der Kaiser seine Edikte verlesen, 1949 rief Mao Zedong hier die Volksrepublik aus. Vom Tor hat man einen guten Blick über den Platz, der oft politischer Schauplatz war: Schon 1919 demonstrierten auf dem »Platz zum Tor des Himmlischen Friedens« patriotische Studenten. 1989 wurde er zum Synonym der blutigen Niederschlagung der Demokratiebewegung.

Der weltweit größte innerstädtische Platz erhielt sein heutiges Aussehen zum zehnjährigen Staatsjubiläum, mit entsprechend monumentalen Gebäuden: im Westen die Große Halle des Volkes, Sitz des Nationalen Volkskongresses, im Osten das ebenso pompöse Nationalmuseum. Mitten auf dem Platz, in exakter Linie der historischen Nord-Süd-Achse und somit als bewusster Affront gegen alte Kaisermacht errichtet, erhebt sich die Gedenkstele der Volkshelden und seit 1977 auch das Mausoleum Maos. Hinter der Halle des Volkes glänzt neuerdings das silberne Ei von Stararchitekt Paul Andreu: das National Grand Theatre. Im Süden wird der Platz vom alten »Vorderen Tor« Qianmen abgeschlossen.

➤ **Stadtplan [AF 4] U-Bahn: Tiananmen Xi, Tianenmen Dong oder Qianmen; Aufgang zum Tor 15 Y**

Verbotene Stadt (Gugong) 故宫 2

Die ehemalige Kaiserresidenz der Ming-Herrscher steht mitten in der Stadt, jedoch abgeschirmt vom Volk durch mächtige rote Mauern und einen breiten Graben. Schon die mongolischen Yuan-

Eine trutzige Mauer und ein breiter Wassergraben schützten den Palast der Ming-Kaiser, die Verbotene Stadt.

Kaiser hatten von Beijing aus geherrscht; der dritte Ming-Kaiser Yongle ließ deren Hauptstadt aber abreißen und eine neue Metropole mit der heutigen, rechteckigen Struktur samt Palast errichten. Der symmetrische Grundriss ist der einer klassischen Kaiserstadt: Haupthallen und Tore orientieren sich an einer Nord-Süd-Achse, Hallen und Freiflächen wechseln sich ab. Im südlichen, vorderen Teil befanden sich repräsentative Regierungsbauten, im hinteren die privaten Frauen- und Wohngemächer.

Der Palast hat monumentale Ausmaße: 9999 Zimmer sollen sich laut Volksmund hinter den 960 x 750 Meter langen Mauern verbergen (die Zahl Neun bringt Glück). Einer Zählung zufolge sind es allerdings »nur« 8886 Räume – wobei als Raum ein »jian« gilt – die Fläche zwischen vier Säulen.

Durch das mächtige, von fünf Pavillons gekrönte »Wu Men« (Mittagstor) in Form eines Hufeisens gelangt der Besucher zunächst auf einen großen Platz, den im eleganten Bogen der Goldwasserfluss (»Jinshui He«) durchfließt.

Hinter dem zweiten »Tor der Höchsten Harmonie« öffnet sich ein beeindruckender Blick: Über einen 200 x 190 Meter großen Zeremonien-Platz blickt man auf die »Halle der Höchsten Harmonie«, die prunkvolle Thron- und Audienzhalle. Ihr üppig verziertes, doppeltes Walmdach wird von 24 mächtigen Säulen getragen; sie stehen auf einer sieben Meter hohen Steinterrasse. Niemand durfte höher bauen als die 34 Meter dieser Halle. Nur dreimal im Jahr hielt der Kaiser hier große Audienz, zu der sich bis zu 20 000 Beamte und Militärs auf dem Platz versammelten.

Das »Tor der Himmlischen Reinheit« trennt den Regierungsbezirk von den inneren privateren Gemächern, die sich mit ihren schattigen und beschaulichen Wohnhöfen deutlich vom repräsentativen Prunk abheben.

AUTORENTIPP Zwischen Tiananmen und Eingangstor sollte man sich das Duan-Tor ansehen: Seine Deckenbemalung wurde noch nicht kosmetisch aufgefrischt.
Tgl. 8.30–16.30 Uhr; Eintritt 10 Y

Entlang der Hauptachse befinden sich der »Palast der Himmlischen Reinheit« – ursprünglich als Wohnpalast des Kaisers, später aber als inoffizieller Audienzraum genutzt – und der »Palast der Irdischen Ruhe«, eigentlich Residenz der Kaiserin, aber zur Opferhalle umfunktioniert. In der später hinzugefügten »Halle der Berührung von Himmel und Erde« sollte das Kaiserpaar zusammentreffen.

Hinter dem »Tor der Irdischen Ruhe« wandelt sich das Bild: Schmale Pfade winden sich durch einen von knorrigen Zypressen und jahrhundertealten Lebensbäumen beschatteten Hof, Pavillons und Ziersteine schmücken den Garten. Mauern trennen die verschiedenen Bereiche: Westlich der Hallen befinden sich die Wohnhöfe der zahlreichen Nebenfrauen und Konkubinen. Durch Glasscheiben kann man Originalmöbel der Qing-Zeit sehen. Südlich befindet sich in der »Halle der Pflege des Herzens« das eigentliche Privatgemach vieler Kaiser. Im Ostteil der Inneren Gemächer ist ein Teil der kaiserlichen Kunstschätze ausgestellt. Besonders schön ist der »Palast des Ruhevollen Alters«, der Altersruhesitz des Qianlong-Kaisers.

➤ Stadtplan [AE-AF 3-4] **Infos zu Ausstellungen unter www.dpm.org.cn; U-Bahn Tiananmen Xi oder Tiananmen Dong; tgl. 8.30–16 Uhr, Okt.-Apr. bis 15.30 Uhr; Eintritt 60 Y, Audiotour 40 Y + 500 Y Pfand**

AUTORENTIPP Versteckte Schätze:
In den nordöstlichen Höfen befindet sich im zweiten Stock des Yanxi Gong ein Kunsthistorisches Zentrum, wo digitale Kopien berühmter Rollbilder im Detail angesehen werden können. Ebenfalls sehenswert ist die ungewöhnliche Uhrensammlung in der Halle Fengxian Dian. Kommen Sie zur vollen Stunde (v.a. um 11 und 14 Uhr), wenn alles klingt und schlägt! Zu den raren Besonderheiten zählen eine riesige Wasseruhr und eine schreibende Pinseluhr.

Essen und Trinken

Pure Lotus 静心莲

Erhebende vegetarische Küche, zubereitet von buddhistischen Mönchen, die zu falschem Fisch (Tofu) heilende Energiegetränke empfehlen. Auch die ausgesprochen gemütliche Atmosphäre macht es zum beliebtesten vegetarischen Restaurant der Stadt.

➤ Stadtplan [östl. AH 3] **10 Nongzhanguan Nanlu (am JVC-Turm), Beijing; Tel. 010/65 92 36 27; tgl. 11–23 Uhr ••• CREDIT**

Huang Ting 凰庭

Eines der besten Restaurants für feine kantonesische Küche, aber auch die lokalen Gerichte sind nicht zu verachten. Die elegante Einrichtung im antiken Hofhaus-Stil lässt fast vergessen, dass man sich mitten in einem Fünfsternehotel befindet.

➤ Stadtplan [AG 3] **Peninsula Palace, 8 Jinyu Hutong, Beijing; Tel. 010/85 16 28 88; 11.30–14.30, 18–22.30 Uhr ••–••• CREDIT**

Ding Ding Xiang 鼎鼎香

Das mongolische Feuertopf-Restaurant ist nicht umsonst bei allen Gästen ungeheuer beliebt: Neben zartem Lammfleisch und großer

Gemüseauswahl ist vor allem die Sesamsoße (zum Dippen) hervorragend.

➤ Stadtplan [östl. AH 2] **14 Dongzhimen Waidongjie, Beijing; Tel. 010/64 17 25 46; tgl. 11–23 Uhr; keine Reservierungen, stellen Sie sich auf eine Warteschlange ein ••**

AUTORENTIPP Versäumen Sie nicht die vielen leckeren Kleinigkeiten der Straßenstände, zum Beispiel in der Hutong-Gasse Nanluoguxiang südlich des Trommelturms (➤ Stadtplan [AF 1-2]). Vor allem spät abends ist die Stimmung hier sehr ausgelassen.

Bookworm Café

Ob für einen leichten Business-Brunch oder gemütliches Schmökern im Sessel: Das Café, das gleichzeitig als Buchladen und Bibliothek dient, ist für hier lebende Ausländer ein zweites Wohnzimmer. Gute Auswahl an Titeln zu China und Beijing, vereinzelte Lesungen.

➤ Stadtplan [östl. AH 2] **4 Nansanlitun Lu, Beijing; Tel. 010/65 86 95 07; www.beijing-bookworm.com; tgl. 8–1 Uhr •** CREDIT

Niuge Jiaozi 牛哥饺子

Jiaozi, die kleinen, köstlichen Teigtaschen, sind ein Muss für jeden Beijing-Besucher. In diesem geschäftigen kleinen Laden zwischen Wanfujing und »Verbotener Stadt« wird in »liang« (ca. 5 Stück) bestellt. Besonders empfehlenswert sind die schmackhaften Lamm-Zwiebel-Täschchen und die mit Rind- und Selleriefüllungen.

➤ Stadtplan [AF 4] **8 Nanheyan Dajie, Beijing; Tel. 010/65 25 74 72; tgl. 7–22 Uhr; •**

Einkaufen

Eine schöne Gegend zum Schlendern und Einkaufen ist der Dashilar-Hutong, südwestlich vom Qianmen-Tor. Hier gibt es Seide, Kunsthandwerk, Kleidung und Kräutermedizin. Etwas weiter westlich davon folgen in der Antikstraße »Liulichang« weitere Läden mit Buddhastatuen, Namensstempeln und Kalligrafiebedarf. Auch in den Hutongs westlich vom Houhai-See haben ein paar Souvenirläden aufgemacht.

➤ Stadtplan [AE-AF 5]

Antik- und Trödelmarkt Panjiayuan

→ Der gute Tipp von MERIAN 9, S. 107

Indoor-Märkte

Hier inszenieren aufdringliche Händler von gefälschten Markenklamotten über Seide bis zu Kunsthandwerk einen Shoppingrausch. Der bekannteste ist der Seidenmarkt (»Xiushui Jie«); ähnliche Märkte sind der »Yaxiu Fuzhuang Shichang« in Sanlitun (nordöstl. vom Workers Stadium) und der Perlenmarkt (»Hongqiao Shichang«) gegenüber dem Osttor des Himmelstempels. Man kann sich hier auch Kleidung maßschneidern lassen.

➤ Stadtplan [östl. AH 4] **Seidenmarkt (»Xiushui Jie«), U-Bahn Yonganli;**

➤ Stadtplan [östl. AH 2] **Yaxiu Fuzhuang Shichang;**

➤ Stadtplan [AG 6] **Perlenmarkt**

Sanlitun 三里屯

Kleinere Läden mit jungem asiatischem Design findet man reichlich im angesagten Stadtviertel Sanlitun. Das »Tongli Studio Lifestyle & Arts« beispielsweise vereint gleich mehrere Geschäfte unter einem Dach.

➤ Stadtplan [östl. AH 2] **Sanlitun Beilu, etwa gegenüber der 2. Seitengasse (Dong Erjie), Beijing**

Wanfujing 王府井

Wanfujing ist Beijings bekannteste Shoppingstraße mit vielen Kaufhäusern und Geschäften. Kunsthandwerk gibt es beispielsweise im Haus mit der Nummer 200. Eine breite Auswahl an fremdsprachigen Büchern steht im »Foreign Languages Bookstore« (Hausnummer 235) zur Auswahl, und Vertreter großer Markennamen finden Sie im riesigen »Oriental Plaza« am südlichen Ende.

➤ Stadtplan [AF 3]

Am Abend

Bars

Die Seen im Herzen der Stadt laden zum Schlendern ein, ein Drink am Wasser rundet den Abend ab: Die südliche Spitze des Houhai-Sees hat sich zum beliebten Ausgehviertel entwickelt. Kleine Kneipen und Cafés mit künstlerischem

Moderne Bars und traditionelle Teestuben: Nachtleben im Stil des 21. Jahrhunderts in Nähe des Beihai-Parks

Touch finden sich in der Hutong-Gasse Nanluoguxiang südlich des Trommelturms. Internationales Publikum zieht es in die Lokale und Clubs der Sanlitun Lu im Diplomatenviertel.
➤ Stadtplan [AE 2] Houhai-See;
➤ Stadtplan [AF 2] Nanluoguxiang;
➤ Stadtplan [östl. AH 2] Sanlitun Lu

East Shore Live Jazz Café

Den besten Jazz serviert Liu Yue, ehemals Saxofonist des Star-Rockrebellen Cui Jian, in seinem kultivierten Club am Qianhai. Die großen Fenster lassen einen Blick auf den See erhaschen, Musiker und Gäste sind aber interessanter.
➤ Stadtplan [AE 2] 2 Qianhai Nanyan Lu, östl. des Qianhai-Sees, Beijing; Tel. 010/84 03 21 31; tgl. 11–2 Uhr

Forbidden City Concert Hall
中山公园音乐堂

Romantischer kann eine Konzerthalle kaum liegen: Durch die alten Tore der Verbotenen Stadt gelangt man zu diesem modernen Saal, der klassische und traditionelle chinesische Musik präsentiert.
➤ Stadtplan [AE 4] Zhongshan Park, West Chang An Jie, Beijing; Tel. 010/65 59 82 85; U-Bahn: Tiananmen Xi; www.fcchbj.com; 1400 Sitze; 19.30 Uhr; Tickets 50–500 Y

Pekingoper

→ Der gute Tipp von MERIAN 18, S. 121

World of Suzie Wong

In den Seidenkissen lässt es sich wunderbar mit einem Cocktail versinken und andere glamouröse Gäste beobachten.
➤ Stadtplan [östl. AH 1] 1a Nongzhanguan Lu, Chaoyang Park Westtor, Beijing; Tel. 010/65 38 48 95; tgl. 19–3.30 Uhr; Mi, Fr, Sa: Eintritt von 50–100 Y; Bier ab 15 Y

Info

An- und Weiterreise

Per Flugzeug:

Der Flughafen liegt 27 km außerhalb der Stadt. Eine Taxifahrt dorthin (je nach Verkehrslage 30–60 Min.) kostet knapp 100 Y.
➤ Stadtplan [nordöstl. AH 1]
Chinesische Flüge können bei CAAC im Aviation Building gebucht werden.
Minhang Yingye Dasha, 15 Xichang'an Jie, Beijing; Tel. 010/66 56 91 18
➤ Stadtplan [AE 4]

Per Bahn:

Es gibt zwei wichtige Bahnhöfe, den Hauptbahnhof südöstlich der Innenstadt und den riesigen Westbahnhof im Südwesten der Stadt. Beide haben U-Bahn-Anschluss.
Ziele vom Hauptbahnhof: Shanghai (Nacht-Express-Züge (Z) ca. 12 Std.), Suzhou, Hangzhou, Datong (ca. 5,5 Std.), Ji'nan (4,5 Std.), Qingdao (9 Std.), u.a.
Ziele vom Westbahnhof: Xi'an (11,5 Std.), Chengdu (26 Std.) u.a. Im Westbahnhof gibt es einen Fahrkartenschalter für Ausländer (2. Stock), deutlich müheloser ist eine Buchung über Hotels oder Reiseagenturen. Wer auf der Internetseite www.china-train-ticket.com Tickets bucht, bekommt sie ins Hotel gebracht.
➤ Stadtplan [AG 4] Hauptbahnhof (Beijing Huochezhan) Tel. 010/51 01 99 99;
➤ Stadtplan [AB 5] Westbahnhof (Beijiang Xizhan, Tel. 010/51 82 62 73)

Überlandbusse:

Verschiedene Stationen, z.B. die Liuliqiao Changtuzhan (Tel. 010/83 83 17 17) südwestlich des Westbahnhofs.

Touristeninformation

➤ Stadtplan [AF 4 und AG 4] CITS, 28 Jianguomenwai Dajie, Beijing; Tel. 010/65 15 85 87; hier können Sie auch Touren buchen.
Beijing Tourismus Hotline, Tel. 65 13 08 28 (24 Std. in Englisch)

Allgemeines

Fortbewegung vor Ort: Das Taxi ist die beste Wahl für Stadtfahrten. In Hotels kann man ein Taxi auch für Tagesausflüge buchen (ab 350 Y/Tag).
Die U-Bahn (»ditie«) ist günstig und schnell. Fünf neue Linien sind im Bau, einige wurden zur Olympiade fertiggestellt. Die Stationen haben keine Fahrstühle.
Fahrräder (→ Der gute Tipp von MERIAN 12, S. 112) kann man bei vielen Hotels ausleihen, ab 20 Y/Tag.
Ausflugstouren mit dem Bus in die Umgebung bietet das Beijing Sightseeing Bus Centre.
Fahrradverleih: ➤ Stadtplan [AE 2]
Universal Bicycle Rental Outlet; Filiale am Ostufer des Qianhai-Sees; Mo–Fr 13–22, Sa–So 10–22 Uhr; 10 Y/Std., 500 Y Pfand.
Beijing Sightseeing Bus Centre (Beijing Lüyou Jisan Zhongxin) ➤ Stadtplan [AF 5] am südwestlichen Ende des Tiananmen-Platzes; U-Bahn Qianmen; Tel. 010/83 53 11 11

Geldautomaten:

Die Bank of China finden Sie z.B. im Oriental Plaza, im Peninsula Palace, im Lufthansa Center und in der Ankunftshalle des Flughafens.

Infos im Internet:

Aktuelle Tipps für das sich ständig wandelnde Nachtleben und Restaurants finden sich unter www.thebeijinger.com (Englisch).

Allgemeine Informationen:

www.ebeijing.gov.cn, www.bjta.gov.cn, www.visitbeijing.com.cn

Karten und Auskunft

Hier bekommt man die für westliche Besucher unverzichtbaren Stadtpläne, Karten und detaillierte Informationen.
Landkarten und Pläne gibt es auch im Foreign Languages Bookstore oder in den größeren Hotels.
Beijing Tourist Information Center,
Filialen: Hauptbahnhof (Tel. 010/65 28 48 48)
➤ Stadtplan [AG 4];
Flughafen (Tel. 010/64 59 81 48)
➤ Stadtplan [nordöstl. AH 1];
Chaoyang (Tel. 010/64 17 66 27)
➤ Stadtplan [östl. AH 2];
Dongcheng (Tel. 010/65 12 30 43)
➤ Stadtplan [AF 3]

BEIJINGS UMLAND

In den Orten nahe Beijing lässt sich noch dörfliches Landleben entdecken ➤ [L/M 5]. Die Große Mauer, die lange Chinas Nordgrenze markierte, schlängelt sich durch die Hochebene. Jenseits liegt die kaiserliche Sommerresidenz Chengde mit majestätischer Tempelarchitektur, darunter eine Imitation des tibetischen Potala-Palastes. Bei Shanhaiguan endet die Mauer schließlich am Meer. Die Handelsmetropole und große Hafenstadt Tianjin lockt mit Konzessionsarchitektur.

Gebetsmühlen am Tempel des Universellen Friedens in der ehemaligen kaiserlichen Sommerresidenz in Chengde (→ S. 198)

ZUR ORIENTIERUNG

Die Orte dieser Region sind alphabetisch geordnet. Meist werden sie von Beijing aus angefahren.

CHENGDE 承德

700 000 Einwohner, 200 m ü.d.M. ➤ [L 4/5]

Eingebettet in herrliche Landschaft liegt die kaiserliche Sommerresidenz. Die Tempelanlagen sind nicht nur wunderschön, sondern auch spannendes Zeugnis kaiserlicher Diplomatie: Um Stammesfürsten der Grenzgebiete stärker einzubinden, baute man im Stil ihrer Heimat. Jeden Sommer brach der gesamte Hofstaat auf die einwöchige Reise nach Norden auf.

Die Qing-Kaiser, die sich zwar stark an den chinesischen Vorgänger-Dynastien orientierten, konnten hier ihren mandschurischen Wurzeln bei Jagd und Militärübungen nachgehen. Zudem war es ein strategisch günstiger Ort, um mit Delegierten zusammenzutreffen, deren Völker eine Bedrohung der Reichsgrenzen bedeuteten: Mongolen, Tibetern und Uiguren. Der britische Abgesandte Macartney verweigerte allerdings den Kotau. 1820 endeten die Sommerfrischen des Hofes, nachdem der Jiaqing-Kaiser durch einen Blitzschlag ums Leben gekommen war.

Hotels

Qiwanglou Hotel 绮望楼宾馆

Die Lage an den Mauern der Sommerresidenz und schöne Hof-Gärten machen es zum schönsten Hotel, auch wenn die Räume vergleichsweise einfach sind.

1 Bifengmen Donglu, Chengde; Tel. 03 14/ 202 43 85; 75 Zi. ••• ✉

Sehenswertes

Acht Äußere Tempelklöster (Wai Ba Miao) 外八庙

Die Tempel sind gut per Fahrrad zu erreichen. Einige sind besonders sehenswert: Der stille Pule Si, dessen runder Pavillon dem Beijinger Himmelsalter nachempfunden ist, wurde 1766 in Erinnerung an den Anschluss Xinjiangs ans Großreich erbaut. Vom »Tempel der Befriedung ferner Gebiete« (Anyuan Miao) steht nur noch die Haupthalle. An einen Hügel im Nordosten schmiegt sich der einzig aktive Tempel, Puning Si, der im vorderen Teil chinesische, im hinteren tibetische Züge trägt. In der großen Mahayana-Halle beeindruckt eine 22 Meter hohe, vielarmige Guanyin, deren Größe man vormittags auf der Galerie etwas näher kommen kann.

Einen Kilometer weiter östlich steht das Xumifushou Miao, Nachbau des Tashilhunpo in Shigatse, das 1780 für den Besuch des 6. Panchen Lama erbaut wurde. Die Imitation des Potala, das Putuozongsheng Miao, ist die gewaltigste der Tempelbauten. Die Haupthalle befindet sich im obersten der drei Stockwerke des »Roten Palasts« (außen werden sieben vorgetäuscht).

Tgl. ca. 8–17.30 Uhr; Eintritt je 20–50 Y. Fahrradmiete im Mountain Villa Hotel (Tel. 0314/202 55 88) vorm Tor zum Palastgarten

Kaiserliche Sommerresidenz (Bishu Shanzhuang) 避暑山庄

Der »Bergsitz, in dem man der Sommerhitze entflieht« ist der größte kaiserliche Park Chinas. Hallen aus kostbarem, duftendem Nanmu-Holz sind zum Teil mit Originalmobiliar ausgestattet, auch Porzellan und Kleidung werden ausgestellt. Im Osten erstreckt sich eine liebliche Seenlandschaft. Frühmorgens ist der Ausblick von der »Hütte im Herzen des Wassers« (Shuixin Xie) besonders schön. Das restliche, weitaus größte Areal besteht aus bewaldeten Hügeln und Steppen. Die drei Landschaftstypen sollen die Gegenden des Reichs repräsentieren: den wasserreichen Süden, das mongolische Grasland und die Bergregion des Südwestens.

Palast: tgl. 7–17, Park: 5.30–18.30 Uhr; Eintritt 90 Y (Winter 50 Y)

Essen und Trinken

Xilaishun Fanzhuang 喜来顺

Im ehemaligen kaiserlichen Jagdgebiet sollte man Wild (»lurou«) oder Fasan (»shanji«) probieren. Beides bekommt man in dem beliebten muslimischen Lokal, das schon von außen am typischen Dekor zu erkennen ist.

6 Zhonggulou Dajie, Chengde; ca. 11–13 und 18–21 Uhr •

Info

An- und Weiterreise

Ab Beijing per Bus 2,5 Std.; mit dem Zug 4 Std. (Mauerblick entlang der Reise!)

SHANHAIGUAN 山海关

19 500 Einwohner, 0 m ü.d.M. ➤ [M 5]

Hier schlängelt sich die Große Mauer ins Meer, um dann am »Alten Drachenkopf« den Wellen zu trotzen. In den 1980er-Jahren rekonstruiert, gleicht das Endstück heute einem touristischen Themenpark. Das hiesige Mauerstück kann bei

»Jiao Shan«, etwa 4 km nördlich der Stadt, bestiegen oder mit dem Sessellift erklommen werden. Shanhaiguan selbst wurde im Zuge des Olympia-Baubooms abgerissen und komplett neu erbaut; im »alten« Stil, allerdings zweigeschossig und nur für den Tourismus. Hauptsehenswürdigkeit bleibt der »Erste Pass unter dem Himmel«, das turmgekrönte Ost-Tor der Stadtmauer.

Hotels

Gloria Holiday Villas (Kailai Dujiacun) 凯莱度假村

Am Strand kann man schön spazieren gehen und den Blick auf den »Alten Drachenkopf« genießen.

Huanhai Nanlu, Shanhaiguan; Tel. 03 35/ 508 16 66; www.gloriahotels.com; 78 Zi. •• CREDIT

Info

Allgemeines

Öffnungszeiten der verschiedenen Sehenswürdigkeiten: ca. 7.30–17.30 Uhr

TIANJIN 天津

10 Mio. Einwohner, 4 m ü.d.M. ➤ [L 5]

Prächtige Kolonialbauten prägen das Stadtbild der Hafenmetropole, die sich hervorragend für einen Besichtigungs- und Einkaufsbummel eignet. Am Kaiserkanal gelegen war Tianjin schon im 13. Jh. wichtige Handelsstadt. 1860 wurde sie zum internationalen Konzessionsgebiet erklärt. Ein geradezu musealer Spaziergang führt im Heping-Bezirk an europäischen Kirchen, Wohn- und Lagerhäusern vorbei bis zu den Bankpalästen der Jiefang Beilu. Sehenswürdigkeiten in der Altstadt sind der Konfuziustempel aus dem 15. Jh., das Zunfthaus mit Theatermuseum, der buddhistische »Tempel des großen Mitleids« (Dabei Yuan) und die auf alt getrimmte »Kulturstraße« (Wenhua Jie) mit vielen Kunstgewerbeläden. Schön zum Stöbern ist auch der Antikmarkt (Guwan Shichang), der am Wochenende in den Gassen um die Shandong Lu aufgebaut wird.

Hotels

New World Astor Hotel (Lishunde Dafandian) 利顺德大酒店

Wer im Flair alter Kolonialzeiten schwelgen möchte, steigt an der Uferpromenade im traditionsreichen Hotel von 1863 ab. Hier verkehrten so illustre Gäste wie Sun Yat-sen oder der letzte Kaiser Pu Yi.

33 Tai'erzhuang Lu, Tianjin; Tel. 02 22/ 23 31 16 88, Fax 23 81 62 82; 223 Zi. •• CREDIT

Museen

Tianjin-Museum (Tianjin Bowuguan) 天津博物馆

Das »Swanium«, ein futuristischer Bau, ist besonders nachts faszinierend anzusehen. Es beherbergt das Kunstmuseum mit Bronzen, Porzellan und Kalligrafien sowie das Stadtgeschichtliche Museum.

31, Youyi Lu, Tianjin; Tel 022/58 79 30 00; tgl. 9–17 Uhr (Einlass bis 16 Uhr)

Essen und Trinken

Kiessling's (Qishilin) 起士林

Ebenfalls eine Institution aus Kolonialtagen: Seit 1903 serviert man hier deutsche Backwaren und westliches Essen.

33 Zhejiang Lu, Tianjin; Tel. 022/ 23 30 03 30; •–••

Info

Allgemeines
www.tj.gov.cn/english

LAND AM GELBEN FLUSS

Zwischen der Großen Mauer und dem Gelben Fluss ➤ **[H-L 5-7]** begibt sich der Reisende auf die Spuren des alten China: zu den Kaiserstädten, allen voran Xi'an mit der berühmten Terrakotta-Armee, aber auch dem wenig besuchten, doch reizvollen Kaifeng oder Luoyang mit seinen buddhistischen Schätzen. Das dortige Kloster Baima Si gilt als ältestes Chinas, die Longmen-Grotten zeugen von der Blüte des chinesischen Buddhismus. Auch die Grotten Yungang und Maiji-Shan lassen die Entwicklung des chinesischen Buddhismus verfolgen. Lebendig ist die Religion an den heiligen Bergen; der Wutaishan etwa ist geschäftiges Pilgerziel. Im kleinen Ort Pingyao fühlt man sich wie in einer historischen Filmkulisse. Wer mehr über die Geschichte der Region erfahren will, ist in den Museen von Taiyuan und Xi'an gut aufgehoben.

ZUR ORIENTIERUNG

Die Orte in dieser Region südlich und westlich der Hauptstadt Beijing sind alphabetisch geordnet.

DATONG 大同

580 000 Einwohner, 1000 m ü.d.M. ➤ **[K 5]**

Die heute hässliche Kohle- und Industriestadt besucht man ausschließlich wegen der kunsthistorischen Schätze: den berühmten Yungang-Grotten und den sehenswerten Klöstern der Umgebung.

Ausflüge

Hängendes Kloster (Xuankong Si) 悬空寺

Im Westen des Heng Shan, einem der heiligen Berge, schmiegt sich ein Klösterchen an die Klippen: Fast wirkt es, als schwebe es über der Schlucht, so filigran sind die Stelzen, die es tragen. Schmale Wandelgänge verbinden 40 kleine Räume, die zum Teil direkt in den Fels hinein gehauen wurden. Bei morgendlichem Sonnenschein ist der Blick am schönsten, danach versteckt sich das Kloster im Schatten.

➤ **[K 5] ca. 75 km südöstl. von Datong, auf dem Weg zum Wutaishan**

Holzpagode von Yingxian (Mu Ta) 木塔

Ohne einen Nagel gebaut, überstand der achteckige Bau seit 1056 selbst Erdbeben und ist heute der älteste hölzerne Turm dieser Größe weltweit (67 m Höhe).

➤ [K 5] **Yingxian, ca. 70 km (1,5 Std.) südl. von Datong**

Sehenswertes

Kloster Huayan Si 华严寺

Das Kloster, das im 11. Jh. von den Kitan erbaut wurde, ist berühmt für ausdrucksvolle Figuren und opulenten Bildschmuck. Anders als üblich ist es nach Osten ausgerichtet, was vermutlich im Sonnenkult der Kitan begründet liegt.

Aufgeteilt in zwei getrennte Komplexe, handelt es sich um ein oberes, heute aktives Kloster und ein unteres, das als Museum dient. Die Haupthalle beherbergt vergoldete Buddhas der fünf Himmelsrichtungen (15. Jh.) und Wandmalereien mit Szenen aus Buddhas Leben (um 1900). Die älteste Halle von 1038 ist Teil des unteren Klosters. Bücherkästen an den Außenwänden zeugen davon, dass dies einst eine Sutren-Bibliothek war.

Huayansi Jie, Datong; tgl. 8–18, im Winter bis 17.30 Uhr; Eintritt je 20 Y

Yungang-Grotten (Yuangang Shiku) 云冈石窟

Die riesige Grottenanlage überwältigt durch ihre Fülle an schönen Figuren, die eine erhabene Heiterkeit auszustrahlen scheinen. Während ältere Grottenbildnisse (entlang der Seidenstraße) modelliert und gemalt waren, sind dies die ersten, die aus dem Fels herausgeschlagen wurden. Erbaut wurden sie 460 bis 494 von den Toba-Herrschern, einem turksprachigen Nomadenvolk, das Nordchina beherrschte. Auch stilistisch fremde Ideen flossen ein: So sind indische, persische und sogar hellenistische Einflüsse zu erkennen.

Zu den Motiven gehören monumentale Buddhafiguren und kleinere Bodhisattvas, daneben heilige Mönche und Schüler des Buddha. Auch Tiere wie Pfaue, Rinder und Elefanten kommen vor. Himmlische Wesen und Schutzgötter der indischen Mythologie umschweben den Bud-

Insgesamt 51 000 Statuen schmücken die Yungang-Grotten, einen Komplex aus 252 Höhlen.

dha und unterstreichen das Glück des Erleuchteten.

20 Hauptgrotten können besichtigt werden. Nr. 6 ist die vielfältigste und künstlerisch bedeutendste. Die Wände sind detailliert mit anschaulichen Szenen aus dem Leben Gautamas verziert. Der beeindruckende Buddha in Grotte 5, mit Flammenschein um das vergoldete Gesicht, ist der größte der Anlage. Die schützenden Vorbauten stammen aus dem Jahr 1651.

16 km westl. von Datong (Bus 30 Min.); tgl. 8.30–18, im Winter bis 17 Uhr; Eintritt 60 Y

Info

Touristeninformation

CITS: Die Agentur arrangiert Touren, Zugtickets und Hotelzimmer, Tel. 03 52/712 48 82; 6.30–18.30 Uhr

KAIFENG 开封

580 000 Einwohner, 72 m ü.d.M. ➤ [L 6]

Eine der kaiserlichen Hauptstädte des alten China: Zwar liegen die archäologischen Reste dieser Ära (960 bis 1126) nach vielen Überflutungen einige Meter unter dem Boden, dennoch strahlt das heutige Kaifeng einen alten Charme aus. Von der bemerkenswerten jüdischen Gemeinde, die hier seit Song-Zeiten siedelte, sind heute allerdings kaum Spuren erhalten. Umso lebendiger ist das muslimische Viertel um die Dongda Moschee (Dongda Si).

Ein echtes Erlebnis, vor allem an Wochenenden, ist der dortige Nachtmarkt; hier brutzelt, dampft und duftet es an jedem Stand. Dieses besondere Flair lohnt einen Besuch in Kaifeng.

Hotels

Kaifeng Hotel (Kaifeng Binguan) 开封宾馆

Zimmer verschiedener Preisklassen gruppieren sich um einen netten Innenhof mit Magnolienbäumen. Freundlicher Service, zentrale Lage.

66 Ziyou Lu, Kaifeng; Tel. 03 78/595 55 89, Fax 595 30 86; 190 Zi. •• Suiten ••••

CREDIT

Sehenswertes

Po Pagode (Po Ta) 繁塔

Das älteste buddhistische Bauwerk Kaifengs (von 974) liegt versteckt in den Gassen östlich der Bahnstation. 108 Buddhafiguren schmücken die Pagode, die unteren sind zerstört.

Pota Xijie, Kaifeng; 8–18 Uhr; Eintritt 10 Y

Shanshangan Gildenhaus (Shanshangan Huiguan) 陕山甘

Aufwendig dekoriertes Gildenhaus aus der Qing-Zeit, mit einer Ausstellung über das historische Kaifeng.

Xifu Jie, Kaifeng; Tel. 03 78/598 56 07; tgl. 8.30–18.30 Uhr; Eintritt 15 Y

Essen und Trinken

Jiaozi Guan 饺子馆

Rote Laternen schmücken die traditionellen Balkone dieses schönen, dreistöckigen Teigtaschen-Restaurants mit tollem Blick über den Nachtmarkt.

Ecke Gulou Jie, Shudian Jie, Kaifeng; •

Info

An- und Weiterreise

Bahn-Tickets unter Tel. 03 78/396 68 88; nächster Flughafen: Zhengzhou 郑州 **➤ [L 6]**

LUOYANG 洛阳

1,4 Mio. Einwohner, 170 m ü.d.M. ➤ [K 6]

Einst die Hauptstadt von 13 Dynastien, ist Luoyang heute nicht viel mehr als eine graue Betonstadt. Ab dem 8. Jh. v. Chr. war sie mehrfach Sitz von Kaisern, insbesondere zur Song- und Tang-Zeit blühte sie als kulturelles und religiöses Zentrum auf. Von den glorreichen Zeiten zeugen heute einige Gräber und die berühmten Longmen-Grotten. Dennoch lohnt ein Bummel durch die Altstadtgassen rund um die Wen-Feng-Pagode und zum Lize-Gildenhaus.

Ausflüge

Kloster des Weißen Pferdes (Baima Si) 白马寺

Das älteste buddhistische Kloster Chinas ist heute wieder recht aktiv. Der Gründungsgeschichte nach ließ der Kaiser es im 1. Jh. erbauen, nachdem zwei Schimmelreiter aus fernen Ländern die ersten Sutrenschriften gebracht hatten. 500 Meter weiter steht die schöne Qiyun-Pagode.

13 km östl. von Luoyang (40 Min. per Bus); im Sommer: 7–19, im Winter 8.30–17.30 Uhr; 35 Y

Longmen-Grotten (Longmen Shiku) 龙门石窟

Das wohl bedeutendste Monument der Blütezeit des chinesischen Buddhismus zur Tang-Zeit sind diese Grotten mit ihrem kunstvoll gearbeiteten, teils riesigen Figurenschmuck. Heute gehören die Longmen-Grotten zum UNESCO-Weltkulturerbe. Die ersten Arbeiten wurden bereits im 5. Jh. geschaffen, unter den Kaisern der nördlichen Wei, die ihre Hauptstadt von Datong hierher verlegt hatten. Es folgten über mehrere Jahrhunderte Bildhauerarbeiten, gestiftet von Gläubigen und dem ruhmsüchtigen Kaiserhof. Ein großer Teil wurde im 20. Jh. rücksichtslos von Kunstdieben geraubt und befindet sich heute in Sammlungen auf der ganzen Welt verstreut.

Die vielleicht schönste Grotte ist die mittlere der drei Binyang-Grotten, der Name bedeutet: der Sonne entgegen. Sie entstand im nördlichen Wei-Stil und zeigt die Buddhas der drei Zeitalter. Der Höhepunkt, der »Tempel der Ahnenverehrung« (Fengxian Si) zeigt einen 17 Meter hohen Buddha im Stil der Tang-Zeit, der die Gesichtszüge seiner Stifterin, der Kaiserin Wu Zetian tragen soll.

13 km südl. von Luoyang (Taxi ca. 30 Y); im Sommer 6–20, im Winter 6.30–19 Uhr; Eintritt 80 Y, engl. Führung 100 Y

Museen

Gräbermuseum (Gumu Bowuguan) 古墓博物馆

22 Grabkammern, die in der Umgebung Luoyangs gefunden wurden, sind hier zusammengelegt, sodass über unterirdische Gänge Wandmalereien und Grabbeigaben aus über zwölf Jahrhunderten besichtigt werden können.

Jichang Lu (nördl. Stadtrand), Luoyang; tgl. 9–17 Uhr; Eintritt 15 Y

Info

An- und Weiterreise

Bahn: z.B. Schlafwagen ab Beijing (10 Std.); Flughafen 12 km entfernt; besser ist die Anbindung von Zhengzhou 郑州 ➤ [L 6]

KÄMPFERISCHE MÖNCHE

Das Shaolin-Kloster gilt als Ursprungsort der chinesischen Kampfkunstarten. Noch heute trainieren hier Tausende Schüler.

»Ha!«, ein grimmiger Kämpfer springt auf die Bühne, seine orangefarbenen Hosen flattern im Sprung, nach einem Saltowirbel landet er mit ohrenbetäubendem Knall auf dem Boden. Die Hand vor dem Gesicht zur Faust geballt verharrt er bewegungslos. Sekundenlang herrscht Stille, dann setzt die heroische Musik wieder ein, die das Programm untermalt: Es ist die Kampfkunst-Show im bekannten Shaolin-Kloster. Berühmt geworden durch Bruce-Lee-Klassiker und den chinesischen Film »Der Tempel der Shaolin« empfängt das alte Kloster heute Millionen von Besuchern, die diesem alten Ruhm nachspüren wollen. Er geht auf den indischen Mönch Bodhidharma zurück, der sich im Jahr 527, gut 30 Jahre nach der Gründung des Klosters im Jahr 495, hier niederließ und als Begründer des Chan-

Seit fast 1500 Jahren steht hier ein Kloster, beinah ebenso lang üben Mönche die Kampfkunst – einige schützten sogar den Kaiser.

Buddhismus (Zen-Buddhismus) gilt. Der Legende nach meditierte er neun Jahre lang in einer nahe gelegenen Grotte. Sein »Schatten« blieb am Stein haften und kann im Kloster bestaunt werden. Um in seinen langen Phasen der Versenkung gelenkig und konzentriert zu bleiben, imitierte der Mönch die Bewegungen von Vögeln und Tieren, die von ihm und seinen Schülern zu Gymnastikübungen und dann zu konzentrativen Kampfformen weiterentwickelt wurden.

Schüler der chinesischen Kampfkunst proben vor dem Haupteingang des Shaolin-Klosters einen Auftritt an Buddhas Geburtstag.

GEBET UND KAMPF

Die furchtlosen Kampfmönche des Shaolin-Klosters verteidigten immer wieder die Herrscher des Landes. Während der Tang-Dynastie waren sie sogar als Wächter am Kaiserhof tätig. Im Jahr 728 entsandte das Kloster eine Gruppe kämpfender Mönche, die das bedrängte Herrscherhaus erfolgreich beschützten. Da die enormen Fähigkeiten der Mönche die Wertschätzung des Hofes fanden, durfte das Kloster fortan einige Mönche zu Kriegern ausbilden.

In seine Hochphase trat das Kloster dann während der Ming-Dynastie von 1368 bis 1644 ein. Bis zu 2500 Mönche sollen zu dieser Zeit im Kloster gelebt haben und zu Kämpfern ausgebildet worden sein.

BRUCE LEE LÄSST TRÄUMEN

Heute versuchen Tausende kleiner Jungen – und auch ein paar Mädchen sind dabei – an diesen Ruhm anzuknüpfen. Vom Morgengrauen bis in den Abend hinein trainieren sie täglich auf großen Schulhöfen, von denen etliche in der Gegend eröffnet wurden. Polizisten oder Filmstars wollen sie werden.

Von klösterlicher Stille und Mystik kann keine Rede sein. Elektrowägelchen voll schnatternder Touristen sirren über das Gelände, das Kloster und die umliegenden Sehenswürdigkeiten sind von Souvenirshops mit Kampfkunstaccessoires übersät.

Dennoch strahlen manche Orte, wie der Pagodenwald mit seinen halb verfallenen Grab-Stupas der Mönche, eine besondere Atmosphäre aus. Und die Kampfkunstshow sollte man sich ohnehin anschauen.

➤ [K 6] **Shaolin-Kloster (Shaolin Si 少林寺), ca. 80 km (3 Autostd.) südöstl. von Luoyang (Tagestour); tgl. 8–18.30 Uhr, Eintritt 100 Y**

PINGYAO 平遥 3

40 000 Einwohner, 763 m ü.d.M. ➤ [K 6]

Erleben Sie China wie aus dem Bilderbuch: Betritt man das malerische Städtchen durch die Tore der alten Stadtmauer, wähnt man sich in einer (autofreien!) Filmkulisse: Hölzerne Schilder zieren die alten Ladenfronten, rote Laternen schwingen davor. Schmucktore überspannen die kopfsteingepflasterten Straßen. Das historische Stadtbild der mingzeitlichen Handelsmetropole ist nahezu intakt; Pingyao ist einer der wenigen Orte Chinas, die nicht mit Kachelbauten oder Blauglas modernisiert wurden. 1997 erhielt die Stadt die UNESCO-Weltkulturerbe-Plakette. Aber auch hinter der inzwischen für den Tourismus aufgeputzten Kulisse zeigt der Ort sehr viel Charme; in den Nebengassen lassen sich gemütliche Alltagsszenen entdecken.

Besonders sehenswert sind die alten Bankhäuser im Zentrum, mit denen der Ort erst zu großem Reichtum gelangte und ihn dann später wieder verlor, als die Herrscher der Qing-Dynastie ihre Darlehen nicht zurückzahlen konnten. Ironischerweise gibt es heute keine Bank mehr in der Stadt, nehmen Sie also genügend Bargeld mit!

Hotels

Etliche der Hofhäuser wurden in lauschige Hotels verwandelt, sodass Pingyao die vielleicht stimmungsvollsten Unterkünfte Chinas bietet (→ Spezial, S. 146).

China von einst als UNESCO-Weltkulturerbe: An Pingyao, der Finanzstadt der Ming-Zeit, gingen alle Modernisierungen vorbei.

Tianyuankui Folk Guesthouse (Tianyuankui Kezhan) 德居源民风宾馆

Angenehm schlichte Einrichtung mit schwarzen Steinböden und antiken Möbeln. Wer es einmal probieren möchte, kann in dem 300 Jahre alten Hofhaus auf dem traditionellen »kang«, einem von unten beheizbaren Steinbett schlafen – das ist ungemein gemütlich!

73 Nan Dajie, Pingyao; Tel. 03 54/ 568 00 69, Fax 568 30 52; www.pytyk.com; 30 Zi. ••

Ausflüge

Residenz der Familie Qiao (Qiao Jia Dayuan) 乔家大院

Über 300 Räume zählt dieser reich verzierte Hofhauskomplex eines wohlhabenden Händlers. Er war Schauplatz für Zhang Yimous stimmungsvollen Film »Rote Laterne« und ist seitdem weltweit bekannter Anziehungspunkt außerhalb des mittelalterlichen Pingyao.

20 km nördl. (ca. 30 Min.) von Pingyao; tgl. 8–17.30 Uhr; Eintritt 40 Y

Shuanglin-Tempelkloster (Shuanglin Si) 双林寺

Der üppige Bildschmuck dieses festungsähnlich ausgebauten Tempels, der die Kulturrevolution überstand, ist beeindruckend anzusehen: Die 1600 Figuren der Song- und Yuan-Zeit sind mit ihrer teils komischen, teils dramatischen Mimik besonders ausdrucksvoll.

Knapp 7 km südwestl. von Pingyao, man kann gut zu Fuß gehen oder mit dem Fahrrad fahren; tgl. 9–17 Uhr; Eintritt 25 Y

Sehenswertes

Altstadt

Unzählige historische Gebäude lassen sich beim Spaziergang durch dieses mittelalterliche Städtchen entdecken. Ein Sammelticket, gültig für drei Tage, ermöglicht den Eintritt in 20 Häuser und Tempel, darunter das vollständig erhaltene Ensemble der Regierungs- und Gerichtshöfe »Yamen« und der Konfuziustempel mit seiner Haupthalle von 1163. Souvenirläden reihen sich an der Nan Dajie, die im Zentrum vom kunstvollen Stadtturm überspannt wird. Von dort oben hat man einen schönen Blick.

Tickets am Nordtor; tgl. 8–19, im Winter bis 18.30 Uhr; 120 Y. Fahrradvermietung in der Xi Dajie; ca. 10–20 Y/Tag

Bankhäuser

Pingyao war einst wichtiges Bankenzentrum mit Wechselbanken, die vor allem für die Kaiserhäuser tätig waren. Einige der noblen Anwesen können heute besichtigt werden; darunter das »Rishengchang«, eines der ersten Bankhäuser Chinas, wo 1823 die Verrechnungstechnik erfunden worden sein soll. Sehenswert ist auch der Wohnsitz des wohlhabenden Bankiers Lei Lütai im für die Gegend typischen höhlenartigen Lehmbau.

Stadtmauer

Das vollständig erhaltene, circa 10 Meter hohe Bollwerk aus der Zeit um 1370 wird von 3000 Zinnen und 72 Wachtürmen gekrönt. Das 6,5 Kilometer lange Bauwerk legt Zeugnis ab für die Bedeutung der Stadt. Der Blick von oben auf die Altstadt ist vor allem im Südosten schön.

Essen und Trinken

Dejuyuan Folkstyle Guesthouse (Dejuyuan Minfeng Binguan) 德居源

Die Provinz Shanxi ist bekannt für ihre Nudelgerichte. Probieren sollte man »sanxie shaomai« (山西烧麦), eine lokale Jiaozi-Variation, und »tudou shao niurou« (土豆烧牛肉), köstliche Bratkartoffeln mit Rindfleisch. Der Innenhof ist abends von Kerzenschein und roten Laternen erleuchtet.

Dejuyuan, 43 Xi Dajie, Pingyao; Tel. 0354/568 52 66; • CREDIT

Info

An- und Weiterreise

100 km südl. von Taiyuan (1,5 Std.). Per Nachtzug direkt von Beijing erreichbar. Weiterfahrt per Zug allerdings schwierig; besser geht es über Taiyuan.

TAIYUAN 太原

2,4 Mio. Einwohner, 800 m ü.d.M. ➤ [K 5/6]

Die Stadt selbst, moderne Hauptstadt der Shanxi-Provinz, ist wenig attraktiv, bietet jedoch mit dem neuen Museum und dem bedeutenden Tempel Jin Ci gute Gründe, auf dem Weg nach Pingyao hier einen Stopp einzulegen.

Ausflüge

Tempel Jin Ci 晋祠

Die einzigartige Tempelanlage, bestehend aus fast 100 Gebäuden, wurde der Überlieferung zufolge zu Ehren des Prinzen Shuyu, dem späteren Herzog von Jin, gegründet. Es ist ein sehr stimmungsvolles Gelände und ein beliebtes Pilgerziel. Im Park stehen viele über 1000 Jahre alte Bäume. Ein Bach entspringt auf dem Tempelgelände, und das Wasser mit seiner Leben spendenden Kraft ist das prägende Motiv der Anlage. Prachtstück ist die hölzerne »Halle der heiligen Mutter« mit von Drachen umschlungenen Säulen, die seit 1102 praktisch unverändert erhalten ist. Innen wird die Mutter des Herzogs, umringt von 42 Dienerinnen, dargestellt.

25 km südwestl. von Taiyuan; Bus 804 vom Bahnhof (ca. 1 Std.); tgl. 8.30–18 Uhr; Eintritt 40 Y

Museen

Shanxi-Museum (Shanxi Bowuguan) 山西博物馆

32 Mio. Euro wurden in das moderne Museum gesteckt, das auf mehreren Stockwerken Exponate zur reichen Geschichte und Kultur dieser Gegend zeigt, darunter wertvolle Grabbeigaben und -malereien der nördlichen Wei, Jin-Bronzen, Schattenpuppen und Fossilien.

Binhe Xilu Zhongduan, Taiyuan; tgl. 9–17 Uhr (Einlass bis 16 Uhr), geschl. am 15. und 30. jeden Monats; Eintritt 20 Y, Audiotour 10 Y

Info

An- und Weiterreise

Flüge unter Tel. 03 51/417 86 05; Bahn: Nachtzüge nach Beijing 10 Std., Xi'an 10–12 Std. Tickets im Hotel Changtai Fandian, Yingze Dajie, Taiyuan.

TIANSHUI 天水

400 000 Einwohner, 1170 m ü.d.M. ➤ [H 7]

Die Stadt ist Ausgangsort für die Maiji-Shan-Grotten, außerdem ist der mingzeitliche Tempel Fu Xi erwähnenswert.

Ausflüge

Maiji-Shan-Grotten 麦积山

Wie ein riesiger Heuhaufen ragt der rötliche Berg Maiji unvermittelt aus der grünen Landschaft auf. Seine Felswand ist von fast 200 Höhlen durchlöchert, die buddhistische Skulpturen vom 4. bis zum 19. Jh. beherbergen, sowie mehrere kolossale Figuren, verbunden durch ein Gerüst aus Treppen und Galerien. Gegen eine zusätzliche Gebühr werden auch geschlossene Grotten geöffnet. Eindrucksvoll sind die obersten Figuren.

➤ [J 7] 45 km südöstl. von Tianshui; tgl. 8–18 Uhr; Eintritt 70 Y

Winzerdorf »Kleine Quelle« 24

→ Der gute Tipp von MERIAN, S. 131

Info

An- und Weiterreise

An der Bahnstrecke Xi'an–Lanzhou

Allgemeines

Übernachtung im Dongan Fandian, Tel. 09 38/261 33 33 ••

WUTAI SHAN 五台山

1700–3085 m ü.d.M. ➤ [L 5]

Das heilige Gebirge gehört zu den ältesten buddhistischen Stätten überhaupt und weist bedeutende Klöster und Kunstschätze auf. Eingebettet zwischen den Gipfeln des »Fünf-Terrassen-Berges« liegt der lebendige Pilgerort Taihuai, um dessen 20 Klöster reges Treiben herrscht. Fast weltentrückt friedlich ist dagegen die Stimmung in den Bergklöstern, die sich auf die eher karge Landschaft verteilen. Wanderwege führen hinauf, oben flattern Gebetsfähnchen im Wind. Wer möchte, kann in den einfachen Klöstern auch übernachten.

Hotels

Tempel Guangren 广仁寺

Wer zu den Gesängen der Mönche aufwachen möchte, kann in den asketischen Gastzimmern des Tempels übernachten; viele davon haben immerhin ein Bad.

Yanglin Jie, Taihuai; Tel. 03 50/654 53 52; 18 Zi. • ▭

Ausflüge

Klöster Foguang Si 佛光寺 und Nanchan Si 南禅寺

Die beiden Tempel zählen zu den ältesten Holzgebäuden Chinas und sind wunderbare Beispiele tang-zeitlicher Architektur. Beeindruckend sind die mächtigen Dachtraufen des Foguang. Die kleinere, aber besonders schöne Haupthalle des Nanchang stammt von 782.

45 bzw. 90 km südwestl. von Taihuai; Touren bei CITS, Tel. 03 50/654 32 10

Sehenswertes

Klöster im Ort

Von den einst bis zu 300 Klöstern steht heute nur noch knapp ein Fünftel. Ältestes und größtes ist das Kloster Xiantong Si im Norden des Ortes, dessen Bronzehalle 10 000 Bronzefiguren birgt. Dahinter führen 108 Stufen zum Pusa Ding (Bodhisattva-Gipfel). Deutlich sichtbar ist das Wahrzeichen des Ortes, die 75 Meter hohe weiße Flaschenpagode (Dagoba) auf dem Gelände des Tayuan Si, die von zahlreichen Gebetsmühlen umringt ist. Der zentral gelegene Luohou Si beherbergt eine ungewöhnliche hölzerne Lotusblüte, deren Blütenblätter sich beim Drehen öffnen, um buddhistische Figuren zu zeigen.

Versenkung in der Alltagsarbeit: Ein Mönch in einem Kloster am Wutai Shan ist dabei, Dutzende Butterlampen wieder aufzufüllen.

Info

An- und Weiterreise

Die Anfahrt von Datong (5 Std.) ist landschaftlich besonders schön; Taiyuan ist 4 Std. entfernt.

XI'AN 西安 4

3,25 Mio. Einwohner, 400 m ü.d.M. ➤ [J 7]

Die aufstrebende Provinzhauptstadt hinkt etwas hinter der Ostküste her. Grandios war hingegen ihre Vergangenheit: Mehr als tausend Jahre regierten hier Chinas Kaiser. Mit Gräbern, buddhistischen Pagoden und mächtigen Stadtmauern hinterließen sie einen reichen Schatz. Berühmt ist die Terrakotta-Armee des ersten Kaisers, der in Xianyang die erste Reichshauptstadt gründete. Wenig später, zur Han-Zeit, verlegte man sie südlich des Wei-Flusses, nah der heutigen Altstadt. Ihre Blütezeit aber hatte »Chang'an«, so ihr damaliger Name, zur Tang-Zeit, im 7. und 8. Jh. Karawanen zogen von der damals (neben Bagdad) größten Stadt der Welt über die Seidenstraße; beladen mit kostbaren Gütern verbreiteten sie den Glanz Chinas.

Händler kamen aus Persien, Indien, Japan und der arabischen Welt und brachten unterschiedlichste kulturelle Einflüsse mit. Die Stadt wuchs zu einer wahren Kosmopolis. Poeten, Mönche und Kaufleute waren von ihr angezogen. Noch heute zeugt das lebendige muslimische Viertel von der multikulturellen Vergangenheit. Wer einen Eindruck von der Größe der Tang-Stadt bekommen will, steige auf die Stadtmauer, deren heutige Form aus der späteren Ming-Zeit stammt; die der Tang-Zeit umfasste ein fünfmal größeres Gebiet.

Hotels

Sofitel On Renmin Sqare Xi'an

Das neueste und luxuriöseste Hotel liegt mitten in der Altstadt am Volksplatz.

319 Dongxin Jie, Xi'an; Tel. 029/87 92 88 88, Fax 87 92 89 99; www.sofitel.com; 432 Zi. •••• CREDIT

Melody Hotel (Meilun Jiudian) 美伦酒

Von diesem Hotel am lebhaften muslimischen Viertel blickt man auf den Trommelturm im Herzen der Stadt.

86 Xi Dajie, Xi'an; Tel. 029/8728 8888, Fax 87 27 36 01; www.melodyhotel.com.cn; 135 Zi. •• CREDIT

Ausflüge

Die Sehenswürdigkeiten außerhalb der Stadt lassen sich in organisierten Tagestouren ansteuern: Beliebt ist die östliche Tour (ca. 300 Y), die Terrakotta-Armee und Banpo-Dorf einschließt. Die westliche Tour (ab 500 Y) umfasst verschiedene kaiserliche Gräber und den Tempel Famen. Im Preis enthalten sind Eintrittspreise, Mittagessen und Führung. Alternativ beträgt der Tagespreis für ein Taxi, nach Entfernung, von 300 bis 600 Y.

Banpo
(Banpo Yizhi Bowuguan) 半坡遗址博物馆

Die Überreste dieser neolithischen Siedlung sind von großer archäologischer Bedeutung. Sie werden der Yangshao-Kultur zugeordnet, einer der ältesten auf chinesischem Grund. Vertiefungen lassen Wohnbereiche, Vorratsgruben, Schutzgräben und Gräber erkennen. Im Museum werden verzierte Keramikfunde und Werkzeuge ausgestellt.

7 km östl. von Xi'an; tgl. 8.30–17 Uhr; 35 Y

Hua Shan 华山

Wer den Westberg der fünf heiligen Berge besteigen will, sollte schwindelfrei und mutig sein; der abenteuerliche Pfad führt an senkrecht abfallenden Klippen vorbei. Umso berauschender sind die Ausblicke – leichter erreicht man sie in zehn bequemen Seilbahnminuten.

➤ [K 7] Ca. 120 km östl. von Xi'an (2 Std. Busfahrt); Eintritt 100 Y/50 Y (Winter); Seilbahn 7–19 Uhr, 100 Y

Kloster Famen Si 法门寺

Das Kloster zählt zu den bedeutendsten Chinas und beherbergt einen kostbaren Schatz: Vier Fingerknochen des Buddhas Shakyamuni. Sie wurden, zusammen mit anderen Kostbarkeiten der Tang-Zeit, 1987 in einer vergessenen Krypta gefunden, die heute zu besichtigen ist.

120 km westl. von Xi'an (Tagesausflug); tgl. 8.30–17.30 Uhr; Eintritt 30 Y

Tang-Gräber (Qianling 乾陵, Yongtai 永泰)

In den Hügeln nordwestlich von Xi'an sind 19 Tang-Kaiser bestattet. Beeindruckend ob seiner Größe ist das Qianling, die Ruhestätte des Tang-Kaisers Gaozong und seiner Konkubine Wu Zetian, die später selbst Kaiserin wurde und ihre eigene Dynastie ausrief. Verwitterte Steinfiguren säumen einen langen Seelenweg. Ganz in der Nähe befindet sich das Grab der Prinzessin Yongtai, deren Repliken detaillierter Wandmalereien Einblick ins höfische Leben geben. Der Ausflug lohnt auch wegen der charakteristischen Lösslandschaft mit ihren kleinen Dörfern.

Ca. 85 km nordwestl. von Xi'an; tgl. 8–17 Uhr; Eintritt 30 Y, Yongtai 20 Y

Terrakotta-Armee (Bingmyong) 兵马俑

Die gewaltige tönerne Armee gehört zu den spektakulärsten Funden der chinesischen Archäologie: Als sie 1974 zufällig entdeckt wurde, war schnell gewiss, dass sie zur Grabanlage des Qin Shi Huangdi, des ersten Kaisers von China gehört, über die man aus historischen Aufzeichnungen wusste (› Spezial, S. 50). Der eigentliche Grabhügel, der ungeheure Schätze bergen muss, ist bis heute nicht geöffnet. In vier Schächten fand man über 7000 überlebensgroße Soldaten und 600 Pferde aus Ton, Reste hölzerner Kriegswagen sowie bronzene Waffen. Sie sind Abbild der enormen militärischen Macht des Kaisers und aufschlussreiche historische Zeugnisse.

Obwohl die Figuren in Serie gefertigt wurden, tragen alle Gesichter individuelle Züge. Kopfbedeckungen lassen den Rang erkennen, die Aufstellungen geben Aufschluss über militärische Taktik. Ursprünglich waren sie bunt bemalt. Rebellen zertrümmerten die Figuren und setzten die Holzdecke, die über den Schächten angebracht war, in Brand. Restaurierungsarbeiten dauern noch an.

Der Rundgang beginnt in der größten Halle mit einem überwältigenden Anblick: Mehrere Tausend restaurierte Soldaten blicken den Besucher an. Im zwei-

AUTORENTIPP Nehmen Sie ein Fernglas mit, um die Figuren besser sehen zu können. Fotografieren ist nur ohne Blitz und ohne Stativ erlaubt. Wer sich den beeindruckendsten Anblick aufsparen will, kann die Besichtigung auch in umgekehrter Reihenfolge machen.

Oft im Bild gesehen und doch ein Eindruck von gewaltiger Intensität: die Terrakotta-Krieger des Ersten Kaisers.

ten Schacht, mit etwa 1300 Figuren, kann man einzelne Bogenschützen, Kavalleristen und Generäle genauer betrachten. Schacht 3 wird als Kommandozentrale angesehen, die hochrangigen Figuren blicken ins Rauminnere. Tierknochen deuten darauf hin, dass es auch eine Opferstelle war. Empfehlenswert ist, vor der Besichtigung den Infofilm (im Kino südlich von Grube 1) anzusehen.

Ca. 30 km östl. von Xi'an; Anfahrt mit den grünen »Terrakotta«-Minibussen ab Hauptbahnhof (7 Y, ca. 1 Std. Fahrt); tgl. 8.30–17.30 Uhr; Eintritt 90 Y, Dez.–Feb. 65 Y

Xianyang Stadtmuseum (Xianyang Shi Bowuguan) 咸阳市博物馆

In der einstigen Hauptstadt des Ersten Kaisers zeigt ein Museum 3000 Terrakottafigürchen eines Han-Grabes sowie Pferdefiguren verschiedener Epochen.

Ca. 1 Std. nördl. von Xi'an; Stadtmuseum: tgl. 8.30–17.30 Uhr; Eintritt 20 Y

Yangling – Grab des Han-Kaisers Jingdi

→ Der gute Tipp von MERIAN 16, S. 118

Sehenswertes

Glocken- und Trommelturm (Zhong Lou 钟楼, Gu Lou 鼓楼)

Gemeinsam dienten die Türme einst der Stadt als eine Art Wecker: Die Glocke verkündete den Beginn des Tages, während man die Trommel bei Dämmerung schlug – das war auch das Signal zum Schließen der Stadttore. Seit 1582 steht der 36 Meter hohe Glockenturm als Wahrzeichen im Zentrum der Stadt, die Hauptstraßen laufen von den Stadttoren aus auf ihn zu. In beiden Türmen gibt es tagsüber kleine Musikaufführungen.

8.30–21.30 Uhr (im Winter bis 17.30 Uhr); Eintritt je 20 Y, kombiniertes Ticket 30 Y

Große Moschee (Qingzhen Dasi) 清真大寺

Das Zentrum des lebendigen muslimischen Viertels ist diese besinnliche Moschee, deren sehr weitläufige Anlage zunächst an einen chinesischen Tempel erinnert. Selbst das Minarett hat die Form einer Pagode. Arabische Kalligrafien zieren Tore und Gebäude. Durch stille, begrünte Höfe gelangt man zur großen Gebetshalle (dort jedoch Zutritt nur für Gläubige).

Huajue Xiang, Xi'an; www.xaqzds.com; tgl. 8–19, Winter bis 17.30 Uhr; Eintritt 12 Y

Große Wildganspagode (Dayan Ta) 大雁塔

Heimlich brach der Pilgermönch Xuan Zang nach Indien auf; bei seiner Rückkehr wurde er gefeiert (→ Spezial, S. 326). Für die kostbaren buddhistischen Original-Sanskrittexte, die er mitbrachte und hier über viele Jahre hinweg übersetzte, errichtete man 652 diese Pagode. Sie wurde zum Wahrzeichen Xi'ans, umgeben vom Tempel Daci'en Si.

Ca. 4 km südl. der Stadtmauer; tgl. 8–18 Uhr; Eintritt 25 Y plus 20 Y (Aufstieg)

Kleine Wildganspagode (Xiaoyan Ta) 小雁塔

Das kleinere Pendant in einem stillen Park ist ein original tang-zeitlicher Bau, dessen Spitze bei Erdbeben im 16. Jh. zerstört wurde. Ursprünglich 45 Meter hoch, verlor sie zwei Stockwerke. Unmittelbar südlich befindet sich der kleine, aber sehr aktive Tempel Daxingshan Si.

Youyi Xilu, Xi'an; tgl. 8–18 Uhr; Eintritt 18 Y plus 10 Y (Aufstieg)

Stadtmauer

Mit einem Spaziergang auf dem 12 Meter hohen und 14 Kilometer langen Bollwerk lässt sich die einstige Größe der Stadt auch nur erahnen: Die tang-zeitliche Mauer umspannte mindestens das fünffache Gebiet, die heutigen Abgrenzungen stammen aus der Ming-Zeit. In den 1950er-Jahren waren große Teile des ummauerten Erdwalls für den Häuserbau abgetragen worden, der Abriss drohte. Erst nach Entdeckung der Terrakotta-Armee wurde sie für den einsetzenden Tourismus erhalten und renoviert.

Aufstieg über die Stadttore; tgl. 7–22.30, Okt.–März 8–18 Uhr; Eintritt 40 Y (bei jedem Aufstieg muss neu gezahlt werden); Fahrradmiete 15 Y/30 Min.

Museen

Shanxi-Geschichtsmuseum (Shanxi Lishi Bowuguan) 陕西历史博物馆

Eine Schatzkammer: Spektakuläre Funde werden chronologisch präsentiert, darunter prähistorische Gefäße der Yangshao-Kultur, über 3000 Jahre alte Bronzen, Reliefziegel vom Palast des Ersten Kaisers, han-zeitliche Grabbeigaben, z.B. das älteste Papier der Welt, und großartige Kunstwerke der Sui- und Tang-Zeit. Wandmalereien aus Adelsgräbern sind nur nach Voranmeldung zu besichtigen.

90 Xiaozhai Donglu, Xi'an; tgl. 8.30–18, Winter 9–17.30 Uhr; Eintritt 35 Y

Stelenwald (Beilin Bowuguan) 碑林博物馆

Seit alters werden bedeutende Texte der Philosophie, Geschichte und Literatur in Stein graviert, um sie vor Brand oder

Verfälschung zu schützen; Steinabreibungen bringen sie auf Papier. Die Sammlung im ehemaligen Konfuziustempel zählt zu den wichtigsten, die vielen Kalligrafiestile sind beeindruckend. Eine Ausstellung zeigt monumentale Steinfiguren und Grabreliefs. In der »Kulturstraße« Shuyuan Xiang, die vom Südtor hierher führt, gibt es Läden für Kunstbedarf.

15 Sanxue Jie, nah des Südtors, Xi'an; tgl. 8-18.30 Uhr; Eintritt 30 Y

Essen und Trinken

Da Fa Chang 德发长

Teigtaschen sind eine Spezialität Xi'ans; dieses Traditionslokal ist berühmt für sein mehrgängiges Bankett mit zahlreichen Varianten dieser Leckerbissen.

Xi Dajie 3, Nordseite des Glockenturm-Platzes, Xi'an; Tel. 029/87 21 40 60; 9-18 Uhr; Bankett ab •

Lao Sun Jia 老孙家

Im berühmten und lebhaften Lokal reicht man einen Klassiker der Shaanxi-Küche: Yangrou Paomo – Lammsuppe mit Brot. Der Gast bricht Brot in Stücke, dann wird Brühe darüber gegossen, die mit Chili und Koriander gewürzt wird.

78 Dong Guan Zhangjie, Xi'an; Tel. 029/ 87 85 53 33; ca. 11-13 und 18-21 Uhr •

Info

An- und Weiterreise

Per Flugzeug:

Vom Flughafen Xi'an Xianyang nördlich der Stadt gibt es Flüge in alle wichtigen Städte Chinas und zu einigen internationalen Zielen. Ticket-Tel. 029/88 79 84 86

Per Bahn:

Nördl. der 2. Ringstraße; direkte Züge u.a. nach Beijing (empfehlenswert: Deluxe Z-Züge; 11–12 Std.), Shanghai (mind. 16 Std.), Chengdu (16 Std.) und auf der Seidenstraßenroute Richtung Westen bis nach Ürümqi.

Wer unter www.china-train-ticket.com Tickets bucht, bekommt sie ins Hotel gebracht.

Touristeninformation

CITS, Am Trommelturm, 2. Stock des Bell Tower Hotels; Tel. 0 29/87 60 02 27

SHANDONG 山东

Die Küstenprovinz ➤ [L/M 6] bringt ihre Attraktionen kurz auf eine Formel: »Ein Berg, ein Fluss, ein Heiliger.« Es sind die bedeutendsten des Landes: der Berg Tai Shan, der Fluss Huanghe und der Heilige Konfuzius. Dazu gibt es als Fremdeinfluss ein deutsches Musterstädtchen.

ZUR ORIENTIERUNG

Die Orte in dieser Region sind alphabetisch geordnet. Sie sind gut per Bahn erreichbar. Flughäfen gibt es in Qingdao und der Provinzhauptstadt Ji'nan.

QINGDAO 青岛

1,6 Mio. Einwohner, 0-80 m ü.d.M. ➤ [M 6]

Berühmt ist die ehemalige deutsche Kolonie »Tsingtao« nicht nur für ihr Bier: Die boomende Küstenstadt verbindet mühelos deutsche Musterstadt-Atmosphäre mit moderner Hochhausarchitektur und lockt obendrein mit schönen

Stränden und frischer Meeresluft. Bis zur japanischen Besetzung war die Stadt eines der beliebtesten Seebäder Asiens. 2008 war sie Austragungsort der olympischen Segelwettbewerbe.

Hotels

Oceanwide Elite Hotel/Crowne Plaza (Qingdao Fanhai Mingren Jiudian)

青岛泛海名人酒店

Das beste Hotel, in der Altstadt gelegen, einige Zimmer haben Meerblick.

76 Xianggang Zhonglu, Qingdao; Tel. 05 32/8571 88 88; www.sixcontinentshotels.com; 88 Zi. ••• CREDIT

Spaziergänge

Altstadt

1898 hatten deutsche Kanonenboote einen Pachtvertrag über die Bucht erzwungen. Wilhelminische Architektur lässt sich auf einem Altstadtbummel erkunden: Von der Uferpromenade (einst »Kaiser-Wilhelm-Ufer«) geht man entlang der Zhongshan Lu nach Norden, vorbei am ehemaligen Seemannshaus von 1902. Auf einem Hügel nordöstlich von hier ragt die katholische St.-Michaels-Kathedrale auf (Tianzhu Jiaotang). In den Gassen rundherum kann man schlendern und den Ausblick genießen. Vom Gouvernementshügel schaut man bis zum Meer. Das Rathaus von 1906 wurde von chinesischen Planern 1989 spiegelbildlich verdoppelt und mit einem Burggraben versehen. Am Südhang entlang führt die Yishui Lu zur protestantischen Kirche, 1908 entworfen von Curt Rothkegel. Der Glockenturm kann besichtigt werden. Architektonischer Höhepunkt ist schließlich das Museum in der Gouverneursresidenz (Qingdao Ying Binguan) im wuchtig-rustikalen Heimatstil der wilhelminischen Zeit, das wohl außergewöhnlichste Bauwerk der Stadt. Die originale Innenausstattung kann bei einem Besuch bewundert werden.

Museum: 8.30–17 Uhr, Eintritt 15 Y

Feste

Bierfest

Die 1903 von Deutschen gegründete Brauerei braut noch immer Chinas bestes Bier. Sie kann besichtigt werden, allerdings muss der Besuch über ein Reisebüro organisiert werden. Beim jährlichen Bierfest gibt's Bier in Plastikschläuchen.

August/September

Info

Touristeninformation

CITS, Tel. 05 32/83 89 20 65

QUFU 曲阜

90 000 Einwohner, 60 m ü.d.M. ➤ [L 6]

Seit über 2000 Jahren sonnt sich Konfuzius' kleiner Heimatort in seinem Ruhm (→ Spezial S. 218). Der Tempel allein nimmt ein Fünftel der Altstadt ein, die Residenz der Familie Kong ist ebenfalls pompös. Fliegende Souvenirhändler überschütten Reisende und Pilger mit Bildchen, Amuletten, Stempeln und sogar Keksen des großen Philosophen. Still und würdevoll liegt dagegen der Konfuziushain nördlich der Stadt.

Reinheitsgebot auf Chinesisch: Seit über 100 Jahren wird in Qingdao Bier nach deutschem Vorbild gebraut und beim Bierfest gefeiert.

Hotels

Queli Hotel (Queli Binshe) 阙里宾舍

Ideale Lage gleich neben dem Tempel. Im recht teuren Restaurant serviert man Kong-Familiengerichte, die einst offiziellen Anlässen vorbehalten waren.

1 Queli Jie, östl. des Kong-Tempels, Qufu; Tel. 05 37/486 65 22 (od. 18 66 818), Fax 486 65 34; 165 Zi. ••–••• CREDIT

Sehenswertes

Konfuziushain (Kong Lin) 孔林

Im Norden der Stadt auf dem riesigen, verwilderten Friedhof liegen unter Pinien und Zypressen die Gräber der Familie Kong. Hier sieht man verfallende Schreine und Grabstätten. Der Weg zum Grabhügel des Meisters ist flankiert von Buden und Steinskulpturen.

Tgl. 7.30–18 Uhr; Eintritt 40 Y

Konfuziustempel (Kong Miao) 孔庙

Über 1000 Stelen zeugen von hohen Besuchen über die Jahrhunderte. Durch mehrere Tore gelangt man zur Bibliothek Kuiwen und der »Aprikosenterrasse«, wo der Meister gelehrt haben soll. Prächtigster Bau ist die »Halle der Großen Vollendung« (Dacheng Dian) mit kaiserlich gelbem Dach und elf Dachfiguren – nur der Kaiserpalast in Beijing trägt ebenso viele.

Weiter auf S. 220

KONFUZIUS' ERBE

Die Lehren des Ehrwürdigen Meisters Kong haben die chinesische Welt maßgeblich geprägt. Heute lebt sein Erbe wieder auf.

Konfuzius war ein konservativer Reformator, inspiriert von einem idealisierten, mythischen Altertum. Er lebte in einer politisch zerrütteten Zeit (551–479 v. Chr.), in der verfeindete Fürstentümer um die Vorherrschaft in einem zersplitterten Reich kämpften. »Harmonie« war demnach sein oberstes Ziel. Zahlreiche Denker versuchten damals, Wege aus dem gesellschaftlichen Chaos zu finden; so wurden in dieser Epoche die für China prägenden philosophischen Grundströmungen gelegt. Auch die Wurzeln des Daoismus gehen auf sie zurück.

MORAL UND TUGEND

Der Kleinadlige Konfuzius sah das Wohl der Gesellschaft in der Rückbesinnung auf die Werte des Altertums: Durch das Befolgen alter Riten und Etikette würden Moral und Tugend erlangt, und die Ordnung stelle sich dann in der Folge von selbst her. Im Zentrum seiner Morallehre stand »ren«, die Menschlichkeit. Moralisch »Edlen« kam eine besondere Vorbildfunktion zu, das Volk sollte folgen. Loyalität und Hierarchien prägen die Sozialethik des Konfuzius, die jedem eine vorgegebene Rolle in der Gemeinschaft zuweist. So gehorche der Sohn dem Vater, die Frau dem Mann, der jüngere Bruder dem älteren und der Diener dem Herrn. Nur Freunde waren einander gleichberechtigt. Die Regeln der Pietät weiteten sich auf die Verehrung der Gestorbenen aus und prägen noch heute den Ahnenkult.

Mit seiner Lehre reiste Konfuzius von Staat zu Staat, blieb jedoch mit seiner Forderung nach der Vorbildfunktion des Herrschers erfolglos. Erst Jahrhunderte nach seinem Tod fand die Lehre, aufgeschrieben von seinen Schülern im »lünyu« (dem Buch der »Gespräche«), Anerkennung bei Herrschern.

Den hierarchischen Charakter der Lehre entwickelten sie zu einer Staatsdoktrin des untertänigen Gehorsams, die ihre eigene Macht legitimierte. Dieser »Konfuzianismus« prägte Staat und Familie über die gesamte Kaiserzeit hinweg. Jeder Kaiser pilgerte mindestens einmal zum Grab nach Qufu und verneigte sich im mächtigen Ahnentempel.

Die Kommunisten aber verteufelten die alte Doktrin. Sie starteten eine »Anti-Konfuzius-Kampagne« und Rote Garden zerstörten sämtliche Tempel im Land. Erst in den letzten Jahren, im Wertevakuum einer sich rasant wandelnden Gesellschaft, wurde die Morallehre rehabilitiert. Wie in alten Zeiten soll sie nun für Stabilität und Disziplin sorgen. Im ganzen Land entstehen Konfuzius-Schulen. Selbst im Ausland vertritt sich China über »Konfuzius-Institute«.

ALTE BRÄUCHE LEBEN AUF

Auch der verschlafene Heimatort Qufu steht wieder hoch im Kurs. Millionen Besucher kommen jährlich, der Geburtstag des Ehrwürdigen Meisters wird mit Prozessionen und alten Bräuchen gefeiert, mehr als 3000 Pilger stehen Schlange. Und seine Nach-

Beim Qingming-Fest in Qufu, der Geburtsstadt des Konfuzius: Priester bringen zu seinen Ehren Opfergaben dar.

kommenschaft, einst vom Kaiser zur »Ersten Familie unter dem Himmel« ernannt, kehrt zu altem Selbstbewusstsein zurück.

2000 JAHRE RUHM UND EHRE

Jeder Zweite im Ort will Nachfahre des Weisen sein. Die Familie sahnte die Ehren des Vorfahren ab, der zu Lebzeiten ungerühmt blieb. Sie genoss über zwei Jahrtausende Ruhm, Reichtum und Einfluss. Kaiser und Dynastien kamen und gingen; die Kongs aber überdauerten sie alle.

Momentan sind sie dabei, ihren Stammbaum aufzustellen, wie sie es alle 60 Jahre einmal tun. Im Jahr 2009, zum 2560. Geburtstag des Philosophen, soll er erscheinen, über 80 Generationen und mehr als zwei Millionen Familienmitglieder wird er auflisten. Erstmals nimmt man auch weibliche Nachfahren mit auf. So wie Kong Demao, die kleine, über 90-jährige Dame, die in ihren Memoiren eine Kindheit zwischen elaborierten Riten und in alten Gemäuern der Familienresidenz beschreibt, in der die Kongs über 77 Generationen hinweg lebten. Ihr Bruder, der letzte direkte Nachfahre, floh Ende der 1940er-Jahre nach Taiwan, und mit ihm ein mächtiges Symbol alter chinesischer Kultur. Der ehrwürdige Vorfahr aber ruht weiter unbeeindruckt im Zypressenhain. Damit dies so bleibt, verhinderte die Familie den Bau einer Bahnlinie zur Stadt: Die nahen Schienen würden die Ruhe des Weisen stören, hieß es. Der nächste Stopp ist nun erst in 16 Kilometer Entfernung.

Die Drachenreliefs der Säulen sind so kunstvoll, dass man sie bei Besuchen des Kaisers verhüllte, um seinen Zorn nicht zu erregen. Die hintere »Halle der Spuren des Weisen« zeigt in Stein gravierte Szenen aus Kongzi's Leben.

Tgl. 8–17.30 Uhr; Eintritt 52 Y

Residenz der Familie Kong (Kong Fu) 孔府

Das herrschaftliche Anwesen mit Audienz-, Studier- und Tempelhallen gibt einen guten Eindruck adeliger Wohnkultur. Im hinteren Wohnbereich steht die Originaleinrichtung der 1930er-Jahre.

Tgl. 8–17 Uhr; Eintritt 32 Y

Feste

Geburtstag des Philosophen

Auch noch heutzutage werden aufwendige Zeremonien, Prozessionen und Tänze im Tempel abgehalten; rundherum gibt es einen Jahrmarkt.

28. September

Info

An- und Weiterreise

Der Bahnhof Yanzhou (16 km von Qufu) liegt auf der Strecke Beijing–Shanghai.

TAI SHAN 泰山

120–1545 m ü.d.M. ➤ [L 6]

Der bedeutendste der fünf heiligen daoistischen Berge (→ Spezial, S. 222) wurde von vielen Kaisern verehrt und von einigen bestiegen. Nur ein würdiger Herrscher, so glaubte man, würde die göttliche Zustimmung bekommen, den Gipfel zu erklimmen. Die vielen Tempel, Pavillons und Inschriften entlang des Aufstiegs zeugen von der langen Pilgertradition. Viele Tempel sind der Prinzessin der azurblauen Wolke gewidmet, die auch »Mutter des Tai-Shan« genannt wird und als Schutzgöttin für Bauersfrauen um Hilfe bei Geburts- und Heiratsfragen angefleht wird. Die Hauptroute auf den Berg ist etwa 7,5 Kilometer lang. Es ist möglich, die halbe Strecke mit dem Bus zu fahren und dann per Seilbahn auf den Gipfel zu gelangen, dann aber verpasst man die schönsten Stellen. Zu Fuß dauert jeder Streckenabschnitt drei Stunden.

AUTORENTIPP Kommen Sie nicht in den Mai- oder Oktoberferien – dann ist der Berg überlaufen! Aber auch in der übrigen Zeit ist der Tai Shan mehr als gut besucht. Er ist der meistbestiegene Berg Chinas.

Ein Schloss wird als Zeichen ewiger Verbindung in einem Tempel am Berg Tai Shan »geopfert«.

Auf dem Gipfel und auf mittlerer Höhe kann man übernachten. Auf halber Höhe, beim »Mittleren Himmelstor« (Zhongtian Men), öffnet sich der Blick auf den Gipfel. Hier ist die Talstation der Seilbahn mit Gasthäusern und Läden. Kurz hinter der »Brücke über die Wolken« steht die »Wudaifu«-Kiefer, der Kaiser Qin Shi Huangdi einst den Rang eines hohen Ministers verlieh, nachdem sie ihm Unterschlupf bei einem Sturm gegeben hatte. Jetzt folgt das anstrengendste Stück mit steilen, hohen Stufen. Die »Treppe der 18 Windungen« führt zum »Südlichen Himmelstor« (Nantian Men) hinauf. Den höchsten Punkt schmückt das Kloster des Jadekaisers (Yuhuang Ding), der höchsten daoistischen Gottheit.

Hotels

Shenqi Hotel (Shenqi Binguan) 神憩宾馆

Wer den Sonnenaufgang über dem Gelben Fluss sehen möchte, kommt morgens zum Aussichts- und Treffpunkt »Gongbei Shi« – oder gönnt sich ein Zimmer mit Ausblick.

Gipfel; Tel. 05 38/822 38 66, Fax 821 53 99; 66 Zi.

●●● AmEx MASTER VISA

Sehenswertes

Dai Miao 岱庙

Auf ihrer Pilgerreise, die zum festen Ritual der Kaiserwürde gehörte, opferten die Kaiser dem heiligen Berg in dieser Tempelanlage, die schon vor 2000 Jahren hier entstand. Neben einem Standbild des Tai-Shan-Gottes ist das 62 Meter lange Wandgemälde der Haupthalle interessant, das eine Inspektionsreise des Gottes darstellt. In einer Nebenhalle verdeutlicht ein Diorama das kaiserliche Ritual.

Mitten in der Stadt Tai'an; 7.40–18.30 Uhr; Eintritt 20 Y

Info

An- und Weiterreise

Ausgangspunkt ist die Stadt Tai'an (per Bahn von Beijing, Shanghai und Qingdao). Nächster Flughafen ist Ji'nan.

Allgemeines

Ticket 100 Y; Bus 20 Y; Seilbahn 45 Y. Beste Reisezeit ist Frühjahr und Herbst, im Sommer ist es oft dunstig. Warme Kleidung ist unbedingt empfehlenswert.

CHINAS HEILIGE BERGE

Seit Jahrtausenden werden die heiligen Berge verehrt. Eine Wanderung hinauf verbindet Naturschönheit mit Pilgererlebnis.

Am Anfang der Welt war das Chaos, Himmel und Erde wirbelten durcheinander. Der Weltenriese Pangu teilte die beiden in einer enormen Anstrengung, dann zerfiel er. Seine Augen wurden zu Sonne und Mond, sein Blut zu den Flüssen, sein Kopf und seine Gliedmaßen zu den fünf heiligen Bergen. Schon die Animisten sahen die Berge als Orte kosmischer Energie, sie galten als Sitz von Göttern und Geistern.

Im Yijing, dem »Buch der Wandlungen« wird der Berg mit »Stillehalten« assoziiert. Es waren Orte der Meditation, der Konzentration auf das Innere. Daoistische Eremiten suchten die Berge als Rückzugspunkte auf, hier wollten sie den Kräften des Himmels besonders nah sein. Wer die steilen Himmelsleitern zum Gipfel erklomm, so hieß es, erlangte Unsterblichkeit. Poetische Namen wie »Wolkenpass« und »Himmelstor« zeugen noch heute davon. Später kamen vier buddhistische Berge hinzu, die wiederum oftmals daoistische Ursprünge hatten.

Der **Tai Shan** ist der wichtigste der daoistischen Berge. Er liegt im Osten, dort, wo die Sonne ihren Lauf beginnt, und wird zudem mit dem »Kopf« des Pangu in Verbindung gebracht. Fast 3000 Jahre lang pilgerten Kaiser hinauf, um dem Berg zu opfern und göttliche Anerkennung ihrer eigenen Herrschaft zu erlangen. Die Götter würden einen unwürdigen Herrscher niemals hier oben dulden, so glaubte man, und so wurde das Scheitern eines Aufstiegs zu einem denkbar schlechten Omen. Ein Felsen auf dem Tai Shan markiert die Stelle »an dem die Pferde umkehren« und sich die Kaiser per Sänfte weiter tragen ließen. An anderer Stelle erinnert ein Pavillon an fünf mächtige Kiefern, die im Jahr 219 v. Chr. dem Ersten Kaiser Schutz vor einem Unwetter boten. Der dankbare Kaiser verlieh jedem der Bäume den Titel eines Ministers fünften Grades. (Die heutigen Kiefern sind allerdings jüngeren Datums.) Unzählige Tempel, Pavillons und Kalligrafien entstanden im Lauf der Jahrhunderte auf den Bergen. Neben dem Tai Shan, der auch heute Unmengen von Besuchern anzieht, zählen der Hua Shan im

Auf 3075 Meter liegt der Jinding-Tempel auf dem »Goldenen Gipfel« des Emei Shan, Buddhas heiligem Berg in Sichuan.

Rund 40 Kilometer Wege und Treppen führen vom Tal zum Gipfel des Emei Shan, von dem man einen wunderbaren Ausblick genießt.

Westen, der Song Shan im Zentrum, der Heng Shan im Süden und der Heng Shan im Norden zu den daoistischen Bergen.

ORTE ZAHLLOSER KLÖSTER

Die vier buddhistischen Berge (Wutai Shan, Emei Shan, Putuo Shan und Jiuhua Shan) sind jeweils einem Bodhisattva gewidmet, der hier erschien oder gelebt haben soll. Sie sind Orte großer Religiosität und klösterlichen Lebens. Am Höhepunkt des Buddhismus, zur Tang-Zeit, gab es allein auf dem Wutai Shan über 200 Klöster.

Durch den Aufstieg erwirbt sich der buddhistische Pilger Verdienste für das nächste Leben. Und so gibt es noch heute einen regen Besucherstrom. Schon am Fuße der Berge liegen quirlige Pilgerorte. Buddhistische Gesänge dringen aus Lautsprechern, überall werden Gebetsketten, Amulette und Räucherstäbchen verkauft, Mönche huschen durch die Gassen. Man erklimmt die Berge über unzählige, aus dem Stein gehauene Treppen. Allein ist man allerdings selten, und von würdiger Einkehr oder stiller Enthaltsamkeit kann vor allem auf den Gipfeln keine Rede sein. Meist führen Seilbahnen hinauf, und so herrscht ein Gedränge von schnatternden, knipsenden, lärmenden Besucherscharen. Doch für den, der den anstrengenden Weg zu Fuß hinauf wählt, kann es immer noch ein erhebendes Erlebnis sein. Eine wunderbare Atmosphäre strahlen die Klöster aus, in denen man übernachten kann: Weihrauch duftet, Mönche murmeln Sutren, morgens ruft ein Gong zum gemeinsamen Essen. Die Unterbringung ist bescheiden, aber stimmungsvoll.

Zum Wandern ist gutes Schuhwerk und warme Kleidung nötig, da es auf den Gipfeln oft kühl werden kann. Chinesische Besucher trippeln auch in Stöckelschuhen oder im Anzug hinauf. Lastenträger flitzen in Bastlatschen über die Stufen, über den Schultern eine schwer beladene Stange mit Ziegelsteinen oder Vorräten. Wer's ganz bequem mag, lässt sich in der Sänfte tragen.

Blick vom Bund, der Promenade Shanghais, auf Pudong (→ S. 229). Wahrzeichen des futuristischen Viertels ist der 475 Meter hohe Oriental Pearl TV Tower mit seinen Kugeln.

AM YANGZI – SHANGHAI UND DER OSTEN

Der längste und mächtigste Fluss ist eine der wichtigsten Lebensadern Chinas. An seinen Ufern liegen altes Kulturland und schroffe Berge, traditionsreiche Handelsorte und gigantische Millionenstädte.

Der früher schier unüberwindbare Strom teilt das Land in Nord und Süd. Gleichzeitig verbindet er als uralter Transportweg das entlegene, an Bodenschätzen reiche Sichuan-Becken im Westen mit der östlichen Küstenregion. Sein fruchtbares Schwemmland wird landwirtschaftlich intensiv genutzt und zählt zu den am dichtesten besiedelten Regionen des Landes. Am Unterlauf entwickelte sich die blühende Handelskultur des Ostens, deren Reichtum auch die Künste förderte. Die alten Städte am Kaiserkanal wie Hangzhou und Suzhou gelten als Inbegriff klassischer Kultur. Auch in der Gegenwart gehört die Region zu den prosperierenden des Landes. Sinnbild für den Erfolg und den Zukunftsglauben Chinas ist die schillernde Metropole Shanghai nahe der Mündung des Flusses; dort, wo der lange Fluss auch von Chinesen »Yangzi« genannt wird. Der Küste vorgelagert liegt die heilige Insel Putuoshan, ein verwunschenes Idyll abseits der pulsierenden Wirtschaftsmetropolen. Landschaftlich einzigartig ist die Bergregion des Huang Shan mit seinen schroffen Felsen und knorrigen Kiefern. Der Oberlauf des Yangzi ist weltberühmt für die grandiosen »Drei Schluchten«, die heute vor allem wegen des umstrittenen Staudamm-Projekts im Gespräch sind. Die Flussfahrten sind jedoch nach wie vor sehr beliebt.

ZUR ORIENTIERUNG

Von Ost nach West geordnete Unterregionen:

Hotels und Restaurants sind nach Preisklassen geordnet, von •••• bis •.
Die dem Punktesystem entsprechenden Preisspannen finden Sie im Inhaltsverzeichnis auf Seite 5.

SHANGHAI UND UMGEBUNG

Wie keine andere Stadt verkörpert Shanghai 上海 (15 Mio. Einwohner, ➤ S. 232/233), das moderne, aufstrebende China: Tausende Wolkenkratzer, riesige Autobahnknäuel, luxuriöse Einkaufsmeilen. Shanghai steht für rasanten urbanen Wandel – aber das allein würde sie nicht von anderen chinesischen Städten absetzen. Die »Stadt über dem Meer« knüpft an das Erbe ihrer schillernden Vergangenheit an. »Paris des Ostens« wurde sie in den 1930er-Jahren genannt, aber auch »Hure des Orients«. Sie galt als Sündenpfuhl mit Opiumhöllen, Bordellen und Gangsterbanden; stand für Reichtum und Ausbeutung, Elend und Eleganz. Binnen weniger Jahrzehnte

war die kleine Handelsstadt am Zusammenfluss von Yangzi und Huangpu zum größten internationalen Hafen und wichtigen Finanzzentrum avanciert, nachdem mit den Opiumkriegen die Öffnung zum Außenhandel erzwungen worden war.

In den 1990er-Jahren explodierte die Stadt geradezu in einem Wirtschafts- und Bauboom. Schnell schienen die Jahre des Kommunismus, als hier die ultralinke Basis der Viererbande lag, vergessen. Heute präsentiert sich die Stadt als eine Art Laufsteg Chinas – und das nicht nur, weil sie Zentrum von Mode und Design ist.

Hier trägt das Land sein futuristisches Kleid zur Schau und demonstriert: Wir sind wieder wer. Doch Shanghai ist ganz anders als andere Städte in China: schicker, moderner, vor allem weltgewandter. Geld und Geschäft geben den Ton an, Luxus und Lebensart werden zelebriert. Internationale Meisterköche zogen in die Bauten am Bund, Boutiquen und Clubs orientieren sich am Stil kolonialer Glanzzeiten. Aber es gibt auch stillere Ecken, die man wunderbar schlendernd erkunden kann: geruhsame Parks, platanengesäumte Alleen und kleine Hintergassen, in denen Shanghaier Bürger noch in ihren berühmten Schlafanzügen herumspazieren. Für den Reisenden ist die internationale Metropole kein schlechter China-Einstieg: Unter 50 000 hier lebenden Ausländern fällt man nicht weiter auf, und die Stadt ist auf Gäste eingerichtet. Vergessen sollte man dabei nicht, dass der Rest des Landes ganz anders aussieht.

Hotels

Grand Hyatt Shanghai

→ Der gute Tipp von MERIAN 3, S. 95

Okura Garden Hotel (Huayuan Fandian) 花园饭店

Eines der feinsten Hotels, das koloniale Eleganz mit modernem Komfort verbindet: Hinter dem majestätisch-opulenten Altbau des ehemaligen Cercle Sportif Français ragen 33 Stockwerke schlicht-eleganter Zimmer auf.

➤ S. 232/233 [a 3] 58 Maoming Nanlu, Huaihai Viertel, Shanghai; Tel. 0 21/64 15 11 11, Fax 64 15 88 66; www.gardenhotelshanghai.com; 492 Zi.

●●●● CREDIT

Ruijin Hotel (Ruijin Binguan) 瑞金宾馆

In einer schönen Parkanlage verteilen sich vier 30er-Jahre-Villen im englischen Landhausstil. Nr. 1 beherbergt die luxuriösesten Suiten, hier stieg auch Mao ab. Auch die Restaurants und Bars sind empfehlenswert.

➤ S. 232/233 [a 4] 118 Ruijin Erlu, Huaihai Viertel, Shanghai; Tel. 0 21/64 72 52 22, Fax 64 73 22 77; www.ruijinhotelsh.com; Metrostation Shanxi Nanlu; 71 Zi. ••• CREDIT

Captain Hostel (Chuangzhang Qingnian Jiudian) 船长青年酒店

Die Herberge am Huangpu-Fluss bietet verschiedene Preisklassen, von der »Matrosenkoje« bis zur Kabine erster Klasse.

➤ S. 232/233 [d 2] 37 Fuzhou Lu, Shanghai; Tel. 0 21/63 23 50 53, Fax 63 21 93 31; www.captainhostel.com.cn; Metrostation Henan Zhonglu; 22 Zi., 12 Schlafsäle, 1 Suite ••

Ausflüge

Sightseeingbusse

Tagestouren führen zu Wasserdörfern wie Mudu, Tongli und Wuzhen (→ s. S. 244). Sie fahren zwischen 7 und 9 Uhr ab; am späten Nachmittag ist man zurück.

➤ S. 232/233 [südwestl. a 5] Shanghai Sightseeing Buses (Shanghai Luyou Jisan Zhongxin), am östlichen Eingang zum Shanghai Stadium; Tel. 0 21/64 26 55 55

Sehenswertes

Altstadt 老城区

In der ehemaligen chinesischen Altstadt ist so gut wie nichts mehr alt; stattdessen hat man rund um den Garten Yuyuan ein kurioses, auf alt getrimmtes Souvenir-Viertel angelegt. In seiner Mitte liegt das »Teehaus im Herzen des Sees« (Huxinting), eines der bekanntesten Teehäuser Chinas. Weiter südlich quetscht sich der atmosphärische Stadtgotttempel (Chenghuang Miao) zwischen die Läden.

➤ S. 232/233 [d 4]

Bund (Waitan) 外滩 5

An der berühmten Uferpromenade am Huangpu-Fluss treffen altes und neues Shanghai aufeinander: Die Skyline von Pudong leuchtet verheißungsvoll vom anderen Flussufer herüber, während auf der Bund-Seite mächtige Kolonialbauten in neuer Pracht erstrahlen. Besonders romantisch ist ein Spaziergang oder eine Bootsfahrt am frühen Abend, wenn die ehemaligen Bank- und Handelshäuser erleuchtet sind und Neonlichter im Wasser glitzern. Früh morgens trifft man sich zu Fächertanz und Tai Chi.

➤ S. 232/233 [d 2/3] Verschiedene Bootstouren (Huangpu jiang youlanchuan) vom Ableger am mittleren Bund; Tel. 021/63 74 44 6; Dauer: 30 Min.–3,5 Std.; Tickets 30–100 Y

Französische Konzession 法租界

Die platanengesäumten Alleen laden zum Schlendern ein, hier befinden sich Boutiquen und Cafés, aber auch »Longtangs«, alte Gassen, in denen Wäsche zum Trocknen hängt. Im Fuxing-Park lässt sich geruhsames Parkleben beobachten. Südwestlich davon befindet sich Sun-Yat-sens ehemaliges Wohnhaus, eingerichtet im Stil der 1920er-Jahre.

Eine Großstadtoase, die man am besten unter der Woche genießt: der Yuyuan-Garten mit Teichen, Tempeln, Teehäusern.

Der Prachtboulevard Huaihailu, ehemals »Avenue Joffre« lockt Flaneure an.

➤ S. 232/233 [a–c 3] **Metrostationen Shanxi Nanlu oder Huangpi Nanlu (→ auch Tour 3)**

Garten Yuyuan 豫园

Der »Garten des Erfreuens« wurde 1559 bis 1577 vom Beamten Pan En im Stil eines Literatengartens angelegt (→ Spezial S. 250). Nach mehreren Zerstörungen während des Opiumkriegs und dem Taiping-Aufstand wurde er in den 1950ern im Stil der Ming-Zeit renoviert. Wandelgänge, Goldfischteiche, Pavillons, alte Bäume und bizarre Steine zieren den Garten. Attraktion ist der durchlöcherte Fels »Exquisiter Jadestein« (Yulinglong), der für den Kaiser bestimmt war, im Huangpu-Fluss aber versank und von den Erbauern geborgen wurde. Kommen Sie nicht am Wochenende!

➤ S. 232/233 [d 3/4] **218 Anren Lu, Shanghai; tgl. 8.30–17.30 Uhr; Eintritt 30 Y**

Jadebuddha-Kloster (Yufo Si) 玉佛寺

Der bekannteste Tempel Shanghais wurde für zwei Jadefiguren des Shakyamuni-Buddhas errichtet, die ein Mönch

1882 aus Birma mitbrachte. Die größere, sitzende (1,95 m hoch) befindet sich im Obergeschoss, der liegende Buddha in einem westlichen Nebengebäude. Er ist, anders als in China üblich, beim Eintritt ins Nirvana nicht schlafend dargestellt. Eine weitere, 4 Meter lange Figur kam 1989 dazu. Bemerkenswert ist auch eine 400 Jahre alte, hölzerne Guanyin-Statue. Die Schätze überlebten die Kulturrevolution durch einen Trick der Mönche, die große Mao-Bildnisse über die Doppelflügeltüren geklebt und so ein Aufbrechen verhindert haben sollen.

➤ S. 232/233 [a 1] 170 Anyuan Lu, Shanghai; tgl. 9–17 Uhr; Eintritt 20 Y

Jahrhundert-Platz (Shijji Guangchang) 世纪广场

Am östlichen Ende der schnurgeraden, vier Kilometer langen »Jahrhundert Avenue« befindet sich ein futuristischer Platz mit dem von Paul Andreu entworfenen Konzerthaus »Oriental Arts Centre« und dem Technikmuseum. Dahinter erstreckt sich der riesige »Jahrhundert Park« mit angeblich weltweit größtem Skate-Park.

➤ S. 232/233 [südöstl. e 3] Metrostationen »Shanghai Science and Technology Museum« und »Century Square«

Jesuitenviertel Xujiahui 徐家汇

Im Süden der Stadt erinnert die St. Ignatius Kathedrale (Tianzhujiao Tang) an die jesuitischen Siedler. Führungen durch deren alte »Bibliotheca Zi-Ka-Wei« sind ein Geheimtipp.

➤ S. 232/233 [südl. c 5] Metrostation Xujiahui; Kathedrale: 158 Puxi Lu, Shanghai; tgl. 8–22 Uhr, Eintritt 20 Y; Sonntagsmessen. Bibliothek: 80 Caoxi Beilu, Shanghai; Tel. 021/64 87 40 95; Mo–Sa 9–17 Uhr; Führungen Sa 14–16 Uhr, Anmeldung nötig; Eintritt frei

Pudong 浦东

Vor 20 Jahren noch Sumpfland, drängen sich hier heute die höchsten Wolkenkratzer Chinas. Atemberaubende Blicke hat man vom Fernsehturm »Oriental Pearl Tower« und vom Aussichtsdeck des Jinmao (88. Stock) – der 2008 allerdings schon vom World Finance Building getoppt sein sollte. Vom Bund erreicht man das andere Ufer durch den psychedelisch anmutenden »Sightseeing Tunnel« oder per Fähre. Dahinter erstreckt sich ein Meer aus Bürotürmen, das zunächst eher künstlich-leblos wirkt. Wer die Seitenstraßen erkundet, findet jedoch auch hier Garküchen und Alltagsleben.

➤ S. 232/233 [e 2/3] Metrostation Lu Jia Zui; Fernsehturm: 8–21.30 Uhr; Jinmao: 8.30–22 Uhr; Ca 50 Y

Tempel Longhua Ta 龙华塔园

Das wunderbar ruhige, lauschige Kloster der »Drachenblüte« ist die älteste und größte Tempelanlage Shanghais. Etwa 70 Mönche leben heute noch hier. Zu Neu- und Vollmond drängen sich opfernde Gläubige in den Hallen neben der gleichnamigen Pagode (40 Meter hoch, von 977). Hinter dem Kloster, das berühmt für seine tausendarmige Guanyin-Statue ist, befindet sich ein exzellentes vegetarisches Restaurant.

➤ S. 232/233 [südwestl. e 5] Longhua Lu, Südstadt, Shanghai; tgl. 7–17 Uhr; Eintritt 10 Y

Volksplatz 人民广场

Der heute von Museen und Theater geprägte Platz war einst die Pferderennbahn der Kolonialherren, und damit Sinnbild des bourgeoisen Shanghai. Das Art-Deco »Park Hotel« war damals höchstes Gebäude der Stadt. Längst wird es vom raketenähnlichen Hotelturm »Tomorrow Square« überragt. Mittelpunkt ist das Shanghai Museum (→ S. 231). Das Große Theater sowie das Ausstellungszentrum für Stadtentwicklung flankieren den Platz. Im grünen Volkspark stellt das gläserne Rund des MOCA aktuelle Kunst aus. Beide Kunstmuseen bieten Dachterrassen-Restaurants mit Ausblick.

➤ S. 232/233 [c 2/3] Metrolinien 1 und 2, Station Renmin Gongchang/Peoples Square

Xintiandi 新天地

Im aufgepeppten Stil alter »Shikumen«, grauer Backsteinhäuser des frühen 20. Jh., gestaltete man ein angesagtes Ausgeh- und Boutiquenquadrat. Der schickteure Szenetreff entstand ausgerechnet an der Gründungsstätte der chinesischen KP; sie kann besichtigt werden. Ein kleines Museum ist den traditionellen Häusern gewidmet.

➤ S. 232/233 [b 4] Südlich der Metrostation Huangpi Nanlu; www.xintiandi.com

Museen

MOCA

Zeitgenössische Kunst junger chinesischer und internationaler Künstler, darunter Multimedia, Video, Malerei und Design.

➤ S. 232/233 [c 2] Im Volkspark; Tel. 021/63 27 99 00; tgl. 10–18, Mi 10–22 Uhr; Eintritt 20 Y

Shanghai Kunstmuseum (Shanghai Meishuguan) 上海美术馆

Eine interessante, wenn auch eher brave Sammlung zur Malerei des 20. Jahrhunderts sowie regelmäßige Wechselausstellungen.

➤ S. 232/233 [c 2] 325 Nanjing Xilu, Shanghai; Tel. 021/63 27 28 29; www.sh-artmuseum.org.cn (chin.); Metrostation Volksplatz; tgl. 9–17 Uhr; Eintritt 20 Y

Shanghai Museum (Shanghai Bowuguan) 上海博物馆

Das Shanghai Museum gilt als bestes Museum für chinesische Kunst weltweit. Der Besucher durchwandert hier die Stilgeschichte etlicher Jahrhunderte. Und es steckt noch mehr dahinter: Die Geschichte der Volksrepublik China spiegelt sich geradezu in der der Museumsstücke. Über ein »ding« erfährt der Besucher zum Beispiel, es sei ein kolossales, geometrisch verziertes, dreibeiniges Bronzegefäß, das vor 3000 Jahren, zur Shang-Zeit, zu rituellen Zwecken genutzt wurde. Die bewegte Historie des Ausstellungsstücks hingegen steht nicht auf dem Schild. Besagtes »ding« war Mitte des 20. Jh. jahrzehntelang unter der Erde versteckt, zum Schutz vor den einfallenden Japanern. Andere Exponate wurden vor der Zerstörungswut der Rotgardisten verborgen. Nach der kommunistischen Machtübernahme, als wohlhabende Kunsthändler und Sammler schnellstmöglich das Land verlassen wollten, verkauften sie ihre Schätze zu erzwungenen Niedrigstpreisen an die kommunistische Regierung. Zunächst war ihr daran gelegen, eine eindrucksvolle Schau alter Kulturgüter zusammenzutragen. Ein paar Jahrzehnte später allerdings hatte sich die Einstellung gegenüber antiken Kulturgütern geändert; die Zerstörung alles Alten galt als oberstes Ziel. Die Museumsstücke überstanden die Kulturrevolution nur durch einen Trick des Direktors, der maoistische Parolen an den Vitrinen anbringen ließ. Er selbst landete in Umerziehungslagern, kehrte aber Jahre später zurück, um seinen Museums-Traum zu verwirklichen.

Wiederum hatte sich der politische Wind gedreht. Im Zeichen der wirtschaftlichen Öffnung dachte man Anfang der 1990er auch an Imagepflege. So wurde das Museum zum kulturellen Aushängeschild einer aufstrebenden, sich international behauptenden Wirtschaftsmacht, die wieder an ihre glorreiche Geschichte anknüpfen wollte. Mitten auf dem Volksplatz, der einstigen Rennbahn der Kolonialherren, steht der kolossale Bau nun, ermöglicht ausgerechnet durch Spenden wohlhabender Shanghaier Emigranten. Seine Form ist der des eingangs beschriebenen »ding« nachempfunden. Die Zeit-Reise von Shang- bis Qing-Dynastie ist in jedem Fall ein Muss für den China-Besuch.

➤ S. 232/233 [c 2/3] **Volksplatz; Tel. 021/63 72 35 00; www.shanghaimuseum.net; Metrolinien 1 und 2, Station Renmin Guangchang ; tgl. 9–17, Sa 9–19 Uhr; Eintritt 20 Y**

Stadtplanungsmuseum (Chengshi Guihua Zhanshiguan) 城市规划展示馆

Beeindruckende Pläne vom zukünftigen Shanghai und Fotos der Vergangenheit.

➤ S. 232/233 [c 2] **100 Renmin Ave., Volksplatz, Shanghai; tgl. 9–17, Fr–So bis 18 Uhr; Eintritt 30 Y**

Zeitgenössische Kunst aus China und der ganzen Welt auf 4000 Quadratmetern: das MOCA im Volkspark.

Essen und Trinken

Jade on 36

→ Der gute Tipp von MERIAN 4, S. 97

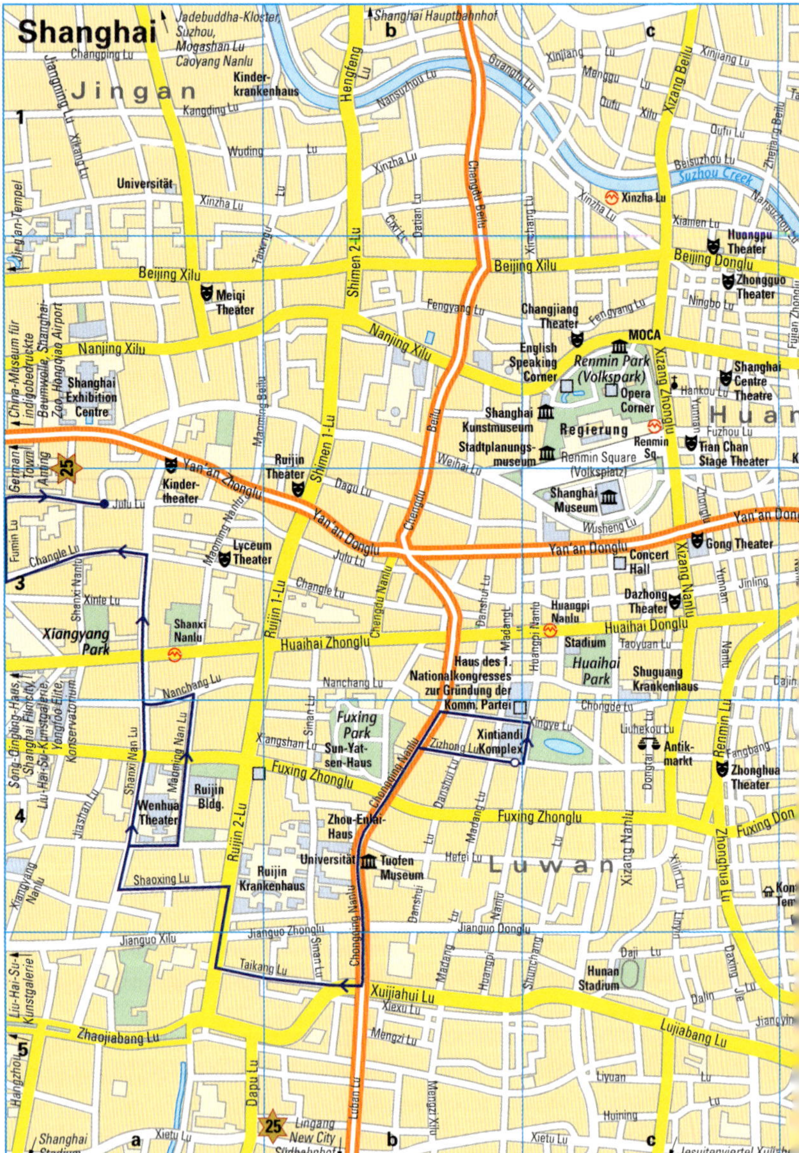
Shanghai
Jadebuddha-Kloster, Suzhou, Mogashan Nanlu Caoyang Nanlu
Shanghai Hauptbahnhof
Jingan
Luwan
Kinderkrankenhaus
Universität
Jing'an-Tempel
Meiqi Theater
Beijing Xilu
Nanjing Xilu
Shanghai Exhibition Centre
China-Museum für indigobedruckte Baumwolle, Shanghai-Zoo, Hongqiao Airport
German Town Anting
Kindertheater
Ruijin Theater
Yan'an Zhonglu
Yan'an Donglu
Lyceum Theater
Shanxi Nanlu
Xiangyang Park
Huaihai Zhonglu
Song-Qingling-Haus, Shanghai Filmcity, Liu-Hai-Su-Kunstgalerie, Yongfoo Elite, Konservatorium
Wenhua Theater
Ruijin Bldg.
Fuxing Zhonglu
Fuxing Park
Sun-Yat-sen-Haus
Zhou-Enlai-Haus
Universität
Tuofen Museum
Ruijin Krankenhaus
Haus des 1. Nationalkongresses zur Gründung der Komm. Partei
Xintiandi Komplex
Changjiang Theater
MOCA
English Speaking Corner
Renmin Park (Volkspark)
Opera Corner
Shanghai Kunstmuseum
Regierung
Stadtplanungsmuseum
Renmin Square (Volksplatz)
Renmin Sq.
Shanghai Museum
Concert Hall
Gong Theater
Dazhong Theater
Huangpi Nanlu
Stadium
Huaihai Park
Shuguang Krankenhaus
Antikmarkt
Zhonghua Theater
Huangpu Theater
Zhongguo Theater
Shanghai Centre Theatre
Tian Chan Stage Theater
Xinzha Lu
Suzhou Creek
Beijing Donglu
Huaihai Donglu
Xizang Beilu
Xizang Zhonglu
Xizang Nanlu
Hunan Stadium
Xujiahui Lu
Zhaojiabang Lu
Lujiabang Lu
Liu-Hai-Su-Kunstgalerie
Shanghai Stadium
Lingang New City Südbahnhof
Jesuitenviertel Xujiahui
25

M on the Bund 米氏西餐厅

Die große alte Dame der Bund-Restaurants eröffnete 1999 am historischen Flussufer und wies den Weg für luxuriöses Dinieren. Klassische Küche in eleganter, aber nicht förmlicher Atmosphäre und ein wunderbarer Blick von der Dachterrasse auf Pudong und erleuchtete Kolonialgebäude gehören zu den erhebenden Shanghai-Momenten.

➤ S. 232/233 [d 3] **20 Guangdong Lu 20, Shanghai; Tel. 021/63 50 99 88; www.m-restaurantgroup.com; 11.30–14.30, 18–22.30 Uhr •••• CREDIT**

The Cupola 外滩三号望江阁

Die gläserne Kuppel des Three-on-the-Bund mag der glamouröseste Ort für ein romantisches Dinner in absoluter Zurückgezogenheit sein: zwei Zimmer für zwei bzw. acht Personen.

➤ S. 232/233 [d 3] **7/F No. 3 the Bund, Shanghai; Tel. 021/63 23 33 55; www.threeonthebund.com; nur mit Reservierung •••• CREDIT**

Jean Georges 让乔治西餐

Jean-Georges Vongerichten, das »Enfant terrible« moderner französischer Küche, verteidigt den Ruf als bester Chef Shanghais. Im edlen Lokal mit dunklen Holzböden, violetten Vorhängen und Bund-Blick vergisst man über seinen Delikatessen fast, das Panorama zu genießen. Lamm mit Pilzen ist besonders gut.

➤ S. 232/233 [d 3] **4/F No. 3 the Bund, Shanghai; Tel. 021/63 21 77 33; www.threeonthebund.com; tgl. 11.30–14.30, 18–23 Uhr, Bar 11.30–1.00 Uhr •••–•••• CREDIT**

Jesse's 新吉士

Das kleine Lokal ist eins der besten für berühmte Shanghaier Gerichte. Probieren Sie mal die betrunkene Krabbe oder »nian gao«!

➤ S. 232/233 [b 4] **Tai Cang Lu, Lane 181, Haus 2, Xintiandi, Shanghai; Tel. 021/63 36 47 46; tgl. 11–21.30 Uhr ••–••• CREDIT**

Teafood 秋萍茶宴馆

Ungewöhnlich und lecker: in Tee gekochte Gerichte, hübsch angerichtet und in nettem Ambiente serviert.

➤ S. 232/233 [nordwestl. a 1] **500 Caoyang Nanlu, Shanghai; Tel. 021/62 12 57 58; tgl. 11–22 Uhr •• CREDIT**

Ye Olde Station Restaurant (Shanghai Laozhang) 上海老站

Im ehemaligen St. Ignatius Konvent speist man im Garten in Zugabteilen, in denen schon Kaiserwitwe Cixi fuhr.

➤ S. 232/233 [südl. c 5] **Südstadt, gegenüber Bibliothek Zi-Ka-Wei, 201 Caoxi Beilu, Shanghai; Tel. 021/64 27 22 33; 11.30–23 Uhr ** CREDIT**

Huxingting Teehaus 湖心亭茶楼

Das berühmteste Teehaus mitten im See am Yuyuan erreicht man über eine Geister abwehrende Zickzackbrücke. Kommen Sie früh morgens oder zu den Konzerten am Wochenende.

➤ S. 232/233 [d 4] **Yuyuan Basarviertel, Shanghai; Tel. 021/63 73 69 50; tgl. 6–21.30 Uhr •**

Nanxiang Steamed Bun Restaurant 南翔馒头店

»Kleine Drachentaschen« (»xiaolongbao«) 小笼包, eine Shanghaier Spezialität, sind hier so beliebt, dass man das Lokal am Yu-Garten schon an der langen Warteschlange erkennt.

➤ S. 232/233 [d 4] **85 Yuyuan Lu, 1. Stock, Shanghai; Tel. 021/63 55 42 06; tgl. 9–19 Uhr •**

Einkaufen

Ein Shopping-Bummel (→ Tour 3) gehört zum Shanghai-Besuch: ob im größten Kaufhaus Chinas, der »Super Brand Mall« in Pudong oder den traditionellen Einkaufsboulevards der Französischen Kon-

Der Designer des »Sesame Red Fashion Design Room« spielt bei seinen Schuhentwürfen mit dem Stil der 1930er-Jahre.

zession. Der schicke Xintiandi-Komplex beherbergt edle chinesische Designer wie »Shanghai Tang«. Im »Sesame Red Fashion Design Room« (741 Julu Lu) gibt es handgefertigte Slipper aus italienischem Kuhfell und Seidenschuhe im chinesischen Stil, wie sie im Shanghai der 1930er Mode waren. Im »Taikang Lu Kunstzentrum« mischt sich Kunst mit Handwerk. Am Bund präsentieren sich ein paar ganz große Namen (v.a. im »Three on the Bund«) und gleich um die Ecke (17, Fuzhou Lu) kleine besondere Läden wie »Suzhou Cobblers« mit fröhlich-bunten Seidenslippern. Antikes und Souvenirs finden sich in der Altstadt rund um den Yuyuan Garten; so im »Fuyou Antik Markt«. In der Östlichen Nanjing Lu gibt es neben falschen Rolex auch eine große Auswahl an Seide (Silk King, Nr 66; Laokafook Silkstore, Nr. 257), und besonderen Stäbchen (Yunhong Kuaizi Dian, Nr. 387).

Am Abend

Akrobatik

Chinesische Akrobatiktruppen gehören zu den besten weltweit, die Shanghaier Gruppe zeigt kurze unterhaltsame Akrobatik-Shows.

➤ S. 232/233 [c 2] Shanghai Centre Theater (Shanghai Shangcheng Juyuan 上海商城剧院), 1376 Nanjing Xilu, Shanghai; Tel. 021/62 79 89 48; 19.30 Uhr; Tickets 100–200 Y

Bars

Die Barszene Shanghais erfindet sich immer wieder neu; Stadtmagazine enthalten aktuelle Infos und Tipps. Beliebte Ausgehlocations befinden sich im Französischen Viertel und im Xintiandi-Komplex. Die angesagten Szenetreffs finden Sie mit Hilfe von **ww.thatssh.com.**

Cloud Nine 九霄俱乐部

Vom 87. Stock blickt man auf nächtliche Lichter – oder ein Wolkenmeer.

➤ S. 232/233 [c 3] Jinmao Turm, Grand Hyatt, Pudong, Shanghai; Tel. 021/50 49 12 34; tgl. ab 18, Sa + So ab 11 Uhr; Reservierung nur für Hotelgäste; Mindestverzehr 100 Y CREDIT

Konservatorium (Yinyue Xueyuan) 音乐学院

In China haben klassische Musiker den Rang von Popstars; schon Kinder proben daher eifrig, um kleine Virtuosen zu werden. Am frühen Abend finden im Konservatorium oft öffentliche Probenkonzerte statt.

➤ S. 232/233 [westl. a 3] 20 Fenyang Lu, Shanghai; Tel. 021/64 31 17 92

Aktiv

Oasen des Rückzugs für Einheimische oder Touristen sind die Spas am Bund, so der Banyan Tree im Westin Hotel und der Evian im »Three on the Bund«.

➤ S. 232/233 [d 3]
www.banyantreespa.com; www.threeonthebund.com

Info

An- und Weiterreise

Bahntickets bucht man einfach im Longmen Hotel Ticket Office (Tel. 021/63 17 93 25) westlich des Shanghaier Hauptbahnhofs ➤ S. 232/233 [nördl. b 1]

Einige Züge (z.B. nach Hangzhou und Nanjing) fahren vom Südbahnhof (Shanghai Nanzhan) ➤ S. 232/233 [südl. b 5]

Den Flughafen in Pudong erreicht man per Maglev (Transrapid; angebunden an die Metrostation Langyanglu) ➤ S. 232/233 [östl. e 3]

Touristeninformationen

In den Filialen der Shanghai Municipal Tourism Administrative Commission (SMTAC) können Sie Touren und Hotels buchen. Ausflugsbusse fahren ab Shanghai Stadium ➤ S. 232/233 [südwestl. a 5]

➤ S. 232/233 [c 2/3] SMTAC am Volksplatz, 561 Nanjing Donglu; Tel. 021/53 53 11 17; www.meet-in-shanghai.net

➤ S. 232/233 [westl. a 2] SMTAC gegenüber des Jing'An Tempels, 1699 Nanjing Xilu; Tel. 021/62 48 32 59

➤ S. 232/233 [d 4] SMTAC in der Altstadt, 149 Jiujiaochang Lu; Tel. 021/63 55 50 32

Weitere Informationsstellen

Shanghai Information Centre am Xintiandi; ➤ S. 232/233 [b 4] Tel. 021/63 84 93 66;
CITS, Buchung von Flügen etc.; am Bund gegenüber der Fähranleger; ➤ S. 232/233 [d 3] 5/F, 2 Jinling Donglu; Tel. 021/63 23 87 70.

PUTUOSHAN 普陀山 6

4600 Einwohner, 0–290 m ü.d.M. ➤ [N 7]

Sie wirkt wie eine verträumte Märcheninsel aus vergangenen Tagen: Alte Klöster ducken sich in dichtes Grün, Wanderpfade führen zu Klippen mit Meerblick, Tempelpavillons laden zum Verweilen und zum Lauschen auf die Klänge des Meeres. Putuoshan zählt zu den vier heiligen Bergen des chinesischen Buddhismus und ist der Göttin Guanyin, der Barmherzigkeitsgöttin, gewidmet, deren Bildnis auf Schritt und Tritt auftaucht. Mönche huschen in langen Kutten vorbei, fröhliche Besucherscharen pilgern von Tempel zu Tempel. Die Farben der alten Gemäuer sind von Wind und Wetter verwaschen, die schwarzen Ziegel glänzen nass. Man kann wunderbar von Kloster zu Kloster wandern, den Blick übers Meer genießen oder an einem der ruhigen Strände entspannen.

Eine 33 Meter hohe Statue der Göttin Guanyin blickt an der Südspitze der Insel Putuoshan aufs Meer.

Hotels

Xilci Xiao Zhuang 息耒小庄

Dieses beliebte Hotel in zentraler Lage am Puji-Si hat Zimmer in unterschiedlichen Komfortstandards, bis hin zum Vier-Sterne-Luxus.

1 Xianghua Jie, Putuoshan; Tel. 05 80/609 15 05, Fax 609 2109; 160 Zi. •••

VISA MASTER AmEx

Ausflüge

Wer unternehmungslustig ist, kann per Fähre von Ningbo aus weitere Inseln des Zhoushan-Archipels ➤ [N 7] erkunden: Besonders hübsch ist die Insel Tao Hua Dao (Pfirsichblüteninsel). Zum Schwimmen und Fischen eignen sich die Shengsi-Inseln auch sehr gut. Interessante Folkloremalerei der Fischer findet man in Zhujiamen.

Sehenswertes

Fayu-Tempel und Gipfelkloster

法雨禅寺

Malerisch und friedlich liegen die Tempelgebäude des Fayu-Klosters am Waldhang. Hohepunkt ist der Yuantong-Palast, der im 16. Jh. in Jinling (heute Nanjing) abgetragen und hierher gebracht wurde. Er beherbergt eine goldene Guanyin-Statue. Reliefs vor der Halle zeigen 24 Szenen der kindlichen Pietät, einem konfuzianischen Motiv. Über Treppenwege gelangt man zum Gipfelkloster Huji Si, das alternativ auch vom Norden der Insel per Gondelbahn erreichbar ist. Der Panoramablick vom Gipfel lohnt einen weiteren kurzen Aufstieg.

Puji-Tempel 普济寺

Das zentrale Tempelkloster der Insel befindet sich mitten in der geschäftigen Ortschaft. Wer möchte, kann hier auch – sehr simpel – übernachten und früh morgens dem Sutra-Lesen der Mönche beiwohnen. Stände mit Souvenirs und getrocknetem Fisch füllen die umliegenden Gassen.

Südspitze der Insel

Die riesige Bronzestatue der Guanyin am Südufer – mit Sockel 33 m hoch – ist schon von Weitem zu sehen. Unter ihr scharen sich Hunderte kleinerer Figuren. Ganz in der Nähe bezeugt ein Fußabdruck den legendären »Sprung der Guanyin«, die hier angeblich höchstpersönlich an Land gegangen sein soll. Einer anderen Legende zufolge kam die Figur der Göttin im 10. Jh. durch einen japanischen Mönch auf die Insel: Die Figur an Bord, segelte der Mönch gerade heimwärts, als sein Boot von einem wütenden Sturm überrascht und an den Strand getrieben wurde. Er nahm dies als Zeichen und baute ihr aus Dankbarkeit für sein Überleben einen Tempel. Heute erinnert der »Tempel der nicht gehen wollenden Guanyin« an diese Gründungsgeschichte. Fischer und Seefahrer bitten die Göttin seitdem um sichere Fahrt, unzählige Pilger und viele weitere Tempel folgten. Während der Kulturrevolution wurden viele Kunstwerke zerstört, heute blühen der Buddhismus und Pilgertourismus wieder auf.

Tempel am Ostkap 梵音洞

Hoch über einer tiefen Felsspalte und mit wunderbarem Meerblick thront das kleine Fayin-Kloster, dessen Name so viel bedeutet wie »Tempel der buddhistischen Klänge« – womit das Rauschen der Wellen tief unten gemeint ist. Geht man den kleinen Pfad durch dichte Vegetation weiter, gelangt man zum hübschen Shancai-Grotten-Kloster. Von hier führt ein Weg hinunter zur Straße.

Essen und Trinken

Gutes vegetarisches Essen bekommt man in den Restaurants einiger Tempel – allerdings zu früher Stunde: 11 bzw 16 Uhr. Am südlichen Strand (Jin Sha 金沙) liegen mehrere Fischrestaurants.

Info

An- und Weiterreise

Per Fähre, ab Shanghai (4 Std.) oder Ningbo (2 Std). Per Flug auf die benachbarte Insel Zhoushan (von dort Bus und kurze Fährfahrt nach Putuoshan). Einziges Verkehrsmittel der Insel: Minibusse, letzter Bus: 17 Uhr.

Allgemeines

Sämtliche Tempel von morgens bis Sonnenuntergang geöffnet, Eintritt je ca. 5 Y. Insel-Eintritt: 110 Y. Hotelzimmer können in der Ankunftshalle am Fähranleger gebucht werden. www.putuoshan.net

YANGZI-DELTA

Das fruchtbare Delta des Yangzi-Flusses ➤ **[M/N 7/8]** galt schon immer als reiches »Land von Fisch und Reis«. Der Kaiserkanal, der Ende des 6. Jh. unter den Sui-Herrschern angelegt wurde, verband über 1800 Kilometer hiesige Orte mit der Hauptstadt im Norden und machte sie zum wichtigen Umschlagplatz für Tee, Reis und Salz. Seidenproduktion und Handel blühten. Städte wie Yangzhou, Hangzhou und Suzhou zogen nicht nur

Kaufleute und Händler, sondern auch Künstler und Intellektuelle an. Die Gegend erfuhr eine Hochzeit der klassischen Künste wie Dichtung, Kalligrafie und Malerei. Man pflegte einen eleganten Lebensstil, gleichzeitig kokettierten die wohlhabenden Beamten und Kaufleute mit Ideen vom einfachen Leben und ließen kunstvolle Gärten für temporäre Weltentsagung anlegen. Heute knüpfen die alten Handelsstädte an ihre wirtschaftliche Tradition an und behaupten sich als Zentren des modernen China. Charme und Idylle der von Flüssen, Kanälen und Seen durchzogenen Gegend sucht man daher lieber in den kleinen Orten des »Wasserlands«. Nanjing weist als »südliche Hauptstadt« Spuren älterer und jüngerer Geschichte auf.

ZUR ORIENTIERUNG

Die Orte dieser Region nördlich und westlich der Metropole Shanghai sind alphabetisch geordnet.

HANGZHOU 杭州

6 Mio. Einwohner, 5 m ü.d.M. ➤ [M 7/8]

»Im Himmel das Paradies, auf Erden Suzhou und Hangzhou« – so schwärmt man in China. Die Stadt am Westsee gilt als Inbegriff der Romantik und gehobenen Lebenskultur. Tatsächlich bietet das von Weiden gesäumte große Wasser mit Pavillons, Dämmen und Inseln eine Oase in der sonst modernen Großstadt. Kaum ein historisches Gebäude überstand die Zeiten. Der Glanz des Altertums, als die Handelsmetropole zur Hauptstadt der Südlichen Song avancierte, klingt in den Lobliedern der Dichter und Maler nach. Marco Polo beschrieb ausführlich die weltlichen Freuden der damals »glanzvollsten Stadt der Welt«. Die hügeligen Teeplantagen der Umgebung lohnen einen Ausflug.

Hotels

Shangri-La (Xiangelila Fandian) 香格里拉饭店

Luxushotel in malerischer Lage am Nordufer des Sees mit Blick auf die hübsche Xiling-Brücke zur Insel Gu Shan.

78 Beishan Lu, Hangzhou; Tel. 05 71/87 97 79 51, Fax 87 07 35 45; www.shangri-la.com; 383 Zi. ●●●-●●●● CREDIT ♿

Jiangnanyi International Youth Hostel (Qingnian Lüshe) 江南驿国际青年旅社

Sehr schöne Jugendherberge in den Hügeln südlich des Sees. Geschmackvoll eingerichtete Zimmer, angenehme Atmosphäre, sehr freundliches Personal und eine Küche, die Scharen von Feinschmeckern anlockt. Fahrradverleih.

151 Daoyou An Lu (beim Zoo), Hangzhou; Tel 05 71/87 15 32 73; 22 Zi. ●

Ausflüge

Teemuseum (Zhongguo Chaye Bowuguan) 中国茶叶博物馆

Mitten in den Teeplantagen im Südwesten, die per Fahrradtour erreichbar sind, ist ein Museum der Teekunst gewidmet. Kosten können Sie den berühmtesten Tee Chinas im hübschen Drachenbrunnendorf (Longjing Wencha) ein paar Kilometer weiter.

Longjing Lu, Hangzhou; tgl. 8.30–16.30 Uhr; Audiotour

Sehenswertes

Kloster der Seelenzuflucht (Lingyin Si) 灵隐寺

Das 326 gegründete Kloster gehört zu den bedeutendsten Chinas, wurde aber oft zerstört. Viele Gebäude stammen aus jüngster Zeit. Zu den Hauptattraktionen gehören die Himmelswächter sowie ein 20 Meter hoher Buddha in der Haupthalle. Den Weg zum Kloster säumen etwa 400 buddhistische Felsskulpturen, darunter der berühmte Lachende Buddha, der seinen dicken Bauch entspannt hervorzeigt.

Westl. des Westsees, Hangzhou; tgl. 7–17 Uhr; Eintritt 30 Y + 35 Y (Kloster), Seilbahn 40 Y

Westsee (Xi Hu) 西湖

Die idealtypische Landschaft dieses berühmtesten aller chinesischen Seen wurde vielfach kopiert. Der Legende nach ist er eine vom Himmel gefallene Perle. Vergnüglich und entspannt ist eine Bootfahrt in hübschen Holzbarken mit Ruderer; alternativ gibt es Ausflugsschiffe oder Ruderbootverleih. Mitten im See liegt die Insel Xiaoying, deren umrahmte Wasserbecken eine Art See im See bilden. Die drei kleinen Steinpagoden davor werden bei Vollmond von Kerzen erleuchtet: »Drei Teiche spiegeln den Mond«. Vor dem Nordufer liegt die einzige natürliche Insel, Gushan, mit Park, Teehäusern, Provinzmuseum und der Gesellschaft der Siegel-Graveure. Der im 9. Jh. aufgeschüttete Bai-Damm, eine Allee von Trauerweiden, verbindet sie mit dem Ufer. Auch der längere Su-Damm lädt zum Schlendern, er führt vom Yue-Fei-Grab im Nordwesten zum Südufer, wo die pompöse kürzlich rekonstruierte Lei-Feng-Pagode steht. Dahinter befindet sich der stille Zen-Tempel Jingci.

Ausflugsschiffe legen vom nördlichen Ostufer ab; 45 Y; Gondelfahrt ca. 80 Y pro Stunde; Ruderboote ca. 30–50 Y; Radtour rund um den See ca. 15 km

Yue-Fei-Grab und Tempel (Yue Fei Mu) 岳王庙和岳飞墓

Dieser General der Südlichen Song war so erfolgreich in der Abwehr nördlicher Invasoren, dass ihn neidende Intriganten am Kaiserhof hinrichten ließen. Heute als Märtyrer in kitschigen Seifenopern verherrlicht, gilt er als Symbol des Patriotismus. Die eisernen Widersacher an seinem Grab werden von patriotischen Besuchern bespuckt.

Am Nordufer des Westsees, Beishan Lu, Hangzhou; tgl. 7–17.30 Uhr; Eintritt 25 Y

Museen

Hu-Qingyu-Apotheke (Zhongyao Bowuguan) 中药博物馆

In dem Apothekerladen von 1874 wird die lange Geschichte der Traditionellen Chinesischen Medizin dargestellt.

95 Dajing Gang (südl. der Zhongshan Zhonglu), Hangzhou; tgl. 8–17.30 Uhr; Eintritt 10 Y

Porzellanmanufaktur (Nansong Guanyao Bowuguan) 南宋官窑博物馆

Neben den Ruinen einer song-zeitlichen Porzellanmanufaktur werden erlesene Stücke ausgestellt. Wer Geschichte und Technik nicht nur erklärt bekommen möchte, darf selbst handarbeiten.

42 Nanfu Lu, Hangzhou;
Tel. 05 71/86 08 39 90; Di–So
8.30–16.30 Uhr

Essen und Trinken

Louwailou 楼外楼

In Uferparks rund um den See locken Teehäuser und historische Lokale mit Seeblick. Das berühmteste, Louwailou, wurde 1848 gegründet. Zu den Spezialitäten zählen Karpfen süß-sauer und in Tee gekochte Garnelen. Ähnlich Tianwaitan, nah dem Lingyin Tempel.

Im Süden der Insel Gushan, Hangzhou;
Tel. 05 71/87 96 90 23; ••–••• CREDIT

Einkaufen

Den berühmten Tee (v. a. Drachenbrunnentee) und Seide sowie weitere Souvenirs findet man auf dem allabendlichen Nachtmarkt (Wushan Lu Yeshi 巫山路夜市, östlich des Sees und der angrenzenden Altstadtgasse.

Um die Schönheit des Westsees in Hangzhou zu entdecken, mietet man am besten ein Boot.

Info

An- und Weiterreise

120 km südwestl. von Shanghai (Expresszug 2 Std.)

Touristeninformation

Hangzhou Tourist Centre (Touren, Flug- und Zugtickets), Tel. 05 71/87 96 85 60

Allgemeines

ww.stadthangzhou.com oder
www.gotohz.com

NANJING 南京

5,3 Mio. Einwohner,
15 m ü.d.M. ➤ [M 7]

Die »südliche Hauptstadt« war in ihrer über 2000-jährigen Geschichte mehrfach Zentrum der Macht, so zum Beginn der Ming-Dynastie, während des Taiping-

Reiches und zur Republikzeit. Im Jahr 1911 wurde Sun Yat-sen hier zum ersten Präsidenten ernannt.

Mit drückend heißen Sommern zählt die moderne Industriestadt zwar zu den wirklichen »Glutöfen« Chinas, ihre schöne Lage zwischen dem Yangzi und den Purpurbergen, mit viel Grün und weiten Alleen, macht sie jedoch zu einer angenehmen und sympathischen Stadt.

Hotels

Grand Metropark Hotel (Weijing Dajiudian) 维景国际大酒店

40 Luxus-Geschosse, in toller Lage zwischen Nanjing-Museum und Kaiserpalast-Ruinen; nah der Purpurberge.

319 Zhongshan Donglu, Nanjing; Tel. 025/ 84 80 88 88; www.metroparkhotels.com; 536 Zi. ••• DINERS MASTER VISA

Nanjing Hotel 锦江南京饭店

Das etwas altmodische Hotel von 1936 war einst Staatsherberge. Es liegt ruhig in einem kleinen Park.

259 Zhongshan Beilu, Nanjing; Tel. 025/ 83 41 18 88; 310 Zi. •• DINERS MASTER VISA

Ausflüge

Purpurberge (Zijin Shan) 紫金山

Die wichtigsten Sehenswürdigkeiten liegen nordöstlich der Stadt, in den herrlichen Purpurbergen: das Grab des ersten Ming-Kaisers und das Sun-Yat-sen-Mausoleum. Auf Fahrradtouren lassen sich weitere interessante Entdeckungen machen; so liegen halb verwilderte Gräber fremder Prinzen in der Umgebung verstreut, darunter das Grab des großen Seefahrers Zheng He (am Niushoushan).

Grab des ersten Ming-Kaisers (Ming Xiao Ling) 明孝陵

Versteckt im Wald liegen die Ruinen dieser gewaltigen Grabanlage von 1398. Besonders schön ist der Seelenweg, flankiert von monumentalen Tier- und Beamtenfiguren. Zur Pflaumenblüte ist der Blick in die Berge bezaubernd.

Bus Nr. 20 vom Trommelturm im Stadtzentrum; tgl. 8–17.30 Uhr; Eintritt 60 Y

Sun-Yat-sen-Mausoleum (Zhongshan Ling) 中山陵

Noch imposanter ist, gleich nebenan, das Mausoleum des ersten Präsidenten, der von Volksrepublikanern und Taiwanesen gleichsam als Vater des modernen China verehrt wird. Eine mächtige, 700 m lange Freitreppe führt zur Gedenkhalle.

Bus Nr. 9 vom Verkehrskreisel Xinjiekou; tgl. 7–18 Uhr; Eintritt 40 Y

Sehenswertes

Brücke über den Yangzi (ChangJiang Daqiao) 长江大桥

Der Stolz der Chinesen ist diese doppelstöckige Ingenieursleistung, die von 1960 bis 68 ohne jegliche ausländische Unterstützung realisiert wurde und so zum nachhaltigen Symbol der Eigenständigkeit Chinas wurde.

Brückenpark Daqiao Gongyuan, Nanjing; 7.30–18.30 Uhr

Kaiserpalast-Ruinen (Ming Gugong) 明故宫

Nah der östlichen Stadtmauer liegen die Ruinen des Ming-Palastes, der als Vorbild für die Verbotene Stadt in Beijing diente. In dem parkähnlichen Areal tanzen Rentner Foxtrott zwischen verlassenen Fundamenten.

Zhongshan Donglu, Nanjing; 6.30–23 Uhr

Konfuziustempel (Kong Miao) 孔庙

Rund um den seit 1500 Jahren bestehenden Tempel (erneuert im 19. Jh.) breitet sich ein Vergnügungsviertel aus, voller Souvenirshops, Restaurants und Märkte. Ganz in der Nähe befindet sich die Kaiserliche Akademie. Weiter nördlich ist in einer Nebenresidenz des Ming-Kaisers, die später als Befehlszentrale der Taiping-Rebellen diente, ein Museum zur Geschichte des Aufstands untergebracht.

Metrostation Sanshan Jie, ca. 500 m nordöstl. des Südtors; Taiping-Museum: tgl. 8–18 Uhr; Eintritt 10 Y

Südliches Stadttor (Zhonghua Men) 中华门

Der erste Ming-Kaiser ließ 1366 bis 1386 die damals mächtigste Stadtmauer der Welt erbauen. Sie wurde auf einer älteren Mauer gebaut und passt sich mit ihrer unregelmäßigen Form den Hügeln an. Heute stehen noch etwa 20 km des einst 33 km langen Bollwerks. Von oben hat man einen schönen Blick, vor allem vom nordöstlichen Teil auf die Purpurberge. Das imposante südliche Stadttor, in dessen dreifachen Torgebäuden bis zu 3000 Soldaten Platz hatten, ist besonders gut erhalten und eignet sich als Ausgangspunkt für die Stadtbesichtigung.

Nordöstl. der Metrostation Zhonghua Men

Xuanwu-See und Jiming-Tempel 玄武湖和鸡鸣寺

Die Gartenanlagen um den See laden zum Spaziergang ein, in gemütlichen Teehäusern auf den Inselchen kann man entspannen. Südlich der Mauer befindet sich Nanjings lebendigster Tempel, der buddhistische »Hahnenschreitempel« von 1387.

Nordosten der Stadt, Metrostation Xuanwuhu; Tempel: 7–17 Uhr; Eintritt 5 Y

Museen

Gedenkstätte für die Opfer des Massakers von Nanjing (Nanjing Datusha Jinianguan) 南京大屠杀纪念馆

Im Dezember 1937 fielen 300 000 Menschen dem grausamen Massaker japanischer Truppen zum Opfer. Die Gedenkstätte erinnert auch an den Hamburger Kaufmann John Rabe, der vielen Menschen das Leben rettete. Sein ehemaliges Wohnhaus beherbergt heute ein Museum und Friedensforschungsinstitut. Die Geschichte vom »Buddha von Nanjing« wurde 2007 mit Ulrich Tukur als John Rabe verfilmt.

Gedenkstätte: 418 Shuiximen Dajie, Nanjing; tgl. 8.30–16.30 Uhr; John-Rabe-Haus: Nahe der Uni; 1 Xiaofenqiao, Guangzhou Lu, Nanjing

Nanjing Museum (Nanjing Bowuguan) 南京博物馆

Hauptattraktion ist ein Totengewand der Östlichen Han (25–220), das aus Hunderten von Jadeplättchen geknüpft ist. Weitere wertvolle Stücke zur Kulturgeschichte der Region sind durchweg gut präsentiert.

Nahe der östl. Stadtmauer; 321 Zhongshan Donglu, Nanjing; tgl. 9–17.30 Uhr; Eintritt 20 Y

Essen und Trinken

Viele Restaurants und Cafés befinden sich in der Gegend um den Konfuziustempel im Süden der Stadt sowie entlang der Hunan Lu und der dort abzweigenden Shizi-Gasse im Nordosten. Besonders zu empfehlen ist hier das »Great Nanjing Eatery«, dessen Eingang zwei Steinlöwen markieren.

Nanjing Dapaidang, 2 Shizi Qiao, Nanjing; Tel. 025/83 30 57 77; 11–14, 17–2 Uhr •

Nanjing 1912 南京1912

Schicke Bars, Clubs und Restaurants sammeln sich in diesem angesagten neuen Ausgehviertel Nanjings, gleich neben dem alten Präsidentenpalast (Zongtong Fu 总统府).

Ecke Taipei Beilu und Changjiang Lu, Nanjing Zentrum

Info

Touristeninformationen

Touren können in Hotels oder bei CITS gebucht werden. Karten verkauft Popular Bookmall, Xinjiekou, Nanjing.

CITS Nanjing, 202 Zhongshan Beilu, Nanjing; Tel. 025/83 47 69 99; www.citsnjview.com

SUZHOU 苏州

5,7 Mio. Einwohner, 20 m ü.d.M. ➤ [N 7]

Die am großen Kanal gelegene blühende Handelsstadt war lange Zentrum feiner Lebensart. Aristokraten, Künstler und Beamte schwelgten in Luxus und Moden. Die kunstvollen Gärten, die heute zum UNESCO-Erbe gehören, zeugen vom Wohlstand der heimlichen Hauptstadt. Erwarten Sie aber kein Idyll; Hightech-Fabriken und Hochhäuser säumen die Altstadt. Gerade Kurzbesucher sind oft herb enttäuscht. Nur mit etwas Zeit, auf Erkundungszügen per Fahrrad oder zu Fuß, kann man doch noch charmante Ecken zwischen Gärten und Kanälen entdecken.

Hotels

Sheraton Suzhou Hotel (Suzhou Xilaideng Dajiudian) 苏州喜来登大酒店

Das luxuriöseste Hotel Suzhous täuscht vor, aus der Ming-Zeit zu stammen, ohne die Gegenwart auszuschließen.

388 Xinshi Lu, Suzhou; Tel. 05 12/65 10 33 88, Fax 65 10 08 88; www.sheraton.com/suzhou; 328 Zi. ••••
DINERS MASTER VISA

Nanlin Hotel Suzhou (Nanlin Fandian) 南林饭店

Elegante, moderne Räume in einer Parkanlage nah der Ausgehmeile Shiquan Jie.

20 Gunxiufang, Suzhou; Tel. 05 12/ 65 19 63 33 , Fax 68 01 58 18; 210 Zi. ••–••• DINERS MASTER VISA AmEx

Ausflüge

Wasserdörfer (Jiangnan Shuixiang) 江南水乡

China wie aus dem Bilderbuch: Alte Brücken überspannen lauschige Kanäle, an den Ufern reihen sich weißgewaschene Häuser mit schieferschwarzen Dächern aneinander, Mütterchen scheuchen Gänse durch die Gassen, Väterchen sind in ein Schachspiel versunken. Zwar wird sich dieses Szenario so kaum noch irgendwo finden, aber in den Wasserdörfern um Suzhou und Hangzhou kann

Der Kaiserkanal durchzieht das renovierte und gerne besuchte Städtchen Wuzhen südlich von Suzhou.

man dem altem Charme noch nachspüren. Touristenbusse rollen allerdings jeden Tag an, und man muss sich etwas bemühen, um noch ruhige Ecken zu finden. Aber es gibt sie. Versuchen Sie über Nacht zu bleiben, und lassen Sie sich einfach durch die Gassen treiben.

Obwohl **Tongli** 同里 auch als Tagestour von Shanghai aus sehr beliebt ist, hat es sein charmantes Flair behalten. Weiden säumen die Kanäle, viele Häuser haben ihr traditionelles Aussehen bewahrt. Zu den Sehenswürdigkeiten zählen der schöne Literatengarten »Tuisi Yuan« und die restaurierte Residenz »Gengle Tang« – aber auch das Museum zur Sexkultur Chinas (nur chinesisch), das mit Exponaten von erotischer Landschaftsmalerei bis hin zu skurrilen Skulpturen einen sonst eher verschwiegenen Aspekt chinesischer Kultur beleuchten möchte. Im hübschen Hotel Zhengfu Caotang kann man übernachten.

Wuzhen 乌镇 , eine aus der Tang-Zeit stammende Stadt, wurde kürzlich restauriert und so hergerichtet, wie sie in der Qing-Zeit ausgesehen haben soll – eine animierende Reise in die Vergangenheit. Sie können Werkstätten wie den »blue prints workshop« (Lan Yinhuabu Zuofang) oder die Schnapsbrennerei (Sanbajiu Fang) besuchen oder per Boot über die Kanäle fahren. Das ehemalige Wohnhaus des berühmten Schriftstellers Mao Dun (Mao Dun Guju) ist als typisches Qing-Gebäude einen Besuch wert. Be-

Weiter auf S. 248

SCHIMMERNDE SCHÖNHEIT

Seide ist eines der kostbarsten, begehrtesten Güter überhaupt. Das Geheimnis ihrer Herstellung wurde 3000 Jahre gehütet.

Jeder Kokon besteht aus mehreren Kilometern Seidenfaden. Nur ein Teil davon liefert die begehrte, höchste Qualität.

Ursprünglich durften die wertvollen Seidenstoffe nur bei Hofe getragen werden; herrliche Roben mit üppigen Stickereien symbolisierten die Macht des Kaisers. Doch bald war das feine Gut auf dem ganzen eurasischen Kontinent begehrt. Jahrhundertelang diente es als Währung, mit der Beamte und Offiziere, aber auch Gesandte anderer Länder bezahlt wurden. Und so gelangte der hauchzarte, schmeichelnde Stoff bis nach Rom, wo die Damen ganz verrückt nach ihm waren. Um den hohen Kapitalabfluss zu verhindern, erließ der römische Senat gar ein Gesetz gegen das Tragen von Seidenkleidung.

Das Geheimnis der Seidenherstellung hüteten die Chinesen gut, Verrätern drohte der Tod. Und so blieb es fast 3000 Jahre in chinesischer Hand, bis es ausgerechnet eine Prinzessin des Hofes im 5. Jh. verriet. Sie schmuggelte Raupen und Maulbeersamen in ihrem Haarknoten außer Landes, als sie ins ferne, zentralasiatische Hotan verheiratet wurde und im barbarischen Wüstenland nicht auf den edlen Stoff verzichten wollte. Noch heute ist Hotan (an der südlichen Seidenstraße in Xinjiang) für seine Seidenweberei berühmt. Auch zwei Mönche sollen Eier und Samen in ihren Pilgerstäben bis nach Europa gebracht haben. Neben diesen legendären Schmugglergeschichten besagen andere Quellen, dass es schon im 3. Jh. einer japanischen Mission gelang, Raupen samt Spinnerinnen zu entführen.

MAGIE DER SEIDENRAUPEN

Die Entdeckung des Seidenfadens wird einer Frau zugeschrieben: Die Gattin des mythischen Kaisers Huangdi soll als Erste bemerkt haben, dass die Raupe des Maulbeerspinners einen begehrenswerten Faden produzierte. Wann genau ihr das auffiel, klingt von Legende zu Legende anders; mal fällt ihr zufällig ein Kokon in den Tee, mal flieht

Seidenschals sind in betörenden Farben zu haben. Am besten nimmt man von jeder einen mit ...

sie vor einer Schlange in den Baum, wo sie ein spinnendes Tier bemerkt. Tatsächlich ist die Seidenherstellung Tausende Jahre alt: Das älteste erhaltene Seidengewebe aus archäologischen Funden wird auf ein Alter von 4800 Jahren geschätzt. Und bereits zur Han-Zeit (206 v.–220 n. Chr.) kannte man technisch ausgefeilte Webstühle.

Die Aufzucht der Seidenraupe ist unglaublich mühselig. Schon die Eier sind empfindlich und müssen wohltemperiert gelagert werden. Der Raupe des Bombix mori spricht man geradezu eine launische Zickigkeit zu. Entsprechend achtsam musste sie umsorgt werden, um prächtig zu gedeihen: Nur Frauen durften sie – mit aller Behutsamkeit – mit hauchfein geschnittenen Häppchen der Maulbeerblätter füttern; und das 48-mal am Tag. Wird die Haut der Raupe durchsichtig, beginnt die Verpuppung – der magische Faden entsteht. Es ist ein Tanz, der drei Tage dauert, und dann mit dem Heißwasserbad der Menschen beendet wird, die das wertvolle Gespinst vorsichtig wieder entwirren. Gut 4000 Meter kann der Faden lang sein. Brauchbar ist nur ein Fünftel, das wiederum mit anderen verdreht wird, um Festigkeit zu erlangen. Ein Zentrum für Seidenherstellung und Stickerei ist Suzhou, wo man die Herstellung beobachten und einkaufen kann. Seit dem 14. Jh. wird hier produziert. In den Fabriken schufteten Frauen im heißen Wasserdampf. Arbeitsbedingungen waren damals schon so katastrophal, dass es bereits im 15. Jh. zu Streiks kam.

SEHENSWERT

Seidenmuseum von Suzhou (Suzhou Sichou Bowuguan) 苏州丝绸博物馆

Das Seidenmuseum weist sehr anschaulich in die Geschichte der Seidenproduktion ein. Spinner, Weber und Färber arbeiten an traditionellen Geräten, antike Stoffe werden ausgestellt. Auch die Zucht wird lebendig gezeigt: in einem Raum voller schmatzender, spinnender Raupen. ➤ [N 7]

2001 Renmin Lu, nahe Beisita-Tempel, Suzhou; tgl. 9–17 Uhr

Forschungsinstitut für Seidenstickerei 苏州苏绣研究所

Inmitten einer Gartenanlage kann die kunstvolle Arbeit von Seidenstickerinnen bewundert werden, die mit hauchdünnen, kaum sichtbaren Fäden oft monatelang an einem Stück arbeiten. ➤ [N 7]

280 Jinde Lu, Suzhou; tgl. 10–17 Uhr

sonders schön sind Aufführungen der lokalen »Blumen-Trommel-Oper« (»huagu xi«) auf dem Marktplatz sowie unterhaltsames Schattenpuppenspiel (»piyingxi«) in einem kleinen Theater am Platz.

Im weniger touristischen Dorf **Mudu** 木渎 können einige Häuser sowie schöne Gärten besichtigt werden. Besonders interessant ist die Hongyin Villa (Hongqin Shanfang) und der Yan-Famlien-Garten (Yanjia Huayuan).

Tongli: 18 km südl. von Suzhou (30 Min.), auch als Tagestour ab Shanghai (120 Y) um 9 Uhr; tgl. 7.30–17.30 Uhr; Eintritt 20 Y; Hotel: Tel. 05 12/63 32 05 76
Wuzhen: ca. 60 km südl. von Suzhou; auch als Tagesausflug von Hangzhou (1 Std.) oder Shanghai (148 Y, 2 Std. Fahrt); Eintritt 60 Y
Mudu: von Suzhou ca. 30 Min. (mit Tourist Bus 4 ab Bahnhof); ab Shanghai Stadium (110 Y); Altstadt: tgl. 8–16.30 Uhr; Eintritt 60 Y

Sehenswertes

Canglangting (Pavillon der Azurblauen Welle) 沧浪亭

Gegründet im 10. Jh. gilt er als ältester Garten Suzhous, wurde aber wie die anderen auch mehrmals erneuert. Er wirkt wilder und weniger perfekt gestaltet.

Gegenüber dem Konfuziustempel, ein Sammelticket für 117 Y ermöglicht den Eintritt in sechs Gärten, Einzeltickets kosten zwischen 20 und 70 Y.

Garten des bescheidenen Beamten (Zhuozheng Yuan) 拙政园

Größter und meist besuchter Literatengarten Suzhous aus dem 16. Jh.

178 Donbei Jie, Suzhou; 7.30–17.30 Uhr; Eintritt 50/70 Y

Garten des Meisters der Fischernetze (Wangshi Yuan) 网师园

Der elegante Garten mit vornehmen Wohngebäuden gehört zu den schönsten Suzhous. Am Abend werden in den verschiedenen Pavillons klassische Musik- und Theaterdarbietungen aufgeführt.

11 Kuantou Lane, Suzhou; tgl. 8–17 Uhr; Eintritt 20/30 Y

Garten des Verweilens (Liu Yuan) 留园

Der vielfältigste der Suzhouer Gärten besticht mit schönen Schnitzereien, kleinen Höfen und langen Wandelgängen. Er entstand im 16. Jh. erst als Tempelgarten.

338 Liuyuan Lu, Suzhou; tgl. 7.30–17 Uhr; Eintritt 30/40 Y

Der »Garten des bescheidenen Beamten« in Suzhou wurde im 16. Jahrhundert vom Zensor Wang Xianchen angelegt.

Garten Ou Yuan 藕园

Hübsch gelegen in einem Viertel mit Brücken, Kanälen und alter Architektur befindet sich der stille Garten abseits der gängigen Touristenpfade.

Cang Jie, Suzhou; tgl. 7.30–17.00 Uhr; Eintritt 15 Y

Kanalfahrten

Auf abendlichen Bootsfahrten auf dem Kanal rund um die Altstadt kann man das vergangene Suzhou erahnen. Moskitoschutz nicht vergessen!

Buchung im Hotel oder am Anleger (Brücke Renmin Qiao); Beginn 18.30 Uhr, Dauer ca. 80 Min; 35 Y

Konfuzianischer Tempel 文庙

Bonsais und Skulpturen reihen sich um die Tempelhalle, in der sich ein Stelen-Museum mit Inschriften und Sternenkarten befindet. Die hübsche Anlage wird relativ wenig besucht, sodass man sie manchmal ganz allein genießen kann.

Renmin Lu, Suzhou; tgl. 8–18 Uhr

Pagode Beisi Ta 北寺塔

Die mächtige Pagode, die als höchste südlich des Yangzi gilt, bietet schöne Ausblicke über die Stadt.

7.30–18 Uhr; Eintritt 35 Y

Museen

Opernmuseum (Xiqu Bowuguan) 戏曲博物馆

Das alte Theaterhaus zeigt Requisiten, Masken, reich bestickte Kostüme und alte Fotos. Auf der Bühne werden manchmal Aufführungen des lokalen Opernstils

Weiter auf S. 252

ORTE DER HARMONIE

Gärten gelten in China als wahre Kunstwerke. Sie haben Qualitäten, die sich dem unkundigen Besucher oft nicht offenbaren.

Gestaltungselemente chinesischer Gärten sind Felsen und Steine, Gewässer, Pflanzen, Brücken und Gebäude. Perfekt arrangiert sollen sie die Natur nachbilden und dabei auf den Betrachter wie dreidimensionale Landschaftsbilder wirken. Niemals ist der Garten von einem Punkt aus ganz überschaubar, Tore und Fenster rahmen die Aussicht wie ein kostbares Gemälde ein. Auf Zickzackwegen und in Wandelgängen wird der Besucher durch das Anwesen geleitet; hinter Ecken und Windungen ergeben sich laufend neue Ausblicke.

SYMBOLREICHER RÜCKZUGSORT

Spannungsvoll und illusorisch zugleich weckt der Garten immer neue Assoziationen und Erwartungen. Besonders gelungen ist dies im »Garten des Meisters der Fischernetze« in Suzhou (→ S. 249), wo Höfe, Fenster und Wandelgänge den Eindruck eines viel größeren Areals vortäuschen. Manche Gärten verzichten wiederum bewusst auf eine Außenmauer und ziehen so »geborgte« Landschaft von draußen mit ein. Ein schönes Beispiel ist der »Pavillon der Azurblauen Welle« in Suzhou (→ S. 249).

Die meisten Gärten befanden sich im Yangzibecken, über hundert gab es allein in Suzhou. Sie wurden meist von wohlhabenden Beamten oder Kaufleuten angelegt, die so ihren immensen Reichtum demonstrieren, sich mit Freunden und Gelehrten treffen , gemeinsam dichten oder philosophieren konnten. Vor allem aber dienten sie dem Rückzug. Viele Gärten waren nach einer aufreibenden Beamtenkarriere als Ruhesitz gedacht: eine komfortable Form der weltlichen Abkehr.

Die daoistische Tradition, in abgeschiedener Natur Versenkung und Erkenntnis zu finden, stand Pate. Natur und Menschenwerk sollten harmonisch vereint werden. Die Gegenüberstellung von Gegensätzen wie hartem Stein und weichem Wasser, Fahlem und Farbigem, Glattem und Spitzem beruht auf dem daoistischen Konzept der Yin-Yang-Polarität.

Kontemplative Stunden im schützenden Pavillon, vielleicht begleitet vom musikalischen Klang der Regentropfen, inspirierten zu Gedichten; Inschriften auf Stelen trugen wiederum zur inneren Harmonie bei. Symbolisches lässt sich auch in anderen Elementen lesen: So steht die Pinie für Langlebigkeit, der biegsame, aber kaum zu brechende Bambus für Entschlossenheit, die Winterblüte der Pflaume für Kraft, die Weide für Frühling und Zartheit. Drei Felsen (ein hoher Gipfel in der Mitte, flankiert von zwei kleineren) imitieren in ihrer Anordnung das chinesische Schriftzeichen »shan« (Berg; z.B. Huang Shan, S. 253). Ein flaschenförmiger Durchgang wünscht eine friedliche Einkehr – klingt doch das chinesische Wort für Flasche (»ping«) genauso wie »Frieden«.

Auch die Namen der Literatengärten sind sehr häufig poetisch inspiriert, sie tra-

Chinesische Gärten dienen der Versenkung und der Freude an gestalteter Natur. Pflaumenblüten gelten als Sinnbild der Kraft

gen Metaphern oder haben Bezüge zur Vergangenheit. So verweist der Name »Canglang« auf eine Begebenheit aus der Song-Zeit: Der Dichter und vorbildliche Staatsdiener Qu Yuan klagte laut über die Verderbtheit seiner Zeitgenossen. Darauf antwortete ihm ein Fischer: »Sind die Wasser des Canglang-Flusses klar, wasche ich darin meine (Beamten-)Hutbänder; sind sie dreckig, wasche ich darin meine Füße« – im übertragenen Sinne: Statt über schlechte Zeiten zu schimpfen, wahre man seine Integrität in Zurückgezogenheit.

PHILOSOPHIE UND POLITIK

Das Motiv des Weisen, der lieber Fische fängt statt sich in der Politik zu verstricken, taucht auch im »Wangshi Yuan« auf, im »Garten des Meisters der Fischernetze«. Aufgrund der literarischen Bezüge fällt die Übersetzung der Namen oft schwer. So wird der »Zhuozheng Yuan« meist als »Garten des demütigen Verwalters« übersetzt. Liest man den Namen aber als Verweis auf einen alten Text, der die Politik des Kleinen Mannes mit der Pflege eines Gartens vergleicht, wird er zum »Garten der Politik meiner Wenigkeit« – und so eine wenig demütige Absage des Besitzers an den Rest der Welt.

Für den westlichen Besucher ist das alles fremd. Doch mit etwas Muße erschließen sich auch ihm die verborgenen, malerischen und poetischen Aspekte dieser Gärten.

»Kongqu« gegeben. Ein paar Häuser weiter, im Pingtan Museum, kann man Vorführungen des »Pingtang«, einer gesungenen Erzählform im lokalen Dialekt, beiwohnen.

Opernmuseum: 14 Zhongzhangjia Xiang, Suzhou; 8.30–16 Uhr; Pingtang-Aufführungen: 3 Zhongzhangjia Xiang; tgl. 13.30 Uhr

Essen und Trinken

Songhe Lou 松鹤楼

Das berühmte Traditionslokal, in dem angeblich schon Kaiser Qianlong speiste, serviert lokale Zubereitungen wie Mandarinfisch.

72 Taijian Nong, Guanqian Jie, Suzhou; Tel. 05 12/67 70 06 08; tgl. 11.30–13.30, 17–20.30 Uhr •• CREDIT

Info

An- und Weiterreise

Von Nanjing per Bus oder Bahn ca. 3 Std.; von Shanghai per Bahn in 45–60 Min.

Allgemeines

Obwohl die Altstadt von Suzhou groß ist, kann man sich in den übersichtlich angeordneten Straßen gut orientieren.

Touristeninformation

www.suzhou.gov.cn

YANGZHOU 扬州

4,45 Mio. Einwohner, 0 m ü.d.M. ➤ [M 7]

Die Kanalstadt, die durch Salzhandel reich und politisch wie kulturell einflussreich wurde, wird heute wenig besucht. Ein Spaziergang durch die Altstadt führt zu den klassischen Gärten »He Yuan« mit alten Wohngebäuden und dem von Bambus dominierten »Ge Yuan«. Den »Acht Exzentrikern«, einer Gruppe unkonventioneller Künstler der Qing-Zeit, ist ein Denkmal mit Ausstellung gewidmet (Baguai Jinianguan). Auch das Geschichtsmuseum ist sehenswert (Yangzhou Shi Bowuguan). Am Schmalen Westsee (Shou Xihu) schlendert man gen Norden zum Tempel Daming Si. Ideal als Ausgangspunkt für Fahrradtouren.

Essen und Trinken

Fuchun Chasche 富春茶社

Das Teehaus »Üppiger Frühling« in der Altstadt hat sehr gute Teigtaschen.

35 Decheng Qiao, Nebengasse der Guoqing Lu, Yangzhou; Tel. 05 14/87 23 33 26; tgl. 6.15–19.30 Uhr •

Feste

Qintong Bootfest 溱潼船会

Lebhafte Wettrennen und Tanzaufführungen auf Booten.

4.–6. April, Qingtong (Kleinstadt nahe Yangzhou)

Info

www.yangzhou.gov.cn

Tagesausflug von Nanjing (2 Std. Busfahrt). Übernachten kann man im Yangzhou Hotel 扬州饭店, am Museum; Tel. 05 14/87 34 26 11; 150 Zi. •• MASTER VISA DINERS

UM DEN BERG HUANG SHAN

Die Bergregion (➤ [M 8]), die zu den schönsten Chinas zählt, inspiriert seit Jahrhunderten Maler und Dichter. Auch die umliegenden Dörfer sind mit ihrer kunstvollen Architektur sehr sehenswert.

> **ZUR ORIENTIERUNG**
>
> Die Orte dieses Kapitels sind alphabetisch geordnet, Tunxi (→ S. 255) ist der Ausgangsort für Erkundungen dieser Gegend.

HUANG SHAN 黄山

Bis zu 1864 m ü.d.M. ➤ [M 8]

Der »Berg des Gelben Kaisers« ist eines der Lieblingsmotive der chinesischen Landschaftsmalerei: Schroffe Felsen ragen aus tief hängenden Wolken, knorrige Kiefern strecken ihre Zweige in den Wind. Tatsächlich hängt über der Szenerie der rätselhafte Zauber einer zarten Tuschezeichnung. Das Kernland des Bergmassivs ist gut erschlossen, Wanderwege und gesicherte Steilpfade führen zu über 400 Aussichtspunkten.

Aufgrund seiner großen Beliebtheit strömen Besucherscharen auf den Berg; vor den Seilbahnen muss man oft stundenlang Schlange stehen. Betörende Ausblicke auf diese einzigartige Landschaft und Momente der Ruhe lassen den Trubel jedoch vergessen. Planen Sie zwei bis drei Tage ein. Der Flughafen »Huangshan City« liegt im 70 Min. entfernten Tunxi 屯溪, ebenso der Bahnhof mit Verbindungen nach Shanghai (12 Std.) oder Nanjing (7 Std.).

Der Ort Tangkou 塘口 in den südlichen Vorgebirgen ist Ausgangspunkt für den Aufstieg; hier gibt es Informationen, Karten und Hotels, die Gepäck verwahren. Nehmen Sie warme Kleidung, Regencape und Trinkwasser mit! Zwei Hauptrouten führen auf den Berg sowie Seilbahnen, die parallel zu den Wanderwegen verlaufen. Die östliche Route ist kürzer, aber weniger spektakulär (7,5 km, etwa 3 Std.); sie beginnt bei der Seilbahnstation Yungusi 云谷寺 (»Wolkenschlucht-Tempel«). Der westliche, deutlich anstrengendere Weg (15 km, ca. 8 Std.) führt vom Ciguang-Tempel hinauf zur berühmten »Willkommenskiefer«. An dieser Strecke liegt auch einer der höchsten Gipfel, Tiandu Feng 天都峰, auf den Schwindelfreie gehen können.

Recht einfache Wanderungen führen um die Gipfel. Fantastische Blicke hat man vom »Gipfel des beginnenden Glaubens« (Shixin Feng, 始信峰) oder dem »Löwengipfel« (Shizi Feng, 狮子峰). Auf der Terrasse »Qingliangtai« 清凉台 drängen sich Frühaufsteher zum spektakulären Sonnenaufgang. Der »Pavillon, der an Wolken stößt« (Paiyun Ting, 排云亭) ist schön zur Dämmerung.

Hotels

Gipfelhotels

Eine Nacht auf dem Gipfel gehört dazu. Beste Hotels sind das Beihai Binguan 北海宾馆 (Tel. 05 59/556 25 55; 504 Zi. ••• CREDIT) gleich neben der Sonnenaufgangsterrasse und das Xihai Fandian 西海饭店 auf dem hinteren Berg (Tel. 05 59/558 88 88; 214 Zi. ••-•••• CREDIT).

Yungu Hotel (Yungu Shanzhuang) 云谷山庄

Umgeben von Bambushainen und Wäldern liegt dieses traditionelle Haus.

An der unteren Yungusi Seilbahnstation; Tel. 05 59/558 64 44, Fax 558 60 18; 104 Zi. ••-••• DINERS MASTER VISA

Info

Allgemeines

Eintritt 200 Y; Seilbahnen: Yungusi Suodao 云谷寺索道 oder Yuping Suodao 玉屏索道; tgl. 6.30–16.30 Uhr; ca. 20 Min.; je 65 Y

JIUHUA SHAN 九华山

600–1400 m ü.d.M. ➤ [M 8]

Die 99 Gipfel des Bergmassivs gelten als Sitz des Bodhisattvas Kshitigarbha, der als Herrscher der Unterwelt verehrt wird. Der heilige Berg zieht daher vor allem Pilger an, die für einen kürzlich Verstorbenen beten wollen. Erste daoistische Eremiten zogen sich bereits im 3. Jh. hierher zurück, im Jahr 720 gründete ein koreanischer Prinz den ersten buddhistischen Tempel zu Ehren Kshitigarbhas; er selbst wurde später als seine Inkarnation verehrt. Zur späten Kaiserzeit war die Gegend das größte buddhistische Zentrum Chinas mit 300 Klöstern und 5000 Mönchen; heute sind fast 100 Tempelklöster wieder aktiv.

Ausgangspunkt für Wanderungen ist der Pilgerort Jiuhuajie 九华界 mit den großen Tempeln Zhiyuan Si und Huacheng Si. Auf einer Berghöhe westlich des Zhiyuan Si wird im »Palast der Hundertjährigen« (Baisui Gong) die vergoldete Mumie des Mönchs Wuxia verwahrt, der 126 Jahre alt geworden sein soll. Der Hauptgipfel Tiantai (1323 m) belohnt mit wunderbarer Weitsicht. Hinauf führt ein 8 Kilometer langer Treppenweg durch Bambuswälder und Teeplantagen, vorbei an weiteren Tempeln.

Info

An- und Weiterreise

Per Bus vom Huang Shan (3 Std.); nächste Stadt: Qingyang (ca. 3 Std. von Tunxi)

Allgemeines

Eintritt: 140 Y (Dez–Feb: 110 Y); Seilbahn: 55 Y (7–17.30 Uhr). Übernachtung im Ju Long Hotel 聚龙大酒店 (Tel. 05 66/501 13 68 ••–••• DINERS MASTER VISA)

TUNXI 屯溪

150 000 Einwohner, 126 m ü.d.M. ➤ [M 8]

Die alte Handelsstadt, die heute auch Huang Shan City genannt wird, ist Sprungbrett für Ausflüge zum Huang Shan und in die umgebenden Dörfer.

Hotels

Old Street Hotel (Laojiekou Kezhan) 老街口客栈

Schön dekoriertes Hotel mit traditionellem Interieur im Huizhou-Stil und Blick über den Fluss.

1 Laojiekou, Tunxi; Tel. 05 59/253 44 66; 33 Zi. ●-●●● MASTER

Ausflüge

Dörfer um Yixian

Süd-Anhui ist bekannt für seine Dörfer, deren elegante Architektur mit ornamentalen Holzschnitzereien an Reichtum und Prestige der einstigen Händler erinnert. Die bekanntesten, Xidi 西递 und Hongcun 宏村, zählen zum UNESCO-Weltkulturerbe. Viele der über hundert Jahre alten Häuser wurden renoviert. Auch als Schauplatz für Filme sind die malerischen Orte beliebt.

➤ [M 8] 50 km südwestl. von Tunxi; 1,5 Std. per Bus; Besucher-Genehmigung 55 Y

Shexian 歙县

Nicht für Besucher hergerichtet und daher umso charmanter sind die historischen Gebäude von Shexian. Schön ist der reich verzierte Xuguo-Torbogen.

Gehört zum Weltkulturerbe der UNESCO: das Dörfchen Xidi mit seinen prachtvollen Häusern aus der Ming-Zeit.

➤ [M 8] 25 km östl. von Tunxi; 45 Min. per Bus; Eintritt 20 bzw. 30 Y

Info

An- und Weiterreise

Flughafen »Huangshan City«. Bahnverbindungen u.a. nach Shanghai (12 Std.), Nanjing (7 Std.)

Touristeninformation

CITS, 1 West Binjiang Lu, Tunxi; Tel. 0559/2542110; www.huangshancits.com/english

OBERER YANGZI

Hier im Westen war der gefährliche Strom lange Zeit einziger Transportweg durch die Gebirge (➤ [J-L 8]). Seine grandiosen Schluchten galten später als Höhepunkt einer China-Reise. Heute macht der enorme Staudamm von sich reden. Abseits des Flusses liegen einzelne heilige Berge; ein andersartiges Pilgerziel ist der Geburtsort Mao Zedongs in der Provinz Hunan.

ZUR ORIENTIERUNG

Die Orte dieser Region sind alphabetisch geordnet. Ausgangspunkt ist häufig Chongqing, die größte Stadt der Welt.

CHANGSHA 长沙

2,1 Mio. Einwohner, 30-300 m ü.d.M. ➤ [L 8]

Chinesische Touristen besuchen die eintönige Provinzhauptstadt Hunans vor allem, um den Geburtsort Mao Zedongs zu sehen: Das kleine Dorf Shaoshan, 120 km südwestlich der Stadt, avancierte in den 1960er-Jahren zum Wallfahrtsort für Millionen. Heute kann man das Elternhaus Maos sowie den nahen Geburtsort seines Widersachers Liu Shaoqi im Rahmen einer Tagestour besichtigen.

Hotels

Huatian Hotel (Huatian Dajiudian) 华天大酒店

Modernes Luxushotel im Herzen der Stadt mit vielen Service-Einrichtungen und Restaurants.

380 Jiefang Donglu, Changsha; Tel. 07 31/ 444 28 88; www.huatian-hotel.com; 700 Zi. ●●-●●● DINERS MASTER VISA

Museen

Provinzmuseum (Hunan Sheng Bowuguan) 湖南省博物馆

In über 2100 Jahre alten Gräbern fand man ausgezeichnet erhaltene Grabbeigaben, darunter Lackwaren, bestickte Seidengewebe, Manuskripte und hölzerne Dienerfiguren mit feinen Gesichtszügen. Das Museum ermöglicht einen einzigartigen Einblick in die Zeit der Westlichen Han. Erhalten ist auch die mumifizierte Leiche der Markgräfin von Dai.

50 Dongfeng Lu, Changsha; tgl. 8.30–17.30 Uhr (Winter bis 17 Uhr); Eintritt 50 Y

Info

An- und Weiterreise

360 km südl. von Wuhan; gute Flug- und Bahnverbindungen.

Touristeninformation

CAAC, Tel. 07 31/411 22 22; Züge: Tel. 07 31/263 86 82. Touren: CITS: Tel. 07 31/ 446 89 01

CHONGQING 重庆

32 Mio. Einwohner, 200 m ü.d.M. ➤ [J 8]

Mit dieser beeindruckenden Einwohnerzahl gilt die regierungsunmittelbare Stadt als die größte der Erde. Allerdings gehört zum »Stadtgebiet« ein Umland mit Bergen, den Yangzi-Schluchten, Dörfern und weiteren Städten von insgesamt 82 400 Quadratkilometern – was die Einwohnerzahl wieder relativiert. Im eigentlichen Stadtkern leben 4,3 Mio. Einwohner. Historisch relevant als Kriegshauptstadt der vor den Japanern zurückgezogenen Nationalregierung (1939-45), gilt sie heute eher als Zugpferd für die noch rückständige Region. Es ist eine Stadt der Gegensätze: Wolkenkratzer dominieren die Skyline zwischen Yangzi und Jialing, während ein paar Gassen weiter alte Häuschen auf Stelzen am Hang kleben. Aufgrund seines heißschwülen Klimas, vermischt mit Industrieabgasen, gilt Chongqing als anstrengender Moloch. Touristisch relevant ist

Die größte Agglomeration der Welt: Chongqing hat 32 Millionen Einwohner und ist so groß wie Österreich.

Chongqing vor allem als Ausgangspunkt für die nach wie vor beliebte Drei-Schluchten-Flussfahrt.

Hotels

Harbour Plaza (Chongyihaiyi Jiudian) 重庆海逸酒店

Luxuriöses Hotel im lebendigen Shopping-Viertel nahe dem Befreiungsdenkmal.

Wuyi Lu, Chongqing; Tel. 0 23/63 70 08 88, Fax 63 70 07 78; www.harbour-plaza.com/hpcq; 390 Zi. ••–•••

DINERS MASTER VISA

Ausflug

Grotten von Dazu (Dazu Binguan) 大足宾馆

Die südlichsten und jüngsten Grottentempel Chinas mit Tausenden von Figuren finden sich verstreut in der ländlichen Landschaft um Dazu, die schönsten am Baoding Shan. Sie entstanden unter der Regie eines einzigen Mannes, Mönch Zhao Zhifeng, der sie 1179–1249 bauen ließ. Der Buddhismus war zu dieser Zeit gegenüber dem Konfuzianismus in die Defensive geraten, und so finden sich – vielleicht um die Legitimation der Konfuzianer zu erhalten – auch konfuzianisch beeinflusste Szenen wie die der Kindespietät.

Zentrum der hufeisenförmigen Anlage ist ein 31 Meter großer, liegender Buddha beim Eintritt ins Nirwana, dessen Torso halb im Boden versinkt. Daneben breitet eine vergoldete Guanyin ihre 1007 helfenden Arme aus.

Baoding Shan, etwa 15 km von Dazu, ist per Minibus erreichbar. In Spaziergang-Nähe des Ortes befinden sich darüber hinaus sehenswerte Grotten am »Bei Shan« (Nordberg, 1,5 km nördl.) mit Skulpturen der Song-Zeit, und eine bemerkenswerte daoistische Figurengruppe am »Nan Shan« (Südberg 2,5 km südöstlich) mit einem Ehrfurcht gebietenden tausendjährigen Steindrachen.

AUTORENTIPP Morgens sind die Grotten weniger überlaufen, daher lohnt sich eine Übernachtung vor Ort.
(Dazu Binguan, 47 Gongnong Jie; Tel. 023/43 72 18 88; 133 Zi. ••)

➤ [J 8] **Tagesausflug von Chongqing (160 km, ca. 2 Std. per Bus); tgl. 8.30–17.30 Uhr; Eintritt: 60–80 Y**

MAGIE UND WIRKLICHKEIT

Die Region der Drei Schluchten wurde einem radikalen Wandel unterzogen. Die berühmte Flussfahrt lockt jedoch noch immer.

Der »Lange Fluss« wurde gezähmt. Seit Frühjahr 2006 stemmt sich eine 185 Meter hohe und zwei Kilometer lange Betonwand gegen die Wassermassen. Der Drei-Schluchten-Staudamm wurde zum Symbol für den ungebremsten Wachstumsdrang eines hungrigen Landes und Beweis der Macht von Beijing. Kritiker bezeichnen den Bau, der Milliardeninvestitionen verschlungen hat, Millionen von Menschen entwurzelte und dessen ökologischer Schaden noch gar nicht absehbar ist, als Wahnsinnsprojekt.

»Das umfangreichste Bauwerk seit der Großen Mauer« titelten die chinesischen Zeitungen – wobei der Staudamm auch in China sehr umstritten war. Doch die Zähmung des Flusses Yangzi, der immer wieder für verheerende Überschwemmungen sorgte, ist seit Jahrhunderten ein Traum der Mächtigen. Nun soll das weltweit größte Wasserkraftwerk mit seinen 26 Generatoren fast 10 Prozent des chinesischen Energiebedarfs decken.

MELANCHOLISCHE FLUSSFAHRT

Die Drei Schluchten gehören zu den eindrucksvollsten und beliebtesten Landschaften in China. Bereits die Dichter der Tang-Dynastie (618–907) schwärmten von der Schönheit der Natur und besangen, oft erfüllt von Melancholie, die magischen Momente einer Flussfahrt auf dem Yangzi.

»Der Wind so frisch, der Himmel so weit, traurig kreischen die Affen ... der unerschöpfliche Fluss fließt Welle um Welle voran.« Die Zeilen des Dichters Du Fu beschreiben eine längst vergangene Zeit, ein Stück unberührter Natur.

Heute beginnt die Suche nach der Magie für die meisten Reisenden in Chongqing, der Megacity in Chinas Hinterland. Von hier aus starten neben schnellen Tragflächenbooten und alten Passagierschiffen auch die Kreuzfahrtschiffe internationaler Reiseveranstalter. Letztere schippern in drei Tagen und drei Nächten gemütlich flussabwärts zum Stau-

werk. Unterwegs bieten die komfortablen Flussdampfer neben Kapitänsdinner und bunter China-Folklore an Bord auch Ausflüge zu verschiedenen Sehenswürdigkeiten an. Zahlreiche Kulturschätze und archäologische Ausgrabungsstätten wurden in den letzten Jahren vom steigenden Wasser des 600 Kilometer langen Stausees verschluckt. Die alte Stadt Fengdu wurde am gegenüberliegenden Ufer neu gegründet – oberhalb der 175-Meter-Markierungen, dem höchsten Wasserstand des aufgestauten Flusses. Vom steigenden Wasser verschont blieb der daoistische Tempel auf dem Berg Ming, welcher mit seinen grausigen Dämonen- und Höllendarstelllungen den Ruf des alten Fengdu als Geisterstadt prägte.

Der Bau der Staumauer ist inzwischen abgeschlossen; die 26 Turbinen des Kraftwerks sind ans Netz gegangen.

DURCH DREI SCHLUCHTEN

Die erste Schlucht erreichen die Kreuzfahrtschiffe früh am zweiten Tag der Reise. Die Qutang-Schlucht ist die kürzeste und schmalste. Staunend erhascht der Frühaufsteher einen Blick auf dramatische Felswände. Beim folgenden Zwischenstopp in Wushan ist ein Abstecher durch die »Kleinen Drei Schluchten« möglich, an deren Steilhängen sich Affenfamilien tummeln. Zurück auf der Hauptreiseroute gleiten die Schiffe in die verwunschene Welt der Wu-Schlucht hinein. An manchen Tagen liegt Blütenduft wie eine Parfümwolke über dem Wasser. Die über tausend Meter hohen Bergspitzen verschwinden im Nebel. Ein berauschendes Grün zieht sich die Hänge empor. Die letzte und längste Schlucht, Xiling, war früher gefürchtet; heute wartet das monumentale Bauwerk. Die Besichtigung und die Fahrt durch die fünf Schleusen ist mittlerweile zu einem Höhepunkt der Tour geworden.

Einheimische Schiffe (Zweibett-Kabine ca. 150 €/Person) beim Chongqing Port International Travel Service, Tel. 023/6310 0553; ww.cqpits.com.cn. Internationale Anbieter; z.B. Victoria Cruises (ca. 550 €/Person), Tel. 023/89 03 60 88; www.victoriacruises.com

Steinerne Würdenträger vor der Statue des Liegenden Buddha in den Grotten von Dazu (→ S. 257) westlich von Chongqing.

Sehenswertes

Kloster Luohan Si 罗汉寺

Zwischen den Hochhäusern der Innenstadt steht dieser alte Tempel, der 500 kleine Arhat-Figuren (chin. Luhan) aus der Qing-Zeit beherbergt. Man betritt den Tempel durch einen Felskorridor, dessen Nischen über 400 Steinskulpturen aus der Song-Zeit schmücken.

8–17 Uhr; Eintritt 5 Y

Museen

Chongqing Planning Exhibition Gallery (Chongqingshi Guihua Zhanlanguan) 重庆市规划展览馆

Modelle, interaktive Konsolen und englische Erklärungen geben einen Einblick in Chongqings faszinierende urbane Entwicklung, aber auch in die Kulturentwicklung des Roten Beckens.

Chaotianmen Platz, Chongqing;
9.30–17.30 Uhr, Eintritt 20 Y

Drei-Schluchten-Museum (Sanxia Bowuguan) 三峡博物馆

Heimstatt geretteter Schätze: Ein Großteil der Exponate dieses schicken neuen

Museums stammt aus Ausgrabungsstätten, die durch den Bau des Staudamms überflutet wurden. Dargestellt wird die Natur- und Kulturgeschichte der Drei-Schluchten-Region, vom alten Ba-Königreich bis zu Alt-Chungkinger Straßenszenen.

Volksplatz (Renmin Gongyuan), Chongqing; 9.30–17 Uhr; Eintritt 40 Y

Essen und Trinken

Eine beliebte Restaurantmeile ist die Nanan Binjiang Lu auf der südlichen Seite des Yangzi, die z.B. per Seilbahn erreichbar ist. Schnelle Snacks gibt's auf der Bayi Lu.

Kleiner Schwan (Xiaotian'e Huoguo) 小天鹅火锅

Renommiertes Restaurant für Feuertopf (»huoguo«), das Lieblingsgericht der Chongqinger: eine brodelnde Brühe mit Chili und Sichuan-Pfeffer, in die man wie in einem Fondue fast alles Essbare versenken kann. Nirgends ist sie so scharf wie in Chongqing.

78 Jianxin Bei Lu, Chongqing; Tel. 0 23/ 67 85 53 28; 11–14, 17–21 Uhr •• ▭

Am Abend

River Cruise

Bei Nacht, vom Fluss aus, kann Chongqings Skyline richtig schön aussehen.

Abfahrt Chaotianmen Dock, Chongqing; Buchung über Hotels; 19–21 Uhr; inklusive Dinner 88 Y; 21 Uhr ohne Dinner 68 Y

Info

Allgemeines

www.cq.gov.cn

WUHAN 武汉

4,2 Mio. Einwohner, 25 m ü.d.M. ➤ [L 8]

Die große Industriestadt beidseitig des Yangzi ist für Touristen eher als Verkehrsknotenpunkt interessant. Am Bund in Hankou stehen vernachlässigte Gebäude der Konzessions-Ära. Im südlichen Hanyang ist der große, lebendige Tempelkomplex Guiyuan Si 归元寺 mit Lotusteich, interessanter Luohan-Halle und Bibliothek einen Besuch wert. Der charmante daoistische Chaochun-Tempel 长春观 auf der gegenüberliegenden Flussseite, in Wuchang, lädt mit sehr gutem vegetarischem Restaurant zur Rast.

Hotels

Jianghan Hotel (Jianghan Fangdian) 江汉饭店

Das Kolonialgebäude wurde etwas kitschig renoviert, hat aber dennoch mehr Atmosphäre als andere Luxushotels.

245 Shengli Jie, Hankou, Wuhan; Tel. 027/82 81 16 00, Fax 82 81 43 42; 100 Zi. ••–••• DINERS MASTER VISA

Museen

Hubei-Provinz-Museum (Hubei Sheng Bowuguan) 湖北省博物馆

Unter den vielfältigen Grabbeigaben des Grafen Yi von Zeng (gest. 433 v. Chr.) ist ein großes Glockenspiel, auf dem Duplikat wird regelmäßig Musik gespielt.

1856 Donghu Lu, Wuhan; Tel. 027/ 86 79 41 27; 8.30–11.30, 13.30–16.30 Uhr; Eintritt 30 Y

Info

Allgemeines

http://english.wh.gov.cn

Tag und Nacht in Bewegung: Die Star-Ferry-Pier ist die Drehscheibe zwischen Festland und Hongkong Island – und macht den Blick frei auf eines der schönsten Stadt-Panoramen der Welt.

HONGKONG UND SÜDCHINA

Glitzernde Megastädte, tropische Wälder und abwechslungsreiche Landschaften: Der Süden zeigt sich üppig und voller Lebenslust. Traditionen haben hier ebenso Konjunktur wie der Wirtschaftsboom.

Die südliche Küstenregion ist von jeher mehr dem Meer zugewandt. Expeditionen starteten hier, fremde Händler brachten neue Einflüsse; zunächst muslimische, später europäische. Andersherum emigrierten viele Südchinesen in die Ferne; weltweit trugen sie dazu bei, vor allem die Küche des Südens als »typisch chinesisch« zu etablieren. Ah, die Küche! Selten ist sie so köstlich, so vielseitig und geschmacksintensiv. Nordchinesen spotten, hier esse man alles, was Beine hat – von Stühlen abgesehen.

Auch landschaftlich hat die Region viel zu bieten; ihre Karstberge sind weltberühmt, die terrassierten Reisfelder Inbegriff chinesischer Landschaft. Weniger bekannt ist die grüne Bergwelt Fujians. In den Metropolen wiederum scheinen Wolkenkratzer so schnell aus dem Boden zu schießen wie Tropenkraut.

Sehr lebendig sind auch die volksreligiösen Bräuche: Selbst Hongkonger Banken werden nach Feng-Shui-Regeln erbaut, und die hiesigen Tempel sind ausgesprochen stimmungsvoll.

Da Hongkong von vielen Reisenden als erstes Ziel angesteuert wird, steht die Region um das Perlflussdelta in diesem Kapitel an erster Stelle. Von dort aus kann man sich nach Osten wenden und die Provinz Fujian mit ihrer üppigen Bergschönheit Wuyi Shan besuchen, dann nach Westen, in die berühmte Karstlandschaft rund um Guilin. Den Abschluss bildet die Tropeninsel Hainan. Sie war bis in die 1930er-Jahre völlig abgeschieden. Die Insel bietet herrliche Strände und Berglandschaften.

ZUR ORIENTIERUNG

Von Hongkong aus nach Osten, Westen und Süden geordnete Unterregionen:

Hotels und Restaurants sind nach Preisklassen geordnet, von •••• bis •.
Die dem Punktesystem entsprechenden Preisspannen finden Sie im Inhaltsverzeichnis auf Seite 5.

AM PERLFLUSSDELTA

In der dicht besiedelten Region ➤ [L 10] liegen einzigartige Städte eng beieinander: Vom Festland kommend verströmt das pulsierende Hongkong noch immer den Duft von Freiheit; in Macao klingt ein Hauch portugiesischer Wehmut nach. Jenseits der Grenze wachsen Städte so schnell, dass die Baugeschwindigkeit der bürokratischen Eingliederung voraus ist und einzelne Stadtteile, obwohl längst himmelhoch, noch Dorfstatus haben. Arbeitsmigranten drängen in die Region; Zelt-Siedlungen liegen gleich unter dem modernen Super-Highway zwischen Guangzhou und Shenzhen. Hier ist China nicht idyllisch, aber spannend!

ZUR ORIENTIERUNG

Die Orte dieser Region sind alphabetisch geordnet. Alle haben einen Flughafen mit guten Verbindungen innerhalb Chinas.

GUANGZHOU (KANTON) 广州

3,5/10 Mio. Einwohner (Stadt/Verwaltungsgebiet), 5 m ü.d.M. ➤ [L 10]

Seit den Achtziger-Jahren hat Guangzhou (auch: Kanton) sich ähnlich radikal neu erfunden wie Shanghai. Wolkenkratzer, Neonreklamen und endlose Geschäftigkeit prägen das Stadtbild. Doch die Hauptstadt der Provinz Guangdong hat mehr zu bieten als Wirtschaftswunderatmosphäre. Vor allem am Perlfluss gibt es ruhige Winkel, authentische Restaurants und wunderschöne Blicke über das Hochhausmeer. Eine Promenade führt am Nordufer entlang; westlich davon liegt Shamian Island mit europäischen Handelshäusern und Agenturen aus dem 18. Jh. Ausgerechnet die gut erhaltene Gründerzeit-Insel zählt heute zu den ältesten Vierteln Guangzhous. Unmittelbar im Norden von Shamian liegt der Qingping-Markt, auf dem Katzen, Schlangen und Käuzchen eines jähen Endes für den Kochtopf harren. Doch keine Angst: Niemand wird versuchen, Ihnen heimlich ein Waschbärenragout anzudrehen. Kantons Küche gilt zu Recht als die anspruchsvollste in China und gehört zu den größten Attraktionen der Stadt. Vor allem die Meeresfrüchte sollten Sie sich auf keinen Fall entgehen lassen.

Hotels

White Swan Hotel (Bai Tian'e Binguan) 白天鹅宾馆

Mit Wasserfall in begrünter Lobby, Streichquartett zum Frühstück und wunderbarer Lage am Fluss zählt das alteingesessene Luxushaus weiterhin zu den Besten der Gegend.

Insel Shamian, 1 Shamian Nanjie, Guangzhou; Tel. 020/81 88 69 68, Fax 81 86 11 88; www.whiteswanhotel.com; 843 Zi. ●●●●

AmEx VISA MASTER DINERS

Ausflüge

Feilai und Feixia 飞来和飞霞

Die abgeschiedenen Tempel Feilai und Feixia liegen malerisch an einem Flusstal inmitten von Kiefernwäldern. Mit einem Boot fährt man vorbei an Bergdörfern und alten Pagoden. Vom buddhistischen Tempel Feilai, der vor etwa 1400 Jahren gegründet wurde, führt ein Waldpfad zum Berg-Pavillon mit wunderbarer

Aussicht. Der zweite Tempel, Feixia, ist taoistisch und deutlich jüngeren Datums.

➤ [L 10] **70 km nordwestl. von Guangzhou, bei Qingyuan, per Bus ca. 1,5 Std.; Fähre: Abfahrt vom Beijiang River Dock morgens ab 8 Uhr; Dauer mind. 4 Std.; Ticket 50 Y. Übernachtung in Qingyuan im Overseas Chinese Hotel (39 Xianfeng Road; Tel. 07 63/ 333 71 18 • ✉)**

Foshan 佛山

Der berühmte »Zu Miao«, der Ahn aller Tempel aus dem 11. Jh., zählt zu den eindruckvollsten Heiligtümern Südchinas. Mit seinen prunkvollen Hallen, reich geschmückten Dachfirsten und Gold überzogenen Schnitzereien ist er ein Beispiel der hiesigen Architektur. Gewidmet ist er dem legendären Kaiser des Furcht erregenden Nordens Zhenwu, dessen Bronzestatue in der Haupthalle steht. Weitere Sehenswürdigkeiten der alten Keramik-Stadt Foshan kann man gut während eines Spaziergangs besichtigen.

20 km südwestl. von Guangzhou, 45 Min. per Bus. Miao-Tempel: 21 Zumiao Lu, Foshan; tgl. 8.30–18.30 Uhr; Eintritt 20 Y. Renshou Tempel: 9 Zumiao Lu, Foshan; tgl. 8–17 Uhr; Eintritt frei

Hügel der Weißen Wolke (Baiyunshan) 白云山

Eine Seilbahn führt auf die 400 Meter hohe Hügelkette. Auf halber Höhe liegt das buddhistische Kloster Nengren.

8 km nördl. von Guangzhou; per Taxi

Kaiping 开平

Wie architektonische Ufos ragen die »diaolous« aus der Landschaft: Es sind merkwürdige Türme im europäischen Stilmix zwischen Rokoko und Römisch, die von zurückgekehrten Übersee-Chinesen im 19. und 20. Jh. gebaut wurden. Etwa 3000 dieser Bollwerke gab es ursprünglich, heute stehen noch gut 1800, meist verlassen, in den Reisfeldern. Von Kaiping aus besucht man die Türme in Zili Cun oder Li Yuan.

➤ [L 10] **140 km südwestl. von Guangzhou (Tagestour), ca. 2 Std. Busfahrt nach Kaiping, dann per Taxi (200 Y/halbtags, 400 Y/Tag); Eintritt: 40 Y**

Sehenswertes

Yuexiu-Park 越秀公园

Der schönste Park der Stadt. In seinem Zentrum finden Sie einen Wachturm aus dem 14. Jh. Westlich des Parks befindet sich das 1983 zufällig entdeckte Grab des Kaisers Wen Di, der von 137 bis 122 v. Chr. regierte. Vom Sun-Yat-sen-Monument im Süden des Parks haben Sie einen vortrefflichen Blick über die Stadt.

Yuexiu Gongyuan; Grab: Xihan Nanyue Wangmu; Jiefang Bei Lu; U-Bahn: Yuexiu Park; tgl. 9.30–17 Uhr

Museen

Guangdong Museum of Art (Guangdong Meishuguan) 广东美术馆

Die Ausstellungen chinesischer Gegenwartskunst gehören zum Besten, was Museen in China zu bieten haben. Nicht verwechseln mit dem Guangzhou Museum of Art am anderen Ende der Stadt.

38 Yanyu Road, Er-sha Island, Guangzhou; Tel. 0 20/87 35 14 68; www.gdmoa.org/en_zhanting; Di–So 9–17 Uhr; Eintritt 15 Y

Essen und Trinken

Dongjiang Seafood Restaurant
东江海鲜酒家

Fisch und Meeresfrüchte gehören zu den Spezialitäten des Kantons – hier sind sie vorzüglich. Probieren Sie die gefüllten Krebse.

9 Guangzhou Dadao, Haizhu Bezirk, Guangzhou; Tel. 020/84 29 75 10 ••

Xi Guan Shi Jia 西关世家

Traditionelles Gartenrestaurant am Liwan-See mit botanischem Garten.

155 Longjin Xi Lu, Guangzhou; Tel. 020/81 95 16 88 ••

Am Abend

Bootsfahrten auf dem Perlfluss

Guangzhou von seiner besten Seite: Der Blick auf die Stadt im nächtlichen Glitzerkleid ist ein Renner bei chinesischen Touristen.

Guangzhou Passenger Ship Company, Tel. 020/8333 0397; Tickets sind am Tianzi-Pier 天字码头 am Nordufer zwischen Haizhu und Jiangwan-Brücke zu haben; 48–78 Y

Info

Allgemeines

Nützliche Informationen geben die Stadtmagazine That's PRD und Life of Guangzhou (www.thatsprd.com und www.lifeofguangzhou.com).

Touristeninformation

CITS, Tel. 020/86 66 68 89, Bahn- und Bustickets sowie Touren. 4 Metrolinien

Fröhlicher Ladenbesitzer in Hongkong: Handel ist das Lebenselixier der Metropole am Perlfluss, heute wie vor 150 Jahren.

HONGKONG 香港

7 Mio. Einwohner, 0–958 m ü.d.M. (Tai Mo Shan) ➤ [L 10]

Vor kaum mehr als 150 Jahren noch eine Ansammlung von Fischerdörfern und Schmugglerstützpunkten hat Hongkong sich rasch zur wichtigsten Schnittstelle zwischen China und dem Rest der Welt entwickelt. Mehr als 90 Prozent der rund sieben Millionen Bürger sind Chinesen, doch die indische, südostasiatische und vor allem die westliche Gemeinde tragen entscheidend zum internationalen Klima der Metropole bei. Zwar tauschte Hongkong 1997 den Union Jack gegen die Rote Fahne, doch auch nach der Eingliederung in die Volksrepublik ist die Stadt nicht nur reich, sondern auch liberal – ein Unikum im gesamten Land. Die ehemalige britische Kolonie bleibt Chinas wahre Kosmopolis.

Im Innenstadtbezirk Central etwa pflegen chinesische Großmütter ihre Ahnentempel, während sich Banker in der Yuppie-Bar beim Feierabend-Caipirinha erholen. Gut möglich, dass in der Hollywood Road ein paar Falun-Gong-Plakate kleben – im übrigen China gilt die Sekte als Staatsfeind Nummer eins – und man sich vor dem jüdischen Gemeindezentrum an einer Gruppe tibetischer Mönche vorbeischlängeln muss.

Faszinierend ist auch die Lage der Stadt in einer zerklüfteten, subtropischen Insellandschaft. 256 Inseln zählen zu ihrem Stadtgebiet; das Stadtzentrum verteilt sich auf den Norden von Hong Kong Island sowie den Süden der Halbinsel Kowloon. Beide werden von einer schmalen Bucht, dem Victoria Harbour, getrennt. Berühmt ist die Überfahrt mit der charmant-altmodischen Star-Ferry.

Hektisch, laut und selbst für Hongkonger Verhältnisse überbevölkert, ist die Südspitze Kowloons ein Großstadtdschungel par excellence. Das Viertel bietet ein wahres Feuerwerk von exotischen Restaurants und Geschäften jeder nur erdenklichen Couleur.

Die Hongkonger Metro oder MTR (kurz für Mass Transit Rail) ist das beste und preiswerteste Verkehrsmittel der Stadt. Die Star-Ferry ist von der MTR-Station Hong Kong zugänglich.

Hotels

Peninsula Hong Kong 香港半岛酒店

Die »große alte Dame« aus britischen Zeiten mit hauseigenem Helikopter-Landeplatz und Rolls-Royce-Flotte. Der Ausblick über den Hafen ist grandios; der »High Tea«, eine Tradition aus kolonialen Zeiten, ist eine Pflichtveranstaltung für die reichen Damen der Gesellschaft.

Salisbury Road, Kowloon, Hong Kong; Tel. 08 52/29 20 28 88; http://hongkong.peninsula.com; 300 Zi., 64 Suiten ●●●● CREDIT

Spaziergang

Central

Mitten durch den Stadtteil Central führen die Escalators, die längste Rolltreppe der Welt, den steilen Hang von der Queen's Road hinauf bis zur Bonham Road. Von der Freiluftrolltreppe aus überblickt man eine Reihe von quirligen chinesischen Märkten in der Peel, Gage und Graham Street. Etwas weiter den Hang hinauf liegt die Hollywood Road, die in westlicher Richtung zum Man Mo Tempel führt, einem der ältesten und beliebtesten der Stadt. Kurz davor liegt auf der linken Straßenseite das elegante Café »Press Room«. Rechts führen steile Treppengassen den Hang herab. Auch hier findet sich manches gute Café, etwa in der Meelun Street.

Ausflug

Sai Kung 西贡

Zu Hongkong gehören auch eine ganze Reihe Bauerndörfer und Fischerstädtchen. Eins der schönsten ist Sai Kung. Neben Strand, Yachthafen und Freiluftrestaurants bietet der Ort auch Zugang zu den Naturschutzgebieten Sai Kung Country Park Ost und West. Trotz ihrer ausgesprochenen Nähe zur Stadt sind weite Teile der Naturschutzgebiete tatsächlich echte Wildnis, es ist also unbedingt ratsam, nicht von den Wanderwegen abzuweichen.

MTR-Station Choi Hung, dann vom Ausgang F weiter mit dem Minibus 92 bis Endstation; 20 km von der MTR entfernt

Sehenswertes

The Peak

Von der Garden Road gleich westlich vom Hong Kong Park rattert die Peak Tram den steilen Hang zum 396 Meter hohen Victoria Peak hinauf. Aussicht!

➤ [Y Y] **Bahnbetrieb täglich alle 10 bis 15 Minuten von 7–0 Uhr; 30 HK$**

Museen

Hong Kong Museum of Art

Gute Sammlung traditioneller chinesischer Malerei, Skulptur und Keramik. Be-

herbergt hin und wieder sensationelle Ausstellungen seltener Kunstschätze vom Festland, die außerhalb Chinas so gut wie nie zu sehen sind.

10 Salisbury Road, Tsim Sha Tsui, Hongkong; Tel. 08 52/27 21 01 16; ww.lcsd.gov.hk/CE/Museum/Arts/english/intro/eintro.html; Fr–Mi 10–18, Sa bis 20 Uhr; Eintritt 10 HK$

Essen und Trinken

Dynastie

Vom höchstgelegenen chinesischen Restaurant in Hongkong haben Sie einen fantastischen Blick über den Victoria Harbour. Dankenswerter Weise verlässt sich das Dynastie nicht allein auf das Panorama, sondern vor allem auf seinen trefflichen kantonesischen Küchenchef.

Renaissance Harbour View Hotel, 3. Stock, 1 Harbour Road, Wan Chai, Hongkong; Tel. 2802-8888-6971; tgl. 11.30–14.30,16.30–23.00 Uhr ••• AmEx DINERS MASTER VISA

Yung Kee 镛记

Hier serviert man traditionelle kantonesische Küche vom Feinsten. Als Premierminister Hu Jintao im Sommer 2007 in Hongkong abstieg, bereitete das Yung Kee sein Bankett.

32–40 Wellington Street, Central, Hongkong; Tel. 08 52/25 22 16 24; www.yungkee.com.hk; tgl. 11.00–23.30, Dim Sum Mo–Sa 14–17.30 Uhr ••• CREDIT

Einkaufen

Causeway Bay

Statt der ansonsten vorherrschenden Shopping Malls bietet das junge Viertel rund um den Times Square eine quirlige Mischung aus kleinen Geschäften, Restaurants, Cafés und Kinos, die bis spät in die Nacht geöffnet sind.

MTR-Station Causeway Bay, Ausgang Times Square

Am Abend

Fringe Club

Eine der besten Kneipen der Stadt; beherbergt auch ein Café mit Dachterrasse,

Eines der schönsten Dörfer der Gegend ist Sai Kung. Händler verkaufen hier Meeresfrüchte direkt vom Boot aus.

eine Off-Bühne und eine Reihe von kleinen Ausstellungsräumen für Design, Kunstgewerbe und Fotografie.

2 Lower Albert Rd., Hong Kong; www.hkfringeclub.com

Info

Allgemeines

Nützliche Informationen finden Sie unter www.discoverhongkong.com und im »HK Magazine«, das in Cafés ausliegt. Achtung! Für die Wiedereinreise nach China ist ein Visum erforderlich (→ S. 360)!

MACAO 澳门

480 000 Einwohner, 0–174 m ü.d.M.

➤ [L 10]

Ihr kantonesischer Name »Ou Mun« bedeutet Tor zur Bucht. Auch ein Tor zwischen Europa und China war diese Halbinsel, die Portugal Ende des 16. Jh. zum ersten europäischen Stützpunkt in China machte. 442 Jahre regierten Portugiesen Macao, bis sie 1999 recht sang- und klanglos das Feld räumten.

Die verbliebenen Kolonialbauten mit ihren warmen Farbtönen prägen das Bild der Stadt; Vinho Verde und portugiesisches Gebäck sind in der makkanesischen Küche heimisch geworden.

Hier finden sich überladene chinesische Tempel, rot geschmückt und voller Räucherstäbchen, gleich neben barocken Kirchen. Mit der Bekehrung zum Christentum allerdings hat es im konfuzianischen China nicht wirklich geklappt; und so ragt die Ruine der Kathedrale Sao Paolo, das Wahrzeichen der Stadt, einem verlassenen Grabstein gleich zwischen den Häusern auf.

Die Zukunft der Stadt liegt in dem, was angeblich jedem Chinesen in den Knochen steckt: dem Glücksspiel. Und da dies auf dem Festland illegal ist, eilen Heerscharen neureicher Unternehmer oder Bankdirektoren mit Koffern voller Geld in die glamourösen Kasinos. 26 sind es, mit über 3000 Spieltischen und fast 8000 klimpernden Automaten. Längst haben die Glücksspiel-Einnahmen jene von Las Vegas übertroffen. Prunkvollstes Haus ist derzeit das »Macao Venetian« mit 3000 Hotelzimmern, Gondelfahrt mit kantonesisch singenden Venezianern, rotsamtenen Hostessen, singenden Russinnen in Federboas und einem walnussgroßen Diamanten im Foyer. Also: Hinein ins Vergnügen!

Hotels

Pousada de Sao Tiago

An der Südspitze der Halbinsel von Macao ragt ein altes Fort über dem Meer auf, heute ein romantisches Luxushotel. Auch wer nur zum Drink auf die Terrasse kommt, kann den wunderbaren Blick über den Hafen genießen.

Avenida da República, Fortaleza de Sao Tiago da Barra, Macao; Tel. 08 53/28 37 81 11, Fax 28 55 21 70; www.saotiago.com.mo; 12 Suiten •••• CREDIT

Pousada de Mong Ha

Eine Herberge im traditionell portugiesischen Stil, auf dem Mong-Ha-Hügel im Norden der Stadt.

Colina de Mong Ha, Macao; Tel. 08 53/28 51 52 22, Fax 28 55 69 25; www.ift.edu.mo/pousada/eng; 20 Zi. ••• AmEx MASTER VISA

Ausflüge

Coloane

Im verschlafenen Fischerdorf am südwestlichen Zipfel der gleichnamigen Insel finden sich rund um das Kirchlein Sao Fransisco Xavier hübsche Cafés. Der taoistische Tempel Tam Kong ist dem Seefahrergott gewidmet. Die Umgebung lockt mit Wanderwegen und Stränden.

Sehenswertes

Stadtspaziergang

Beginnen Sie einen Stadtspaziergang am zentralen Lago do Senado, einem hübschen Platz umgeben von historischen Bauten, darunter das alte Rathaus »Leal Senado« mit Kunstgalerie und alter Bibliothek. Östlich von hier finden Sie charmante Gassen und viele Cafés. Nördlich des Platzes liegt die Barockkirche Sao Domingos. Den Hang hinauf geht es zu den Ruinen von Sao Paulo, mit kleinem feinem Museum für christliche Kunst mit asiatischem Einschlag. Östlich der Kirche beherbergt die Fortaleza do Monte das exzellente Macau Museum, in dem die Stadtgeschichte sehr lebendig aufbereitet ist. Ein kurzer Spaziergang führt in westlicher Richtung zur Camoes-Grotte, dem Casa-Garten und einem alten protestantischen Friedhof, auf dem so mancher Agent der East India Company seine letzte Ruhe fand.

Essen und Trinken

Clube Militar de Macau

Vorzügliche makkanesische Küche in elegantem Kolonialambiente.

795 Avenida da Praia Grande, Macao; Tel. 08 53/71 40 00; http://home.macau.ctm.net/~cmm/; tgl.12–15, 19–21 Uhr ••• CREDIT

Fernando's

Eines der beliebtesten Restaurants Macaus. Am Wochenende strömen Scharen von Makkanesen hierher, um in entspannter Atmosphäre Spanferkel, Portwein und Vinho Verde zu genießen

Praia Hac Sa 9, Coloane; Tel. 08 53/28 88 25 31; 12–21.30 Uhr •••

Info

Touristeninformation

Beim Macao Government Tourist Office bekommen Sie Stadtpläne und Karten.

Lago do Senado, Macao

FUJIAN 福建

Die grüne Küstenregion ➤ [M 8/9] ist durch Gebirge vom restlichen Land abgeschieden und hat sich daher schon früh zum Meer hin orientiert. Seit Jahrhunderten ist sie Sprungbrett zur Auswanderung; auch die Nationalisten setzten von hier aufs gegenüberliegende Taiwan über. Heute profitiert Fujian von den Überseechinesen, die in ihre »alte Heimat« investieren. In der florierenden Küstenstadt Xiamen wird dies besonders deutlich. Aber auch alte Sitten und Bräu-

ZUR ORIENTIERUNG

Die Orte dieser Region sind alphabetisch geordnet. Die Städte Quanzhou und Xiamen liegen an der Küste, die Berggegend Wuyishan im Landesinneren.

che haben sich in der abgelegenen Region gehalten. Quanzhou, einst bedeutende Hafenstadt, beherbergt neben Zeugen ihrer kosmopolitischen Glanzzeit viele kleine Tempel, in denen lebendige Volksreligion praktiziert wird. Dieser Mix aus Altem und Neuem, dazu wunderbare, üppige Landschaften und ein mildes Klima machen Fujian zu einer herrlichen Reiseregion.

QUANZHOU 泉州

185 000 Einwohner, 200 m ü.d.M. ➤ [M 9]

Einst war sie weltberühmt: Vom 11. bis zum 14. Jh. zählte sie neben Alexandria zur größten Hafenstadt der Welt. Arabische, persische und europäische Händler schifften ihre Waren von hier über die »maritime Seidenstraße«. Ihr arabischer Name »Zaytan« spiegelt sich noch heute im Wort Satin wider. Nach dem Seeverbot der Ming stagnierte der Handel, vom Hafen blieb keine Spur. Touristisch eher ein Geheimtipp, wirkt Quanzhou zunächst wie eine unspektakuläre, moderne Stadt. Doch auf den zweiten Blick lassen sich Schätze entdecken: Ungewöhnliche Relikte zeugen von den Glanzzeiten der Vergangenheit. Die Gegenwart besticht mit einem faszinierenden Mix aus fröhlich-hippem Modebewusstsein und täglich praktiziertem Brauchtum. Wie in vielleicht keiner anderen chinesischen Stadt kann man hier Volksreligiosität beobachten. In vielen Seitengassen versteckt sich ein kleiner Tempel, wo Großmütterchen opfern und beten, während auf der Haupteinkaufsstraße die schrillsten Frisuren zur Schau getragen werden.

Hotels

Quanzhou Hotel 泉州酒店

Von außen wirkt es wie ein kitschiges, riesiges Schloss, die Zimmer aber sind elegant. Manche bieten Blick auf die Pagoden des Kaiyuan-Klosters.

22 Zhuang Fu Xiang, Quanzhou; Tel. 05 95/22 28 99 58, Fax 22 18 21 28; www.quanzhouhotel.com; 377 Zi. ••• CREDIT

Sehenswertes

Guandi-Tempel (Guandi Miao) 关帝庙

Dieser immer gut besuchte Tempel ist dem Kriegsgott und Schutzpatron Guan Yu gewidmet und ein gutes Beispiel gelebter Religiosität. Schon vor dem Tor hocken Wahrsager, drinnen drängen sich Betende mit Räucherstäbchen. Im düsteren Saal thront der rotgesichtige Guan Yu hinter Rauschschwaden und Opfergaben.

Östl. der Moschee, Tumen Jie, Quanzhou; Eintritt frei

Kaiyuan Si 开元寺

Der buddhistische Tempel, wohl der sehenswerteste der ganzen Provinz, wurde im 8. Jh. gegründet und im 13. Jh. auf beachtliche 7 ha ausgebaut. Wahrzeichen der Stadt sind die prächtigen Steinpagoden (44 bzw. 48 m hoch, aus dem 13. Jh.), deren acht Seiten mit Buddhareliefs verziert sind. In der imposanten Mahavira-Halle sind besonders die fliegenden »Asparas«, Himmelstänzer, bemerkenswert; ein selteneres Motiv. Ebenfalls ungewöhnlich sind die hinduistischen Bildwerke auf Granitsäulen der rückwärtigen Galerie. Sie sind Überreste eines verfallenen Tempels der hier leben-

Lebendige Religion ist typisch für Quanzhou: In vielen kleinen Tempeln und Schreinen wird täglich ein Opfer dargebracht.

den Inder. Eindrucksvoll ist der aufwendige Figurenschmuck der folgenden Ordinationsterrasse. In einem Seitenbau befindet sich der hölzerne Rumpf eines 2000-Tonnen-Schiffs aus dem 12. Jh. Südlich des Tempels folgt man engen Gassen zurück zum Quanzhou Hotel.

Im Nordwesten der Stadt, 176 Xi Jie, Quanzhou; tgl. 6–18 Uhr; Eintritt 10 Y

Muslimisches Quanzhou

Schon im frühen 7. Jh. kamen die ersten Muslime nach Quanzhou, um die Lehre Mohammeds zu verbreiten. Davon zeugen die Gräber zweier Schüler des Propheten auf dem muslimischen Friedhof im Osten der Stadt (Yisilanjiao Shenmu). Neue Gräber zeigen, dass es auch heute eine aktive Gemeinde gibt. Die Ruine der Moschee im Zentrum der Stadt, die 1009 von islamischen Kaufleuten erbaut wurde, ist eines der ältesten islamischen Bauwerke Chinas. Anders als andere Moscheen ist sie nicht im chinesischen, sondern arabischen Stil gehalten. In ihr befindet sich eine kleine Ausstellung.

Qingjing Moschee (Qingjing Si 清净寺): 113 Tumen Jie, Quanzhou; tgl. 8–18 Uhr; Eintritt 2 Y

Statue des Zheng He

Riesig und gewaltig prunkt das neu errichtete Reiterbild des Seefahrers Zheng He über der Stadt. Vom beliebten Ausflugspunkt hat man einen tollen Blick.

Auf dem Hügel Da Yang Shan

Tumen Jie 涂门街

An dieser Straße befinden sich gleich mehrere Sehenswürdigkeiten. Südlich der der Kreuzung zur Zhongshan Lu führt ein Schmucktor auf einen Platz, an dessen gegenüberliegendem Ende der Konfuziustempel und andere jüngst renovierte Bauwerke stehen. Folgt man der

Straße nach Osten, gelangt man zur Moschee, hinter der sich eine Souvenirstraße mit einem hübschen Teehaus (Gucuo Chadian 古厝茶店) befindet. Kurz darauf folgt der Guandi-Tempel.

Museen

Seeverkehrsmuseum (Haiwai Jiaotong Shi Bowuguan) 海外交通史博物馆

Hunderte Modelle erläutern die maritime Handelsgeschichte und die Entwicklung des chinesischen Schiffbaus; von kleinen Dschunken bis hin zu den mächtigen Schatzschiffen des Zheng He. Grabtafeln mit arabischen, syrischen und lateinischen Inschriften sowie manichäistischen und hinduistischen Motiven zeugen von einstiger kultureller Vielfalt.

Im Nordosten der Stadt, Donghu Lu, Quanzhou; Di–So 8.30–17.30 Uhr; Eintritt 10 Y

Am Abend

Wenmiao Fuziquan Chaguan

文庙夫子泉茶馆

Der ruhige Innenhof mit Teehaus liegt gleich neben dem Konfuziustempel. Die allabendlichen Vorführungen von Teezeremonie und Marionettenspiel vergnügen auch viele Einheimische.

Vorführungen 19.30 Uhr

Info

Allgemeines

www.fjqz.gov.cn (English)

WUYI SHAN 武夷山

420–718 m ü.d.M. ➤ [M 8]

Die üppig grüne Bergwelt im Norden Fujians, mit Flüssen, Wasserfällen und einzelnen merkwürdig geformten Gipfeln zählt zu den reizvollsten Gegenden Südostchinas. Wanderwege und Flussfahrten führen durch das artenreiche Naturschutzgebiet, das sich westlich des Chongyang-Flusses auf 60 Quadratkilometer erstreckt. Es lohnt sich, mehrere Tage einzuplanen. Trotz der Abgeschiedenheit kommen im Sommer viele Touristen, für die inzwischen auch Raftingtouren u. Ä. angeboten werden. Berühmt sind die halbfermentierten Tees der Gegend.

Hotels

Die meisten Hotels und Restaurants befinden sich im neuen Touristen-Ort (Dujia Qu) östlich des Chongyang-Flusses, aber schöner und ruhiger wohnt man direkt am Park, auf der westlichen Seite:

Wuyi Mountain Villa (Wuyi Shanzhuang) 武夷山庄
Eingebettet in einen hübschen Garten mit Wandelgängen und Seen, in schöner Lage an der Allee zum Wuyi-Palast. Leider lässt der Service zu wünschen übrig.
Westseite; Tel 05 99/525 18 88, Fax 525 25 67; 220 Zi. ••• CREDIT

Sehenswertes

Die verschiedenen Ziele bzw. Eingänge zum Park erreicht man per Taxi. Sammelticket für 100 Y plus 10 Y für jeden weiteren geplanten Tag.

Flussfahrt

Die vergnügliche Fahrt führt in einer guten Stunde den »Fluss der Neun Windungen« (Jiuqu Xi) hinab. Während Gipfel und Felsen vorbeiziehen, sitzt man gemütlich in seinem Rattansessel auf dem schmalen Floß. Die Flößer erläutern Sehenswürdigkeiten wie den »Jademädchengipfel« (Yunnü, zweite Windung) oder das »Sydney Opernhaus«. In der vierten Windung erkennt man hoch oben in der Klippe Bestattungshöhlen, die fast 4000 Jahre alt sein sollen.
Letzte Fahrt um 16 Uhr; 100 Y

Himmelfahrtgipfel (Tianyou Feng) 天游峰

Die Aussicht auf Fluss und Gipfel ist bei dieser Wanderung besonders schön; dafür ist der Pfad am Wochenende überlaufen. Oben bietet ein Teehaus Rast, am schönsten aber sitzt man unten am Fluss hinter dem Berg im dortigen Teehaus, das auch ohne vorige Bergbesteigung erreichbar ist.

Himmelsspalt (Yixiantian) 线天

Ein messerscharfer, schnurgerader Spalt öffnet sich gerade so weit, um etwas Himmel und eine schlanke Person durchzulassen; der Weg durch den 50 Meter hohen Fels ist beeindruckend.

Wuyi Gong 武夷宫 und Großer Königsgipfel

Haupteingang zum Park ist am »Wuyi Palast«, einem daoistischen Tempel nah dem Zusammenfluss von Jiuqu Xi und Chongyang. Von dort führt ein Weg in ca. 2 Std. auf den 530 m hohen »Großen Königsgipfel« (Dawang Feng 大王峰).

Rafting auf die ruhige Art: Auf Bambusflößen kann man den »Fluss der Neun Windungen« im Wuyi Shan Park befahren.

Essen und Trinken

Zu den lokalen Spezialitäten gehören Frösche, Bambussprossen und Pilze. Am östlichen Flussufer sitzt man abends in entspannten Freiluftlokalen.

Info

An- und Weiterreise

Bahnhof und Flughafen sind ca. 10 km vom Touristenort entfernt.

Touristeninformation

CITS, Tel. 05 99/525 03 80; Mo–Sa 9–16 Uhr

XIAMEN 厦门

600 000 Einwohner, Meereshöhe ➤ [M 9]

Glitzernde Neubauten und alter Kolonialcharme prägen die angenehme Küstenstadt, die man in einem Spaziergang erkunden kann: vom Nanputuo-Tempel über die weitläufigen Anlagen der Universität bis zum Strand. Besonders schön ist die kleine Insel Gulang Yu mit ihren europäischen Kolonialbauten. Das damalige »Amoy« wurde im 19. Jh. ein früher Vertragshafen. Direkt gegenüber liegt Taiwan; bei klarem Wetter ist die zu Taiwan gehörende Insel Jinmen mit bloßem Auge zu erkennen. An die abtrünnige Provinz gerichtete Parolen prangen in riesigen Zeichen an der Küstenstraße.

Hotels

Millennium Harbourview Xiamen
海景皇冠假日酒店

Die meisten Luxushotels befinden sich im Business-District im östlichen Stadtteil. Das 22-stöckige Harbourview fasziniert aber durch Meerblick und seine Nähe zum Hafen.

12–8 Zhen Hai Lu, Xiamen; Tel. 05 92/202 33 33, Fax 203 66 66; 349 Zi. ●●●–●●●●
MASTER VISA AmEx

Night Lily Hotel (Xiamen Baihe Binguan) 厦门夜百合宾馆

Am schönsten wohnt man in einem der Kolonialhäuser auf der Insel Gulang Yu. Alte Zeiten klingen im winzigen

Bed&Breakfast nach, mit antiker Einrichtung und Meerblick vom Balkon.
11 Bishan Lu, GulangYu, Xiamen; Tel. 206 09 20; 5 Zi. •• ▭

Sehenswertes

Denkmal Koxinga 国姓爷纪念碑

Xiamen entwickelte sich schon zur Ming-Dynastie zur wichtigen Hafenmetropole und diente nach der Machtübernahme der Mandschuren im 17. Jh. als Rückzugspunkt der alten Herrscher. Der Rebell Koxinga (auch Zheng Chenggong) kämpfte mit seiner Flotte gegen die neuen Qing-Herrscher, vertrieb darüber hinaus die Holländer aus Taiwan und errichtete dort als Ming-Loyaler ein kurzlebiges Königreich. Daher wird er – obwohl Rebell gegen die damaligen Beijinger Herrscher – als Patriot gefeiert und steht für die Ambition, Taiwan »zurück ins Reich« zu holen.

Spaziergang mit kontrastreicher Aussicht: Von den Höhen der romantischen Insel Gulang Yu sieht man das moderne Xiamen.

Koxinga-Memorial Hall (Zheng Chenggong Jinianguan), auf der Insel Gulangyu, östl. des Sonnengipfels; tgl. 8–11, 14–17 Uhr

Insel Gulang Yu 鼓浪屿

Die kleine Insel wirkt fast mediterran: Mit seinen gewundenen Kopfsteinpflastergassen, eleganten Villen in alten Gärten, an jeder Ecke tönt ein Klavier – Gulangyu soll die höchste Pianodichte Chinas haben. 1844 baute der britische Konsul hier das erste Haus, nachdem das damalige »Amoy« zum Vertragshafen geworden war. Spazieren Sie durch die Gassen zum höchsten Punkt der Insel, dem »Sonnenscheinfelsen« mit Panoramablick. Am Fuße des Berges befindet sich neben dem Koxinga-Denkmal eine große Vogelvoliere, weiter südlich können Sie im Shuzhuang-Garten mit Bonsais und Pavillons entspannen oder das Klaviermuseum besichtigen. In der Nähe des Fähranlegers befinden sich Restaurants und Souvenirläden, außerdem das Aquarium »Xiamen Undersea World«.
Per Fähre in ca. 10 Min. ab Fährterminal vor dem Lujiang Hotel 鹭江宾馆

Tempelkloster Nanputuo Si 南普陀寺

Das lebendige Kloster liegt unterhalb des Gipfels Wulao Feng. In der Tang-Zeit gegründet, stammen die meisten Gebäude jedoch aus dem frühen 20. Jh. Sie sind ein Beispiel für den regionalen Stil, mit geschwungenen Dachfirsten und reichen Verzierungen. Die Teiche vor der Anlage beruhen auf Feng-Shui-Überlegungen, die in Fujian eine große Rolle spielen. In der Haupthalle befinden sich die

Weiter auf S. 280

TEE UND TEEHÄUSER

Der »Schaum flüssiger Jade« ist Chinas edelstes Getränk. Sein Genuss ist ein Ritual, ein Nachmittag im Teegarten ein Erlebnis.

Die grünen Felder sind mit unzähligen spitzen, hellen Hüten übersät, unter denen fröhlich schnatternde Frauen stecken. Reihe für Reihe ernten sie die jungen Blätter, laden abends die Körbe voller Tee auf bereitstehende Laster. Ganze Dörfer reisen für die Erntewochen in die Anbaugebiete im feuchten, warmen Süden Chinas.

Die Frauen pflücken sich tagsüber die Finger schwarz, während die Männer rund um die Uhr die frischen Blätter trocknen, wenden, lüften und auch backen. Die Ernte ist außerordentlich arbeitsintensiv, nur zwei Blätter der Spitze und die Blattknospen werden gepflückt.

Viel Arbeit für eine gute Tasse: Auf der Plantage von Li Shoutang im Dorf Tuguanya werden die grünen Blätter handverlesen.

Tee wird in China vor allem unfermentiert als grüner Tee getrunken (»lücha«). Als eine der besten Sorten gilt der Oolong-Tee (»wulong cha«), der als halbfermentierter Tee zwischen grün und schwarz liegt. Weißer Tee (»bai cha«) wird aus den ersten Frühlingsspitzen des Teestrauches gemacht und ist besonders mild.

AROMATISCHE NUANCEN

Liebhaber geben kleine Vermögen für edle Sorten aus. Schwärmerisch beschreiben sie Sorten, die »wie ein Feuerwerk« in Nase und Mund explodieren, mit intensivem, aromatischem Geschmack, etwa »Yunnan Pu Er« oder »Tie Guanyin«. Man trinkt ihn mit Freunden, in geselliger Runde. In aller Stille dagegen genießt man den sanften, sich

Ein Tee von höchster Qualität: »flowery orange pekoe« - mit »pekoe« sind die zarten Blattspitzen benannt.

langsam entfaltenden und nachklingenden Tee, mit einem puren, reichen Duft wie etwa der »Lung Jing«; das führe zu sanfter Glückseligkeit. Anfänger werden Schwierigkeiten haben, die Nuancen zu unterscheiden. Umso interessanter ist es daher, die verschiedenen Sorten an ihrem Ursprungsort zu verkosten. Berühmte Anbaugebiete gibt es um Hangzhou und in den Provinzen Fujian und Yunnan.

In Probierstuben führen dort zarte Teedamen in die aufwendigen Rituale des Schmeckens ein: Der Tee wird mehrfach aus winzigen Teekännchen in noch winzigere Schälchen gegossen, wieder ausgekippt, das Aroma der leeren Schale gewürdigt, nochmals eingeschenkt, die Farbe studiert: Ist sie golden, transparent? Dann vorsichtig gekostet – alles mit ausladenden, anmutigen Bewegungen. Der Genuss des Tees involviert alle Sinne, vor allem aber geht es um »si, xiang, wei«, die drei kulinarischen Grundprinzipien, die auch für Tee gelten: Farbe, Duft und Geschmack. Auch die Wahl der Tasse ist entscheidend, ihr Gefühl in der Hand und an den Lippen, ihre Auswirkung auf den Geschmack; ob kühles weißes Porzellan oder erdiger Ton. All dies braucht ein hohes Maß an Konzentration, Wissen und Erfahrung. Für den Teeliebhaber hat das Ritual eine spirituelle Dimension.

Doch es geht auch ganz anders, unkompliziert. Tee ist zuallererst ein Alltagsgetränk, das man in Schraubgläsern immerzu bei sich hat. Thermoskannen oder Heißwasserspender zum Nachfüllen finden sich überall.

TEE ALS HEILMITTEL

Dem grünen Tee werden allerhand gesundheitsfördernde Eigenschaften zugeschrieben, fürs Herz, den Cholesterinspiegel, Zähne, Gedächtnis, Arthrose. Das Qi steigt auf, der Geist wird klar.

Am schönsten genießt man den »Schaum flüssiger Jade« im Teegarten. Die jahrtausendealte Tradition der Teehäuser lebt in jüngster Zeit wieder auf, als einfache Teestube im Tempel ebenso wie als edler Designerladen im Shopping-District. In Hangzhou liegen sie malerisch am Wasser, in Beijing sind es kleine Opernhäuser. Diese Orte der Ruhe und Geselligkeit sind wichtige Zentren sozialen Lebens. Hier trifft man sich, man lauscht Gedichten und Musik, und vielleicht kommt sogar ein Friseur oder Ohrputzer vorbei – wie es in Chengdus Teegärten oft der Fall ist. Ganze Nachmittage kann man dort verbringen, bei einer endlosen Tasse Tee: Das Wasser wird immer wieder aufgegossen, die Blätter schwimmen lose herum. Wünschen Sie Nachschub, legen Sie einfach den Deckel neben die Tasse.

Buddhas der Drei Zeitalter, die »Halle des Großen Erbarmens« (Dabei Dian 大悲殿) mit Guanyin-Figur ist das geistliche Zentrum. Riesige Inschriften schmücken den Felshang hinter dem Kloster, darunter ein vergoldetes »fo« für Buddha.
Zur berühmten Küche des Klosters → Der gute Tipp von MERIAN 7, S. 105

Siming Nanlu, Xiamen; tgl. 8–17 Uhr; 3 Y

Essen und Trinken

Lujiang Hotel Restaurant 鹭江宾馆

Xiamen ist berühmt für seinen frischen Fisch und seine Meeresfrüchte. Besonders schön speist man auf der Dachterrasse des Lujiang Hotels.

54 Lujiang Dao, Xiamen; Tel. 05 92/202 29 22; tgl. 7–22 Uhr • AmEx MASTER VISA

Info

Touristeninformation

CITS, Tel. 05 92/210 39 11

KARSTLANDSCHAFT BEI GUILIN

Unwirklich wirken die schmalen hohen Bergkegel, die unvermittelt aus der Ebene aufragen ➤ **[K 9]**. Maler suchten

ihre Schönheit mit Tusche einzufangen, Dichter besangen sie in Versen. Heute lockt die märchenhafte Landschaft vor allem Reisende an. Im Morgendunst wirken die grünen Türme wie Fantasiegebilde, entstanden sind sie aber durch Erosion: Ursprünglich am Meeresboden abgelagerte Kalksteinschichten wurden über den Wasserspiegel angehoben und verwitterten; verfestigte Sedimente blieben als Karstberge zurück. Unterirdisch formen Sickerwasser und Flüsse lange Höhlensysteme. Am schönsten erlebt man die Gegend bei einer gemütlichen Flussfahrt oder per Fahrrad: Radtouren durch Felder und Dörfer geben einen Eindruck vom chinesischen Landleben.

In der Bergwelt nordwestlich von Guilin liegen die entlegenen Orte Longsheng und Sanjiang. Hier lebt eine Vielzahl unterschiedlicher Volksgruppen, deren Architektur sehr sehenswert ist.

ZUR ORIENTIERUNG

Die Orte dieser Region sind alphabetisch geordnet. Guilin ist üblicherweise der Ausgangspunkt in dieser Gegend.

GUILIN 桂林

670 000 Einwohner, 150 m ü.d.M. ➤ [K 9]

Die Stadt selbst galt inmitten der bezaubernden Landschaft lange als hässlich, hat sich aber gemausert. Entlang der Uferpromenade kann man abends spazieren gehen, Duftblütenbäume (die der Stadt ihren Namen gaben) säumen die Straßen, und ein paar bizarre Karstberge ragen mitten im Stadtbild auf. So zum Beispiel der Elefantenrüsselberg, Xiangbi Shan 象鼻山, den man am besten vom Floß aus sehen kann: Ein Elefant scheint seinen Rüssel in den Fluss zu dippen.

Hotels

Lijiang Waterfall Hotel (Lijiang Da Pubu Fandian) 漓江大瀑布饭店

Am Abend verwandelt sich die Fassade des komfortablen Hotels in einen gigantischen künstlichen Wasserfall. Die zen-

Li-Fluss damals und heute: Die Fischer demonstrieren mit ihren Kormoranen, wie früher die Fische gefangen wurden.

trale Lage am Nachtmarkt lädt zum Souvenir-Shoppen ein.

1 Shanhu Beilu, Guilin; Tel. 07 73/ 282 28 81; www.waterfallguilin.com; 646 Zi. ••• CREDIT

Ausflüge

Li-Jiang-Flussfahrt 泛游漓江 7

So schön kann Reisen sein: Gemächlich gleiten Sie auf dem Li-Fluss dahin und lassen die wunderschöne Landschaft vorbeiziehen. Ins Wasser nickende Bambushaine, Flöße, kleine Dörfer und natürlich die Berge. Fantasievoll benannte Formationen wie »Die nach dem Mann Ausschau haltende« oder »Drachen spielen mit Wasser« wird Ihr Tourguide hervorheben.

Abfahrt ca. 8 Uhr vom Touristen-Dock gegenüber 36 Binjiang Lu, bei Niedrigwasser ab Zhujiang. Ankunft in Yangshuo am Nachmittag. Preis: ca 450 Y inkl. Mittagessen und englischer Führung

Sehenswertes

Fubo Shan 伏波山

Der »Wellenbezwinger« genannte Berg steht direkt im Wasser und bietet einen großartigen Panoramablick von seinem 62 Meter hohen Gipfel. Natürliche Katakomben wurden in der Tang- und Song-Zeit mit Hunderten von Steinskulpturen geschmückt.

An der nördlichen Flusspromenade; tgl. 8.30–16.30 Uhr; Eintritt 15 Y

Prinzengräber (Jingjiang Wangling) 靖江王陵

Die würdigen Grabtempel von lokalen Herrschern der Ming-Dynastie strahlen eine verwunschene Atmosphäre aus. Nur eines der Gräber ist renoviert.

6 km östl. von Guilin; tgl. 8.30–17.30 Uhr; Eintritt 15 Y

Schilfrohrflötenhöhle (Ludi Yan) 芦笛岩

Eine warme Tropfsteinhöhle mit vielen Gesteinsformationen – der künstliche See, Beleuchtung und leise Musik machen leicht einen kitschigen Eindruck. Lassen Sie sich die Steinbilder erklären.

5 km nordwestl. von Guilin; tgl. 8.30–16.30 Uhr; Eintritt 60 Y

Sieben-Sterne-Park (Qixing Gongyuan) 七星公园

Sieben Gipfel (dem Sternbild Großer Wagen entsprechend) ragen in diesem hübschen Park auf, der schon zur Sui-Zeit beliebt war: Alte Inschriften zieren die Longyan-Höhle am Westende. Sehenswert sind auch die Tropfsteinhöhle (Yixing Yan) und der Kamelberg.

Park: tgl. 7–22 Uhr, 35 Y; Höhle: tgl. 8–17.30 Uhr, 30 Y

Essen und Trinken

Spezialitäten reichen von Schlange bis Wildkatze. Zum Glück fallen bedrohte Arten durch den Preis auf. Halten Sie sich lieber an Wasserkastanie, Lotuswurzel und Taro. An der Yiren Lu 依仁路 finden Sie viele Restaurants.

Shengfa Fandian 胜发饭店

Lebhaftes Lokal. Der Bierfisch (pijiuyu 啤酒鱼), eine lokale Spezialität, wird direkt am Tisch gebrutzelt.

Im Süden der Stadt, Zishan Lu, Guilin •

Yijuan Fandian 怡园饭店
Exzellente Sichuan-Küche in schöner Atmosphäre, viele Grünpflanzen und Holz.
Nanhuan Lu, Guilin; tgl. 11.30–14.30, 17.30–21:30 Uhr •

Info

An- und Weiterreise

Flughafen ca. 20 km westl. der Stadt. Bahnanbindung u.a. nach Guangzhou (14 Std.) und Guiyang (15 Std.). Busse fahren u.a. nach Yangshuo (1,5 Std.), Longsheng (2 Std.) und Sanjiang (4 Std.).

Touristeninformation

CITS, Tel. 07 73/286 16 23

REISTERRASSEN BEI LONGSHENG 龙脊梯田 ➤ [K 9]

Sie zählen zu den beeindruckendsten Terrassenfeldern Chinas und sind ein beachtliches Beispiel landwirtschaftlicher Baukunst: die »Drachen-Rückgrad-Terrassen« (Longji Titian), die von den hier lebenden Zhuang-Bauern an steilen Hängen bis zu 800 m hoch übereinander geschichtet wurden.

Zentrum für Besucher und Ausgangspunkt für Wanderungen ist der 600 Jahre alte Zhuang-Ort Ping'an 平安寨, dessen Lage auf dem Bergkamm wunderbare Blicke über die Landschaft bietet. Ein einstündiger Rundgang führt zu ausgewiesenen Aussichtspunkten, längere Wanderungen werden von den Gasthäusern angeboten. Der halbstündige Aufstieg zum Dorf führt über herrliche alte Steintreppen. In der Nähe von Longsheng liegen weitere Dörfer von Dong-, Yao- und Miao-Gruppen sowie in einem tiefen Tal heiße Quellen (»longsheng wenquan« 龙胜温泉).

Ping'an: 20 km südöstl. von Longsheng, per Minibus ca. 1 Std.; Aufstieg zu Fuß ab Huanglu möglich; Eintritt 50 Y

Hotels

Li'An Lodge
Von der Terrasse des charmanten Gasthauses hat man fantastische Ausblicke über die angelegten Reisterrassen. Jeder Raum ist individuell eingerichtet.
Ping'an Village; Tel. 07 73/758 33 18, Fax 758 33 19; www.lianlodge.com; 16 Zi. ••••
AmEx MASTER VISA

Info

An- und Weiterreise

Anreiseper Bus ab Guilin (2 Std.); Weiterreise nach Sanjiang (2 Std.) möglich

Allgemeines

Aufstieg ab Huanglu möglich; Eintritt 50 Y

SANJIANG 三江 ➤ [K 9]

Typische Dong-Architektur mit Holzhäusern, aufwendig gestalteten Brücken und Türmen finden Sie in den malerischen Dörfern im bewaldeten Hügelland um Sanjiang. Die »Wind-und-Regenbrücke« von Chengyang 程阳, etwa 20 km nördlich der Kreisstadt gelegen, ist die berühmteste unter ihnen. Der Eintritt kostet 30 Y. Das 78 Meter lange hölzerne Bauwerk (»chengyang fengyu qiao« 程阳风雨桥) soll ohne Nägel gebaut sein. Überdachte Korridore verbinden fünf Pavillons im Stil der verschiedenen Regionen. In Sanjiang selbst gibt es ein kleines Museum.

Mit dem Rad durch Reisfelder rollen – die beste Art, die Karstlandschaft rund um Yangshuo kennenzulernen.

Hotels

Chengyang Bridge National Hostel (Chenyang Qiao Zhaodaisuo)

程阳桥招待所

In Chengyang gibt es verschiedene einfache Unterkünfte. Die Schönste ist ganz aus Holz, im Stil der Dong erbaut. Die Betreiber sind freundlich und hilfsbereit.

Links neben der Brücke am Fluss, Chengyang; Tel. 07 72/861 24 44; 30 Zi. •

Info

An- und Weiterreise

Etwa 5 Std. Fahrt von Guilin

Touristeninformation

Touren über CITS, Tel. 0773 / 283-1999 oder guilin@chinahighlights.com

YANGSHUO 阳朔

330 000 Einwohner, 119 m ü.d.M. ➤ [K 9]

Die Karstlandschaft lässt sich wunderbar per Fahrrad oder auf ausgedehnten Spaziergängen erkunden (→ Tour 1). Idealer Ausgangspunkt ist der Ort Yangshuo, der sich zu einer Art internationaler Backpacker-Kolonie mit vielen Gasthäusern, Cafés und Souvenirständen entwickelt hat. Hier kann man Einkaufsbummel für Seide, Jade und »Antiquitäten« machen oder den Bauernmarkt besuchen. Wenn die Touren aus Guilin ankommen, bevölkern Tausende Touristen die »Ausländerstraße« Xi Jie. Sonst herrscht eher gemütliche Stimmung. Im Ort gibt es zwei Parks mit Karsthügeln, die man besteigen kann. Zu den vielen schönen Zielen in der Umgebung zählen der Mondberg oder die Dörfer Yangdi 杨堤 und Xingping 兴坪.

Hotels

Paradesa Yangshuo Resort (Yangshuo Bailelai Duji Fandian)

阳朔百乐来度假饭店

Das Traditionshaus liegt ruhig in einem Seegrundstück mit schöner Gartenanlage. Schön sind vor allem die lichtdurchfluteten De-luxe-Zimmer mit großen Fenstertüren und Balkon.

116 Xi Jie, Yangshuo; Tel. 07 73/822 21 09; www.paradiseyangshuo.com; 145 Zi. •••

AmEx MASTER VISA

New Century Hotel 新世纪酒店

Fantasievoll eingerichtete Zimmer mit hölzernen Figuren – eine der besten Adressen der Stadt.

Neben dem Yangshuo Park, 119 Zhongshan Beilu, Yangshuo; Tel. 07 73/882 98 19; 270 Zi. ••–••• AmEx MASTER VISA

Hotel Explorer 文化饭店

Versteckt in einer kleinen Seitengasse der Xi Jie liegt dieses komfortable Hotel im Hofhausstil.

40 Xianqian Lu, Yangshuo; Tel. 07 73/882 81 16; 25 Zi. •• CREDIT

Ausflüge

Mondberg (Yueliang Shan 月亮山) und Banyan-Baum

Die Öffnung im berühmtesten Berg der Gegend sieht je nach Standort wie ein Voll- oder Halbmond aus. Eine teils steile Treppe durch Bambusdickicht führt nach oben, der Panoramablick ist großartig. Besonders frühmorgens bietet sich eine wundervolle Aussicht über Felder, das kleine Mondberg-Dorf und den Banyan-Baum. Dieser Baumriese, dessen Alter auf 1400–1500 Jahre geschätzt wird, beschattet mit seiner gewaltigen Krone einen halben Hektar.

7 km südl. von Yangshuo an der Straße nach Lipu; gut per Fahrrad erreichbar; Eintritt 9 Y

Wasserhöhle und Höhle des Schwarzen Buddha 水岩和黑佛洞

In der Nähe des Mondbergs wurden verschiedene Höhlensysteme für Besucher geöffnet. Man durchquert die Höhlen per Boot und watet auch durchs Wasser; es kann recht schlammig sein.

Heifo Dong, Shui Yan; nur im Sommer; Eintritt ca. 120 Y

Essen und Trinken

Entlang der Xi Jie reihen sich viele Cafés mit westlichem, eher mäßigem Essen. Authentischer isst man in den Restaurants der Nebenstraßen oder auf dem Bauernmarkt. Spezialität ist der »pijuiyu« 啤酒鱼 – Bierfisch, der in Chili, Tomaten, Ingwer und Bier gekocht wird.

Bauernmarkt (Nongmao Shichang) hinter einem Torbogen östl. der Busstation; Nachtmarkt ab 18 Uhr gegenüber der Busstation

Am Abend

Musical »Impressionen Liu Sanjie« (Yinxiang Liu Sanjie)

→ Der gute Tipp von MERIAN 20, S. 124

Kormoranfischer

Besonders romantisch ist eine nächtliche Flussfahrt: Kormoranfischer gleiten in ihren kleinen, nur mit Öllampen beleuchteten Booten wie dunkle Scherenschnitte auf dem Wasser vorbei und schicken ihre Vögel zum Fischen los.

19 Uhr, Dauer ca. 40–60 Min.; 25 Y; in Restaurants oder Hotels buchen

Aktiv

Kurse

Wer länger bleibt, kann Kurse in Kalligrafie, Tai Chi oder Chinesisch belegen. Kochkurse, die mit einem Ausflug zum Markt beginnen, dauern drei Stunden.

Yangshuo Culture House; Tel. 07 73/882 77 50; www.yangshuo-study-travel.com.
Cloud 9 Restaurant; Chengzhong Lu, Yangshuo; cloud9restaurant03@yahoo.com

Sportklettern

Auf über 75 Routen kann man bizarre Felsen erklimmen. Geführte Touren kann man buchen in der Kletterszene.

Karst Pizzeria; Tel. 07 73/882 84 82; www.karstclimber.com; und Lizard Lounge; Tel. 07 73/881 10 33; beide Xianqian Jie, Yangshuo; Saison: Okt.–Feb.

Info

Allgemeines

Ausrüstung gibt es in Privatherbergen und Cafés an der Xi Jie. Info im Internet: www.yangshuo-travel-guide.com

HAINAN 海南

Sandstrände, Kokospalmen und Regenwälder charakterisieren Chinas südlichstes und größtes Eiland ➤ [K 11]. Das Tropenparadies war über Jahrhunderte hinweg entlegener Ort der Verbannten. Erst Ende der 1980er-Jahre, als Sonderwirtschaftszone, boomte man sich in die touristische Zukunft. Nicht ohne Nebenwirkungen: Bauruinen, gerodete Wälder und Bettenburgen zeugen davon.

Die schönsten Strände der Insel befinden sich im Süden um den Ort Sanya. Im Inselinneren wachsen dichte Wälder; wer unternehmungslustig ist, wandert zum Berg Wuzhishan, besucht Dörfer der hier lebenden Li oder Kaffeeplantagen an der Ostküste. In der Hafenstadt Haikou im Norden der Insel bummelt man durch pittoreske, etwas marode Altstadtviertel und über exotische Märkte.

Strandlokale verwöhnen mit Meeresfrüchten und Fisch, zu empfehlen ist Krebs (»hele xie« 合乐蟹), aber auch saftiges Wenchang-Huhn (»wenchang ji« 文昌鸡) und Jiaji-Ente (»jiaji ya« 加积鸭) sind lokale Spezialitäten.

Hotels

Hilton Sanya Resort & Spa

Elegante Zimmer mit Meeresblick, selbst von der Badewanne aus.

Yalong Bay, Sanya; Tel. 08 98/88 58 88 88, Fax 88 58 85 88; www.sanya.hilton.com; 500 Zi. ●●●● AmEx MASTER VISA

Wie ein Südseetraum erscheinen die Strände auf der Insel Hainan.

Sheraton Sanya Resort (Sanya Xilaideng Dujia Jiudian)
Resort mit Spa, Privatstrand und Lagunenpool unter Palmen.
Yalong Bay, Sanya; Tel. 08 98/88 55 84 51, Fax 88 55 88 66; www.sheraton.com/sanya; 511 Zi. •••• CREDIT

Sehenswertes

Jianfengling Naturreservat (Jianfengling Ziran Baohuqu) 尖峰岭自然保护区
Tropenwälder mit Hunderten Schmetterlingen zeigen die Schönheit Hainans.
➤ [J/K 11] 115 km westl. von Sanya; 40 Y

Wugong Ci 五公祠
Der Tempel südöstlich von Haikou erinnert an insgesamt fünf Beamte der Tang- und Song-Zeit, die sich mit ihrer Kritik am Kaiser ein unfreiwilliges Exil auf der Insel einhandelten.
169 Haifu Dadao, Haikou; tgl. 8–18 Uhr; Eintritt 15 Y

Info

Touristeninformation
China Travel Service (CTS) hilft mit Informationen und bei Buchungen, Haikou;
Tel. 08 98/65 30 60 03; tgl. 8–21 Uhr

Der 71 Meter hohe Riesenbuddha in Leshan (→ S. 297) wurde vor über 1200 Jahren aus dem Fels gehauen. Auf Treppenwegen können Besucher vom Scheitel bis zur Sohle klettern.

DER SÜDWESTEN

Ethnische Vielfalt prägt den Südwesten an den Ausläufern des Himalaja. Die facettenreiche Region reicht von schneebedeckten Gebirgsketten bis zu schwülen subtropischen Regenwäldern.

Zwar haben chinesische Herrscher früh versucht, die abgelegene Region dem Reich der Mitte einzuverleiben, aber immer wieder gelang es den Bewohnern, ihre Unabhängigkeit zurückzugewinnen. Eigenständige Königreiche dominierten die gebirgige und unzugängliche Region; aus dem chinesischen Kernland schickte man allenfalls gestürzte Generäle und andere Verbannte ins barbarische Randgebiet. So blieb der Region die starke ethnische Identität eigenständiger Kulturen mit verschiedenen Religionen, Sprachen und Brauchtum erhalten.

Der Reisende kann in jedem Ort neue, unvergleichliche Eindrücke sammeln. Auch Han-Chinesen, die ihre »nationalen Minderheiten« bestenfalls mit gutmütiger Herablassung betrachten, entdecken heute die »exotischen« Völker mit ihren bunten Trachten als lohnendes Reiseziel. Neben der kulturellen Vielfalt ist es aber auch die landschaftliche Schönheit, die die Menschen in diese Ecke des Landes lockt. Majestätische, schneebedeckte Berge, alpine Gebirgslandschaften und tropische Regenwälder laden zu ausgedehnten Wanderungen ein. Und im reizvollen Kontrast zu den ländlichen Gegenden bieten Großstädte wie Chengdu oder Kunming Lebensfreude mit allen abwechlungsreichen Aspekten des großstädtischen Lebens – quirliges Leben jeder Couleur contra Kontemplation.

ZUR ORIENTIERUNG

Alphabetisch geordnete Unterregionen:

Guizhou	Seite 290
Sichuan	Seite 291
Nord-Sichuan	Seite 298
Yunnan	Seite 300
Yunnan – der Süden	Seite 314

Hotels und Restaurants sind nach Preisklassen geordnet, von •••• bis •. Die dem Punktesystem entsprechenden Preisspannen finden Sie im Inhaltsverzeichnis auf Seite 5.

GUIZHOU 贵州

In die arme Provinz im fernen Süden ➤ [J 9] reist noch selten ein Urlauber. Für Unternehmungslustige lohnt jedoch – z.B. vom durchaus häufig angesteuerten Guilin oder von Kunming aus – ein Abstecher in die schöne Gegend mit ihren dichten Wäldern, Wasserfällen, Karst- und Terrassenbergen. Han-Chinesen siedelten erst spät in der abgelegenen Region, inzwischen dominieren sie mit 70 Prozent vor allem die Städte. Die hier lebenden und nun zu »Minderheiten« gewordenen Ethnien, darunter Miao, Dong, Hui und Yi, haben sich in die Berge zurückgezogen. Ihre Dörfer sind interessante Ausflugsziele, Infrastruktur und Tourismus sind noch in der Entwicklungsphase. Das Reisen kann langwierig und beschwerlich sein. Die Toristeninformationen in Kaili oder der Provinzhauptstadt Guiyang sind aber sehr hilfreich und informieren z.B. über die vielen Festivitäten, die ein besonderes Erlebnis für Besucher darstellen.

Info

An- und Weiterreise

Guiyang ist per Flug oder Bahn erreichbar.

Touristeninformation

➤ [J 9] CITS Guiyang; Deutschsprachig: Yan'an Donglu, Ecke Hequn Lu, Guiyang; Tel. 08 51/6 90 16 60; Mo–Fr 9–17.30 Uhr

Allgemeines

Übernachten kann man im Nenghui Jiudian, 38 Ruijin Lu (an der Flughafenbus-Strecke); Tel. 08 51/589 88 88, Fax 589 86 22; 125 Zi. ••• AmEx DINERS MASTER VISA

KAILI 凯里

Einwohner, 697 m ü.d.M. ➤ [J 9]

Die autonome Präfektur der Miao und Dong ist eine der besten Gegenden, um Einblick in lokale Kulturen zu bekommen. Mehr als ein Dutzend Ethnien leben in den Bergdörfern rund um Kaili, ihre Märkte und Feste sind ein buntes Spektakel. CITS bietet Touren an, die oftmals Folklore-Vorführungen mit Tanz und Gesang beinhalten. Es gibt auch besondere Natur- oder Handarbeitstouren. Beliebt ist das für sein Silberhandwerk bekannte Miao-Dorf Langde 朗德上寨 (20 km von Kaili). Eine Wanderung entlang des Bala-Flusses führt von dort durch weitere Miao-Dörfer. Auch die in Matang 麻塘 (30 km) lebenden Geja werden von der chinesischen Regierung offiziell zu den Miao gezählt, setzen sich aber durch eigene Sprache und Gebräuche von ihnen ab. Ihre Batikarbeiten sind berühmt. In besonders schöner Lage zwischen terrassierten Hügeln liegen die Holzhäuser des größten Miao-Dorfes Xijiang 西江苗寨, etwa 1,5 Std. von Kaili. Planen Sie eine Übernachtung ein. Die fabelhaften hölzernen Brücken und Türme der Dong können im entlegenen Dorf Zhaoxing 肇星, eine Tagesreise von Kaili Richtung Sanjiang, bewundert werden.

Feste

Die Region ist für ihre Festivitäten berühmt. Zu den wichtigsten zählen das Lusheng-Fest (»Lusheng Hui«; Okt/Nov) und das Schwesternmahl-Fest (»Jiemeifan Jie« ; Apr/Mai) der Miao. Die Feste werden in vielen Orten der Region gefeiert. Informationen bei CITS.

Info

An- und Weiterreise

Kaili ist in 2,5 Std. Busfahrt von Guiyang aus erreichbar oder von Guilin und Sanjiang aus über eine mehrtägige Fahrt.

Touristeninformation

Touren bei CITS, 53 Yingpang Donglu, Kaili; Tel. 08 55/822 25 06; www.toguizhou.com/english; tgl. 9–17.30 Uhr

SICHUAN 四川

»Die Berge sind hoch und der Kaiser ist weit« – dieser alte Spruch trifft die Stimmung der selbstbewussten Provinz ➤ [G–J 7/8], die kulturell und politisch immer wieder eigenständig war, auch heute noch. Günstig gelegen an der wichtigen Tee- und Pferderoute zwischen Tibet, China und Indien, war sie auch mit Bodenschätzen und dem fruchtbaren »roten Becken« gesegnet.

Der Pfad nach Sichuan ist heute nicht mehr »schwieriger als der Weg zum Himmel«, wie der Poet Li Bai einst konstatierte. Auf gut ausgebauten Straßen fährt man durch die Bergwelt, vorbei an malerisch gelegenen Bauernhöfen und Bergen von Maiskolben und rotem Chili. Neben den Naturattraktionen lohnt die Sichuaner Küche allein den Besuch: unglaublich vielseitig (über 5000 Gerichte sollen es sein) und vor allem – scharf!

ZUR ORIENTIERUNG

Die Orte dieser Region sind alphabetisch geordnet. Ausgangspunkt ist häufig Chengdu.

CHENGDU 成都

4,1 Mio. Einwohner, 500 m ü.d.M. ➤ [H 8]

Die dynamische Hauptstadt Sichuans ist eine der angenehmsten Riesenstädte Chinas. Zwar wird auch sie laufend modernisiert; gläserne Hochhäuser und exquisite Shopping-Malls prägen das Stadtbild. Aber die »Hibiskusstadt« hat ihren eigenen Charme mit viel Grün und einer entspannten Atmosphäre bewahrt. Wunderbar lässt sich dies in den vielen Teegärten nachspüren, die Orte des Müßiggangs und des sozialen Lebens sind: Hier trifft man sich zum Plaudern und Mahjiong-Spielen; vielleicht kommt auch ein mobiler Friseur, Ohrputzer (kein Scherz!) oder Gesichtsdeuter vorbei. Die selbstbewusste Handelsmetropole war mehrfach Hauptstadt eigenständiger Königreiche. Günstig gelegen an den Handelswegen nach Tibet, Vietnam und Indien, kam sie zu großem Reichtum durch ihre Brokatherstellung, durch Salz- und Teehandel. Auch für den heutigen Besucher ist sie als Ausgangspunkt für Touren attraktiv.

Hotels

Sheraton Chengdu Lido Hotel

天府丽都喜来登大酒店

Bester Service und elegante Zimmer mitten im zentralen Geschäftsviertel.

15 Renmin Zhong Lu, Chengdu; Tel. 028/86 76 89 99, Fax 86 76 88 88; www.sheraton.com/chengdu; 402 Zi. ●●●● CREDIT

Shangri-La Chengdu 成都香格里拉大酒店

Luxuriöses Wohnen mit Flussblick: Die zwei glitzernden Türme bilden ein neues Wahrzeichen am Jinjiang-Fluss.

Einmal einen Panda knuddeln: Die Bären-Forschungsstation in Chengdu macht's möglich – gegen Aufpreis.

9 Binjiang Donglu, Chengdu; Tel. 028/88 88 99 99, Fax 88 88 66 66; www.shangri-la.com; 593 Zi. ●●●-●●●● CREDIT

Dragon Town Youth Hostel (Longtang Kezhan) 龙堂客栈

Das alte Qing-Hofhaus liegt versteckt in einer kleinen Gasse. »Suites« sind im antiken Stil eingerichtet.

27 Kuan Xiangzi, Chengdu; Tel. 028/86 64 84 08; www.dragontown.com.cn; 20 Zi. ●

Ausflüge

Panda Forschungsstation (Daxiongmao Fanzhi Yanjiu Zhongxin) 大熊猫繁殖研究中心

Das Lieblingstier der Nation kann in der Zuchtstation ganz aus der Nähe bewundert werden; für einen (recht deftigen) Aufpreis von 1200 Y darf man ein Panda-Baby sogar halten. Aktiv sind die Bären vor allem zur Fütterung um 9.30 Uhr.

Nordöstlicher Stadtrand, ca. 10 km vom Zentrum; tgl. 8–18 Uhr; Eintritt 30 Y

Kloster des Kostbaren Lichts (Baoguang Si) 宝光寺

Das Chan-(Zen)Kloster gehört zu den ältesten Chinas; seine Gründung soll fast 2000 Jahre zurückliegen. Kostbare Schriftstücke und Kunstgegenstände wie ein weißer Jadebuddha überdauerten die Kulturrevolution, weil Zhou Enlai Truppen in den Klosterhallen stationierte. Zu den Schätzen gehören auch eine Stele mit 1000 kleinen Buddhagravuren und die Halle der 500 Luhan, deren überlebensgroße Tonfiguren lebendige Mimik aufzeigen. Wahrzeichen ist die schiefe, 14-stöckige Sarira-Pagode.

18 km nördl. von Chengdu; tgl. 8–17.30 Uhr; Eintritt 5 Y

Sanxingdui 三星堆

Spektakuläre archäologische Funde erweiterten in den 1980er-Jahren die Vorstellungen von der »Wiege der chinesischen Kultur«, die man bis dato nur am Gelben Fluss vermutete. Die eigenständige Shu-Kultur wird auf 2800 bis 800 v. Chr. datiert; ihre stilistisch einzigartigen Zeugnisse wie monumentale, maskenartige Bronzeköpfe, ausdrucksvolle Vogelfiguren sowie Gold-, Jade- und Keramikobjekte werden im Museum vor Ort eindrucksvoll präsentiert. Unbedingt sehenswert!

40 km nördl. von Chengdu (ca. 2 Std.), nahe der Stadt Guanghan; Museum: tgl. 8.30–17 Uhr; Eintritt 80 Y

Qingcheng Shan 青城山

Der Berg, auf dem der Daoist Zhang Daoling gelehrt haben soll, bevor er Unsterblichkeit erlangte, ist seit nunmehr fast 1900 Jahren daoistisches Pilgerziel. Der Aufstieg vom Tempel Jianfu Gong über schattige Treppen, zwischen Ginkgo und Palmen, bis zum Gipfel (1600 m) mit mehrstöckigem Huiying-Pavillon dauert etwa vier Stunden. Im hölzernen Gipfelkloster Shangqing Gong kann man stimmungsvoll übernachten (120 Y) mit Blick über die Wälder.

65 km westl. von Chengdu, Anfahrt über Dujiangyan; Eintritt 60 Y, Seilbahn 50 Y

Sehenswertes

Die weitläufige Stadt lässt sich am Besten per Taxi erkunden (Metro im Bau). Das moderne Geschäftszentrum erstreckt sich südöstlich der Mao-Statue. In Seitengassen finden sich Garküchen und bunte Märkte; sehenswert ist der Qingshiqiao (in der südlichen Xinkaijie). Der zentrale Tianfu-Platz mit dem Chengdu-Museum wird vom Architektenhaus Pei derzeit neu gestaltet.

Tempel des Fürsten Wu (Wuhou Ci) 武侯寺

Dieser Tempel, eingebettet in eine schattige Gartenanlage, ist dem Strategen Zhuge Liang (181–234) gewidmet und zeigt Statuen verschiedener Würdenträger und Beamter, deren farbige Gesichter auf ihre Charaktereigenschaften hindeuten. Östlich befindet sich die auf alt getrimmte Gasse »Jinli Lu« mit Läden und Lokalen; südlich beginnt das tibetische Viertel.

Im Park Nanjiao Gongyuan (6–22 Uhr), Chengdu; tgl. 6.30–20 Uhr; Eintritt 60 Y

Du Fus Hütte (Du Fu Caotang) 杜甫草堂

Du Fu, einer der größten Dichter Chinas (712–770) lebte nach langer Flucht einige Jahre in Chengdu und schrieb hier über 200 Werke seiner Alterslyrik. Seine bescheidene Hütte wurde nachgebaut; archäologische Funde der echten Hütte werden im Museum ausgestellt. Im wun-

HINWEIS Im Mai 2008 erschütterte ein Erdbeben die Region. Zehntausende Menschen starben, viele wurden obdachlos. Für Reisende erschwerte sich zunächst die Anfahrt in entlegene Gebiete wie den Wolong-Nationalpark. Erkundigen Sie sich vor Ihrer Reise bei der chinesischen Botschaft oder Ihrem Reiseveranstalter nach der Lage.

derschönen, ruhigen Park mit Bambushainen und Bonsai lädt ein charmantes Teehaus zur Rast.

Caotang lu, Chengdu; tgl. 7–19 Uhr; Eintritt 60 Y

Tempelkloster Qianyang Gong 青羊宫

Der Name »Palast zum Schwarzen Ziegenbock« geht auf eine Legende zurück: Laozi höchstpersönlich soll hier, verjüngt als Hirtenjunge, seinem Freund begegnet sein. Der Bau des bedeutenden daoistischen Tempels geht allerdings auf die Tang-Zeit zurück. Besonders sehenswert ist der »Pavillon der Acht Diagramme«, der sich auf das Orakelbuch »Yi Jing« bezieht und von steinernen Drachensäulen gestützt wird. Abends werden hier Sichuan-Opern aufgeführt.

Im Kulturpark (Wenhua Gongyuan, 7–22 Uhr), Chengdu; tgl. 7–18.30 Uhr; Eintritt 5 Y

Flussblick-Park (Wangjianglou Gongyuan) 望江楼公园

Inmitten von üppigem Bambusbestand (über 100 Sorten) ragt ein eleganter, vierstöckiger Pavillon auf, gewidmet der Dichterin Xue Tao (768–834), die hier gelebt haben soll.

Am Westufer des Jin Jiang, Chengdu; tgl. 6–21 Uhr; Eintritt 5 Y

Wenshu-Tempel 文殊院

Um den Tempel herum geht es sehr lebendig zu: Verkaufsbuden buddhistischer Devotionalien, Wahrsager und Teehäuser reihen sich in den Gassen. Das Manjushri-Kloster selbst wirkt trotz Besucherscharen besinnlich. Ein schöner Teegarten und ein gutes vegetarisches Restaurant laden zur Rast. Berühmt ist der Tempel für die eisernen Figuren der Song-Zeit. In der Bibliothek werden kostbare Schriften verwahrt, darunter Sutren, die Mönche mit ihrem Blut geschrieben haben sollen.

Renmin Zhonglu, nördlich des Zentrums von Chengdu; tgl. 8–17.30 Uhr; Eintritt 5 Y

Essen und Trinken

Sichuan ist berühmt für seine vielfältige, scharf oder mindestens herzhaft gewürzte Küche. Probieren Sie den »Feuertopf«, aber auch die vielen kleinen Leckerbissen der Grillstände am Straßenrand sind eine echte Versuchung.

Ba Guo Bu Yi 巴国布衣

Einer der besten Orte, um die lokale Küche zu probieren; gehobene, aber entspannte Atmosphäre. Es gibt eine englische Karte mit Fotos.

4/20 Renmin Nanlu, Chengdu; Tel. 028/85 57 38 39; 11–14, 17–22 Uhr • CREDIT

Chen Mapo Doufu 陈麻婆豆腐

Das berühmte Tofu-Gericht Mapo Doufu, ein Klassiker der chinesischen Küche, soll hier seinen Ursprung haben. Das 1862 gegründete Lokal ist eine Institution.

Gegenüber Qianyang Gong, Chengdu; Tel. 028/87 76 36 84; weitere Filialen z.B. in der Jiefang Lu; •

Yinshanzhai 饮膳斋

Das Restaurant ist auf Heilgerichte spezialisiert, die (dennoch) sehr gut schmecken und bekömmlich sind.

247 Wuhouci Dajie, Chengdu; ••

Teehäuser

Die schönsten Teehäuser befinden sich im Volkspark (Renmin Gongyuan) und am Ufer des Jin Jian, nahe der Brücke der Renmin Nanlu. Auch der Tempel Wenshu Yuan hat einen einladenden Teegarten.

Einkaufen

Songxinqiao Art City 送仙桥

Im überdachten Markt kann man in Kunst und Antiquitäten stöbern.

Östlich von Du Fus Hütte, Qinghua Jie, Chengdu

Am Abend

Sichuan-Oper 天府大剧院

Ein vergnügliches Erlebnis mit Varieté, Opernarien und Puppentheater.

Shufeng Yayun, im Kulturpark (neben Qianyang Gong), Chengdu; Tel. 028/87 76 45 30; www.shufengyayun.com; 20 Uhr

Info

Touristeninformation

Tourist Hotline, Tel. 028/82 92 85 55; CITS, Tel. 028/86 42 82 12 für Flug-, Bahntickets und Touren

Allgemeines

Da die Stadt sehr weitläufig ist, sollten Sie sich im Hotel einen Stadtplan besorgen und die verschiedenen Ziele per Taxi ansteuern.

EMEI SHAN 峨眉山 8

Ca. 550 bis 3099 m ü.d.M. ➤ [H 8]

Schon im 3. Jh. galt diese Bergregion als heilig. Viele Klöster schmiegen sich in die wunderbare Landschaft. Der Wanderweg führt zunächst durch üppig grüne Täler, Schmetterlinge flattern zwischen Azaleen, Affen verlangen Wegzoll. Mit ansteigender Höhe verändern sich Klima und Vegetation; oben ragen schließlich schroffe Hänge über dem Wolkenmeer auf. Die beste Jahreszeit für einen Aufstieg sind die Monate Mai bis Oktober. Warme, wetterfeste Kleidung ist unerlässlich.

Für Auf- und Abstieg sollte man drei Tage einplanen; alternativ geht es per Bus zum Nebengipfel Jieyindian (2500 m) und von dort per Seilbahn auf den Hauptgipfel. Der Aufstieg ist anstrengend, aber wunderschön. Erkunden Sie zumindest die untere Bergregion!

Am Fuß des Berges liegen die Tempel Baoguo Si 报国寺 und, in besonders schöner Lage, das »Kloster des geduckten Tigers« (»Fuhu Si«) 伏虎寺, dessen Bronzepagode 4700 Buddhafiguren zieren. Im »Pavillon des Klaren Klanges« (»Qinyin Ge«) 清音阁 lauscht man zwei sprudelnden Bächen. Hier teilt sich der Weg in eine Nord- und Südroute; für den Aufstieg bietet sich die kürzere Nordroute an. Das dortige Kloster Wannian Si 万年寺 (»Kloster der Zehntausend Jahre«; 1020 m) beherbergt eine monumentale Bronzefigur des Bodhisattva Puxian auf seinem weißen Elefanten. Hier führt eine Seilbahn hinab – ideal für jene, die nur einen Teil der Strecke wandern wollen (insg. ca. 15 km). Eine steile Wegstrecke mit herrlichen Ausblicken führt weiter zum geschäftigen kleinen Kloster »Elefantenbadeteich« (»Xixiang Chi« 先锋寺, ca. 15 km; 2070 m), wo sich beide Wege vereinen.

An der Jieyin-Halle 接引殿 (2540 m) ist es vorbei mit der Pilgerruhe; hier treffen sich Straße, Seilbahn und Wander-

Wer Glück hat, genießt einen unvergleichlichen Blick übers Wolkenmeer vom Gipfel des heiligen Bergs Emei Shan.

weg. Auch der »Goldene Gipfel« (Jin Ding, 金顶 3077 m) ist eher rummelig, mit Hotels, frisch renoviertem Tempel und Bahn zum höchsten »Zehntausend-Buddha-Gipfel« (Wanfo Ding, 万佛顶 , 3099 m). Wer auf der Südroute bergab geht, gelangt durch steile Täler zum Kloster Xianfeng Si 先锋寺 in herrlicher Umgebung (1752 m) und dem Ming-Zeit-Kloster Hongchun Ping 洪椿坪 inmitten alter Bäume (1120 m), wo die Affen besonders frech werden können.

Hotels

Übernachten kann man unterwegs sehr typisch, aber eher spartanisch in den Klöstern oder auf dem Gipfel im Jinding Hotel 金顶大酒店 (Tel. 08 33/509 80 88 87 Zi. ••• MASTER VISA) oder in dem etwas luxuriöseren Hongzhushan Hotel 红珠山宾 (Tel. 08 33/552 58 88 ••• CREDIT) am Fuß des Berges.

Info

An- und Weiterreise

Meist besuchen Reisende von Chengdu aus erst den Riesenbuddha von Leshan (→ S. 297) und fahren dann mit dem Bus oder Zug weiter zum Emei Shan (Eintritt 120 Y).

LANGZHONG 郎中

112 000 Einwohner, 368 m ü.d.M. ➤ [J 7]

Ein wunderbarer Ort, in dem die Zeit stehen geblieben zu sein scheint: Traditionelle Häuser mit schwarzen Schindeldächern ducken sich um enge Gassen. Hier findet man noch viele gut erhaltene »Siheyuan«-Hofhäuser, die einst das Stadtbild ganz Chinas prägten. Schlendern Sie durch die Altstadt, zum Beispiel zur imperialen Examenshalle »Gong Yuan« 贡院, die als die besterhaltene Chinas gilt, oder dem »Zhang Fei Tempel« (Zhangfei Miao 张飞庙).

Berühmt für seine Essigrezepte, durchfliegt den Ort oftmals eine entsprechende Duftnote – vielleicht stolpern Sie über eine lokale »Essig-Bar« oder sogar ein »Essig-Badehaus«. Vom alten Stadttor »Huagang« 华光楼 hat man einen schönen Blick über den Fluss und die Dächer der Altstadt. In den gegenüberliegenden Hügeln können Sie Tempel und eine große Buddhastatue (Dafo Si, 大佛寺 erspähen. Berühmt sind auch die Schattenpuppen-Vorführungen.

Hotels

Dujia Kezhan 杜家客栈

Das hübsche Gasthaus versteckt sich mitten im Gewirr der Altstadtgassen.

63 Xiaxin jie, Langzhong; Tel. 08 17/622 44 36; 31 Zi. • ▭

Essen und Trinken

Nanlou Jiulou

Das rustikale Dekor erinnert an alte Tage. Zu lokalen Spezialitäten gehören süße Dämpfbrötchen, getrocknetes »Zhangfei« Rindfleisch, und verschiedenste Nudelsuppen. Und, selbstverständlich, in Essig Eingelegtes.

1 Guanyin Lu, Langzhong; Tel. 08 17/ 623 67 67; 11.30–13.00, 17–21 Uhr • ▭

Info

An- und Weiterreise

220 km nordöstl. von Chengdu, per Bus ca. 5 Std.

RIESENBUDDHA VON LESHAN

乐山大佛 ➤ [H 8]

Aufrecht und wie an den Fels geklebt sitzt er, Dafo, da, in nicht ganz typischer Maitreya-Haltung, und beeindruckt mit wahrhaft Ehrfurcht einflößenden Dimensionen: Bei 71 m Höhe hat allein das Ohr des höchsten Buddhas der Welt eine Länge von 7 m. Auf dem Fuß (dessen Nägel bis zu 1,6 m lang sind) haben 100 Menschen Platz.

Zur Blütezeit des Buddhismus, als monumentale Buddhabauten eine Prestigefrage waren, wurde Dafo in 90 Jahren aus dem Fels gehauen (713–803 n. Chr.). Seine beruhigende Erscheinung sollte vor Überschwemmungen, gefährlichen Strömungen und Untiefen am Zusammenfluss von Min Jiang und Dadu He schützen. Tatsächlich wurde danach das Wasser stiller – ob dies an der Wirkkraft des Buddhas oder an dem überschüssigen Felsmaterial lag, das den Fluss füllte, sei dahingestellt.

Besichtigungen, die meist oben neben dem tausendlockigen Schopf des Riesen im Lingyun Tempel beginnen, führen über eine Steintreppe am Körper vorbei zu den Zehen und ermöglichen ein Liliput-Gefühl der besonderen Art.

Den schönsten Blick aber hat man vom Wasser aus, von Ausflugsbooten, die langsam am Riesen vorbeifahren und auch die Sicht auf zwei verwitterte Wächterfiguren ermöglichen.

Diese Ausflugsboote fahren am Riesenbuddha vorbei zum Wuyou Si 武侯寺, einem schön gelegenen Tempel der Tang-Zeit. Sehenswert ist die Luohan-Halle mit Hunderten von Arhats (buddhistischen Heiligen); keiner gleicht dem anderen. Über eine kleine Brücke gelangt man hinüber zum Berg Lingyun Shan, wo der neue »Oriental Buddha Park« mit 3000 Buddharepliken aus ganz Asien den Buddha-Wahn auf die Spitze treibt. Daneben befinden sich die Mahao-Felsgräber der Östlichen Han (etwa 1800 Jahre alt) mit Reliefs und Malereien. Den Türsturz der mittleren Gruft ziert eines der frühesten Buddhabildnisse Chinas.

Folgt man dem Pfad auf halber Höhe gelangt man zum Riesenbuddha.

Den Weg kann man auch andersherum gehen, wenn man nach der Besichtigung der Füße auf halber Höhe auf einem schattigen Pfad nach rechts abzweigt, vorbei am Bijin-Pavillon mit Restaurant und Flusspanorama, einem Ort wie aus »einer anderen Welt« – so die Felsinschrift.

Info

An- und Weiterreise

Leshan ist per Bus von Chengdu (140 km, 2 Std.) oder Emei Shan (35 km, 45 Min.) erreichbar.

Allgemeines

Tempel Dafo Si: Mai–Sept tgl. 7.30–19.30, Okt–April 8–18 Uhr; Eintritt 70 Y

Ausflugsboote von den Anlegern in Leshan-Stadt (Ferry Dock), tgl. 7.30–19.30 Uhr; Ticket 50 Y

Wuyou Si: tgl. 8–18 Uhr, Eintritt 8 Y

WOLONG-NATIONALPARK (WOLONG ZIRAN BAOHUQU)

卧龙自然保护区 ➤ [H 8]

In spektakulärer Berglandschaft liegt dieses Biosphären-Reservat, das mit 200 000 ha das größte Panda-Reservat ist. Im Sommer kann man in der Gegend schöne Wanderungen unternehmen (Infos vor Ort). Pandas sieht man nur in der Zuchtstation, hier leben ca. 80 Tiere.

Info

An- und Weiterreise

140 km nordwestl. von Chengdu (4 Std. mit dem Bus)

Allgemeines

Übernachtung im »Panda Inn« (Tel. 0837/624 30 28, 53 Zi. • ✉) bei der Zuchtstation (Daxiongmao Xiyang Chang; tgl. 8–12, 13.30–15 Uhr; Eintritt 30 Y); www.pandaclub.net

NORD-SICHUAN 四川北部

Im einst abgelegenen Norden Sichuans ➤ [H 7/8] sind heute Naturparadiese unvergleichlicher Art ganz gemütlich über gute Straßen oder sogar per Flugzeug erreichbar. Ein entsprechender Touristenstrom blieb nicht aus; die hier siedelnden Tibeter wurden aus den Parks teilweise vertrieben. Dennoch: Die Landschaft ist atemberaubend – und das kann bei durchschnittlichen 2500 Höhenmetern ganz wörtlich gemeint sein. Alpine Wälder, Grassteppen, eisige Seen, Flussläufe und Wasserfälle werden gekrönt von schneebedecktem Hochgebirge und

azurblauem Himmel. Schon die Anreise über 4000 m hohe Pässe mit weiten Ausblicken ist ein Erlebnis. Schönste Jahreszeit für die Stätten des UNESCO-Weltnaturerbe ist der Herbst.

Info

An- und Weiterreise

Ca. 400 km nördlich von Chengdu. Flughafen Jiuhuang (Jiuhuang Jichang): etwa auf halber Strecke zwischen Songpan und Jiuzhaigou

Touristeninformation

➤ [H 8] Touren können ab Chengdu gebucht werden, z.B. bei CITS Tel. 028/86 42 82 12.

HUANGLONG-NATIONALPARK (HUANGLONG JINGQU)

黄龙景区 ➤ [H 7]

Im richtigen Licht sehen die goldgelben Travertin-Terrassen am Berghang wie der Rücken eines mythischen Wesens aus. Kristallklares Wasser füllt die terrassierten Teiche, deren Farbenpracht von Türkisblau über Hellgrün bis hin zu Weiß oder Gelb wechselt. Ein 9 Kilometer langer Wanderweg führt an den Teichen und Seen vorbei bis zum Tempel des Gelben Drachen (Huanglong Si, 黄龙寺) und dem spektakulären »Fünf-Farben-Teich« (Wucai Chi, 五彩池). Frühmorgens entgeht man dem Besucherstrom.

Info

An- und Weiterreise

Ca. 120 km südl. von Jiuzhaigou; von Songpan (56 km) auch per Pferdetreck erreichbar

Allgemeines

Eintritt 200 Y; www.huanglong.com

JIUZHAIGOU-NATURRESERVAT (JIUZHAIGOU ZIRAN BAOHUQU)

九寨沟自然保护区

Ca. 2500 m ü.d.M. ➤ [H 7]

Eine märchenhafte Welt aus über Hundert tiefblauen Seen, Wasserfällen und üppiger, dichter Vegetation. Schmale Holzpfade führen vorbei an schwimmenden Grasinseln und im Wasser stehenden Bäumen; Gebetsfähnchen säumen die Wege. Aber: Machen Sie sich darauf gefasst, nicht allein zu sein! Jährlich besuchen über 1,5 Millionen Gäste dieses besondere Naturreservat.

In Gold und Türkis schimmern die Kalzitbecken im Huanglong Nationalpark im Norden von Sichuan.

Hotels

Sheraton Jiuzhaigou Resort

九寨沟喜来登国际大酒店

Im Spa dieses riesigen, noblen Resort-Hotels erholt man sich bei tibetischem Kräuterfußbad von den Ausflügen.

1,5 km nördlich des Parks; Tel. 08 37/773 99 88, Fax 773 96 66; www. sheraton com/ jiuzhaigou; 482 Zi. •••• CREDIT

Info

An- und Weiterreise

435 km von Chengdu; Flughafen Jiuhuang (90 Min. per Taxi, ca. 80 Y)

Allgemeines

Tgl. 7–18 Uhr; Eintritt 220 Y; www.jiuzhai.com

YUNNAN 云南

Die vielleicht vielfältigste Provinz im äußersten Südwesten des Landes ➤ **[G/H 8–10]** ist sehr beliebt bei Reisenden. »Südlich der Wolken«, so ihr Name, finden sich klirrende Kälte der Sechstausender ebenso wie subtropische Hitze. Flora und Fauna sind so divers wie sonst nirgendwo im Land, auch die Kulturen sind vielfältig; Naxi, Bai, Mosuo, Tibeter, Yi und Miao sind nur einige der vielen Ethnien, die hier leben. Erst zur Mongolenzeit wurde die Provinz ins Reich eingegliedert, vorher herrschten die mächtigen Königreiche Nanzhao und Dali. Später zeigten Kolonialmächte Interesse, Frankreich baute die Indochina-Eisenbahn nach Kunming. Im Zweiten Weltkrieg versorgte die USA die isolierte GMD-Regierung hier über eine Luftbrücke. Die Bewohner zeigen sich Fremden gegenüber aufgeschlossen; selbst einige alte Männer sprechen noch etwas Englisch.

> **ZUR ORIENTIERUNG**
>
> Die Orte dieser Region sind der typischen Reiseroute entsprechend geordnet, mit Ausgangspunkt in Kunming.

KUNMING 昆明

3,9 Mio. Einwohner, 2000 m ü.d.M. ➤ [H 9]

Die wegen ihres milden Klimas genannte »Stadt des ewigen Frühlings« hat in den 1990er-Jahren eine komplette Erneuerung durchgemacht. Dennoch behält die moderne Provinzhauptstadt ein freundliches, entspanntes Flair. Kunming ist Ausgangspunkt für Ziele in Yunnan, die meist per Bus erreicht werden. Von hier gibt es Flug- und Bahnverbindungen in alle wichtigen Städte Chinas.

Hotels

Green Lake Hotel (Cuihu Binguan) 翠湖宾馆

Wunderschöne Lage direkt am See mit 5-Sterne-Luxus.

6 Cui Hu Nan Lu, Kunming; Tel. 08 71/515 88 88, Fax 515 32 86; www.greenlakehotel.com; 292 Zi. ••• CREDIT

Ausflüge

Yuanyang-Reisterrassen 元阳梯田

Einen spektakulär schönen Anblick bieten diese Reisterrassen, wenn sich das rotgoldene Licht des Sonnenauf- oder untergangs in ihren Wassern spiegelt. Aber auch Nebel verhangen wirken sie schön, dann ragen die Bergdörfer wie Inseln aus dem Wolkenmeer. Bisher kommen noch nicht viele ausländische Touristen in diese Gegend, in der auch Dörfer der Hani-Ethnie und bunte Märkte erkundet werden können. Die sechsstündige Busfahrt von Kunming führt durch terrassierte Tee- und Reisplantagen. Beste Reisezeit ist im Winter und Frühjahr, wenn Wasser in den Feldern steht; im Sommer sind sie grün von Reishalmen, im Herbst trocken.

➤ [H 10] **Ausgangsort: Xinjie 新街; ca. 300 km südlich von Kunming; Empfehlung für 2–3 Tagestrip; übernachten im Yunti Dajiudian 云梯大酒店 (Tel. 08 73/562 48 58 •• ✉)**

Steinwald (Shilin) 石林

Bizarre Felsformationen ragen bis zu 30 Meter in den Himmel hinauf, so weit das Auge reicht. Im Labyrinth aus grauen Kalksteinen kann man sich geradezu verlaufen. Vormittags ist das berühmte Naturwunder Yunnans gut besucht, am Nachmittag wird es ruhiger, und bei Sonnenuntergang oder Mondschein bietet sich ein beeindruckender, unwirklicher Anblick.

➤ [H 9] **120 km südöstl. von Kunming; Eintritt 140 Y. Einfache Hotels gibt es vor Ort, z.B. Shilin Bishuyuan Binguan 石林避暑园宾馆; Tel. 08 71/771 10 88; 48 Zi. • – •• ✉**

Sehenswertes

Höhepunkte der Stadt

Beginnen Sie den Tag in Kunming frühmorgens mit einem Besuch im beliebten Smaradgsee-Park (Cuihu Gongyuan, 翠湖公园, tgl. 6–22 Uhr). Zu Kunmings bedeutendstem Tempel, dem Yuantong Si 圆通寺 (tgl. 8–17 Uhr) ist es von dort aus nur ein kurzer Spaziergang. Dahinter bietet ein Pavillon (Yian Ting) einen ausgezeichneten Blick über die Stadt. Das exzellente vegetarische Restaurant Yuquan Zhai 玉泉斋 liegt direkt gegenüber des Tempels – für den ersten kleinen Snack.

In der Innenstadt zeigt das Provinzmuseum (Yunnan Sheng

Die 30 Meter hohen Felsnadeln bilden den weltberühmten Steinwald südöstlich von Kunming.

Bowuguan 云南省博物馆, tgl. 9–17 Uhr) große, über 2000 Jahre alte Bronzetrommeln der Dian-Kultur, buddhistische Kunst und Minderheitenfolklore. Etwas weiter östlich, an der Jingxing Jie 景星街 findet man auf dem bunten Vogel- und Blumenmarkt viele Souvenirs.

In den Gassen des muslimischen Viertels rund um die neu erbaute Moschee (Nanchang Qingzhen 南城清真寺) spürt man noch einen Hauch des alten Kunming. Hier gibt es viele kleine, für die Gegend typische Restaurants, sehr delikat ist das Lammkebab mit Kumin gewürzt. Das älteste Bauwerk der Stadt, die 13-stöckige Westpagode (Xi Ta, tgl. 9–18 Uhr) von 849, steht im Süden der Stadt.

Essen und Trinken

Zu den regionalen Spezialitäten gehören zum Beispiel die »Über-die-Brücke-Nudeln« (»guoqiao mixian« 过桥米线) und das Huhn im Tontopf (»qiguoji« 气锅鸡). Deutlich spürbar ist hier der Einfluss der südostasiatischen Küche.

1910 La Gare du Sud (Huoche Nanzhan) 火车南站

Ein stilvolles Restaurant in neo-kolonialer Atmosphäre des alten französischen Bahnhofs, das schmackhafte Yunnan-Spezialitäten serviert.

8 Hou Xin Jie, in einer kleinen Gasse nördlich der Ostpagode, Kunming; Tel. 08 71/316 94 86; tgl. 11.30–14, 17.30–21 Uhr •

Heimweg vom Markt: Frauen vom Volk der Bai überqueren mit ihren Körben eine Brücke bei Dali.

Aktiv

Spring City Golf & Lake Resort

春城高尔夫湖畔度假村

Die schöne Anlage wurde vom US-Magazin Golf Digest zum besten Golfcourse weltweit gewählt.

www.yunnangolf.com

Brilliant Spa 柏联SPA温泉

Weltklasse-Spa am Ufer des Yangzong-Sees, mit Seeblick und vulkanischen heißen Quellen, in dem Sie sich von den vielen Eindrücke erholen können.

Yangzonghai Tourist and Vacation District; Tel. 08 71/76 72 666

Info

Allgemeines

www.gokunming.com

DALI 大理

110 000 Einwohner, 1980 m ü.d.M. ➤ [G 9]

Dali ist ein gemütlicher kleiner Ort in den Bergen Südwestchinas mit einer hübschen Altstadt, vielen Cafés und etlichen Ausflugsmöglichkeiten. An einem See gelegen, war Dali lange Zeit Hauptstadt des unabhängigen Königreiches (Nanzhao, ab 902 n. C. Dali), das erst spät, im 13. Jahrhundert, dem Reich der Mitte angegliedert wurde – ausgerechnet von den fremden Mongolenherrschern. In den zahlreichen Dörfern der Umgebung leben Bai, die ihr Kunsthandwerk – z.B. Indigo-Batikstoffe – in den Souvenirläden oder direkt auf der Straße anbieten. Die abwechslungsreiche Umgebung Dalis eignet sich hervorragend für Ausflüge, Wanderungen und Bootstouren.

Hotels

Jim's Peace Hotel (Jimu Zangshi Jiudian) 吉姆藏式酒店

Das hölzerne Interieur dieses kleinen Hotels mit Garten ist im lokalen Bai bzw. tibetischen Stil gehalten. Von der Dachterrasse hat man wunderbare Aussicht über Berge und See; nachts leuchtet die angestrahlte Stadtmauer herüber.

13 Xixiu Lu, Dali; Tel. 08 72/267 78 24; www.china-travel.nl; 13 Zi. • MASTER VISA

Ausflüge

Erhai-See 洱海

Der lang gestreckte (ca 40x7 km) große See ist umringt von hübschen Dörfern, die man wunderbar per Fahrrad erreichen kann. Xizhou 喜洲 und Zhoucheng 周城 (am Westufer, ca 18 bzw. 25 km nördlich) gehören mit ihrer traditionellen Bai-Architektur zu den schönsten Plätzen. Per Bootstörn kann man verschiedene Ziele am Ostufer ansteuern; darunter die Insel Putuo 普陀 mit dem kleinen Marktflecken Wase und einem Felstempel, oder den Tianjiang Pavillon, der ebenfalls einen tollen Blick über den See bietet. Nett ist eine Kutschfahrt zu den Anlegern bei Dali.

➤ [G 9] Touren können in den Cafés organisiert werden.

Bergkette Cang Shan 苍山

Wunderschöne Ausblicke über Altstadt, Dörfer, Berge und See bietet eine Wanderung in den Cang-Bergen hinter Dali. Zwei Sessellifte führen hinauf: Im Cang-Shan-Sessellift schwebt man 30 Minuten hinauf zum synkretischen Tempel Zhonghe Si. Alternativ führt vom Kloster Gantong Si eine Seilbahn hinauf in ein enges Gebirgstal. Beide Punkte kann man oben über eine abwechslungsreiche, 12 Kilometer lange Wanderung verbinden. Wer dort übernachten möchte, kann dies auf 2590 m Höhe im abgeschiedenen »Higherland Inn« (Tel. 08 72/226 15 99; www.higherland.com; 7 Zi.) hinter dem Zhonghe Tempel tun.

Die Pagoden wurden als Reliquienschreine erbaut und sind Dalis Wahrzeichen. Die 16-stöckige in der Mitte ist 1200 Jahre alt.

Cang-Shan-Llift: Abfahrt vom oberen Ende der Sanyue Jie (nordwestl. der Altstadt), 30/50 Y; Gantong-Seilbahn: ca. 10 km südl. von Dali am Ganton Kloster; 52/82 Y

Sehenswertes

Altstadt und Stadttore

Mit ihren schnurgeraden Straßen und Stadttoren in allen vier Himmelsrichtun-

gen gleicht Dali dem (verkleinerten) Prototyp einer chinesischen Stadt. Mit Muße kann man vom touristischen Süd- zum stimmungsvolleren Nordtor schlendern oder sich in einem der vielen Restaurants entlang der ost-west-verlaufenden »Ausländerstraße« entspannen.

Drei Pagoden (San Ta) 三塔

In strahlendem Weiß leuchtet das Wahrzeichen Dalis vor der Bergkulisse auf: Die drei Pagoden sind so berühmt, dass sie sogar ihre eigene Zigarettenmarke schmücken. Auf einem frühen Spaziergang sieht man die Fassaden im sanften Morgenlicht. Die schlichte, quadratische Qianxun Ta aus dem 9. Jahrhundert ist mit 69 Metern und 16 Stockwerken die größte und älteste. Bei ihrer Renovierung fand man buddhistische Reliquien. Die beiden kleineren Pagoden wurden im 11. Jahrhundert zur Besänftigung der Götter und zur Eindämmung von Naturkatastrophen erbaut: »Unterwerfe für immer Berge und Flüsse« heißt es in einer Kalligrafie. Im rekonstruierten Chongsheng-Tempel befindet sich ein Museum mit den Fundstücken. Die Pagoden können nicht bestiegen werden.

2 km nordwestl. von Dali;
tgl. 8–18.30 Uhr; Eintritt 121 Y

Montagsmarkt in Shaping

Auf diesem großen, farbenprächtigen Markt kommen jeden Montag Bergbewohner der ganzen Region zusammen. Zum Ort, an der Nordspitze des Erhai, führt eine hübsche Fahrradtour.

20 km nördl. von Dali

Essen und Trinken

Bamboo Café (Zizhuwu) 紫竹屋

In der »Ausländerstraße« Huguo Lu reihen sich Cafés und Restaurants, darunter das gemütliche Tibet Café oder das Yunnan Café, das gutes Frühstück anbietet. Um etwas Ruhe zu finden, bietet sich das entspannte Bamboo Café an, das lokale Gerichte serviert.

71 Renmin Lu, Dali; Tel. 08 72/267 18 98;
ca. 8–23 Uhr •

Info

An- und Weiterreise

Busse und Flüge starten ab Xiaguan (auch Dali-Stadt genannt) am Südende des Sees. Diese Neustadt ist nicht mit Dali-Altstadt, ca. 18 km nördlich, zu verwechseln!

DIE WELT DER FRAUEN

Bei den Mosuo haben die Frauen das Sagen. Formelle Ehen gibt es nicht, stattdessen wird die »Wanderehe« praktiziert.

In der abgelegenen Gebirgswelt Nord-Yunnans, in der beeindruckend schönen Landschaft des Lugu-Sees und seiner umliegenden Wälder, lebt eine Ethnie mit bemerkenswerter sozialer Organisation: Die Mosuo leben nach dem Matriarchat. Frauen haben generell einen höheren sozialen Status als Männer und nehmen meist auch Führungsrollen ein. Familienlinie und Eigentum vererben sich über die weibliche Seite. Frauen tragen allerdings nicht nur die Verantwortung, sondern auch die Hauptlast der landwirtschaftlichen und häuslichen Arbeit. Was Fremde vor allem fasziniert, ist die ungewöhnliche Beziehungsform: Männer kommen nur für die Nacht vorbei. Formelle Ehen sind zwar bekannt, aber selten und unbeliebt. Jeder bleibt in der mütterlichen Familie verankert, und die Partner können wechseln. Kinder bleiben bei der Mutter, Männer übernehmen allenfalls Verantwortung für den Nachwuchs ihrer Schwestern, in deren Haushalt sie leben.

ZWANGSBINDUNGEN

Die KP betrachtete diese Besuchsbeziehungen als Relikt einer rückständigen Epoche und zwang Erwachsene zur Heirat. Sobald diese Politik jedoch wieder gelockert wurde, ließen sich die meisten scheiden und kehrten zu ihren mütterlichen Familien zurück. Seit einigen Jahren übt diese Gesellschaft eine magische Anziehungskraft auf chinesische Touristen aus.

Am Ufer des Sees, im Dorf Luoshui, ist eine kleine Feriensiedlung entstanden. Besucher lassen sich von singenden Mosuo-Frauen über den See rudern, bestaunen die schönen Trachten. Ein kleines Museum in einem traditionellen Haus führt in die Mosuo-Kultur ein. Auf Wanderungen und Bootstouren erkundet man die Tempel auf den umliegenden Bergen und Inseln.

EXOTISCHE BESUCHSLIEBE

Ebenfalls ein Anreiz ist jedoch die vermeintliche Freizügigkeit der Mosuo-Frauen. »Besuchsbeziehung« (im Chinesischen »zou hun«, im Englischen »walking marriage«) wird quasi mit One-Night-Stand gleichgesetzt. Schon ist eine regelrechte Sex-Industrie am Rande der kleinen Feriensiedlung entstanden. Die hier arbeitenden Frauen sind allerdings fast ausschließlich zugezogene Chinesinnen, die sich als Mosuo ausgeben, um vom Reiz der Exotik zu profitieren. Mosuo, um ihren Ruf bemüht, betonen, dass sie durchaus langjährige Beziehungen führen. Oft wechseln sie in jüngeren Jahren häufiger den Partner, leben dann aber in Monogamie. Doch auch eine langjährige Beziehung kann ohne Formalitäten gelöst werden. Auch Eifersucht und Trennungsschmerz kommen vor, werden von der Umgebung jedoch eher als peinlich wahrgenommen.

Eine Mosuo-Frau wurde besonders berühmt. Yang Erche Namu wurde als junges

Mosuo-Frauen aus drei Generationen: La Lamu mit ihrer Mutter La Ong Jingma und ihrer Großmutter La Zier.

Mädchen aufgrund ihrer schönen Stimme für einen Gesangswettbewerb entdeckt und machte Karriere. Heute lebt die bekannte Pop-Sängerin in New York und Beijing und hat ein Buch über ihre Kindheit am Lugu-See geschrieben, das die Mosuo erst richtig bekannt machte. Als sie damals das Dorf verließ, musste man bis zur nächsten Stadt mehrere Tage zu Fuß marschieren. Heute erreicht man den See auf einer gut ausgebauten Straße in sieben oder acht Stunden.

Mosuo Museum (Mosuo Minsu Bowuguan) 摩梭民俗博物馆

In einem alten Mosuo-Haus werden u.a. Fotos des Forschers Joseph Rock gezeigt, der die Gegend in den 1920er-Jahren besuchte. Luoshui, nahe dem Busbahnhof; keine festen Öffnungszeiten; Führungen nur chin.; Eintritt 20 Y

Anreise und Unterkunft ➤ [G 9]

Anreise zum Lugu-See (Lugu Hu 泸沽湖) per Bus ab Lijiang (7–8 Std., tgl. 9.30 Uhr; Rückfahrt tgl. 10 Uhr).
Übernachtung in den Blockhäusern des Mosuo Dajiudian 摩梭大酒店 (am Ufer in Luoshui; Tel. 08 88/ 588 11 85 •• ✉).
Information und Internet im Husi Teehaus (Husi Chawu).
Beste Reisezeit: April–Mai, Sept.–Okt.

AUTORENTIPP Zum Weiterlesen:
Yang Erche Namu, Christine Mathieu,
Das Land der Töchter. Eine Kindheit bei den Mosuo, wo die Welt den Frauen gehört.
Ullstein, Berlin 2005.

LIJIANG 漓江 9

30 000 Einwohner, 2400 m ü.d.M. ➤ [G 9]

Mit seinen plätschernden kleinen Bächen, gewundenen Kopfsteinpflasterwegen und hübschen rot gezimmerten Häusern der Altstadt ist Lijiang so schön und einzigartig, dass es 1999 zum Weltkulturerbe erklärt wurde und daraufhin Heerscharen von Touristen anzog.

Inzwischen ist in fast jedem Häuschen der inneren Altstadt ein Café oder Souvenirladen untergebracht, und die kleinen Gassen sind mit Besuchern verstopft. Der Ort bleibt weiterhin wunderschön, von den Cafés kann man das Treiben ganz entspannt beobachten. Wer kleinen Nebengassen in die ruhigeren Ecken folgt (oder sehr früh aufsteht), findet noch immer die friedlichen Momente, die den Charme einst ausmachten. An klaren Tagen ragt der schneebedeckte Gipfel des 5596 Meter hohen Jadedrachen-Schneebergs über der Stadt auf und macht das Bild perfekt. Lassen Sie sich nicht von der gesichtslosen Neustadt abschrecken, in der jeder Reisende zunächst ankommt; die Altstadt Lijiangs wird Sie bezaubern.

Hotels

Viele alte Hofhäuser wurden zu kleinen Gasthäusern umgewandelt, wo man in einfacher, familiärer Atmosphäre wohnen kann. In einer ruhigen Seitengasse liegt das einfache, aber ungemein freundliche Aliang-Guesthouse (Tel. 08 88/512 99 23; 6 Zi • ▭). Empfehlenswert ist auch das Moon Inn (Tel. 08 88/518 05 20; 12 Zi. •• MASTER).

Zen Garden Hotel 瑞和园

Edel anmutendes kleines Hotel mit friedlichem, begrüntem Innenhof und fantastischem Blick über die Altstadt. Live-Musik zum Frühstück.

100 m vom Marktplatz, 36 Xingren Gasse, Wuyi Lu, Lijiang; Tel. 08 88/51 89 799; www.zengardenhotel.com; 16 Zi. ••• CREDIT

Ausflüge

Tigersprung-Schlucht (Hutiao Xia)

虎跳峡 (› Tour 2)

Baisha 白沙

Das Dorf mit alten Lehmhäusern und Tempeln war einst Zentrum des Naxi-Königreichs. Neben dem legendären Dr. Ho (→ Der gute Tipp von MERIAN 27, S. 138) kann man hier die Fresken im Dabaoji Palast 大宝积宫 besuchen. Am Fuß des Jadedrachen-Schneebergs, etwa 5 Kilometer weiter, liegt das kleine Yufeng-Kloster 玉峰寺 mit einem wunderschön blühenden alten Kamelienbaum.

Ca. 10 km nördl. von Lijiang, schöne Fahrradtour (ca 30 Min); Dabaoji Gong: tgl. 8.30–17.30 Uhr; Eintritt 15 Y

Jadedrachen-Schneeberg (Yulong Xueshan) 玉龙雪山

Sessellifte und Tagestouren führen heute auf den Berg. Auf 4506 m kann man reiten und Gletscherblicke bewundern. Weniger überlaufen ist die Yak-Weide (Maoniuping 牦牛平, 3500 m). Wer in spektakulärer Kulisse golfen möchte, kann dies auf dem höchsten Golfplatz der Welt tun: Jade Dragon Snow Mountain Golf Club, www.yunnangolf.com

Lijiangs Altstadt mit ihren schmalen Gassen, kleinen Bächen und zierlichen Brücken ist ein Stück Weltkulturerbe.

DIE KULTUR DER NAXI

Ihre Dongba-Religion, ihre Schrift und Musik sind bekannt, nicht aber der dunkle Ritus, der heute nur noch durch Sagen geistert.

Die Finger des alten Mannes gleiten ehrfurchtsvoll über die Seiten des schmalen Buches aus grobem handgeschöpftem Papier. Sie sind übersät mit einem Reigen kleiner Bildchen, die fast wie ein Comic anmuten; kunstvoll und heiter. Ein langnasiges Fabeltier scheint einen Ball zu werfen, zwei Strichfiguren folgen, dazwischen Kreise, Töpfe, Kreuze, Hühnerköpfe. Die piktografische Schrift der Naxi gilt als einzige noch praktizierte Hieroglyphen-Schrift weltweit. Auf Grußkarten und T-Shirts leben die Zeichen wieder auf, doch die ausführlichen alten Texte können nur wenige lesen.

MYTHISCHE GESÄNGE

Die Dongba-Religion entwickelte sich aus der tibetischen, vor-buddhistischen Bön-Religion. Ihre Priester hatten schamanische Aufgaben. Auch die Naxi selbst (sprich: Na-chi), die heute noch 290 000 zählen, stammen wahrscheinlich von tibetischen Stämmen ab. Ihre traditionelle Kultur zeichnete sich durch eine matrilineale Gesellschaftsstruktur aus: Die Familienlinie richtete sich nach den Müttern, die allein für die Kindererziehung zuständig waren, das gesamte Erbe erhielten und als respektierte Ältere in Konflikten vermittelten. Wirklich matriarchalisch war die Kultur aber nicht; Männer hielten wichtige politische und religiöse Posten.

Die alten Strukturen gingen durch chinesischen Einfluss fast verloren. Die Frauen aber tragen oft noch die charakteristische blaue Tracht, deren Applikationen Himmel und Sterne, Tag und Nacht symbolisieren. Auch gibt es wieder einige wenige Männer, die Dongba-Riten und Gesänge erlernen. Sie werden zu Festen und Einweihungen gerufen. Der alte Mann ist einer von ihnen. Er trägt die mehrzackige Dongba-Krone auf seinem Kopf, sein Körper ist in ein schillerndes Gewand gehüllt. In langsamen Bewegungen tanzt er durch

Nur wenige Naxi beherrschen noch die uralte Hieroglyphenschrift – so wie dieser Priester der Dongba-Religion.

den Raum, hebt kraftvoll an zu singen. Dann bricht er abrupt ab. Zu gefährlich, sagt er, der Zauber hat große Kraft.

Das Buch, aus dem er ein paar Zeilen sang, ist das Ha'erli ken. Es beschreibt eine Unterwelt, jenseits von Ängsten und Sorgen, einen blühenden Himmel der Liebenden. Unzählige junge Paare tanzten, sangen, tranken und liebten sich auf dem Schneeberg ein letztes Mal, bevor sie gemeinsam in die Tiefe stürzten oder unter blühenden Akazien einen tödlichen Trunk nahmen. Der letzte Vorfall ist aus den 1950er-Jahren bekannt. Die Kommunisten verboten den Selbstmord-Kult, und mit ihm die gesamte Dongba-Religion. Inzwischen wandern Tagesausflügler auf den Jadedrachen-Schneeberg, und bestaunen neben Yakwiese und Gletscherblick auch den Ritualplatz. Doch schon der Kult selbst war eine Reaktion auf Fremdherrschaft. Während die Ming das einst eigenständige Königreich Naxi nur nominell regierten, führten die Qing konfuzianische Beamtenstruktur und Moralwerte ein. Bis dahin hatten die Naxi in offenen Beziehungsstrukturen gelebt; Jugendliche durften ihren Partner selbst auswählen oder auch wechseln.

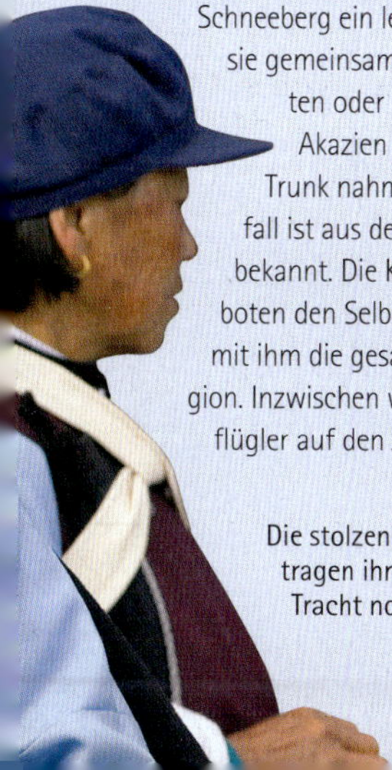

Die stolzen Frauen der Naxi tragen ihre besondere Tracht noch heute.

REBELLION GEGEN REGELN

Das endete mit der konfuzianisch geprägten Herrschaft, die arrangierte Ehen und devote Unterwürfigkeit der Frau einführte. Die Vermischung beider Kulturen führte zu einem Dilemma: Heranwachsende durften weiterhin amouröse Verbindungen haben, mussten später aber den schon in der Kindheit versprochenen Ehepartner heiraten. Viele zogen dann den Selbstmord vor. Der Akt war also auch eine Rebellion gegen die Fremdherrschaft mit ihren aufgezwungenen Regeln und wurde im Lauf der Jahrhunderte zu einem Teil der Kultur. Verschiedene Forscher begeisterten sich für die Naxi. Der berühmteste war der Wiener Joseph Rock, ein exzentrischer Botaniker, der von 1922 bis 1949 in Lijiang lebte und für National Geographic schrieb. Seine Aufzeichnungen, ebenso wie die von Peter Goullart, sind faszinierendes Zeugnis der Naxi-Kultur, deren Untergang sie damals fürchteten.

➤ [G 9] **35 km nördl. von Lijiang, Tagestouren in Lijiang buchbar; Eintritt 120 Y, Sessellifte 40–160 Y**

Eco-Tours

Wer entlegene Gebiete erkunden möchte, ist mit den Trekking- und Campingtouren des Anbieters »Eco-tours« gut beraten. Das kleine Info-Café in Balsha, das auch als Galerie des Künstlers und Inhabers Zhao Fan fungiert, bietet außerdem gute Landkarten für Fahrradtouren in die nähere Umgebung.

Eco-Tours, »Buena Vista Café«, Baisha; Tel. 01 31/70 78 07 19; www.ecotourchina.com

Sehenswertes

Altstadt

Im Geflecht aus gewundenen Gassen und Kanälen kann man wunderbar auf Entdeckungstour gehen, über kleine Brücken spazieren, sich zu den alten Männern am Dorfplatz gesellen und sich einfach treiben lassen. Herz der Altstadt ist der Marktplatz Sifang Jie, auf dem häufig volkstümliche Reigen aufgeführt werden (Touristen dürfen mittanzen). Sechs Gassen führen von hier in alle Richtungen; nach Osten gelangt man zur Großen Steinbrücke und dem herrschaftlichen Anwesen der Familie Mu, das nach altem Vorbild komplett neu errichtet wurde. Im Westen steigt ein Pfad den Löwenhügel (Shizi Shan) hinauf, von dessen Aussichtsterrasse man einen weiten Blick über das silberne Grau der vielen Schindeldächer hat. Ganz oben steht ein neuer Aussichtsturm (Wangu Lou).

Am nördlichen Eingang zur Altstadt findet sich ein großes Wasserrad, von dem aus die Bäche nach Süden fließen. Wer sich verlaufen hat, braucht also nur der Strömung entgegen zu laufen. Dieser Bereich wurde größtenteils nach einem Erdbeben 1996 neu errichtet.

Residenz der Familie Mu, Mushi Tusifu 木氏土司府; tgl. 8.30–17.30 Uhr; Eintritt 35 Y

Der majestätische Jadedrachen-Schneeberg von einem Park in Lijiang aus gesehen

Park »Teich des Schwarzen Drachen« (Heilongtan Gongyuan) 黑龙潭公园
Von diesem Park aus hat man einen besonders schönen Ausblick auf den Jadedrachen-Schneeberg, dessen Spiegelbild im Teich glitzert. Am südlichen Ende des Parks befindet sich das Dongba-Forschungsinstitut mit Naxi-Schriften und Artefakten.

Ca. 1 km nördl. der Altstadt; tgl. 7–19 Uhr; Eintritt 30 Y

Essen und Trinken

In der Altstadt gibt es Unmengen kleiner Restaurants und Cafés. Im Prague Cafe und Well Bistro kann man gemütlich frühstücken, im Petit Lijiang Bookcafé gibt es eine breite Auswahl an Büchern zur Region. Pasta oder Fisch sind im Blue Papaya zu empfehlen.

Am Abend

Naxi-Orchester

(→ Der gute Tipp von MERIAN 19, S. 122)

Wasser-Romantik

Schwimmende Kerzen auf dem Kanal und rote Laternen sorgen für stimmungsvoll romantische Abende. An den Cafés nördlich des Marktplatzes geht es eher lauter zu: Entsprechend einer Naxi-Tradition rufen sich die Bedienungen neckende Liedsprüche über den Kanal zu.

Info

An- und Weiterreise

Per Bus 3 Std. von Dali, 9–11 Std. von Kunming. Flüge nach Kunming und einige andere chinesische Städte.

ZHONGDIAN / »SHANGRI-LA«

中甸/"香格里拉"

125 000 Einwohner, 3200 m ü.d.M.

➤ [G 8/9]

Das tibetische Gyalthang (chin. Zhongdian) war bis vor ein paar Jahren ein unscheinbarer Ort in wild-schöner Berglandschaft, mit tibetischem Kloster und blühenden Wiesen rundherum. Dann beschloss die Regierung, ihn in einer großen touristischen PR-Aktion zum mythischen »Shangri-La« aufzumöbeln – und es funktionierte. Eine einberaumte Forschung belegte die Ähnlichkeit mit der romantischen Utopie aus James Hiltons Roman »Der verlorene Horizont«. Seitdem werden die atemberaubende Schönheit der umliegenden Schneeberge gepriesen, die fantastischen Ausblicke und die herzliche Gastfreundschaft seiner tibetischen Bewohner. Von einer neu erbauten, riesigen Gebetsmühle am Hügel schweift der Blick weit über die Umgebung. In Kloster und Altstadt bekommt man einen guten Eindruck von tibetischer Kultur, und die umliegende Gebirgslandschaft lädt zu wunderbaren Trekking- oder Pferdetouren. In harten Wintern schließt das mythische Paradies; kommen Sie lieber zwischen März und Oktober. Planen Sie ein paar Tage zur Anpassung an die Höhe ein.

Hotels

Banyan Tree Ringha 悦榕仁安藏村

Nahe des kleinen, friedlichen Klosters Rhinga (Dabao) hat die mondäne Luxuskette Banyan Tree ein Spa-Resort aus tibetischen Bauernhäusern aufgebaut, die eigens zu diesem Zweck andernorts in

Tibet abgebaut wurden. Rustikales, tibetisch inspiriertes Ambiente.

15 km von Zhongdian, Dorf Hong Po, Shan-gri-La; Tel: 08 87/828 88 22, Fax 828 89 11; www.banyantree.com; 2 Lodges und Suiten ●●●● AmEx MASTER VISA

Ausflüge

Im Frühjahr und Herbst ist ein Tagesausflug zum Napa-See (Napa Hai, 7 km), besonders schön: Das weite Grasland gleicht dann einem wilden Blütenteppich. Azaleen umgeben den Bita-See (Bita Hai, 35 km, Blütezeit Mai), wo man Boot fahren und Ponys mieten kann. Lohnenswert ist auch das tibetische Dorf Benzilan (22 km) mit Kloster Dhondrup ling Gompa (Dongzhulin Si). Am Fuße des Haba-Schneebergs liegen die Kalksteinterrassen Baishuitai (108 km), die grandiose Ausblicke auf die umliegenden tibetischen Dörfer bieten, und deren Besuch besonders bei sonnigem Wetter zu empfehlen ist.

Reiseinfos Khampa Caravan (s.u.) und Tibet Café & Inn, Changzheng Lu, Zhongdian; Tel. 08 87/823 02 82

Sehenswertes

Kloster Sumtseling Gompa (Songzanlin Si) 松赞林寺

Das größte und wichtigste tibetische Kloster Nordwestchinas liegt auf einem Hügel nördlich der Stadt. Der Blick ist malerisch, flatternde Gebetsfahnen und Glockenklang tragen zur besonderen Stimmung bei. In dem 300 Jahre alten Komplex leben heute wieder um die 700 Mönche.

tgl. 7.30–20 Uhr, Eintritt 10 Y

Essen und Trinken

Artist Space of the Sacred (Shengdi Yishu Kongjian) 艺术空间

Bar eines hiesigen Künstlers, mit kleiner Gemäldegalerie und fantastischem Ausblick in die Umgebung.

16 Canfang Jie, Altstadt, Zhongdian ●

Info

An- und Weiterreise

Flüge von/nach Kunming, Lhasa und Guangzhou vom Flughafen Diqin (5 km außerhalb). Per Bus: 5 Std. von/nach Lijiang.

Allgemeines

Besonders empfehlenswert für kurze und lange Touren ist Khampa Caravan, eine von Tibetern gegründete Reise-Organisation, die auch nachhaltige Entwicklungsprogramme für die tibetische Gemeinschaft betreibt, darunter zum Beispiel die nahgelegene Trinyi Eco-Lodge.

Heping Lu, Ecke Tuanjie Lu, Altstadt, Zhongdian; Tel. 08 87/828 86 48; www.khampacaravan.com

YUNNAN – DER SÜDEN

In dieser tropischen Region ganz im Süden Yunnans, in Xishuangbanna ➤ [G 10], wähnt man sich eher in Südostasien: Die dichten Regenwälder mit entlegenen Bergdörfern sind Heimat vieler Ethnien, deren Kunsthandwerk, Tempelarchitektur und Kleidung typisch südostasiatische Züge tragen. Größte Bevölkerungsgruppe sind die Dai, die auch im benachbarten Laos und Myanmar beheimatet sind und deren »Wasserfest« im April eine große Attraktion bietet.

Der Baustil der »Weißen Bambussprossen-Pagode« von Damenglong (S. 316) zeigt eindeutig südasiatische Einflüsse.

JINGHONG 景洪

40 000 Einwohner, 500 m ü.d.M. ➤ [G 10]

Die kleine, am Mekong gelegene Bezirkshauptstadt dient als Ausgangspunkt für Reisen in Xishuangbanna, da sie per Flugzeug erreichbar ist. Die schwüle Hitze gibt ein gelassenes, entspanntes Tempo vor. Sehenswert ist der Garten für tropische Pflanzen, außerdem das im Thai-Stil erbaute Kloster Wat Manting, das am Nordende des Chunhuan-Parks liegt. Anders als im im restlichen China, in dem Mahayana- oder Chan-Buddhismus dominieren, wird hier die in Südostasien verbreitete Schule des Kleinen Fahrzeugs (Hinayana) gelehrt.

Hotels

Tai Garden Hotel (Taiyuan Jiudian) 傣园酒店

Dieses Hotel ist die beste Adresse in Jinghong, es liegt in einem weiten Gartenareal und hat einen Swimmingpool.

8 Minghang Lu, Jinghong; Tel. 06 91/212 38 88, Fax 212 60 60; 172 Zi. ••-••• CREDIT

Ausflüge

Banna-Wildelefanten-Tal (Banna Yexianggu) 版纳野象谷

Die größte Attraktion des ausgedehnten Sanchahe-Naturreservats nördlich von Jinghong ist das Elefanten-Tal. Tatsächlich leben noch mehrere Dutzend Wildelefanten in diesem von dichtem Regenwald bedeckten Naturschutzgebiet.

Vom südlichen Eingang schwebt man im Sessellift durch die Baumwipfel ins Zentrum der Anlage, wo man in Baumhäusern übernachten kann. Mit etwas Glück sieht man in der Dämmerung badende Elefanten im Fluss. Die Beobachtung der vielen Vogelarten, Schmetterlinge und Affen lohnt aber ebenfalls einen Tagesausflug. Shows mit sogenannten wilden Elefanten kann man sich allerdings sparen.

48 km nördl. von Jinghong; Eintritt 25 Y, mit Führer 50 Y, Gasthaus 200 Y

Damenglong 大勐龙

Der nahe der birmanischen Grenze gelegene Ort wird erst zum Sonntagsmarkt lebendig. Er bietet sich als Ausgangspunkt für entlegene Touren an: Mit einem einheimischen Führer können Sie eine dreitägige Wanderung entlang des Nana-Flusses unternehmen. Sie führt durch dichten Dschungel und verschiedene Dörfer, in denen man auch übernachtet. Hauptsehenswürdigkeit von Damenglong ist die elegante »Weiße Bambussprossen-Pagode« (Manfeilong Bai Ta 曼飞龙白塔) nördlich der Stadt, die man in einem halbstündigen Fußweg erreichen kann. 1240 im birmanischen Stil erbaut, ragen ihre neun Pagoden wie Bambussprossen in die Höhe. Verehrt wird ein Fußabdruck Buddhas. Einen schönen Blick über die Stadt gewährt die »Schwarze Pagode«.

70 km südl. von Jinghong; Pagode: tgl. 8.30–18 Uhr; Eintritt 5 Y

Ganlaba (auch: Menghan) 橄榄坝

In der Ebene am Lancang-Fluss südöstlich von Jinghong gibt es viele hübsche Dörfer, in denen man die typische Dai-Architektur bewundern kann. Malerisch gelegene Tempel, verzierte Pagoden und überdachte Phoenix-Brunnen lassen sich am besten auf einer Radtour entdecken. In Ganlaba, dessen schöner Altstadtkern als »Dai-Nationalitäten-Park« deklariert wurde, kann man übernachten.

30 km südöstl. von Jinghong; Park Daizu Yuan: Eintritt 50 Y. Reisetipps im Sarlar Restaurant; Tel. 06 91/241 03 19; Übernachtung im Yunli Binguang; Tel. 06 91/241 02 04; 10 Zi.• ▭

Menghai (West-Banna) 勐海

Den Westen Xishuangbannas erkundet man von der modernen Stadt Menghai aus. Im nahen Dorf Jingzhen 景真 befindet sich ein Kunstwerk der Dai-Architektur: Der achteckige Pavillon (Bajiaoting) beeindruckt mit seinen Holzschnitzereien und verschachtelten Dacheinheiten. Im Innern finden sich buddhistische Wandmalereien. Donnerstags lohnt ein Ausflug zum hübschen Hani-Dorf Xiding 西定 mit großem Markt. Sonntags gibt es einen Markt in Menghun 勐混.

➤ [G 10] Ca. 70 km westl. von Jinghong (45 Min. per Bus)

Nass, fröhlich und Glück verheißend: Das Wasserfest der Dai soll zum Beginn des neuen Jahres alles Böse wegspülen.

Pflanzenpracht im Osten

Im Osten der Region, bei Menglun, liegt der wunderschöne botanische Tropengarten (Redai Zhiwuyuan 热带植物园), der zur Erforschung der Heilwirkung einheimischer Pflanzen angelegt wurde und über 3000 Pflanzenarten beherbergt. Durch dichten Tropenwald führt die Straße weiter zum ca. 80 Kilometer südlich gelegenen »Bupan Luft-Wanderweg« bei Mengla. In luftigen 40 Meter Höhe kann man hier auf schmalen Brücken durch die Baumwipfel spazieren. Der kleine Ort Yaoqu 瑶区 ist Ausgangspunkt für weitere Ausflüge in die Umgebung.

Tropengarten: ca. 70 km östl. von Jinghong; tgl. 7–24 Uhr; Eintritt 60 Y. Bupan Aerial Walkway: 30 km nördl. von Mengla; tgl. 8.30–18 Uhr

Essen und Trinken

Restaurantstraße Manting Lu 曼听路

An dieser Straße im Südwesten der Stadt Jinghong reihen sich unzählige Restaurants mit Dai-Küche. Viele bieten abends Folkloreveranstaltungen für ihre Gäste. Besonders zu empfehlen sind neben dem »Mei Mei Café« das »Thai Restaurant« und das »Mekong Café«. Auch die Küche ist südostasiatisch, mit süßen Aromen. Huhn in Kokosnuss, gegrillter Fisch, Rind oder Bambussprossen in Zitronengras sowie in Bananenblättern gegrillte Fleischspieße gehören zu den lokalen Leckerbissen.

Feste

Wasserfest der Dai (Poshuijie) 泼水节

Das Neujahrsfest der Dai ist ein riesiges, feucht-fröhliches Spektakel, bei dem garantiert keiner trocken bleibt: Um das Vergangene wegzuwaschen, darf jeder jeden mit Wasser bespritzen. Zur Erfrischung gibt es Lieder und Tänze, Elefantenparaden, Drachenbootrennen und Feuerwerk als Jahrmarkt-mäßiges Rahmenprogramm.

Mitte April, überall in der Region

Info

Allgemeines

Reise- und Trekkinginfos für die Region sowie Englisch sprechende Führer finden Sie im Mei Mei Café; Manting Lu, nahe des Kreisverkehrs, Jinghong; Tel. 06 91/ 212 73 24

Endlose Weiden, Yaks und Schafe, ein Auto in der Ferne und ein Mädchen, das die Herde der Familie hütet: So leben viele Nomadenfamilien in der Hochebene Tibets.

WILDER WESTEN, FERNER NORDEN

Extreme Landschaften und uralte Kulturen erwarten den Reisenden in den Randgebieten Chinas: in den Steppen des Nordostens, in Oasen und Wüsten der Seidenstraße und auf dem tibetischen Hochland.

Die großen Randprovinzen des Landes unterscheiden sich deutlich vom Kernland. Hier leben kulturell und historisch eigenständige Völker, deren Verbindung zu China in der Geschichte wechselvoll und zuweilen problematisch war und ist. Die Sprachen, Religionen und Bräuche dieser Menschen haben oft nur wenig mit denen der Han-Chinesen gemein. Durch deren gezielte Zuwanderung verändert sich zwar auch hier die ethnische Zusammensetzung, aber trotzdem bewahren sich diese Gebiete ihren ganz besonderen Reiz. Hinzu kommen die – zum Teil buchstäblich – atemberaubenden Landschaften.

Dieses Kapitel ist, vom Nordosten aus gesehen, gegen den Uhrzeigersinn geordnet. Die Mandschurei geht westlich in die Innere Mongolei über, an die sich wiederum das Gebiet der Seidenstraßen anschließt. Südlich davon liegt das Hochland von Tibet.

ZUR ORIENTIERUNG

Von Nordosten gegen den Uhrzeigersinn geordnete Unterregionen:

Hotels und Restaurants sind nach Preisklassen geordnet, von •••• bis •.
Die dem Punktesystem entsprechenden Preisspannen finden Sie im Inhaltsverzeichnis auf Seite 5.

MANDSCHUREI

In China nennt man die von der Mongolei, Russland und Korea umschlossenen Provinzen schlicht »Dongbei«: Ost-Nord ➤ [M-O 2-5]. Im Deutschen ist die fruchtbare Tiefebene als Mandschurei bekannt. Die hier lebenden mandschurischen Stämme schlossen sich Anfang des 17. Jh. zusammen und gründeten eine Monarchie nach chinesischem Vorbild, die bald darauf die zerrüttete Ming-Dynastie stürzte und eine eigene ausrief: die Qing, letzte Kaiserdynastie Chinas. Kaiserpalast und Gräber bei Shenyang ähneln in ihrer Pracht denen Beijings. Die neuen Herrscher orientierten sich am kulturellen Vorbild ihrer Vorgängerdynastien, und mit der wachsenden Bevölkerung Chinas siedelten ab Mitte des 19. Jh. immer mehr Han in der Region; die Unterschiede verschwammen. Ende der 1970er-Jahre galten die Mandschuren als assimiliert. In den letzten Jahren hat allerdings eine Rückbesinnung auf frühere Sitten und Traditionen begonnen. In Shenyang und Changchun sowie in den östlichen Grenzregionen sind auch starke koreanische Einflüsse zu

spüren. Der Norden, insbesondere Harbin, ist russisch geprägt, und auch die Landschaft ist sibirisch. Hier finden alljährlich prächtige Eisskulpturenfeste statt. Das Sumpfland im Norden sowie die Bergwelt an der koreanischen Grenze sind einzigartige Naturschutzgebiete. Die Region lässt sich gut mit der Transsibirischen Eisenbahn erkunden, die von Beijing über Shenyang, Changchun, Jilin und Harbin bis nach Russland führt.

ZUR ORIENTIERUNG

Die Orte der Mandschurei nördlich und östlich der Hauptstadt Beijing sind alphabetisch geordnet.

CHANGBAI SHAN 长白山

bis 2744 m ü.d.M. ➤ [O 4]

Diese wilde Berglandschaft an der Grenze zu Nordkorea beeindruckt mit dichten Laub- und Nadelwäldern, heißen Quellen, Wasserfällen und dem schönen »Himmelssee« im Krater eines Vulkankegels. Chinas größtes Naturschutzgebiet ist UNESCO-Biosphärenreservat mit alpiner Tundra, seltenen Tieren und endemischer Flora. Touristisch erschlossen ist die Nordseite. Eine einstündige Wanderung führt vom Wasserfall zum See (Tian Chi 天池, 2194 m ü.d.M.), an dessen Ufern schroffe Felsen und schneebedeckte Gipfel aufragen. Die nordkoreanische Grenze verläuft mitten durch den See, verlaufen Sie sich also nicht. Abschließend können Sie bei einem Dampfbad in den heißen Quellen entspannen.

Hotels

International Tourist Hotel (Changbai Shan Guoji Lüyou Binguan)

长白山国际旅游宾馆

Am schönsten wohnt man gleich unterhalb des Wasserfalls in einem Zimmer mit Blick auf den 68 m hohen Fall.

Touristendorf (Tianchi Jiaricun); Tel. 0433/ 574 60 01, Fax 574 60 02; 43 Zi. ●●● MASTER VISA

Info

Allgemeines

Eintritt 100 Y, Shuttlebusse 45 Y. Pauschalarrangement über CITS ab 500 Y (Juni–Sept.). Bahnstation in Baihe (20 km). Der Flughafen Songjianghe soll 2008 öffnen.

DALIAN 大连宾馆

2,7 Mio. Einwohner, 0 m ü.d.M. ➤ [M 5]

Die reiche Küstenstadt gilt als eine der angenehmsten Städte Chinas, mit Stränden, modernen Museen und schicken Einkaufsstraßen. Der zentrale Zhongshan Platz ist von russischen Kolonialbauten gesäumt. Spiele vom Shide-Fußballteam, Dalians größtem Stolz, werden hier auf Großleinwand übertragen. Wer sich für maritime Fauna interessiert, kommt gleich doppelt auf seine Kosten: In der »Sunasia Ocean World« führt ein 118 Meter langer gläserner Tunnel durch die Unterwasserwelt, und arktische Arten wie Eisbären, Seelöwen, Pinguine und Wale können im »Jidi Guan Polar Aquarium« bewundert werden.

Info

Touristeninformation

CITS, Tel. 04 11/83 67 80 19; ww.citsdl.net

Allgemeines

Die Websites www.dalianxpat.com und www.daliandalian.com enthalten allgemeine Infos von in Dalian lebenden Ausländern. Übernachtung im historischen Dalian Hotel 大连宾馆 (4 Zhongshan Platz, Tel. 0411/ 263 31 11; 36 Zi.) oder im einen der vielen Hotels der Luxusketten.

HARBIN (HA'ER BIN) 哈尔滨

4,7 Mio. Einwohner, 140 m ü.d.M. ➤ [N 3]

Die russisch anmutende Hauptstadt von Chinas nördlichster Provinz, Heilongjiang, ist außerhalb Chinas vor allem für ihr fantastisches Eisskulpturenfest berühmt. 1896 im Zuge des russischen Eisenbahnbaus entstanden, profitiert sie heute wieder vom Handel mit dem Nachbarland. In der Altstadt, rund um die kopfsteingepflasterte Zhongyang Dajie, stehen noch viele russische Bauten aus der Zeit um 1900. Die ehemals russisch-orthodoxe Sophien-Kathedrale von 1907 präsentiert heute historische Fotos der Stadt. In der alten Synagoge von 1920 ist eine Ausstellung zur russisch-jüdischen Gemeinde untergebracht. Beliebte Promenade mit Cafés und Statuen ist der Stalin-Park am Ufer des Songhua-Flusses. Im Sommer legen hier Bootstouren ab, im Winter kann man auf der dicken Eisschicht Schlittschuhlaufen oder gar Eissegeln. Auf der anderen Flussseite liegen der Sonneninsel-Vergnügungspark und, etwa 15 Kilometer weiter nördlich, eine Aufzuchtstation für sibirische Tiger, die von Busladungen voller Schaulustiger besucht wird. Drei chinesische Tempel befinden sich im Osten der Stadt.

Hotels

Modern Hotel (Madie'er Binguan) 马迭尔宾馆

Nostalgisches Flair weht durch dieses stilvolle Haus von 1906, das mitten in der historischen Altstadt liegt. Marmor und Holzschnitzereien dominieren die Lobby.

89 Zhongyang Dajie, Harbin;

Tel. 04 51/84 88 40 00; Fax 04 51/84 61 49 97; www.modern.com.cn; 140 Zi. ••• CREDIT

Feste

Eisskulpturenfest

Im sibirischen Winter verwandelt sich Harbin in eine glitzernde, schimmernde und klirrend kalte Fantasiewelt. Aus riesigen Eisblöcken werden entlang des Flusses kunstvolle Skulpturen jeder erdenklicher Form geschnitzt, manche von ihnen haushoch: Fabelwesen, Märchenpaläste, gar eine Verbotene Stadt oder Große Mauer. Nachts sind sie farbig erleuchtet und wirken umso fantastischer. Das Fest ist ein großer Volksspaß; manche der gigantischen Eislaternen können bestiegen, erklettert und als Rutsche benutzt werden.

5. Jan.–15. Feb.; an der Fluss-Promenade und im Zhaolin Park; Eintritt 80 Y

Info

An- und Weiterreise

Per Flugzeug oder Nachtzug ab Beijing (12 Std.)

Touristeninformation

Die Reiseagentur im Modern Hotel (→ S. 321), erreichbar unter Tel. 04 51/ 04 88 44 33, organisiert Touren.

Coole Sache: Das Eisskulpturenfest in Harbin ist ein buntes Spektakel. In den farbigen Labyrinthen ist die Orientierung gefragt.

SHENYANG 沈阳

6,5 Mio. Einwohner, 50 m ü.d.M. ➤ [N 4]

Das einstige »Mukden«, die Hauptstadt der Mandschuren, von der aus sie China eroberten, ist heute eine lebendige Provinzhauptstadt und ein Zentrum nordchinesischer Schwerindustrie. Der prächtige Palast und die Kaisergräber lohnen dennoch den Besuch. In jüngerer Geschichte leitete der »Mukden-Zwischenfall« im Jahr 1932 die Besetzung der Mandschurei durch Japan ein.

Hotels

Liaoning Hotel (Liaoning Binguan) 辽宁宾馆

Altes Flair herrscht in Speisesaal, der Lobby und im marmornen Treppenhaus. Die Zimmer des 1927 eröffneten Hotels sind modern renoviert.

97 Zhongshan Lu, Shenyang; Tel. 024/23 83 91 66, Fax 23 83 91 03; 80 Zi. ••• CREDIT

Traders Hotel 商贸饭店

Das gehobene Hotel der Shangri-La-Kette ist zentral gelegen und besticht durch seinen hervorragenden Service.

68 Zhonghua Lu, Shenyang; Tel. 024/23 41 22 88; www.shangri-la.com; 588 Zi. ••• CREDIT

Sehenswertes

Kaiserpalast (Shenyang Gugong) 沈阳故宫

Unter dem Herrscher Nurhaici (1559–1626), der verschiedene Stämme einte, begann der Aufstieg der Mandschus. Vom Palast aus, den er von 1625 bis 1636 anlegen ließ, planten er und sein Sohn Abahai (Regierungszeit 1626–43) die Expansion; von hier aus rief Abahai 1636 die Qing-Dynastie aus und erhob damit Anspruch auf Gesamtchina.

Nach der Besteigung des Throns durch Nurhaicis Enkel Fulin im Jahr 1644 diente der Palast als zweiter Regierungssitz. Der Bau, der in drei Bereiche geteilt ist, zeigt deutlich, dass man sich einerseits am kulturellen Vorbild China orientierte und es zu übertrumpfen suchte, andererseits auch spezifisch mandschurische Elemente betonte. So ähnelt der mittlere Trakt stark dem Beijinger Palast: An einer Nord-Süd-Achse reihen sich die Thron- und Audienzhalle, »Halle der Erhabenen Regierung« (Chongzhen Dian), der prächtige Phoenixturm, der als Wohn- und Bankettgebäude diente, und die Schlafgemächer im hinteren »Palast der Klarheit und Ruhe« (Qingning Gong). Hier wurden auch schamanische Riten abgehalten. Der Ostteil dagegen ist wie ein mandschurisches Feldlager gestaltet: Der achteckigen »Halle der Großen Herrschaft« (Dazheng Dian), die als militärisches Zentrum diente, sind zehn Pavillons vorgelagert. Hier befanden sich die Amtsitze der Heerführer der »Acht Banner«, dem mandschurischen Armeesystem, sowie die der zwei obersten Prinzen. Auf dem kunstvollen Thron unter der prächtigen Kassettendecke wurde Fulin gekrönt. Im westlichen Teil, der erst 1782 vollendet wurde, zeigt sich wiederum, wie schnell die fremden Herrscher sich der chinesischen Kultur anpassten: Bibliothek und Theater, die hier zu sehen sind, hatten noch 150 Jahre zuvor keine Bedeutung gehabt.

171 Shenyang Lu, Shenyang; tgl. 8.30–17.30 Uhr; Eintritt 50 Y

Nordgrab (Beiling) 北陵

Die Ruhestätte von Abahai und seiner Gemahlin Borjijit liegt im weitläufigen Beiling-Park. Die von 1643 bis 1651 erbaute Anlage gehört zu den besterhaltenen Kaiser-Mausoleen des Landes. Sie ist nach dem typischen Grundriss chinesischer Kaisergräber angelegt, setzt sich aber durch die doppelte, mit Türmen versehene Ummauerung, die reichliche Ornamentik der Opferhalle sowie fehlende Beamtenfiguren am Seelenweg ab. Im Winter läuft man im Park zwischen Schneeskulpturen Schlittschuh.

Beiling Gongyuan, im Norden Shenyangs; tgl. 9–16.30 Uhr; Eintritt 13 Y, Park 3 Y

Ostgrab (Dongling) 东陵

Das Grab Nurhacis ist ganz ähnlich aufgebaut, aber deutlich kleiner. Der hügelige Park ist am Wochenende beliebtes Ausflugsziel.

5 km östl. von Shenyang; tgl. 9–16.30 Uhr; Eintritt 10 Y, Park 2 Y

Museen

Provinzmuseum Liaoning (Liaoning Sheng Bowuguan) 辽宁省博物馆

Unter den ausgestellten Kunstgegenständen befinden sich erste farbige Holzdrucke (aus der Ming-Zeit) und beschriftete Orakelknochen, die zu den ältesten Funden von chinesischen Schriftzeichen zählen.

Zhongshan Platz, Shenyang; Tel. 024/ 22 82 19 03; tgl. 9–17 Uhr; Eintritt 20 Y

Essen und Trinken

Laobian Jiaoziguan 老边饺子馆

Die leckeren Jiaozi (gefüllte Teigtaschen) werden im Traditionshaus nordöstlich des Palastes schon seit 1829 serviert.

206 Zhong Jie, Shenyang; Tel. 024/ 24 86 53 69; 10.00–22.00 Uhr •

Info

An- und Weiterreise

Flug- und Bahntickets können im Traders Hotel gebucht werden (Tel. 024/23 41 64 57).

ZHALONG-RESERVAT 扎龙

ca. 140 m ü.d.M. ➤ [M 2]

Im fernen Norden lädt eine wirklich mandschurische Landschaft mit weiten Sümpfen, Schilfgebieten und Teichen zu ausgedehnten Wanderungen mit Fern-

Die Mandschurenkraniche im Zhalong-Reservat bleiben ihrem Partner ein Leben lang treu.

glas ein: Das Zhalong-Reservat ist Brutgebiet für mehr als 260 Vogelarten, darunter der seltene Mandschurenkranich, dessen Balztänze vor allem im Frühjahr, aber auch im Herbst zu beobachten sind.

Die Kraniche sind ausgesprochen treu: Sie bleiben ihr Leben lang mit einem Partner zusammen, und die Tänze festigen die Bindung. Ironischerweise ist der vom Aussterben bedrohte Vogel in China Symbol langen Lebens. CITS bietet Touren mit Flachbooten durch diese Wasser-Landschaft an.

Info

An- und Weiterreise

Anreise über das 27 km entfernte Qiqihar; Züge von Harbin 2–3 Std.; Nachtzüge von Beijing 14 Std.

Touristeninformation

CITS, Tel. 04 52/271 20 14

Allgemeines

Gute Jahreszeit: Apr.–Jun., tgl. 7 17 Uhr; Eintritt: 20 Y; www.savingcranes.org

INNERE MONGOLEI

Weite Steppen unter endlosem Himmel, vereinzelt leuchten Jurten in der sanft gewellten Landschaft, mongolische Reiter jagen über die Ebene – diese Bilder locken Reisende hierher ➤ [K 5]. Allerdings sollte man sich bewusst sein, dass mongolische Kultur heutzutage nicht mehr das heißen mag, was man sich vorstellt: Ein Großteil der Menschen lebt in Industriezentren rund um die Provinzhauptstadt Hohhot. Han-Chinesen wurden systematisch angesiedelt und machen heute 85 Prozent der Bevölkerung aus. Die verbliebenen nomadisierenden Hirten treiben ihre Herden ebenso gern mit dem Motorrad zusammen wie zu Pferd.

Aber ebenso wie die Regierung Maßnahmen zur Sesshaftigkeit und Sinisierung ergriff, führt man Touristen heute »echtes mongolisches Leben« vor: Jurtenleben, Reiterspiele, Ringen, Gelage mit Hammelfleisch und Schnaps sowie allerhand weitere bunte Folklore werden

Weiter auf S. 329

SCHATZKAMMER AM WEG

Die Seidenstraßen transportierten auch Mythen, Spiritualität, Kunst, Wissen, Entdeckergeist und Eroberungswillen.

Es begann mit dem Traum von den »himmlischen Pferden«. Im 2. Jh. v. Chr. suchte Kaiser Wudi Verbündete gegen kriegerische, berittene Nomaden, die sein Reich von Norden her angriffen. Er schickte einen Abgesandten in westliche Gebiete, weit jenseits der chinesischen Welt. Bald in Gefangenschaft geraten, kehrte dieser erst nach 13 Jahren zurück, doch er brachte einen besonderen Schatz mit: Informationen über fremde Völker. Gebannt lauschte man den Erzählungen von den edlen Rössern von Ferghana, himmlischen Pferden, die den Reiter in die Unsterblichkeit tragen sollten.

WUWEIS »FLIEGENDES PFERD«

Das Verlangen nach diesen Geschöpfen soll die ersten Reisen und Gesandtschaften, später militärische Expeditionen in den Westen motiviert haben. Mit einer eigenen Pferdezucht wollte der Kaiser der Nomaden Herr werden. Zeugnis für die spirituelle Dimension dieser Expeditionen ist das leicht auf einer Schwalbe galoppierende »Fliegende Pferd« aus Bronze, das vor über 2000 Jahren einen General in Wuwei ins Grab begleitete. Später brachten Karawanen Ideen und Glaubensvorstellungen aus dem Westen mit. Der Buddhismus fasste im 3. Jh. hier Fuß. Einzelne Gläubige reisten auf der Suche nach seinen Ursprüngen bis nach Indien. Der bekannteste unter ihnen ist der Mönch Xuan Zang, der im 7. Jh. trotz kaiserlichen Verbots aufbrach, um buddhistische Originaltexte zu finden. Zu diesem Zeitpunkt gab es zwar schon bedeutende Klöster und Heiligtümer in China, religiöse Studien wurden jedoch durch widersprüchliche und lückenhafte Übersetzungen erschwert. Xuan Zang reiste über das Pamirgebirge, wurde immer wieder von Mitreisenden verlassen oder bedroht, überlebte Mordversuche, widerstand Hunger und Wüstenstürmen. Seine Odyssee war von dem starken Willen getrieben, echte Erkenntnis über die buddhistische Lehre zu erlangen.

Als er 26 Jahre später mit etlichen Schriften zurückkehrte, empfing man ihn als Held und baute zur sicheren Verwahrung der Werke eine große Pagode in der Hauptstadt Chang'an (heute Xi'an). Der fromme Mönch verbrachte die verbleibenden Jahre seines Lebens damit, die Texte ins Chinesische zu übersetzen. Im Tempel der Großen Wildganspagode wurde sein

In der Großen Wildganspagode in Xi'an lagern 1400 Jahre alte Schriften.

Begegnung auf der Seidenstraße: ein Fresko der Tausend-Buddha-Höhlen in Kizil im uigurischen Autonomen Gebiet Xinjiang

Abbild mit einer Art antikem Rucksack in Stein gemeißelt. Seine »Reise in den Westen« war Anregung für einen fabelhaften Roman, der für vieles Anregung war, auch als Theaterstück wurde der Stoff verarbeitet. Eine erfolgreiche Fernsehserie aus den 80er-Jahren über das Buch, bis heute beliebt und bekannt, wurde im Jahr 2000 fortgeführt.

WECHSELNDE BEDEUTUNG

Mit dem Ende der Tang-Dynastie verschloss sich das Reich der Mitte den Einflüssen aus Zentralasien, der Handel wurde auf den Seeweg verlegt. Während der Mongolenherrschaft im 13. Jh. erblühte der transkontinentale Handel erneut; Marco Polo will zu dieser Zeit über die Seidenstraßen bis an den chinesischen Kaiserhof gelangt sein. Das ist heute umstritten; chinesische Quellen erwähnen ihn nicht.

In den folgenden Jahrhunderten gerieten die Seidenstraßen und ihre Heiligtümer in Vergessenheit, doch zum Ende des 19. Jh. schickten vor allem Großbritannien und Russland als Pilger verkleidete Kundschafter und Kartografen durch die Wüste. Bald erreichten Berichte von buddhistischer Kunst in Grotten die Europäer, auch das Gerücht einer vergessenen Bibliothek war im Umlauf. Forscher verschiedener Nationen lieferten sich einen Wettlauf um die archäologischen Schätze. Karawanen voller Manuskripte und Reliquien wanderten in europäische Museen. Die Deutschen Grünwedel und Le Coq widmeten sich den Grotten von Kizil und Bezeklik, die sie ihrer Statuen und Malereien beraubten. Ganze Felswände

Von einem Mönch entdeckt, von einem Briten erforscht: die Grotten von Mogao

wurden abgelöst und ins Museum nach Berlin gebracht, wo ein Großteil später den Bombenangriffen zum Opfer fiel.

Währenddessen wandte sich der britische Forschungsreisende Sir Aurel Stein der Oasenstadt Dunhuang zu. Hier hatte der Wandermönch Wang Yuanlu im Jahr 1900 zufällig die ausgedehnten Grotten von Mogao (→ S. 335) entdeckt und war dabei auf eine jahrhundertelang versiegelte Kammer voller Manuskripte gestoßen, die er nun gewissenhaft bewachte.

GESCHRIEBENER SCHATZ

Stein benötigte ausgeklügelte Überzeugungskunst, um überhaupt einen Blick auf die Schriften werfen zu dürfen. Mit Lobpreisungen des Pilgermönchs Xuan Zang gewann er schließlich das Vertrauen des Mönchs, der selbst kaum einen Schimmer vom Wert seines Fundes hatte. Über 1000 Jahre alte Manuskripte, verfasst in zahlreichen Sprachen, kamen ans Licht, darunter auch das Diamant-Sutra, das als ältestes gedrucktes Buch der Geschichte gilt. Mit dem Versprechen, sie in einen »Tempel des Lernens« zu bringen, durfte Stein einige Tausend davon nach London abtransportieren, wo sie bis heute in der British Library klimatisiert und wohltemperiert aufbewahrt und vor dem Zahn der Zeit geschützt werden. Andere Expeditionen wie die des Franzosen Pelliot folgten. Als die chinesischen Behörden in den 1920er-Jahren dem Ausverkauf schließlich ein Ende bereiteten, waren die Schatzkammern entlang der Seidenstraßen nahezu leer geräumt und die Schriften in alle Winde verweht.

ARROGANTE RETTER

Noch heute sind Chinesen erzürnt über den Raub der Kunstschätze, den sie als koloniale Arroganz betrachten. Andere Stimmen allerdings sprechen von Rettung, denn Desinteresse und Zerstörungswut im China des 20. Jh. hätten Schlimmeres bewirken können; schon zu Le Coqs Zeiten benutzten Bauern die Fresken gern als Düngemittel. Heute versucht man, die verstreuten Schriften wieder zusammenzutragen: Fotografiert und digitalisiert finden die Fragmente in einer virtuellen Bibliothek wieder zusammen.

Hier sind die Schätze erreichbar: International Dunhuang Projekt, http://idp.bbaw.de

von fröhlich strahlenden Mongolen präsentiert. Das hat wenig mit innermongolischen Realitäten zu tun, macht aber viel Spaß.

Wer Authentischeres erleben möchte, muss sich auf eigene Faust in die Weiten der autonomen Region begeben, die sich über enorme 2000 Kilometer erstreckt. Der Name »Innere Mongolei« spiegelt übrigens die sinozentristische Sicht wieder; auf Mongolisch sagt man »Südliche Mongolei«. Die von China aus gesehen »Äußere Mongolei«, der heutige Nachbarstaat, erlangte 1912 mithilfe Russlands die Unabhängigkeit. Beide waren zur Qing-Dynastie Teil des Reiches. Die stolzen Zeiten des Großmongolischen Reiches, das auch China unterwarf und es als Yuan-Dynastie von 1271 bis 1368 regierte, waren da längst vorbei.

HOHHOT 呼和浩特

1,1 Mio. Einwohner, 1060 m ü.d.M. ➤ [K 6]

Die Industriestadt dient Besuchern vor allem als Sprungbrett in die Steppe. In der Altstadt, die von Altan Khan im 16. Jh. gegründet wurde, sind jedoch noch ein paar schöne Bauwerke zu besichtigen. Die Große Moschee (Qingzhen Dasi) wurde im 17. Jh. gegründet. Ihr chinesischer Baustil weist arabische Elemente auf. In den engen Gassen des muslimischen Viertels reihen sich Restaurants, Nudel- und Kebabstände. Vorherrschende Religion der Mongolei ist jedoch die tibetisch-buddhistische Gelbmützenschule. So befinden sich mehrere buddhistische Heiligtümer in der Stadt, etwa das Lama-Kloster Xilitu Zhao, das älter ist als die Stadt selbst. Seit 1735 soll es Sitz eines großen »Lebenden Buddhas« sein. Englisch sprechende Mönche führen durch die Anlage. Direkt gegenüber befindet sich der größte und sehr lebendige buddhistische Tempel »Da Zhao«. 1580 zeitgleich mit der Stadt gegründet, wurde er zur Qing-Zeit erneuert und Kaiser Kangxi gewidmet. Das kaiserlichgelb gedeckte Dach ist ein spezielles Privileg. Sehenswert ist die große Musikinstrumenten- und Drachensammlung. Südöstlich des Tempels ragen die fünf Pagoden der indisch geprägten »Diamantthronpagode« auf, einem der schönsten Bauwerke der Stadt. Eingravierte Sutren schmücken die Wände; interessant ist aber vor allem die altmongolische Sternenkarte, die ebenfalls als Steinrelief erhalten blieb.

Hotels

Inner Mongolia Hotel (Nei Menggu Fandian) 内蒙古饭店

Das 14-stöckige komfortabel-moderne Hotel bietet guten Service und bemüht sich um etwas »mongolischen Charme« in der Dekoration.

31 Wulanchabu Xilu, Hohhot; Tel. 0471/ 693 88 88; www.nmghotel.com; 344 Zi. ••• CREDIT

Ausflüge

Ausflug ins Grasland

Eine Übernachtung im Jurtendorf mit abendlicher Folkloreveranstaltung ist vor allem im Sommer schön, wenn das Grasland grün ist. Für eine Tagestour bietet sich das nächstgelegene »Xilamuren« an (80 km), das allerdings auch am stärksten überlaufen ist. Schöner sind

»Huitingxile« und »Gegentala« (120 bzw. 150 km). CITS organisiert Gruppen-Kurzreisen, für kleine Gruppen werden auch private Touren angeboten.

CITS (Inner Mongolia Hotel); Tel. 04 71/ 230 80 56; p. P. ca. 200–300 Y

Museen

Museum der Inneren Mongolei (Nei Menggu Bowuguan) 内蒙古博物馆

Neben mongolischer Kleidung, Jagdinstrumenten und Sätteln werden in diesem Museum Fossilien ausgestellt.

2 Xinhua Dajie, Kreuzung Hulunbei'er Lu, Hohhot; tgl. 9–17 Uhr; Eintritt 10 Y

Essen und Trinken

Xiofeiyang Huoguocheng 小肥羊火锅城

Die »Kleines dickes Schaf Hotpot-Stadt« serviert den besten Feuertopf. Für das mongolische Nationalgericht werden Lammfleisch, Nudeln, Pilze und Tofu am Tisch in die scharfe Brühe getunkt.

105 Xi Lin Nan lu, Hohhot; Tel. 04 71/ 668 77 99; 9.00–21.30 Uhr • ▭

Feste

Naadam-Fest

Eine tolle Gelegenheit, um mongolische Fertigkeiten wie Bogenschießen, Ringen, Pferderennen und Gesänge abseits von Touristenshows zu erleben. Tausende von Mongolen reisen aus der ganzen Provinz an und errichten für eine Woche eine improvisierte Jurtenstadt .

Ca. Juli–Aug.; in Hohhot auf dem Pferderennplatz (Saimachang) im Norden der Stadt

Info

An- und Weiterreise

Per Bahn 10 Std. von Beijing, 22 Std. von Xi'an. Flughafen 35 km östlich der Stadt.

SEIDENSTRASSEN 10

Schon der Name weckt Sehnsucht: Eine Reise auf der uralten Route durch einsame Gebirgszüge, gefährliche Wüsten und historische Oasenstädte mit versunkenen buddhistischen Heiligtümern und quirligen Basaren ist noch heute ein echtes Erlebnis ➤ [A–H 2–6]. Schon vor Jahrtausenden zogen Karawanen schwer beladen mit Seide, Jade und anderen Luxusgütern durch die feindselige Landschaft. Völker und Kulturen mischten sich, Ideen und Glaubensvorstellungen fanden ihren Weg ins Reich der Mitte.

Heute werden die alten zentralasiatischen Handelsstraßen neu belebt: China hat die strategisch wichtige Region wegen ihres Erdöls entdeckt, das auf neuen Straßen abtransportiert wird. Alte Pässe,

die nach Westen führen, wurden wieder geöffnet. Reisende erkunden die Region: Zahlreiche Kunstwerke zeugen von der frühen Blüte des Buddhismus; Moscheen und Märkte sind lebendiges Bild muslimischen Lebens. Seit dem 10. Jh. ist die Region vom Islam geprägt; vor allem im fernen Westen der Provinz Xinjiang, im uigurischen Kernland rund um Kashgar, wird dies deutlich.

Die alten Seidenstraßen waren ein Geflecht aus Handelswegen. Die tödliche Wüste Takla Makan, den »Ort ohne Wiederkehr«, umrundete man im Norden oder Süden. Erst seit wenigen Jahren kann man sie auf dem »Cross Desert Highway« durchqueren. Die meisten Reisenden folgen heute der nördlichen Route, wo sich Grotten mit buddhistischer Kunst und Ruinenstädte wie Perlen aneinanderreihen: Kizil, Bezeklik, Mogao (bei Kuqa, Turfan bzw. Dunhuang). Die südliche Route ist beschwerlicher zu bereisen und weist weniger berühmte Sehenswürdigkeiten auf.

Östlich der Wüste, hinter Dunhuang, verengt sich die Landschaft zu einem natürlichen Nadelöhr, dem Hexi-Korridor. Hier kündet das »Letzte Fort der Mauer« Jiayuguan (→ Der gute Tipp von MERIAN 23, S. 130) den Beginn der chinesischen Welt an. Lanzhou schließlich ist Knotenpunkt in tibetische Regionen und ins chinesische Kernland. Staubig und erschöpft zogen Karawanen durchs Osttor der damaligen Hauptstadt Chang'an (dem heutigen Xi'an) ein. Heute lässt sich die nördliche Seidenstraßen-Route von Kashgar nach Xi'an per Bahn bereisen (Anreise per Flug über Ürümqi). Für die langen Etappen bieten sich Nachtzüge an, doch die faszinierenden, einsamen Landschaften lohnen auch Tagesreisen. Früher reiste man, der kühleren Temperaturen wegen, lieber bei Nacht. Die Hotels entlang der Strecke sind, mit der wunderbaren Ausnahme von Dunhuang, eher mittelmäßig. Es bleibt eben auch heutzutage eine abenteuerliche Reise.

Muslimische Bauten wie die Emin Moschee in Turfan (→ S. 337) sind charakteristisch für die Provinz Xinjiang.

Auch kulinarisch befindet man sich in einer anderen Welt: Handgezogene, lange Nudeln, würzige Fladenbrote, Lammspieße, dampfende Hackbrötchen und »Polo«, ein Reiseintopf mit Fleisch und Rosinen, bestimmen die Speisekarte. Hinzu kommen die Früchte der Oasen, allen voran Melonen und getrocknete Trauben. Auf Nachtmärkten kann man in den Eindrücken schwelgen und leckeres Essen kosten.

Passen Sie sich mit Ihrer Kleidung den lokalen Sitten in Xinjiang an; vor allem beim Moschee-Besuch sind bedeckte Arme und Beine sowie für Frauen ein Kopftuch (das auch gegen Staub und Sonne sehr hilfreich sein kann) angemessen. Vor dem Betreten einer Gebetshalle müssen die Schuhe ausgezogen werden; nicht jede ist allerdings für Nicht-Muslime geöffnet.

Xinjiang tickt nach seiner eigenen Zeit, die zwei Stunden hinter Beijing ist. Offiziell gilt jedoch auch hier die gesamtchinesische Einheitszeit, sodass es bei Öffnungs- und Abfahrtszeiten zu

Weiter auf S. 334

UNWILLIGE UNTERTANEN

Beijing hat ein Auge auf die eigensinnige Uiguren-Bevölkerung – in Kashgar wacht ein besonders großer Mao über den Volksplatz.

Die Geschichte der Region ist lang und verwickelt. Als Schnittstelle der Weltreiche von Rom, Persien, Indien und China mischten sich hier seit jeher unterschiedliche kulturelle Einflüsse und Religionen. Heute ist ein Großteil der Bevölkerung muslimisch, und auch sprachlich befindet man sich in einem anderem Kulturraum: Die Sprachen der hier lebenden Uiguren, Kasachen, Kirgisen und Usbeken sind nicht etwa Dialekte des Chinesischen, sondern gehören einer anderen Sprachgruppe an: den indo-germanischen Turksprachen. Geschrieben wird nicht mit chinesischen Zeichen, sondern arabischen Buchstaben. Kein Wunder also, dass die Chinesen als Fremdherrscher empfunden werden. Man denkt, isst, glaubt und kleidet sich anders.

WECHSELVOLLE ZEITEN

Die chinesische Herrschaft ist noch relativ jung. Zwar gab es bereits im 1. Jh. Garnisonsstädte im fernen Westen. Doch erst die Mongolen vereinten Zentralasien und China zu einem Riesenreich, das jedoch wieder zerbrach. Im Westen rivalisierten verschiedene Königreiche, darunter die der »Khojas« (sufisch beeinflusste Meister, deren Gräber in der Nähe von Kashgar besichtigt werden können). Erst der Qing-Kaiser Qianlong band die Region durch militärische und ökonomische Macht an das Kaiserreich China. Später rangen russische, englische und chinesische Imperien um die Vorherrschaft der strategisch wichtigen Region. Ein Kashgari-Herrscher, Yakub Beg, ergriff im Tumult die Möglichkeit und etablierte ein uigurisch-muslimisches Königreich, das aber nur von 1866 bis 1877 Bestand hatte. 1884 setzten sich die Chinesen durch; der Name Xinjiang (neues Grenzland) wurde eingeführt.

Nach dem Ende der chinesischen Kaiserzeit, in den 1930er- und 40er-Jahren, wurde zweimal eine »Republik Ost Turkestan« errichtet, die sich jeweils für ein paar Jahre hielt. 1949 schließlich marschierte die Volksbefreiungsarmee ein. Die Region wurde daraufhin vor allem für Verbannung, Arbeitslager und Atomtests genutzt. Aber auch immer mehr Chinesen siedelten regulär in Xinjiang und sicherten so indirekt den chinesischen »Griff« auf die Region. Heute machen sie die größte Volksgruppe aus.

Trotz angeblicher Religionsfreiheit ist die Ausübung des Glaubens stark überwacht und eingeschränkt. Ähnlich wie in Tibet fühlen sich viele Uiguren einer religiösen Heimat beraubt. Ein zuvor nur diffus vorhandenes uigurisches Nationalgefühl erstarkte; vielerorts machte sich auch Widerstand breit.

OFFEN UND VERDECKT

Vor allem in den 1990er-Jahren kam es mehrfach zu gewalttätigen Aufständen, die mit harter Hand unterdrückt wurden. Internationale Menschenrechtsorganisationen verurteilten das Vorgehen der Regierung, doch nach den Ereignissen des 11. September konnte Beijing sein Vorgehen leichter als »Kampf gegen den Terror« rechtfertigen.

Heute findet Widerstand höchstens versteckt statt, doch auch der Zugriff Chinas kommt verpackt daher. Für die groß angelegte Modernisierungskampagne »Aufschwung West« wurden ganze Altstädte mit ihrem unübersichtlichen Gassengewirr in große, gut überschaubare Plätze und Straßen verwandelt. Über die ausgebaute Infrastruktur transportiert Beijing vor allem Öl ab. Die Modernisierung stellt neben chinesischer Migration und Assimilation die größte Bedrohung für die hiesige Kultur dar.

Auf das Thema angesprochen, reagieren Uiguren einsilbig oder stumm; die Geheimpolizei ist gefürchtet. Doch manchmal tippt einer vielsagend auf seine Uhr, die nach Xinjianger Zeit – nicht der offiziellen Beijing-Zeit – tickt. Auch das ist eine Art, die ersehnte Unabhängigkeit auszudrücken.

Die Uiguren sind eine der vielen Minderheiten im großen China, die versuchen, ihre Sprache und Kultur zu bewahren.

Schwebendes Fabelwesen: das 2000 Jahre alte »Fliegende Pferd« im Provinzmuseum von Lanzhou

Verwirrung kommen kann. Fragen Sie daher immer, ob »Xinjiang Zeit« (Xinjiang Shidian 新疆时点) oder »Beijing Zeit« (Beijing Shidian 北京时点) gemeint ist. Generell gilt bei Fahrplänen Beijingzeit, aber selbst hier gibt es Ausnahmen.

Der klangvolle Name »Seidenstraße« ist übrigens jung: Der deutsche Geograf Ferdinand von Richthofen definierte sie im Jahr 1877 als »Straßen, welche der Seidenhandel nahm«. Damit ist Seidenstraße in doppelter Hinsicht etwas widersprüchlich: Zum einen war es immer ein Geflecht aus mehreren Handelswegen, nie eine einzige Straße, zum anderen wurde hier längst nicht nur Seide transportiert.

ZUR ORIENTIERUNG

Die Orte der hier beschriebenen nördlichen Seidenstraßenroute sind von Osten nach Westen geordnet.

LANZHOU 兰州

2,8 Mio. Einwohner, 1550 m ü.d.M. ➤ [H 6]

Die Provinzhauptstadt, die sich an beiden Ufern des Gelben Flusses erstreckt, ist wichtiger Verkehrsknotenpunkt zwischen dem Kernland und den westlichen Gebieten. In mancher Hinsicht scheint sie anderen chinesischen Städten hinterherzuhinken, doch trotz ihrem Ruf als hässliche Industriestadt hat sie charmante Seiten. Vom Tempel der Weißen Pagode (Baita Si), hoch oben am Berghang über dem Fluss, geht die Aussicht weit über die Stadt. Der Park der Fünf Quellen (Wuquan Gongyuan) lädt mit verwitterten Felsen und Tempeln ein.

Ausflüge

Bingling-Si-Grotten 炳灵寺石窟

Das Boot gleitet vorbei an herrlichen Landschaften, dann ragen plötzlich beeindruckende, teils haushohe Figuren an der Sandsteinwand auf. Die 183 Nischen und Höhlen zählen zu den ältesten und besterhaltenen Grotten Chinas, da ihre Abgeschiedenheit sie vor Zerstörung schützte. Die frühesten Buddhastatuen stammen bereits aus dem Jahr 420 – sie befinden sich allerdings weit oben und sind nur gegen eine Extragebühr zu besichtigen (Nr. 169; 300 Y). Die Bildhauer schlugen die Figuren wahrscheinlich an Seilen hängend aus dem Stein heraus. Auch in den folgenden tausend Jahren meißelte, formte und malte man Figuren.

➤ [H 6] Anreise nur per Boot, vom Wasserstand abhängig (im Winter kritisch); ab Lanzhou 2 Std. Busfahrt zum Liujiaxia Stausee, dann 1 Std. per Speedboot (400 Y/Boot bzw. 80 Y/Person) oder 3 Std. per Fähre (30 Y). Eintritt 50 Y. Western Travel Service (Tel. 09 31/885 05 29) organisiert Tagestouren für 340 Y pro Person.

Museen

Gansu-Provinzmuseum (Gansu Sheng Bowuguan) 甘肃省博物馆

Das kürzlich renovierte Museum zeigt neolithische Töpferwaren, Bronzen der Zhou-Zeit und das berühmte »Fliegende Pferd«, das seit 2000 Jahren graziös auf einer Schwalbe schwebt.

Xijin Xilu, Lanzhou; Di–So 9–17 Uhr; Eintritt 30 Y

Info

An- und Weiterreise

Bahn- und Flugverbindungen in alle Teile Chinas. Flugtickets: Gansu Airport Booking Office, Tel. 09 31/888 96 66. Zum 70 km entfernten Flughafen fahren Flughafenbusse (60 Min., 30 Y).

Allgemeines

Übernachtung im Lanzhou Legend Hotel (Lanzhou Feitian Dajiudian); Tel. 09 31/853 28 88; www.lanzhoulegendhotel.com; 362 Zi. ••• CREDIT

JIAYUGUAN

→ Der gute Tipp von MERIAN 23, S. 130

DUNHUANG 敦煌

200 000 Einwohner 1400 m ü.d.M. ➤ [F 5]

Hier gabelte sich die Seidenstraße; die Oase war letzte Station vor der gefährlichen Wüste Takla Makan. Spektakuläre Sanddünen reichen dicht an die Stadt heran. Touristen können den »Singenden Sandberg« (Mingsha Shan) erklimmen und von oben über die Wüste und den Mondsichelsee blicken. Mit Kameltouren, Sandrodeln und Paragliden hat sich hier eine Art Wüsten Vergnügungspark entwickelt. Berühmt ist Dunhuang jedoch für seine Höhlenmalereien.

Hotels

The Silk Road Dunhuang Hotel (Dunhuang Shanzhuang) 敦煌山庄

Einer Festung gleich ragen die wuchtigen, sandfarbenen Mauern dieses besonderen Hotels auf. Schlichte, natürliche Materialien dominieren die Zimmer. Der Blick von der Dachterrasse auf die Sanddünen, ob im wandelnden Licht des Sonnenaufgangs oder bei einem stimmungsvollen Drink am Abend, ist wunderbar.

Ca. 2 km vor den Sanddünen, Dunyuelu; Tel. 09 37/888 20 88, Fax 888 32 45; www.the-silk-road.com; 267 Zi. •••–•••• MASTER VISA

Ausflüge

Mogao-Grotten (Mogau Ku) 莫高窟

Die Grotten von Dunhuang gehören mit ihren Malereien und Skulpturen zu den großartigsten Schätzen buddhistischer Kunst. Sie verdanken ihre Entstehung (und Erhaltung) der abgelegenen Lage am Wüstenrand: Viele der Stifter waren reiche Händler, die um sicheres Fortkommen ihrer Karawanen baten oder für die glückliche Rückkehr dankten. Über 700 Jahre lang arbeiteten Mönche und

Jahrhundertelang ein Ort der künstlerischen Blütezeit, dann jahrhundertelang vergessen: die Mogao-Grotten bei Dunhuang

Künstler an neuen Wandmalereien und Statuen, sodass die mehreren Hundert Grotten, die sich über 1,7 Kilometer an einer Felswand erstrecken, einer Galerie der Stilentwicklung gleichen. Die Farben aus Mineralien wie Lapislazuli oder Malachit stammten aus Zentralasien; vor allem die Rottöne sind inzwischen schwarz oxydiert. Die älteste Grotte wird auf das Jahr 366 datiert. Malereien aus dieser frühen Zeit zeigen deutlich indische Stilelemente. Zur Zeit der Sui (581–618) blühten chinesische Stilformen auf; zur Tang-Zeit (618–907) erreichte die Kunst ihren Höhepunkt. Malereien zeigen neben religiösen Themen wie dem Leben Buddhas oder Paradies-Darstellungen auch Szenen vom Hof oder Gönner. Auch riesige Buddha-Statuen entstanden in dieser Zeit.

In den folgenden Jahrhunderten ging der Handel auf der Seidenstraße zurück, und nach der Islamisierung der Region gerieten die Grotten in Vergessenheit. Erst Anfang des 20. Jh. sorgten sie wieder für Aufsehen, als ein archäologisches Wettrennen einsetzte (→ Spezial »Schatzkammer am Weg«, S. 326).

Die Grotten können nur im Rahmen einer geführten Tour besichtigt werden, ca. zehn von 20 zugänglichen Höhlen werden besucht. Alle Touren beinhalten die zwei Riesenbuddhas und die berühmte Bibliothek-Höhle; weitere Höhlennummern rotieren. Wer eine deutschsprachige Führung möchte oder gegen einen Aufpreis (100–500 Y) andere Höhlen sehen möchte, sollte dies anmelden. Im Dunhuang Research Centre wurden einige Höhlen rekonstruiert.

➤ [F 5] **25 km südöstl. von Dunhuang (Taxi: ca. 60 Y); Tel. 09 37/886 90 71; http://idp.bl.uk; tgl. 8.30–18, Nov.–März 9–17.30 Uhr; Eintritt 100 Y**

Yumenguan 玉门关

Mitten in endloser, flirrender Wüstenlandschaft ragt der letzte Wachturm der Han-Zeit aus dem Nichts empor. Der »Jadetorpass« gehörte zu einer Kette von Militärposten, die den Hexi-Korridor kontrollierten. Ein Stück weiter liegen Überreste der Großen Mauer aus dem 1. Jh. v. Chr.

➤ [F 5] **80 km nordwestl. von Dunhuang; per Taxi ca. 300 Y; Eintritt 30 Y**

Info

An- und Weiterreise

Der Flughafen und der neue Bahnhof liegen ca. 12 km östl. der Stadt (Flüge nach Lanzhou, Xi'an, Beijing und Chengdu). Per Bahn sind es ca. 5 Std. bis Jiayuguan, 13 Std. bis Lanzhou, 8 Std. bis Turfan.

TURFAN (TULUFAN) 吐鲁番

57 000 Einwohner, bis 154 m ü.d.M.

➤ [E 4]

Trockene Sommerhitze erwartet den Besucher in dieser alten Oasenstadt, die als tiefstgelegener Ort der Erde gilt (nach dem Toten Meer) und wo die Temperaturen bis zu 50° C erreichen können. Weinranken beschatten die Wege, Turfans Trauben sind berühmt. Auf Eselkarren schaukelt man gemächlich über staubige Wege durch den friedlichen, ländlich wirkenden Süden der Stadt zum Emin-Minarett. Dieser bauchige, spitz zulaufende Lehmturm wurde 1777 erbaut. Andere Sehenswürdigkeiten befinden sich in der Wüste außerhalb der Stadt, darunter die Ruinenstädte Jiaohe (ca. 11 km westl. von Turfan, Eintritt 30 Y) und Gaochang (45 km südöstl. von Turfan, Eintritt 30 Y) und die Astana-Gräber, wo vom Wüstenklima mumifizierte Leichen zu sehen sind. Legendär sind die »Flammenden Berge«, deren rotes Gestein im Sonnenlicht zu brennen scheint. In der Nähe liegen in einer Flussschlucht die Bezeklik-Grotten, deren Fresken jedoch zum größten Teil von deutschen Archäologen entwendet wurden und später im Berliner Museum Bombenangriffen zum Opfer fielen. Zur Herbsternte lohnt sich der Besuch in einem Traubendorf. Auch das uralte, für die Region typische unterirdische Bewässerungssystem »Karez« kann besichtigt werden.

Hotel und Info

Turfan Hotel (Tulufan Binguan) 吐鲁番宾馆

Im weinberankten Hof dieses relativ schlichten Hotels liegt »John's Café« (www.johncafe.net), wo Touren organisiert und Fahrräder gemietet werden können. In der Hochsaison wird abends uigurische Musik gespielt.

2 Qingnian Lu, Turfan; Tel. 09 95/ 856 92 99; 230 Zi. •-•• ✉

Ausflüge

Traubendorf Tuyoq (Tuyugou) 吐峪沟

Malerisch schmiegt sich dieses kleine Dorf zwischen die roten Berge. Auf einer Anhöhe steht der Kuppelbau eines Mazars, einem frühen muslimischen Grab und Pilgerziel. Einige touristisch unbeachtete buddhistische Grotten aus dem 3. Jh. erreicht man über einen schattigen Pfad am Fluss entlang.

Ca. 55 km östl. von Turfan; nicht in üblichen Touren enthalten; Anreise am besten per Taxi; Eintritt 30 Y

Info

An- und Weiterreise

Die Bahnstation liegt ca. 1 Std. nördl. der Stadt (Taxi 50 Y). Kashgar und Lanzhou lie-

gen je etwa 22 Zugstunden, Dunhuang 8 Std. entfernt. Ürümqi erreicht man besser per Bus (ca. 2,5 Std.).

Touristeninformation

CITS (Tel. 09 95/852 13 52) bietet Tagestouren an; ein Taxi kostet ca. 200 Y/Tag.

ÜRÜMQI (WULUMUQI) 乌鲁木齐

1,5 Mio. Einwohner, 800 m ü.d.M. ➤ [D 4]

Die Provinzhauptstadt, die als die meeresfernste Stadt der Erde gilt, ist vor allem als Sprungbrett in die Region interessant. Erst auf den zweiten Blick zeigt sich, dass sie weit im fernen Westen liegt: Die Mehrheit der Einwohner sind Han Chinesen, arabische Schriftzüge oder Männer mit uigurischen Käppis gehen im Straßenbild fast unter. Heute ist Ürümqi eine rasch wachsende Millionen-Metropole mit den üblichen Attributen: Hochhäusern und Designshops. Für den Tourismus wurde kürzlich ein »International Grand Bazar« im zentralasiatischen Stil erbaut, vor dem abends

AUTORENTIPP Begeben Sie sich in einem der alten Linien-Busse mit nostalgisch-hölzernem Interieur auf ungeplante Stadtrundfahrt durch Ürümqi.

Tanz- und Akrobatikaufführungen stattfinden. Schön ist ein Ausflug zum Himmelssee (Tian Chi, auf 2000 m Meereshöhe), der inmitten der Berge und dem kasachischen Weideland liegt.

Ausflüge

Naturreservat Kansas-See (Hanasi Hu Ziran Baohuqu) 喀纳斯湖自然保护区

Eine viertägige Tour führt zum tiefblauen See inmitten der sibirischen Taiga, nahe der russischen Grenze gelegen. Besonders im Herbst ist die sich färbende Waldlandschaft sehr eindrucksvoll. Hier leben vor allem die halbnomadischen Kasachen.

➤ [E 2] Ca. 800 km nördl. von Ürümqi; 10–14 Std. per Bus; empfehlenswert: 4-tägige Tour (700 Y) mit Ecol Travel Service (am Bodega Hotel, Tel. 09 91/886 15 78); Mai–Okt.; Eintritt: 100 Y

Ürümqis zentraler Basar für »Langnasen«: mit Minaretten, Kaufhallen aus Frankreich und Gockelgrill aus Amerika.

Museen

Museum der Autonomen Region Xinjiang (Xinjiang Zizhiqu Bowuguan)

新疆自治区博物馆

Hier sind Schätze der Wüste zu sehen, die entlang der alten Seidenstraßen gefunden wurden: Aus der Ruinenstadt Jiaohe, den Astana-Gräbern (beide bei Turfan) und anderen untergegangenen Wüstenstädten, wie Loulan, das heute nicht besucht werden darf. Man zeigt Seidenmalereien, Brokatstoffe, außerdem Trachten und Schmuck einheimischer Völker, auch die mumifizierte Leiche einer Frau, die vor 3800 Jahren starb und als »Schönheit von Loulan« bekannt wurde.

132 Xibei Lu, Ürümqi; Tel. 09 91/453 35 61; tgl. 10.30–13.30, 15.30–18.30 Uhr; Eintritt 25 Y

Info

An- und Weiterreise

Flüge nach Kashgar, Zentralasien und viele chinesische Städte. Weiterfahrt per Bus oder Bahn.

Allgemeines

Übernachtung im Haide Jiudian 海德酒店 **(1 Dongfeng Lu, Ürümqi; Tel. 0991/ 232 28 28; 318 Zi. ●●●● CREDIT)**

KUQA (KUCHE) 库车

70 000 Einwohner, 1100 m ü.d.M. ➤ [C 4]

Der kleine, eher staubig wirkende Ort lässt kaum vermuten, dass er einst eine blühende Handelsstadt von historischer Bedeutung war. Schon im 4. Jh. war das damals unabhängige Königreich bedeutendes Zentrum des Buddhismus. Der Gelehrte Kumarajiva übersetzte buddhistische Texte ins Chinesische und trug so zur Verbreitung der Religion bei. Seit dem 9. Jh. ist die Region islamisch. Die Stadt teilt sich in eine chinesische Neustadt und eine interessante uigurische Altstadt mit engen Gassen und mehreren Moscheen. Der Freitagsmarkt ist sehr lebendig, zwar kleiner als der Kashgars, aber gänzlich untouristisch.

Ausflüge

Ruinenstadt Subashi (Subashi Gucheng) 苏巴什古城

Vor beeindruckender Bergkulisse und in sonst öder Landschaft ragen verfallene Mauern dieser im 12. Jh. verlassenen Stadt auf. Ein Flusstal schneidet mitten hindurch.

30 km nordöstl. von Kuqa; Eintritt 15 Y

Tausend-Buddha-Grotten von Kizil (Kezi'er Qianfo Dong) 克孜尔千佛洞

Die Grottenkunst Kizils hebt sich deutlich von anderen ab: Die Fresken im indopersischen, teils hellenistischen Stil zeigen noch keine chinesischen Einflüsse. Allerdings wurde ein Großteil von Archäologen wie Le Coq abgetragen, anderes wurde zerstört, sodass heute nur acht von 230 Höhlen zu besichtigen sind, am besten unter fachkundiger Führung. Der Ausflug in die landschaftlich reizvolle Schlucht lohnt auf jeden Fall.

75 nordwestl. von Kuqa; Eintritt 35 Y, englische Führung 100 Y

Info

An- und Weiterreise

10 Zugstd. nach Kashgar, ca. 15 Zugstd. bis Turfan. Tickets Richtung Westen sind rar.

Touristeninformation

Reisebüro: Tel. 09 97/ 72 33 228; Tagestour in die Umgebung ca. 300 Y

Allgemeines

Übernachtung im Kuche Binguan 库车宾馆 **(8 Tianshan Lu, Kuqa; Tel. 09 97/712 26 82; •• ✉)**

KASHGAR 喀什

340 000 Einwohner, 1290 m ü.d.M. ➤ [A 4]

Schon die Lage fasziniert: Mitten im eurasischen Kontinent, eingeklemmt zwischen Wüsten und Gebirgszügen, liegt diese uralte Oasenstadt, an der südliche und nördliche Handelsrouten zusammentrafen. Waren schaukelten auf Kamelrücken über Tausende Kilometer heran oder überquerten auf Yaks die hohen Pässe. Längst fahren Laster über die Grenzen nach Kirgisistan oder Pakistan, und die Bahn verbindet das uigurische Kernland mit Beijing. Auch das Stadtbild hat sich verändert: Chinesische Einheitsbauten säumen die breiten Straßen, Mao und die Bank of China dominieren den Volksplatz. Doch das alte Kashgar hat seinen Charakter bewahrt. Die Altstadtgassen beherbergen viele Basare (→ Der gute Tipp von MERIAN 10, S. 109).

Hotels

Kashgar International Hotel (Guoji Dajiudian) 国际大酒店

Der 2007 eröffnete Hotelturm am Volksplatz ist das modernste Haus der Stadt.

8 Renmin Donglu, Kashgar; Tel. 0998/280 11 11, Fax 280 22 66; 168 Zi. ●●●–●●●● CREDIT

Seman Binguan 色满宾馆

Wohnen wie in einer Torte: Pastellfarbene Stuckornamente zieren die Zimmer; im begrünten Hof befindet sich eine Filiale von John's Café, eine Folklorebühne und ein Handwerksmuseum sowie die angestaubten Räumlichkeiten des ehemaligen russischen Konsulats.

337 Seman Lu, Kashgar; Tel. 09 98/258 21 29, Fax 258 28 61; 212 Zi. ●–●●● CREDIT

Ausflüge

Karakul-See

Die Fahrt auf dem Karakorum Highway Richtung Pakistan ist spektakulär und lohnt sich auch als Ausflug. Die Straße schneidet durch Geröllwüsten und schräg aufgetürmte rote Sandsteingebirge, bis sie das 3000 Meter hohe Pamirplateau erreicht. Hier grasen Yaks und Schafe unter einem weiten Himmel und vor entrückt wirkenden Sanddünen und Bergen. Höhepunkt ist der leuchtend blaue Karakul-See, der von schneebedeckten Gipfeln umringt ist. Die majestätischen Berge Kongur und Muztagh Ata, beide über 7500 Meter hoch, glitzern im Wasser. Am Ufer verstreut leuchten weiße Jurten, Tadschiken bieten bunte Teppiche und Schmuck an.

➤ [A 5] Die Cafés (Info) organisieren Touren oder Jeeps (ca. 400 Y/Tag) und verleihen Campingausrüstung. Wer möchte, kann in Jurten übernachten. Die Anreise dauert etwa 5 Std.; Eintritt 50 Y. Passkontrolle am Ghez Checkpoint kurz unterhalb des Plateaus.

Yarkand (Shache) 莎车

Die uralte Oasenstadt an der südlichen Seidenstraße war einst Zentrum eines mächtigen buddhistischen Königreichs. Sehenswert ist die noch immer sehr ursprünglich wirkende Altstadt mit den Gräbern der Könige gleich hinter der Altyn-Moschee, darunter eine Grabstätte für die Dichterin Amannisahan, Frau eines Khans aus dem 16. Jh. Sie trug traditionelle Musikstücke zusammen.

➤ [A 5] Ca. 3 Std. von Kashgar; Übernachtung im Shache Binguan 莎车宾馆, Tel. 09 98/851 23 65; 48 Zi ●

Sehenswertes

Abakh-Hoja-Mausoleum (Xiangfeimu) 香妃墓

Das mächtige Grabmal der Familie Abakh Hoja, eines berühmten Geistlichen und Herrschers aus dem 17. Jh., ist ein schönes Beispiel zentralasiatischer islamischer Baukunst: Mosaike schmücken den Kuppelbau mit seinen Minaretten und hohem gekachelten Iwan (Eingangsnische). Im Innern stehen die von Seidentüchern bedeckten Särge von 72 Familienmitgliedern, darunter auch das Grab Ikparhans, einer Enkelin Hojas und Gattin eines uigurischen Rebellenführers. Der Qing-Kaiser Qianlong besiegte den Aufständischen und nahm Ikparhan als »Duftende Konkubine« (Xiangfei) in seinen Palast auf. Da sie sich weigerte, sich ihm hinzugeben, soll sie zum Selbstmord gezwungen worden sein. Die chinesische Infotafel spricht von Völkerverständigung und erzählt eine etwas andere Geschichte. Ob Ikparhan wirklich die legendäre Xiangfei war, ist umstritten.

Ca. 4 km nordöstl. der Altstadt; tgl. 8–17.30 Uhr; Eintritt 40 Y

Altstadt

Im Nordosten ragen die Lehmmauern der Altstadt einer Festung gleich empor. Wer die schmalen Gassen besuchen will, zahlt 10 Yuan und kann ein paar einfache Wohnhäuser besichtigen. Viel weniger museal ist das lebendige, aber ständig schrumpfende Altstadtviertel rund um die Moschee. Kleine Läden verkaufen Teppiche und Kunsthandwerk, kleine Kebabrestaurants und zahlreiche Zahnarztpraxen säumen die Straße, Melonenverkäufer preisen lauthals ihre süßsaftigen Waren an, Eselskarren rumpeln vorbei. Schlendern Sie durch die verzweigten Gassen oder beobachten Sie das bunte Treiben von einem Teehaus aus. Am Ende der Seman Lu, nahe der Polizeistation, stehen Überreste alter Stadtmauern.

AUTORENTIPP Über die ganze Stadt verteilt gibt es Teehäuser (»chai hanna« 奶茶), wo man sich zum Plausch trifft. Das Treiben der Altstadt lässt sich besonders schön von der geschnitzten Veranda des Ostangboy Old Teahouse (»Üsta Buye« 老茶馆) beobachten. Folgen Sie der Seitengasse links neben der Id-Kah-Moschee. Das Teehaus liegt im 1. Stock, linkerhand an der ersten Kreuzung.

Id-Kah-Moschee

Im Herzen der Stadt steht diese größte Moschee der Region, die mehrere Tausend Menschen fassen kann. Ihre Gründung geht auf das 15. Jahrhundert zurück, die heutigen Gebäude sind jedoch jüngeren Datums. Frauen haben eigentlich keinen Zutritt, angemessen gekleidete Besucherinnen (Kopftuch und lange Kleidung) wird er jedoch im Allgemeinen nicht verwehrt.

Tgl. ca. 9–22 Uhr, während der Gebete geschlossen; Eintritt 30 Y

Sonntagsmarkt

→ Der gute Tipp von MERIAN 10, S. 109

Essen und Trinken

Ejabat Kashgar Food

Gleich neben der Moschee gelegen, treffen sich hier Gruppen von Männern zum geselligen Abendessen. Zu uigurischen Gerichten wird ein wohlschmeckender würziger Tee gereicht. Die Bedienung ist sehr freundlich und hilfsbereit, der Joghurt gilt als Bester der Stadt.

Neben der Id-Kah-Moschee, 1. Stock, Kashgar; tgl. 8–23 Uhr •

Intizar Restaurant (Yintizaer) 银提扎尔

Immer voll besetztes Restaurant für typisch uigurische Küche, beson-

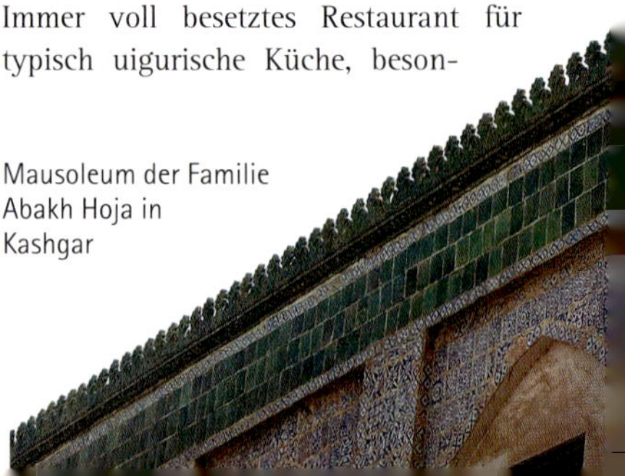

Mausoleum der Familie Abakh Hoja in Kashgar

ders die Polos (Reisgerichte) sind zu empfehlen. Besonderheit: eine englische Speisekarte und vegetarische Gerichte.
Renmin Xilu, Kashgar; • ▱

Aktiv

Kameltouren

John's Café (→ Info) organisiert auf Wunsch mehrtägige Kameltouren in die Wüste.

Info

An- und Weiterreise

Von Kashgar gibt es täglich Flüge nach Ürümqi, dort Anschluss in weitere Städte. Züge Richtung Osten fahren zweimal täglich (ca. 10 Std. nach Kuqa, 15 Std. nach Turfan).

Allgemeines

Eine Bank of China gibt es am Volksplatz. Beliebter Treffpunkt für Individualreisende ist »John's Café« im Hof des Seman Hotels. Es bietet westliches Essen, Touren und nützliche Reiseinformationen.
337 Seman Lu, Kashgar; Tel. 09 98/ 258 11 86; www.johncafe.net

TIBET

Majestätische Landschaften und lebendiges Pilgerleben machen eine Reise aufs »Dach der Welt« ➤ [B-H 6-8] zu einem einmaligen Erlebnis. Schneebedeckte Gipfel erheben sich über einem gewaltigen Hochplateau, darüber leuchtet ein blauer Himmel. Die tiefe Frömmigkeit ist allgegenwärtig, und für viele Reisende hat ein Besuch im »heiligen Schneeland« auch eine spirituelle Dimension.

Doch Tibet ist auch für seine schwierige politische Lage bekannt. Nach der »Befreiung« durch die chinesische Volksarmee 1950 wurden Tausende Klöster zerstört, und bis heute unterliegt das kulturelle und religiöse Leben massiven Restriktionen. Bilder des Dalai Lama, dem religiösen Oberhaupt der Tibeter, der seit seiner Flucht 1959 im indischen Exil lebt, sind verboten. Auch in den letzten Jahren führten Rufe nach seiner Rückkehr zu Verhaftung und Folter. Soldaten über-

DIE »LAMPE DER WEISHEIT«

Ihr Erkenntnisdrang war genauso groß wie ihre Abenteuerlust: Alexandra David-Néel reiste in das verbotene Lhasa – zu Fuß.

Als Alexandra David-Néel im Jahr 1921 die abenteuerlichste ihrer Reisen beginnt, ist sie 52 Jahre alt und schon mehrere Jahre in Asien unterwegs. Seit zwei Jahren weilt die zierliche Französin, mitten im Bürgerkrieg, im tibetischen Kloster Kumbum nahe dem tibetisch-chinesischen Grenzland. Sie lebt hier unter 3800 Mönchen als angesehene Lamina, im Rang einer Oberin eines Ordens des tibetischen Buddhismus. Sie spricht fließend Tibetisch und hat profunde Kenntnisse der Religion; sie wurde in magische Riten eingewiesen und kennt die Ikonografie der umfangreichen tibetischen Götterwelt.

AUSBRUCH ZUR ERKENNTNIS

Hier im Kloster – in Tibet Zentrum der Gelehrsamkeit – fühlt sich die wissbegierige und gebildete Frau, die anerkennend »Lampe der Weisheit« genannt wird, sehr wohl. Dennoch will sie aufbrechen: Ihr Ziel ist Lhasa, die für Ausländer verbotene, heilige Stadt. Schon als Jugendliche drängte es sie, auszubrechen und philosophische Erkenntnis zu erlangen. Sie studierte am Institut für orientalische Sprachen an der Pariser Sorbonne, schrieb anarchistische und feministische Artikel, lebte nach asketischen Praktiken und machte dann einen plötzlichen Abstecher nach Hanoi – dort trat sie als Opernsängerin auf.

Ab 1911 hält sie sich in Indien und China auf. Aus den geplanten »paar Monaten« in der Ferne werden schließlich 14 Jahre. Ihrem Mann, der seit über zehn Jahren in Europa wartet, beschreibt sie die abenteuerlichen Reisen durch Wüsten und Gebirge ausführlich in unzähligen Briefen – meist allerdings dann, wenn sie Geld braucht. Ihre Odyssee nach Lhasa wird die willensstarke und energische David-Néel als ihren »Weg durch Himmel und Höllen« als Buch herausbringen: Um nicht als Ausländerin erkannt zu werden, färbt sie sich die Haare mit Tusche und verdunkelt das Gesicht mit Kohle und Kakaopulver. Sie trägt das Gewand einer Bettlerin auf Pilgerfahrt. So wandert sie zu Fuß, Monat um Monat, über verschneite Pässe und eisige Einöden. Einzig ihr tibetischer Adoptivsohn Yongden begleitet sie auf dem gewaltigen Marsch. Mehrmals verirren sich die beiden oder werden zurückgewiesen. Doch die enormen Strapazen sind von Erfolg gekrönt: Anfang des Jahres 1924, zum tibetischen Neujahrsfest, erreichen die beiden Lhasa, die heilige Stadt der Tibeter.

Kam als erste Europäerin in die verbotene heilige Stadt Lhasa: Alexandra David-Néel.

wachen den Pilgerweg in Lhasa, der Name des Dalai Lama darf nicht ausgesprochen werden.

Deutlich ist der Einfluss durch gezielte chinesische Zuwanderung, die 2007 mit Fertigstellung der Bahnverbindung Beijing-Lhasa eine neue Dimension erhalten hat. Allein im Sommer 2007 sind laut Menschenrechtsorganisationen Millionen Arbeitssuchender in die Hauptstadt Lhasa geströmt, die immer mehr einer chinesischen Großstadt gleicht. Die von Beijing gepriesenen Modernisierungen kommen vor allem den zugezogenen Chinesen zugute; die meisten Läden und Restaurants gehören ihnen. Die Tibeter sind zu einer Minderheit geworden, deren Sprache und Kultur immer mehr zurückgedrängt wird. Der Dalai Lama sprach angesichts der chinesischen Politik von »kulturellem Genozid«.

Im Vorfeld der Olympischen Spiele kam es in vielen Teilen Tibets zu den schwersten Protesten und Aufständen seit 1959. Die Region wurde komplett abgeriegelt, sodass nur wenige Nachrichten nach Außen drangen.

Die kritische Berichterstattung beim olympischen Fackellauf erzürnte viele Chinesen. Für sie ist Tibet Teil Chinas. Diese Ideologie wird durch die KP gefördert; nationale Einheit und »Stabilität« haben höchsten Stellenwert. Historisch führen chinesische Geschichtsbücher den Souveränitätsanspruch bis in das 13. Jh. zurück – die Zeit der Mongolen, die China unterworfen hatten. Als China 1950 den Anspruch auf Tibet gewaltsam durchsetzte, fand Tibet bei den Vereinten Nationen keine Unterstützung.

Kulturgeografisch ist Tibet größer als die heutige Autonome Region. Große Gebiete wurden anderen Provinzen zugeteilt, auch zwei bedeutende Klöster, Labrang und Kumbum, (s. S. 350/351). Um Landschaft, Leben und Klosteralltag kennenzulernen, sollten Sie Lhasa verlassen und das Umland besuchen.

Info

An- und Weiterreise

Anreise von China per Flug, Bus oder Bahn, oder von Nepal per Bus oder Jeep. Ausländische Besucher müssen offiziell als Gruppenreisende einreisen und benötigen Travel Permits für Gebiete außerhalb Lhasas. Diese Regelungen ändern sich jedoch immer wieder. Beste Jahreszeit ist der Herbst, wenn das Pilgerleben besonders aktiv ist.

Allgemeines

Gesundheitliche Risiken: Die durchschnittliche Höhe von 4000 m ü.d.M. mit dünner Luft und verstärkter Sonneneinstrahlung kann gesundheitlich problematisch sein. Planen Sie mehrere Tage zur Akklimatisierung ein, und achten Sie auf Anzeichen von Höhenkrankheit wie Kopfschmerzen, Übelkeit und Ermüdung.
Wichtig: Viel Wasser trinken!

ZUR ORIENTIERUNG

In diesem Kapitel ist zuerst die Hauptstadt Lhasa beschrieben. Es folgen die beiden wichtigen tibetischen Orte Gyantse und Shigatse, und schließlich mit Xiahe und Xining zwei Orte außerhalb der Autonomen Region Tibet.

LHASA ལྷ་ས་ 拉萨

120 000 Einwohner, 3658 m ü.d.M.

➤ [D 8]

Hässliche Betonbauten, Karaoke-Bars, breite Straßen und ein Paradeplatz direkt vor dem Potala-Palast lassen erkennen, wer hier das Sagen hat. Die Bahnanbindung tut ihr Übriges. Doch die dichte Atmosphäre und die ungebrochene Spiritualität der tibetischen Pilger lassen den Zauber der »heiligen Stadt« noch spüren. In ihrem Herz liegt der Jokhang-Tempel, das wichtigste Heiligtum der Tibeter, umkreist vom Pilgerweg Barkhor. In dem Altstadtviertel drängen sich Pilger aus ganz Tibet: stattliche Khampa-Männer mit Messern im Gürtel, geschmückte Frauen aus Amdo, deren Haar zu 108 Zöpfchen geflochten ist, und kurz geschorene Nonnen. Manche werfen sich immer wieder der Länge nach auf den Boden und umrunden so im Uhrzeigersinn den Tempel. Dazwischen reihen sich Marktstände mit Gebetsfahnen, Schmuck, Thangkas, Sätteln, T-Shirts und vielem mehr. Sehenswert ist auch das kleine Nonnenkloster Ami Tsangkung im Südwesten und der Ramoche-Tempel nördlich des Barkhor.

Hotels

Dhood Gu Hotel (Dungu Binguan) 敦固宾馆

Im lebendigen Altstadtviertel gelegenes, angenehmes Hotel mit Tibet-Dekor. Von der Dachterrasse sieht man den Potala.

19 Shasarsu Lu, nordwestl. des Barkhor, Lhasa; Tel. 08 91/632 25 55; www.dhodguhotel.com; 63 Zi. •• CREDIT

Ausflüge

Klöster der Umgebung

Die drei großen Klöster Sera, Drepung und Ganden galten als Säulen des theokratischen Staates Tibet. Sie wurden im 15. Jh. von Schülern des Reformers Tsongkhapa gegründet. Einst lebten hier mehrere Tausend Mönche, heute sind es wieder einige Hundert. Drepung, lange Zeit Hochburg der Gelbmützensekte und

Wo die Berge den Himmel berühren: Yak-Weiden am Nam-Tso-See im Nyanchen-Thanglha-Gebirge nördlich von Lhasa

größtes Kloster weltweit, ist recht gut erhalten. Das Ganden-Kloster wurde nach fast völliger Zerstörung 1985 wieder erbaut. Es liegt in herrlicher Landschaft, der Pilgerstrom ist hier groß.

Sera: 5 km nördl.; Drepung: 10 km westl.; Ganden: 40 km östl. von Lhasa. Minibusse fahren vom Barkhor-Platz oder der Beijing Lu zu den Klöstern; tgl. 9–17 Uhr; Eintritt 45–55 Y

Nam-Tso-See 纳木错

Der Blick auf den schimmernden Salzwasser-See vor grandioser Bergkulisse kann ein im wahrsten Sinn atemberaubendes Erlebnis sein. Da er fast 1000 Meter höher als Lhasa liegt, sollte man sich für diesen Ausflug bereits gut akklimatisiert haben. Yaks grasen träge vor schneebedeckten Bergen und türkisblauem Wasser. Im Kloster Tashi Dor gibt es einfache Unterkunft.

➤ [D 7] **195 km nördl. von Lhasa; 2–3-tägige Touren gebucht über Reisebüros kosten ca. 300 Y; ein Jeep 1200–1600 Y**

Sehenswertes

Jokhang-Tempel (Dazhao Si) 大昭寺

Der 1300 Jahre alte Tempel ist das spirituelle Zentrum Tibets. Mönche und Pilger bevölkern die feierlich-dunklen, von Yakbutterkerzen erleuchteten Räume. Verehrt wird vor allem die Jowo-Sakyamuni Statue, die Buddha als 12-jährigen Prinzen darstellt. Sie war die Mitgift der chinesischen Prinzessin Wen Cheng, deren Heirat mit Reichseiniger König Songtsen Gampo im 7. Jh die Verbreitung des Buddhismus in Tibet förderte. Sie legte auch den Ort des Tempels fest. Erbaut wurde er allerdings ursprünglich für eine Buddhastatue der zweiten Braut, der nepalesischen Prinzessin Bhrikuti. Beide werden bis heute als Schutzheilige (»Grüne und Weiße Tara«) verehrt. Vom Dach, auf dem Mönche abends beten, blickt man auf die Pilger am Barkhor.

Tgl. 8–18, innere Kapelle 8–12 Uhr; Eintritt 70 Y

Potala-Palast (Budala Gong) 布达拉宫

Die mächtige Festung, einst Sitz des geistigen und politischen Oberhaupts von Tibet, thront majestätisch über der Stadt. 13 Stockwerke und 1000 Räume sind unterteilt in den so genannten Weißen Palast mit Privatquartieren des Dalai Lama und den religiös genutzten Roten Palast. Kapellen beherbergen mit Juwelen und Gold verzierte Grabstätten der Dalai Lamas. 1645 erbaut, residierten hier zehn Dalai Lamas.

Tickets sollten mehrere Tage im Voraus bestellt werden! Besichtigungszeit max. 1 Std.; tgl. 9.30–15.30 Uhr (Änderungen mögl.); Eintritt 100 Y

Essen und Trinken

Dunya Restaurant and Bar

Von Ausländern geführtes Restaurant, das westliche, indische und nepalische Küche sowie Yak-Burger anbietet.

100 Beijing Donglu, Lhasa; Tel. 08 91/ 633 33 74; www.dunyarestaurant.com; Apr.–Nov. 8–22 Uhr ••

Gangki 刚吉

Bei Tibetern beliebtes Dachterrassenrestaurant mit Blick auf den Jokhang.

Mentsikhang Lu, nordwestl. Ecke des Barkhor Platzes, Lhasa •

Feste

Zum Losar, dem tibetischen Neujahr, feiert man eine Woche lang (2009: 25. Feb.). 15 Tage später findet das Butterlampen-

fest statt. Theateraufführungen und Pilgerandrang finden auch am 15. Tag des vierten Mondmonats (21.3.09), dem Tag der Erleuchtung Buddhas, statt.

Info

An- und Weiterreise

Flüge tgl. ab Chengdu, zweimal wöchentlich ab Zhongdian und Kunming; Flughafen ca. 90 km südöstl. von Lhasa;
Bahn ab Beijing, Shanghai und Chengdu (ca. 50 Std.).

Touristeninformation

Sie organisieren Touren, Jeeps und Travel Permits, die Sie hier brauchen.
CWTS, 83 Beijing Zhonglu, Lhasa; Tel. 08 91/632 08 33. FIT im Snowlands Hotel, Danjielin Lu, Lhasa; Tel. 08 91/634 92 39

Allgemeines

Geldautomat: Am Potala-Palast gibt es eine Bank of China.

GYANTSE རྒྱལ་རྩེ་

ca. 60 000 Einwohner, 3950 m ü.d.M.

➤ [D 8]

Bei der Anreise über den Kamba-la-Pass (4794 m) öffnet sich der Blick auf den dunkeltürkis schimmernden Yamdrok-Tso-See. Gyantse hat seinen ursprünglichen Charakter weitgehend bewahren können. Das Kumbum Chörten ist das größte Tibets, mit 108 Kapellen voll beeindruckender Statuen und Wandmalereien. Von der Ruine der Festung Dzong öffnet sich der Blick über Ebene und Kloster. 1904 von den Briten zerstört, ist es heute ein kleines Museum.

Info

An- und Weiterreise

265 km südwestl. von Lhasa (ca. 7 Jeep-Std.)

Allgemeines

Übernachtung im Gyantse Hotel, Tel. 08 92/817 22 22; 103 Zi. •• CREDIT

SHIGATSE གཞིས་ཀ་རྩེ་

90 000 Einwohner, 3836 m ü.d.M.

➤ [D 8]

Die zweitgrößte Stadt Tibets ist Sitz des Panchen Lama. Im riesigen Tashilunpo-Kloster liegt das Grabmal des 4. Panchen Lama,

Das religiöse Herz von Tibet: der 1300 Jahre alte Jokhang-Tempel auf dem Barkhor-Platz in Lhasa

20 mal 30 Meter misst das riesige Thangka, das die Mönche des Klosters Labrang zum Monlam-Fest ausrollen.

ein reich verzierter Chörten. Auch die 26 Meter hohe, vergoldete Maitreya-Statue ist beeindruckend. Ein Pilgerweg (Kora) führt zur zerstörten Festung (Dzong) auf der Anhöhe, die momentan wieder aufgebaut wird.

Info

An- und Weiterreise

360 km westl. von Lhasa

Allgemeines

Übernachtg. im Manasarovar Hotel 神湖酒店; Tel. 08 92/883 99 99; 55 Zi. •• CREDIT

XIAHE བསང་ཆུ 夏河 MIT KLOSTER LABRANG བླ་བྲང་དགོན་པ་ 拉布楞寺

150 000 Einwohner, 2920 m ü.d.M. ➤ [H 6]

Das 1709 gegründete Kloster Labrang, das zu den sechs Hauptklöstern der Gelbmützen-Schule gehört, ist heute ein lebendiges religiöses Zentrum. Es liegt im hübschen Bergort Xiahe. 1200 Mönche leben und studieren hier in sechs Akademien. Sie bieten englischsprachige Führungen an. Von der Stupa Gongtang Chörten am Pilgerweg hat man einen wunderbaren Blick. Von Xiahe aus kann man Ausflüge ins Weideland der Nomaden inklusive Ritt und Jurten-Übernachtung unternehmen. Die Anreise von Gansus Provinzhauptstadt Lanzhou nach

Xiahe führt durch Gebirgslandschaft, in der chinesische Moslems siedeln.

Feste

Ein wichtiges Fest ist das Monlam-Fest (Feb./März), bei dem ein riesiges Thangka am gegenüber liegenden Hügel ausgerollt wird. Die Terrasse bietet einen schönen Blick auf die Dächer des Klosters.

Info

An- und Weiterreise

230 km südwestl. von Lanzhou, Anreise per Bus (5–6 Std., ca. 50 Y).

Allgemeines

Klosterführungen 10.15 und 15.15 Uhr; Eintritt 40 Y. Übernachtung im Labrang Baoma Hotel (Labuleng Baoma Binguan), östl. des Klosters; Tel. 09 41/712 10 78; www.labranghotel.com; 39 Zi. •

XINING ཟི་ལིང་ 西宁 MIT KLOSTER KUMBUM (TA'ER SI) 塔尔寺 སྐུ་འབུམ་དགོན་པ་

770 000 Einwohner, ca. 2200 m ü.d.M

➤ [G 6]

Das Kloster Kumbum gehört zu den wichtigsten tibetisch-buddhistischen Heiligtümern, heute strahlt es allerdings eher museale Atmosphäre aus. Es wurde 1560 zu Ehren Tsongkhapas, dem Begründer der Gelbmützen-Schule erbaut, der hier 1357 geboren sein soll. Die buddhistischen Kunstwerke wie auch die fein gearbeiteten Yakbutter-Skulpturen sind bemerkenswert.

Kloster Kumbum: 26 km von Xining; tgl. 8.30–17.30 Uhr; Eintritt 80 Y

Hotels

Yinlong Dajiudian 银龙大酒店

Luxushotel mit 21 Stockwerken mit elegant eingerichteten Zimmern. Diverse Restaurants im westlichen und chinesischen Stil.

Im Zentrum, 36 Huanghe Lu, Xining; Tel. 09 71/616 66 66; www.ylhotel.net; 316 Zi. •••• CREDIT

Info

An- und Weiterreise

Von Lanzhou gelangt man nach Xining in knapp 3 Zugstunden; der Flughafen liegt 26 km östl. der Stadt

Touristeninformation

CITS, Tel. 09 71/613 38 44

HINWEIS Im Vorfeld der Olympischen Sommerspiele 2008 kam es in Tibet zu den schwersten Protesten und Zusammenstößen mit chinesischen Polizisten und Soldaten seit mehreren Jahrzehnten. Wie die Reiselage für Tibet bei Erscheinen dieses Reiseführers aussieht, war bei Redaktionsschluss – kurz nach den Aufständen – noch nicht absehbar. Informationen zur Menschenrechtslage gibt es u.a. bei der Internationalen Gesellschaft für Menschenrechte, www.igfm-muenchen.de. Wer als Tourist die Bevölkerung unterstützen möchte, sollte versuchen, tibetisch geführte Reiseveranstalter, Hotels und Läden den chinesischen vorzuziehen. Vor allem aber sollten Sie Achtung für die tibetische Kultur ausdrücken und die religiösen Bräuche respektieren. Umrunden Sie heilige Orte im Uhrzeigersinn, verhalten Sie sich in Klöstern ruhig, und nehmen Sie Ihre Kopfbedeckung ab.

REISE-SERVICE

Hier finden Sie alle wichtigen Informationen für Ihre Reisevorbereitungen, den Aufenthalt im Land selbst und Situationen, denen Sie täglich begegnen werden. Im Sprachteil können Sie bei Ausspracheschwierigkeiten einfach auf die Zeichen deuten. Mit dem Essdolmetscher dürfte Ihnen keine Gaumenfreude entgehen.

Die Highway-Trassen in Shanghai lassen ältere Häuser der Stadt klein aussehen.

WISSENSWERTES VON A-Z

ALLGEMEINES

Die offizielle Bezeichnung lautet »Volksrepublik China« (»Zhonghua Renmin Gongheguo«). Der Name China (ebenso wie lat. »Sina«) leitet sich wahrscheinlich von der Qin-Dynastie ab. Im Chinesischen sagt man »Zhongguo« – 中国 – Reich der Mitte.

Bevölkerung: Mit rund 1,32 Milliarden Einwohnern ist China das bevölkerungsreichste Land der Erde. Knapp 92 % sind Han-Chinesen, die restlichen 8 % (immerhin 105,6 Mio.) sogenannte nationale Minderheiten, von denen offiziell 55 anerkannt sind. Ihr traditionelles Siedlungsgebiet umfasst mehr als 60 % des heutigen Staatsgebietes. Zu den wichtigsten zählen im Süden die Zhuang (16 Mio.), Miao und Yi, im Norden die Mandschu (10 Mio.) und Mongolen, im Westen die Uiguren (8,4 Mio.) und Tibeter (5,4 Mio.). Die Bevölkerungszahl Chinas hat sich seit den 1950er-Jahren verdoppelt. Seit 1979 gilt die »Ein-Kind-Politik«, in deren Folge das Bevölkerungswachstum auf heute 0,6 % zurückging. Da große Teile des Landes kaum bewohnt sind, leben etwa 90 % der Bevölkerung auf einem Drittel der Staatsfläche. So entspricht die Bevölkerungsdichte dort etwa den am dichtesten besiedelten Ländern Europas (350 Einw./km^2). Der größte Teil der Bevölkerung lebt in den östlichen Küstenregionen.

Geografie und Klima: Mit einer Fläche von 9,59 Mio. Quadratkilometern ist China das größte Land Ostasiens und das drittgrößte der Erde, eingefasst von fast 15.000 Kilometern Küste und über 22.000 Kilometern Landgrenze zu 14 Nachbarstaaten (Vietnam, Laos, Myanmar, Bhutan, Nepal, Indien, Pakistan, Afghanistan, Tadschikistan, Kirgisistan, Kasachstan, Russland, Mongolei und Nordkorea). Vom Pamirgebirge im Westen bis zur Halbinsel Shandong im Osten sind es etwa 4200 km, vom sibirischen Grenzfluss Heilong zu den Inseln des Südens fast 4500 Kilometer. Klima und Geografie sind entsprechend vielfältig. Fast zwei Drittel des Landes sind von Gebirgen und Hochebenen geprägt; insbesondere der weite Westen des Landes mit dem Qinghai-Tibet-Plateau und den 8000er-Gipfeln des Himalaja sowie den von Gebirgen umgebenen zentralasiatischen Wüsten. Im äußersten Norden liegen mongolische Steppen; im Nordosten die mandschurische Tiefebene. Das chinesische Kernland teilt sich entlang des Yangzi (mit 6380 km drittlängster Fluss der Erde) in Nord und Süd: Die nordchinesische Ebene im Schwemmland des »Gelben Flusses« (Huang He) ist intensiv genutztes, flaches Agrarland mit Lössböden und Kontinentalklima. Abwechslungsreicher sind die subtropisch-grünen Bergwälder des Südens, die im Terrassenbau bewirtschaftet werden.

Sprache: Amtsprache ist Hochchinesisch (»putonghua«), auch: »Mandarin«, das mit fast 900 Mio. Muttersprachlern die meistgesprochene Sprache der Erde ist. In Hongkong und Macao ist Kantonesisch Amtsprache. Darüber hinaus gibt es verschiedene Sprachen der nationalen Minderheiten. Obwohl sich Dialekte im Land krass unterscheiden, versteht »Putonghua« – mit

Ausnahme alter Menschen in ländlichen Gebieten – fast jeder, da es im ganzen Land in der Schule unterrichtet und im Rundfunk ausgestrahlt wird. Englischkenntnisse sind, bis auf Hongkong, nicht weit verbreitet. Dies ändert sich aber in den Großstädten zunehmend.

Religion: Offiziell ist die Volksrepublik ein atheistischer Staat, der jedoch religiöse Betätigung gestattet. Wichtigste Religionen sind Buddhismus (50–80 %) und Daoismus (bis zu 30 %), außerdem Christentum (3–4 %) und Islam (1–2 %). Schätzungen schwanken erheblich, da viele Gläubige neben dem Buddhismus noch andere Volksreligionen praktizieren.

Politik und Verwaltung: Die Volksrepublik gliedert sich in 22 Provinzen, fünf Autonome Gebiete und vier regierungsunmittelbare Stadte (Beijing, Shanghai, Tianjin, Chongqing). Hongkong und Macao gelten als Sonderverwaltungszonen. Hauptstadt und Sitz der Zentralregierung ist Beijing. Alle Staatsorgane unterliegen der Führung der kommunistischen Partei (KPCh). Staatspräsident Hu Jintao ist zugleich Generalsekretär der KPCh und Vorsitzender der zentralen Militärkommission. Das nominell höchste Machtorgan ist der Nationale Volkskongress, dessen 3000 Abgeordnete einmal im Jahr zusammentreffen. Ministerpräsident ist Wen Jiabao.

Wirtschaft: Seit dem Umschwung zur »sozialistischen Marktwirtschaft chinesischer Prägung« entwickelte sich das Land rasant.

Der internationale Flughafen Chek Lap Kok in Hongkong wird von Europa aus täglich angesteuert.

Inzwischen ist die VR die viertgrößte Volkswirtschaft und drittgrößte Handelsnation der Welt. Zu den wichtigsten Exportgütern zählen Maschinen, elektronische Produkte und Textilien; importiert werden insbesondere Rohstoffe und Maschinen, was deutliche Auswirkungen auf die Weltmarktpreise hat. Doch der Boom bleibt nicht ohne Auswirkungen. Umweltzerstörung, Engpässe bei Energieversorgung und Infrastruktur zählen zu den wachsenden Problemen, vor allem aber klafft die Wohlstandsschere immer drastischer auseinander; die Wahrung der sozialen Stabilität wird so zunehmend schwieriger.

ANREISE

Mit dem Flugzeug

Die meisten China-Reisenden erreichen das Land per Flugzeug. Es gibt Linienflüge aller großen europäischen Fluglinien, die meist Beijing, Shanghai und Hongkong anfliegen.

Flüge mit Air China sind oft recht günstig; der Service gilt als weniger gut, die Sicherheitsstandards sind jedoch in Ordnung. Die Flugzeit von Deutschland nach Beijing beträgt rund zehn Stunden. Im Flugzeug werden Ihnen zwei Formulare ausgehändigt, die Sie ausfüllen und bei der Einreise gemeinsam mit dem Pass dem Kontrollbeamten aushändigen. Eines verlangt Angaben zur Reise und Person, das zweite Gesundheitsauskünfte. In den internationalen Flughäfen befinden sich Geldautomaten und Wechselschalter, Telefone, Geschäfte und Restaurants sowie Info-Stände zu Hotels oder Fluggesellschaften. Die Flughäfen liegen außerhalb der Stadt, Express-Züge oder -Busse fahren in die Innenstadt; die Busse steuern dort oft große 5-Sterne-Hotels an. Taxis sollte man nur am vorgesehenen Taxistand nehmen und darauf achten, dass der Fahrer das Taxameter einstellt. Oft versuchen Taxifahrer, sich unwissenden Neuankommenden aufzudrängen und verlangen gigantische Preise. Inlandsflüge kann man über das Reisebüro in Deutschland buchen, oft gibt es aber auch vor Ort gute Vergünstigungen.

Mit der Bahn

Eine der berühmtesten Zuglinien verbindet Europa mit China: die Transsibirische Eisenbahn. Die etwa einwöchige Reise führt durch Taiga, Steppe und Wüsten und durchquert acht Zeitzonen. Zwei Strecken führen von Moskau nach Beijing: die Trans-Mandschurische und die Trans-Mongolische, für die Reisende ein weiteres Visum für die Mongolei benötigen. Wer die knapp 10 000 Kilometer per Bahn zurücklegen möchte, kann sich auf der englischsprachigen Webseite www.seat61.com/Trans-Siberian.htm recht umfassend informieren. Deutsche Reiseanbieter sind u.a. www.travel-service-asia.de. Darüber hinaus führt auch eine Bahnlinie von Vietnam nach Yunnan.

Per Auto

Die Einreise mit dem eigenen Pkw ist in keinem Fall empfehlenswert; sie ist sehr kompliziert, erfordert frühzeitige Planung und kann außerordentlich kostspielig sein. Fahrer müssen darüber hinaus einen chinesischen Führerschein erwerben.
Busse überqueren die Grenzen an verschiedenen Stellen des Landes: im Westen nach Pakistan, Kasachstan und Kirgisistan; über Tibet nach Nepal sowie im Südwesten nach Laos und Vietnam.

APOTHEKE

Chinesische Apotheken führen sowohl Medikamente der westlichen Schulmedizin wie auch Arzneien der Traditionell Chinesischen Medizin (TCM). Für viele typische Reiseerkrankungen wie z. B. Durchfall, Erkältung u. Ä. gibt es gute pflanzliche Mittel der TCM. In der Apotheke kann Ihnen in aller Regel geholfen werden. Vergessen Sie allerdings nicht, sich Ihre Beschwerden auf Chinesisch aufschreiben zu lassen.

Asia Emergency Assistance Center

2-1-1 Tayuan Diplomatic Office Bldg.,
14 Liangmahe Nan Lu, Chaoyang, Beijing;
Tel. tagsüber 010/64 62-91 12; Tel. abends 010/6462-9100

International Medical Center (IMC)
Beijing Lufthansa Center, Room 106,
50 Liangmaqiao Lu, Chaoyang District,
Beijing; Tel. 010/64 65-15 61

ÄRZTE (DEUTSCHSPRACHIGE)

Vertrauensärzte in deutschen Generalkonsulaten (Beijing/Shanghai):

Regionalarzt Deutsche Botschaft Peking
Sprechstunden:
Mo–Fr 7.30–12, Mi 14–17 Uhr
Anmeldung Tel. 010/65 32 35 15
17 Dongzhimenwai Dajie, Chaoyang District,
Beijing
www.peking.diplo.de

Vertrauensärztin im Deutschen Generalkonsulat
Dr. med. Anne Kulich
181 Yongfu Road, Shanghai
Sprechstunde: Mi 9–16.30 Uhr
Anmeldung Tel. 021/64 06 33 05, während der Sprechstunde Tel. 34 01 01 06
www.shanghai.diplo.de

Shanghai East International Medical Center (dt. Schmerztherapeutin)
551 South Pudong Road, Shanghai
Tel. 021/58 79-99 99

Beijing International (SOS) Clinic
(englischsprachig)
Building »C« BITIC Jing Yi Building,
5 Sanlitun Xiwujie, Chaoyang District,
Beijing
Tel. 010/64 62 91 12, Fax 64 62 91 11
Alarm Center Tel. 010/64 62 91 00
beijing.clinic@internationalsos.com
www.internationalsos.com/en/

Sino-German Policlinic
Landmark Tower, B-1, 8 Dongsanhuan Road,
Beijing
Tel. 010/65 01 19 83

Traditionell Chinesische Medizin (TCM)
Body & Soul
MEDICAL CLINIC HUANGPU
An Ji Plaza, 14. Stock
Xi Zang Nan Rd. 760 / Kreuzung Jian Guo Rd., Shanghai
Tel. 021/51 01 92 62
huangpu@bodyandsoul.com.cn
Auch Telefonberatung (längere gegen Gebühr): 021/51 01 92 62
www.bodyandsoul.com.cn/de/

AUSKUNFT

In großen Städten gibt es Touristen-Hotlines; der englischsprachige Service ist jedoch sehr unterschiedlich. Besonders in kleinen, aber touristisch erschlossenen Orten wie Yangshuo und Lijiang sind Cafés und Gasthäuser oft die beste Quelle für Informationen.

In Deutschland:
Fremdenverkehrsamt der VR China
Ilkenhansstraße 6, 60433 Frankfurt
Tel. 069/52 01 35, Fax 52 84 90
www.fac.de

In China:
China International Travel Service (CITS)
www.cits.com.cn

China Travel Service (CTS)
www.chinatravelservice.com

BOOTVERLEIH

In Parks werden oft Ruder- oder Tretboote verliehen. In Qingdao, dem Austragungsort der olympischen Segelwettkämpfe 2008, gibt es verschiedene Jacht-Clubs, z.B. Yinhai International Yacht Club, www.yinhai.com.cn

BUCHTIPPS

Gebrauchsanweisung für China. Kai Strittmatter, Piper 2004. Unterhaltsames, humorvolles und ebenso fundiertes »Lexikon« zu den alltäglichen Skurrilitäten des heutigen China. Auch die Artikelsammlungen (im Picus Verlag) des langjährigen Korrespondenten der Süddeutschen Zeitung sind zu empfehlen.

Die chinesische Welt. Die Geschichte Chinas von den Anfängen bis zur Jetztzeit. Jacques Gernet, Suhrkamp 2006 (7. Auflage; 1. Aufl. 1988). Umfassende und facettenreiche Geschichtsdarstellung vom Altertum bis zum 20. Jh.

Wilde Schwäne. Jung Chang, Knaur 2004. Drei Frauengenerationen durchleben in dieser Familiengeschichte der Autorin die Wirren und Verwerfungen vom konfuzianischen China der Kaiserzeit bis zum Kommunismus.

Herbstlich helles Leuchten überm See. Günter Debon (Übers.), Piper 1989 (antiquarisch). Entdecken Sie chinesische Gedichte! Wie z.B. in dieser wunderbar übersetzten Sammlung von tang-zeitlichen Gedichten; aus der Blütezeit der chinesischen Lyrik.

Der Berg der Seele. Gao Xingjian, Fischer, 2003. Der episodische, teils autobiografische Roman des in Paris lebenden Nobelpreisträgers ist eine Wanderung durch Chinas südliche Provinzen, die gleichzeitig eine Suche und Wanderung zum Ich ist.

Tod einer Roten Heldin. Qiu Xiaolong, dtv 2004. Spannender Krimi, gleichzeitig eine detaillierte Milieustudie des Shanghai zur Zeit der politischen Repression Anfang der 1990er-Jahre.

Weitere bedeutende zeitgenössische Autoren wie Wang Anyi, Zhang Jie, Ha Jin oder Ma Jian sind teilweise nur in englischer Übersetzung erhältlich; die Frankfurter Buchmesse 2009 mit dem Gastland China wird dies sicher ändern.

Drei Titel des MERIAN Magazins bieten weitere Informationen über China. Ganz aktuell: MERIAN Peking!

MERIAN Peking, MERIAN Shanghai, MERIAN Hongkong und Macao, Jahreszeiten Verlag: Opulent bebilderte, monothematische Magazine, die mit hoher journalistischer Kompetenz, exklusiven Tipps und detailliertem Kartenmaterial eine optimale Vorbereitung für die Reise bieten; je 7,50 €. Auch zu beziehen über unseren MERIAN Shop (www.merian.de).

DIEBSTAHL

Generell ist China ein sehr sicheres Land. Im Gedränge, etwa auf Märkten, sollte man jedoch auf seine Wertsachen achtgeben. Auch auf Bahnhöfen und Bushaltestationen sowie längeren Bus- oder Bahnfahrten sollte man sein Gepäck nach Möglichkeit im Auge behalten. Die Meldung eines Diebstahls bei der Polizei (PSB) kann langwierig und mühselig sein, manchmal tauchen Wertsachen auch wieder auf. Hotels sind generell sicher, die meisten bieten einen Safe oder Verwahrungservice für Wertsachen.

DIPLOMATISCHE VERTRETUNGEN

Diplomatische Vertretungen der VR China in Deutschland:
Botschaft in Berlin
Märkisches Ufer 54, 10179 Berlin; Tel. 030/27 58 80; Konsularabteilung Brückenstr. 10, 10179 Berlin; Tel. 030/27 58 85 72, Fax 27 58 85 19

Generalkonsulat in Frankfurt
Mainzer Landstr.175, 60326 Frankfurt/Main; Tel. 069/75 08 55 48; Konsularabteilung Tel. 069/75 08 55 34, 75 08 55 10

Generalkonsulat in Hamburg
Elbchaussee 268, 22 605 Hamburg; Tel. 040/82 27 60 13; Konsularabteilung Tel. 040/82 69 75, Fax 822 62 31

Generalkonsulat in München
Romanstr. 107, 80639 München; Tel. 089/17 30 16 25; Konsularabteilung Tel. 089/17 30 16 12, Fax 17 30 16

Diplomatische Vertretung der VR China in Österreich:
Botschaft in Wien
Strohgasse 22, 1030 Wien; Tel. 01/71 43 14 92 12; Konsularabteilung Tel. 01/710 36 48, Fax 710 37 70

Diplomatische Vertretungen der VR China in der Schweiz:
Botschaft in Bern, Kalcheggweg 10, 3006 Bern; Tel. 031/352 73 33; Konsularabteilung Tel. 031/351 45 93, Fax 351 45

Generalkonsulat Zürich
Bellariastr. 20, 8002 Zürich; Tel. 01/201 10 05; Konsularabteilung Tel. 01/201 10 73, Fax 201 77 12

In China:
Deutsche Botschaft in Beijing
17 Dongzhimenwai Dajie, Chaoyang Qu; Tel. 010/85 32 90 00, Fax 65 32 53 36, www.deutschebotschaft-china.org

Deutsches Konsulat in Chengdu
Western Tower, 6th Floor, 19 Renmin Nanlu 4-duan, Chengdu; Tel. 028/66 80 19 99, Fax 66 80 19 90

Deutsches Konsulat in Kanton
Guandong International Hotel, 19th Floor, 339 Huanshi Lu; Tel. 020/83 30 65 33, Fax 83 31 70 33;
www.kanton.diplo.de

Deutsches Konsulat in Shanghai
New Century Plaza, 14th Floor, 188 Wujiang Lu, Shanghai; Tel. 021/62 17 15 20, Fax 62 18 00 04;
www.shanghai.diplo.de

Österreichische Botschaft in Beijing
5 Jianguomenwai Xiushui Nanjie; Tel. 010/65 32 20 61, Fax 65 32 15 05;
www.aussenministerium.at/peking

Schweizerische Botschaft in Beijing
3 Sanlitun Dongwu Jie; Tel. 010/65 32 27 36, Fax 65 32 43 53;
www.eda.admin.ch/beijing

EINREISEDOKUMENTE

Die Einreise nach China ist nur mit einem Reisepass (mind. 6 Monate Gültigkeit) und einem gültigen Visum möglich. Bei Gruppenreisen organisiert der Veranstalter oft die Visa. Ein Einzelvisum für einen maximal dreimonatigen (generell aber nur 30-tägigen) Aufenthalt kann vor der geplanten Reise maximal 50 Tage im Voraus beantragt werden. Der Antrag ist mit einem Passbild und ausgefülltem Formular nur persönlich oder über eine Agentur einzureichen – nicht auf dem Postweg. Ein Touristenvisum (L) für die einmalige Einreise kostet 20 €, die zweimalige Einreise (z.B. sinnvoll, falls ein Abstecher nach Hongkong oder Macao geplant ist) kostet 30 €. Die Bearbeitung dauert etwa eine Woche, Express-Bearbeitung ist teurer. Hongkong und Macao können für Aufenthalte bis zu drei Monaten visumfrei besucht werden. Formular im Internet: www.china-botschaft.de.

FAHRRADVERLEIH

Viele Hotels und Gasthäuser vermieten Fahrräder pro Tag oder Stunde. Kosten starten bei etwa 5 Y/Std. oder 30 Y/Tag. Für die Kaution von bis zu 500 Y sollte man unbedingt eine Quittung verlangen, und das Fahrrad vorher genau prüfen. Eventuelle Mängel können sonst zulasten des Kunden gehen. Manchmal wird als Pfand auch ein Ausweis verlangt, den Reisepass sollte man jedoch nicht abgeben.

FKK

Nacktbaden und oben ohne ist in China generell nicht gestattet.

FOTOGRAFIEREN

Chinesische Touristen fotografieren sehr gern, und meist müssen sie selber mit ins Bild. Wenn ein Ausländer das Familienalbum schmückt, ist das noch besser – daher werden Fremde durchaus angesprochen und um ein gemeinsames Foto gebeten. Versuchen Sie, es genauso zu halten und zumindest über Blickkontakt sicherzugehen, dass jedermann einverstanden ist, wenn Sie ein

Foto machen. In vielen Tempeln und Museen darf nicht fotografiert werden. Strenges Fotoverbot herrscht bei militärischen Einrichtungen und strategischen Posten (z.B. Grenzen). Beim Fotografieren von politisch sensiblen Themen oder Objekten laufen Sie Gefahr, dass Ihr Fotomaterial konfisziert wird. Farbfilme sind noch erhältlich; deutlich beliebter ist aber inzwischen die Digitalfotografie. Kodak-Läden, die es im ganzen Land, vor allem in touristischen Orten gibt, brennen Bilder auf CD. Batterien sind schwieriger zu bekommen.

WECHSELKURSE

RMB	HK-$	Euro	SFr
0,5	0,55	0,05	0,07
1	1,11	0,09	0,14
2	2,22	0,18	0,28
5	5,55	0,45	0,71
10	11,11	0,90	1,42
20	22,22	1,80	2,84
30	33,34	2,71	4,26
50	55,57	4,52	7,11
100	111,14	9,04	14,22
250	277,86	22,61	35,55
500	555,72	45,22	71,09
750	833,59	67,83	106,64
1000	1111,46	90,44	142,19

Quelle: www.bankenverband.de, Stand: Mai 2008

FRAUEN

Allein reisende Frauen haben in China in der Regel keine Probleme. In den letzten Jahren kam es allerdings vereinzelt zu Belästigungen und Übergriffen. Wahren Sie daher die übliche Vorsicht; vermeiden Sie vor allem nachts allein in einsamen Gegenden unterwegs zu sein. In muslimischen Regionen sollte man den religiösen Kleidervorschriften folgen und keine kurzen Röcke tragen.

FUNDBÜRO

Ein Fundbüro gibt es nur im Beijinger Flughafen (Tel. 010/64 54 01 10); sonst sollte man verlorene Wertsachen bei der Polizei (PSB) melden. Zum chinesischen Neujahr gibt es auf dem dicht gedrängten Tiananmenplatz »lost and found centres« für verloren gegangene Menschen!

GELD

Die chinesische Währung heißt »Renminbi« (RMB), Volkswährung. Die Einheit ist »Yuan« (umgangssprachlich oft »kuai«), der in zehn »Jiao« (auch »mao«) geteilt wird. Die kleinste Einheit »Fen« ist inzwischen fast wertlos. Banknoten von 1, 2, 5, 10, 20, 50 und 100 Y sind im Umlauf; weshalb man meist einen ganzen Batzen Scheine abheben muss. Wechseln können Sie bei den örtlichen Filialen der Bank of China (Öffnungszeiten Mo–Fr 8–12 und 13.30–17 Uhr) und einigen anderen Banken. Auch große Hotels wechseln Bargeld. Cash-Advance für Kreditkarten gibt nur die Bank of China (nur mit Pass). An einigen Geldautomaten (ATM) der Bank of China kann mit Kreditkarten oder EC-Karten und Geheimnummer Geld abgehoben werden. Erkundigen Sie sich vor der Reise bei Ihrer Bank, die eine Liste der entsprechenden Standorte hat. Die meisten gehobenen Hotels und Restaurants akzeptieren internationale Kreditkarten, auch Flüge können so bezahlt werden. Achten Sie darauf, keine beschädigten Scheine oder Falschgeld zu bekommen. RMB ist nur innerhalb Chinas rücktauschbar, heben Sie daher die Umtauschbelege auf.

IMPFUNGEN

Das Auswärtige Amt empfiehlt als sinnvollen Impfschutz für Reisen nach China: Tetanus, Diphterie, Polio und Hepatitis A, bei längerem Aufenthalt auch Hepatitis B. Eine Malaria-Prophylaxe oder ein Standby-Mittel kann im ländlichen Süden, Yunnan, Guizhou und Hainan sinnvoll sein.

INTERNET

Internetzugang ist in China weit verbreitet, selbst der kleinste Ort hat eine Internetbar, die oft allerdings eher einer düsteren Spielhölle gleicht. Cafés, die auf ausländische Reisende eingestellt sind, haben häufig Internetzugang (ebenso die großen Caféketten), oft auch für kabellosen Zugang mit dem eigenen Laptop. Die Kosten liegen bei 1–20 Y pro Stunde. Gute Hotels bieten meist Breitbandzugang direkt vom Zimmer oder vom hoteleigenen »Business Centre«. Aufgrund der Zensur ist der Zugang zu vielen ausländischen Webseiten nicht möglich, vor allem zu englischsprachigen Nachrichtenagenturen und Menschenrechtsorganisationen; deutschsprachige Seiten sind seltener betroffen.

KLEIDUNG

Legere, lockere Kleidung ist meist angebracht, für feine Restaurants und Clubs kann elegantere Garderobe passend sein. Die Hotels haben gute, schnelle Wäschedienste, sodass man nicht zu viel Kleidung mitnehmen muss. Die Sommer sind im ganzen Land heiß – dennoch sollte man immer einen Pulli oder eine leichte Jacke dabeihaben, da gerade bessere Hotels oft extrem kalt klimatisiert sind. Warme, wind- dichte Kleidung ist für den Winter sowie für Reisen in Bergregionen angebracht. Dort muss man sich auf plötzliche Wetterumschwünge einstellen. Im Sommer regnet es häufig.

KULTURINSTITUTE

Das Goethe-Institut ist in den Städten Beijing, Shanghai und Hongkong vertreten und veranstaltet regelmäßig Filmvorführungen, Lesungen u.ä. Kulturveranstaltungen.

Goethe-Institut Peking
Cyber Tower, Building B, 17/F. No. 2, Zhong Guan Cun South Ave., Haidian District, Beijing, Tel. 010/82 51 29 09
Fax 82 51 29 03
info@peking.goethe.org
www.goethe.de/peking

Goethe-Institut Hongkong
14/F Hong Kong Arts Centre 2,
Harbour Road, Wanchai,Hongkong,
Postadresse:
G.P.O.B. 55 31, Hongkong
Tel. 0852/28 02 00 88
Fax 28 02 4363
info@hongkong.goethe.org
www.goethe.de/hongkong

Abteilung Kultur und Bildung am Generalkonsulat der Bundesrepublik Deutschland

102A Cross Tower,
Fu Zhou Lu 318, Shanghai
Tel. 021/63 91 20 68
Fax 63 84 02 69
info@shanghai.goethe.org
www.goethe.de/shanghai

LEIHWAGEN

Nur in Hongkong und Macao dürfen ausländische Besucher selber fahren. Im restlichen Land nimmt man sich am besten ein Taxi, mit dem man auch Tagespreise aushandeln kann.

NEBENKOSTEN (umgerechnet in €)	
1 Tasse Kaffee	3,00-5,00
1 Bier	2,50-5,00
1 Cola/Softdrink (Hotelbar/Kiosk)	2,00-4,00/0,5
1 Fl. Wasser (0,5 l) (Hotelbar/Kiosk)	1,50/0,30
1 Baozi (gefüllte Teigtasche)	0,05
Schale Nudeln	0,3-1,00
1 Schachtel Zigaretten	0,3-4,00
Taxi, für den Tag gemietet	ca. 30-60
Jeeps (pro Tag, z.B. Tibet)	ca. 100

NOTRUFNUMMERN

Polizei 110, Feuerwehr 119, Ambulanz 120. Englisch sprechendes Personal ist selten.

ÖFFENTLICHE VERKEHRSMITTEL

Bus: Busse sind ein günstiges, aber oft überfülltes und (in großen Städten) wegen vieler Staus auch eher langsames Verkehrsmittel. Das Fahrplansystem in den Städten kann etwas verwirrend sein, da Haltestellenpläne nur in chinesischen Zeichen beschriftet sind und die Routen meist nur auf chinesischsprachigen Stadtplänen eingezeichnet sind. Lassen Sie sich Busnummer und Ziel aufschreiben. U-Bahn (»ditie« 地铁): Mehrere große Städte haben ein U-Bahnsystem, das ständig erweitert wird. Es ermöglicht einfache, schnelle und günstige Fortbewegung. Zu den Stoßzeiten kann es auch hier sehr eng werden.

ÖFFNUNGSZEITEN ALLGEMEIN

Banken, Ämter und andere offizielle Einrichtungen haben generell Mo–Fr von 9–17 Uhr geöffnet, oftmals wird eine zweistündige Mittagspause (ca. 12–14 Uhr) eingelegt. Museen und Sehenswürdigkeiten haben generell von 9–17 Uhr geöffnet, wobei der Ticketschalter meist eine halbe Stunde vorher schließt. Geschäfte sind etwa von 10–22 Uhr geöffnet, meist sieben Tage die Woche. Zu den drei großen öffentlichen Feiertagen (Frühlingsfest, 1. Mai, 1. Oktober) bleibt alles mindestens drei Tage geschlossen.

POLIZEI 警察局

Nur selten gibt es englisch sprechendes Personal auf den Polizeirevieren der PSB (Public Security Bureau), chinesisch »gong an ju«. In ernsten Fällen sollte man gleich mit der Botschaft Kontakt aufnehmen; insbesondere bei Verlust des Passes ist es wichtig, sich umgehend um Ersatz durch die Botschaft zu kümmern.

POST

Briefe und Postkarten brauchen nach Europa mindestens fünf Tage. Briefmarken (4,5 Y für Postkarten, 6 Y für Briefe bis 20 g) erhält man oft im Hotel, manchmal ist das Porto bei Umschlägen und Karten gleich aufgedruckt. Für größere Post sollte man das Hauptpostamt (»you ju« 邮局) aufsuchen oder sich an das Hotelpersonal mit der Bitte um Hilfe wenden.

REISEWETTER

In einem Land von den Ausmaßen Chinas variiert das Klima nach Zonen; vom subtropischen Süden über die Wüsten des Westens bis zu sibirischen Wintern im Nordosten ist die ganze Bandbreite vorhanden. Dennoch kann man generell Herbst und Frühjahr als Reisezeiten empfehlen. Im Sommer ist es in den meisten Landesteilen schwül-heiß, außerdem regnet es viel. Die meisten Reisenden sind im Oktober unterwegs, dementsprechend voll und teuer kann es dann sein. November oder April sind gute Alternativen. Winter können zwar sehr kalt sein, sind aber meist trocken, mit klarem Himmel, und haben den Vorteil, dass Eintrittspreise und Hotels meist günstiger sind als im restlichen Jahr. Gänzlich vermeiden sollte man die großen Feiertagswochen (Frühlingsfest, 1. Mai, 1. Oktober), da dann das halbe Land unterwegs ist.

ROLLSTUHLFAHRER

China ist für Rollstuhlfahrer ein schwieriges Terrain: Sehenswürdigkeiten und öffentliche Verkehrsmittel sind generell nicht auf Rollstuhlfahrer eingerichtet; eine Ausnahme bieten meist nur gehobene Hotels. Beijing wird allerdings zunehmend behindertenfreundlicher, vor allem aufgrund der Paralympics. Der Reisedienst des Bundesverbands Selbsthilfe Körperbehinderter (BSK) gibt Informationen zu Unterkünften und Transport (Tel. 06294/42 81-0, www.bsk-ev.org).

RUNDFUNK UND FERNSEHEN

In internationalen Hotels der großen Städte ist oft CNN im hauseigenen Netz vorhanden, überall im Land gibt es das englischsprachige Programm des chinesischen Fernsehens, CCTV 9. Englisches Hörfunkprogramm ist China Radio International, in Beijing auf UKW 91,5 zu empfangen.

SONNENBADEN

Da das chinesische Schönheitsideal helle Haut bevorzugt, trifft man beim Sonnenbaden eher auf Unverständnis. Schöne Strände sind ohnehin rar.

Mittelwert	JAN	FEB	MÄR	APR	MAI	JUN	JUL	AUG	SEP	OKT	NOV	DEZ
Tagestemperatur	4	6	12	18,8	24,5	27,8	29,8	28,8	25,3	19,5	12,2	6
Nachttemperatur	-7	-5	1	8	12,7	17,2	20,2	19,2	14,7	9	1	-5
Sonnenstunden	6	6	6	7	8	8	8	7	7	7	7	6
Regentage pro Monat	5	5	6	7	9	12	15	15	13	10	8	6

Quelle: Deutscher Wetterdienst, Offenbach

SPORT

China ist sportbegeistert, und das nicht erst seit der Austragung der Olympiade 2008. Fußball und Basketball ziehen besonders viele Fans an. Traditionelle Sportarten sind die verschiedenen Formen der Kampfkunst, vom sanften Tai Chi bis zu Kongfu, die vor allem in Parks praktiziert werden. Dort stehen seit einigen Jahren auch verschiedenste Fitnessgeräte für Jung und Alt bereit. Auch für den Aktivurlaub bieten sich viele Möglichkeiten, ob Golf, Bergsport, Radtouren oder Kamelreiten (→ Zu Gast, S. 167).

SPRACHSCHULEN

Grundkenntnisse der chinesischen Sprache ermöglichen einen ganz anderen Einblick in die Kultur des Landes und erleichtern das Reisen ungemein. Viele Sprachschulen bieten nach den Vormittagsklassen ein umfangreiches Freizeit- und Kulturprogramm an, so z.B. Kolumbus Sprachreisen (www.kolumbus-sprachreisen.de) oder Iskai (www.iskai.de), die sich in ihrem Programm insbesondere an Senioren wenden und u.a. einen chinesischen Gesundheitscheck anbieten. Logophon Bildungsreisen (www.logophon.com) bietet auch Einzelunterricht; über Amazing China (www.amazing-china.de) gibt es die Möglichkeit, während des Sprachkurses in Beijing in einer chinesischen Gastfamilie zu wohnen.

STROM

Die Stromspannung beträgt in China 220 Volt, 50 Hertz. Steckdosen variieren zwischen Typen für zweifache oder dreifache Flachstecker. Es ist daher sinnvoll, Adapter mitzubringen (auch in chinesischen Kaufhäusern erhältlich). Gute Hotels stellen sie dem Gast oft zur Verfügung. Stromausfälle sind keine Seltenheit, sicherheitshalber sollte man eine Taschenlampe mitbringen.

TAXI

Sie sind ein komfortables und relativ günstiges Verkehrsmittel für die Städte. Achten Sie darauf, dass der Fahrer mit Taxameter fährt! Grundsätzlich starten Taxis mit einem bestimmten Grundpreis (zwischen 5-12 Y), der für die ersten 3 km gilt, jeder weitere km kostet 1-2 Y. Diese Preise sind gut lesbar von außen am Hinterfenster angebracht. Für Tagestouren kann ein Pauschalpreis ausgehandelt werden.

TELEFONIEREN

Internationale Gespräche können vom Hotel aus sehr teuer sein, es empfiehlt sich daher, eine Telefonkarte zu kaufen. IP-Karten (»IP ka« IP卡), die am Kiosk erhältlich sind, können von öffentlichen Telefonen und Hotelapparaten aus benutzt werden. Gehen Sie sicher, dass die Karten für internationale Gespräche geeignet sind (»da guoji dianhua« 打国际电话). Man wählt eine örtliche Nummer, die auf der Karte angegeben ist, gibt dann die Account-Nummer und PIN-Nummer ein und schließlich die gewünschte Telefonnummer. Karten sind im Wert von 50 Y, 100 Y und 200 Y erhältlich, oft gibt es Rabatte. Wer mobil erreichbar sein möchte oder viel telefoniert, kann eine chinesische Handy-Prepaid-Karte kaufen. Die Ländervorwahl für China ist 0086; für Hongkong 00852 und Macao 00853.

THEATERKARTEN

Es gibt keine zentralen Vorverkaufsstellen für Theaterkarten; meist kann jedoch das Hotel Karten für Konzerte und Ähnliches organisieren.

TIERE

Haustiere sind in chinesischen Hotels generell nicht erwünscht. Auch aufgrund der lauten und hektischen Verkehrsverbindungen ist das Mitbringen von Vierbeinern nicht ratsam.

TOILETTEN

Öffentliche Toiletten (»gong yong ci zuo« 公用厕所) sind oft in einem tatsächlich unzumutbaren Zustand. Versuchen Sie, öffentliche Toiletten zu meiden und auf Hotels oder gute Restaurants auszuweichen. Nehmen Sie Toilettenpapier mit. Die Standardtoiletten sind sogenannte Hocktoiletten, oft ohne funktionierende Spülung. Meist haben die Türen keine Symbole, sondern nur chinesische Schriftzeichen zur Orientierung:

Frauen (»nü«) 女
Männer (»nan«) 男

TRINKGELD

»Xiaofei« wurde in China früher gar nicht gegeben, allerdings findet es nun immer mehr Eingang in die Gebräuche auf dem Dienstleistungssektor, insbesondere bei Zufriedenheit. In guten Restaurants gibt man circa 10 % des Rechnungsbetrags. Manche großen Hotels und Restaurants setzen eine Service-Gebühr (meist in Höhe von 15 %) mit auf die Rechnung.

TRINKWASSER

Leitungswasser sollte man in China nicht trinken. Es gibt überall Trinkwasser in Flaschen. Achten Sie darauf, dass der Verschluss nicht beschädigt ist. In Hotels, Zügen und anderen öffentlichen Gebäuden stehen oft Heißwasserspender oder Thermosflaschen mit abgekochtem Wasser (»kai shui« 开水), das mit Tee getrunken wird.

VERKEHRSVERBINDUNGEN

Flug: Inlandsflüge können schon in Deutschland gebucht werden, vor Ort gibt es aber oft erhebliche Ermäßigungen (bis zu 50 %). Tickets gibt es in Chinesischen Reisebüros (CITS) oder den Büros der Fluggesellschaften. Gute Buchungsmöglichkeiten bietet auch das Internet: z.B. auf der englischsprachigen Seite www.elong.net. Man bucht online oder telefonisch; oft bringt ein Kurier das Ticket schon wenige Stunden später vorbei, sodass man manchmal noch am selben Tag fliegen kann.
www.airchina.com.cn; www.ce-air.com; www.cs-air.com; www.cswa.com

Zug: Das Streckennetz ist gut ausgebaut, bis auf die Insel Hainan erreicht es jede Provinz. Gerade bei kurzen bis mittellangen Strecken ist die Bahn wunderbare Alternative zum Flugzeug, da man mit Land und Leuten in Kontakt kommt und einen Eindruck von der Größe des Landes gewinnt. Strecken wie Shanghai–Beijing oder Beijing–Xi'an (je ca. 12 Std.) bieten sich für Nachtfahrten an. Sitzplätze und Liegewagen sind vergleichsweise günstig; »weiche« Schlafwagen können, je nach Strecke, fast so viel wie ein Flug kosten. Fahrkarten lassen sich bequem über Hotels oder örtliche Reisebüros buchen. Im Internet gibt es (englischsprachige) Informationen unter www.seat61.com/China.htm oder www.railwaysofchina.com. Fahrpläne sind unter www.chinatt.org einsehbar; bei www.travelchinaguide.com/china-trains gibt man Abfahrts- und Ankunftsort ein und erhält eine Liste der Züge und Zeiten. Auch Tickets können gegen Buchungsgebühr online unter www.chinatripadvisor.com und www.china-train-ticket.com gekauft werden. Achtung! Zu den öffentlichen Ferienwochen sind Züge komplett ausgebucht.

Bus: Überlandbusse bedienen die Strecken, die keinen Schienenverkehr haben. In abgelegenen Gegenden sind Straßen und Busse oft altertümlich, in touristischen Gegenden und zwischen den modernen Großstädten überwiegen jedoch moderne Highways und klimatisierte Reisebusse. Städte haben meist einen zentralen Busbahnhof (»changtu qichezhan« 长途汽车站).

Taxi: Sammeltaxis fungieren zwischen Orten oft wie private Minibusse, die losfahren, sobald sie voll sind. Natürlich kann man auch den vierfachen Preis zahlen und allein und sofort losfahren. Generell können Tagespreise für Ausflüge ausgehandelt werden. Zahlen sollte man erst am Ende der Fahrt.

VERSORGUNG (MEDIZINISCHE)

→ Ärzte

ZEITUNGEN/ZEITSCHRIFTEN

In internationalen Hotels liegt meist die englischsprachige »China Daily« aus. Importierte ausländische Zeitungen sind nur in einigen internationalen Fünf-Sterne-Hotels erhältlich. Die führende Hongkonger Tageszeitung ist »South China Morning Post«. Englischsprachige Stadtmagazine wie »That's ... Shanghai (oder Beijing)« oder »City Weekend« geben Tipps für Veranstaltungen und Restaurants. Sie liegen meist in Hotels oder auf Ausländer eingestellte Kneipen aus.

ZEIT

Obwohl China vier Zeitzonen umfasst, gilt im ganzen Land die einheitliche Beijing-Zeit. In der Provinz Xinjiang im äußersten Westen wird teilweise nach einer inoffiziellen »Xinjiang-Zeit« gelebt, die um zwei Stunden abweicht. Von Deutschland kommend, müssen die Uhren um sieben Stunden vorgestellt werden, im Winter sind es nur sechs Stunden, da China keine Sommerzeit kennt (MEZ + 7 Stunden).

ZOLL

Bei der Einreise nach China sind 1,5 Liter Spirituosen und 400 Zigaretten zollfrei. Devisen dürfen bis zum Wert vom 5000 US-$ ein – und ausgeführt werden; jedoch keine Geldbeträge über 6000 Yuan. Nicht ausgeführt werden dürfen Teile bedrohter Tiere sowie Gegenstände des kulturellen Erbes; d.h. Objekte, die vor 1795 hergestellt wurden. Jüngere Antiquitäten müssen das rote Siegel des chinesischen Kulturamtes tragen. Erlaubte zollfreie Mengen in die EU und weitere Auskünfte jeweils unter www.zoll.de, www.bmf.gv.at/zoll und www.zoll.ch.

SPRACHFÜHRER

Aussprache

Die hier angegebene Lautschrift ist die in China gebräuchliche, offizielle Umschrift »Pinyin«.
Besonderheiten: ie: etwa »jiä«, ou: wie im Englischen »boat«, ui: etwa »üi«, yu: »ü«, c: wie »z«, ch: »tsch«, h: etwas rau-kehlig, q: »tsch«, r: weich gerollt wie im Amerikanischen, sh: »sch«, x: weiches »ch« wie in »ich«, z: »ds«, zh: »dsch«

Tonhöhen

Die richtige Betonung der Silben ist wichtig, um eine Verwechslung sonst gleich lautender Silben zu vermeiden. China-Anfänger ernten oft fragende Blicke oder Gelächter, wenn sie versuchen Chinesisch zu sprechen. »Ma« zum Beispiel kann »Pferd«, »Mutter«, »schimpfen« und noch einiges anderes heißen. Eine Silbe kann in vier »Tonhöhen« ausgesprochen werden. Am besten deuten Sie hier auf die chinesischen Zeichen und hören genau hin, wie ein Muttersprachler die Silben ausspricht!

Zum Zeigen

Ich spreche kein Chinesisch. Bitte suchen Sie, was Sie mir mitteilen wollen, hier heraus und zeigen Sie es mir. Danke!
我不懂汉语。请在这些句子中找你要说的意思，指给我看。谢谢！

Begrüßung, Höflichkeit

Guten Tag, hallo – *ni hao* 你好, (höflich) *nin hao* 您好
Auf Wiedersehen – *zai jian* 再见
Danke – *xie xie* 谢谢
Gern geschehen/keine Ursache – *bu ke qi* 不客气
Bitte – *qing* 请
Darf ich fragen... – *qing wen...* 请问
Entschuldigung/es tut mir leid – *dui bu qi* 对不起

Verständigung

Ich verstehe nicht – *wo ting bu dong* 我不懂
Sprechen Sie deutsch? – *ni hui shuo deyu ma?* 你会说德语吗?
Sprechen Sie englisch? – *ni hui shuo yingyu ma?* 你会说英语吗?
Gibt es hier jemanden, der deutsch/englisch spricht? – *zheli you ren hui shuo deyu/ yingyu ma?* 这里有人会说德语 / 英语吗?
Können Sie mir helfen? – *neng bu neng bang wo ge mang?* 能不能帮我个忙
Bitte schreiben Sie es auf – *qing xie xia lai* 请写下来
Warten Sie einen Moment – *deng yixia* 等一下

Vorstellung

Ich heiße... – *wo jiao ...* 我叫 ...
Wie heißen Sie? – *nin gui xing?* 您贵姓
Ich komme aus... – *wo shi cong... lai de* 我是从...来的。
Deutschland/Österreich/ Schweiz – *de guo/ao di li/rui shi* 德国 / 奥地利 / 瑞士
Europa – *ou zhou* 欧洲
Ich bin Deutscher (Österreicher/Schweizer) – *wo shi deguoren (aodiliren/ruidianren)* 我是德国人 (奥地利人 / 瑞士人)
Wie geht's? – *ni hao ma?* 你好吗?
Danke, gut – hao, xie xie 好，谢谢。

Fragewörter

Wer?- *shui?* 谁?
Was? – *Welche/r? shenme?* 什么?
Was ist (das)? – *(zhe) shi shenme?* 是什么?
Wie viel? – *duo shao?* 多少?
Wo? – *zai nar?* 在那儿?
Wo ist...? – *... zai nar? ...* 在那儿?
Warum? – *wei shenme?* 为什么?

Grundlegende Sätze

Ich suche … – *wo zhao…* 我找 …

Ich möchte … – *wo (xiang) yao…* 我想要 …

Gibt es … (oder nicht)? – *you mei you…?* 有没有 …?

Gibt es nicht – *Mei you* 没有。

Das geht nicht – *Bu xing* 不行。

… ist kaputt – *…huai le* …坏了

Notfall

Hilfe! – *Jiuming a!* 救命啊!

Rufen Sie …! – *qing jiao…!* 请叫 …!

… einen Arzt – *yi sheng* 医生

…die Polizei – *jing cha* 警察

… einen Krankenwagen – *jiu hu che* 救护车

Es gab einen Unfall! – *Chu shi le!* 出事了!

Ich habe mich verlaufen – *Wo mi lu le* 我迷路了。

Lassen Sie mich in Ruhe! – *Bie fan wo!* 别烦我

Bitte informieren Sie die Botschaft meines Landes (in Beijing)! – *qing tongzhi wo guo (zhu jing) dashiguan!* 请通知我国(驻京)大使馆!

Ja und Nein

Im Chinesischen gibt es kein eigentliches »Ja« oder »Nein«. Das Verb wird wiederholt oder mit »bu« verneint.

Ja (wörtlich: »sein/es ist«) – *shi* 是

Nein (wörtlich: »ist nicht«) – *bu shi* 不是

Richtig – *dui* 对

In Ordnung, okay – *hao* 好

Bezahlen

Wieviel kostet (es)? – *duo shao qian?* 多少钱?

(Das ist) zu teuer! – *tai gui le!* 太贵了。

Ich möchte zahlen – *(wo yao) fu qian* (我要) 付钱

Kann ich mit Kreditkarte zahlen? – *Keyi yong xinyongka jie zhang ma?* 可以用信用卡结帐吗?

Wichtige Orte

Ich möchte zum/nach … fahren/gehen – *wo xiang qu …* 我想去

Hotel – *binguan* 宾馆

Bahnhof – *huo che zhan* 火车站

U-Bahn-Station – *di tie zhan* 地铁站

Markt – *shi chang* 市场

Altstadt – *gu cheng* 古城

Museum – *bo wu guan* 博物馆

(Öffentliche) Toilette – *(gongyong) cesuo* 公用厕所

Tempel – *simiao* 寺庙

Pagode – *ta* 塔

Park – *gongyuan* 公园

Platz – *guangchang* 广场

Straße – *lu, jie* 路，街

Stadt – *cheng* 城

Zentrum – *zhongxin* 中心

Berg – *shan* 山

See – *hu* 湖

Fluss – *he, jiang* 河，江

Brücke – *qiao* 寺庙

Meer – *haiyang* 海洋

Schilder

Eingang – rukou 入口

Ausgang – chukou 出口

Geöffnet – kai 开

Geschlossen – guan 关

Toiletten – cesuo 厕所

Frauen – nü 女

Männer – nan 男

Zahlen

null – *ling* 零

eins – *yi, yao* 一

zwei – *er, liang* 二

drei – *san* 三

vier – *si* 四

fünf – *wu* 五

sechs – *liu* 六

sieben – *qi* 七

acht – *ba* 八

neun – *jiu* 九

zehn – *shi* 十

elf – *shi yi* 十一

zwölf – *shi er* 十二

zwanzig – *er shi* 二十

einundzwanzig – *er shi yi* 二十 一

dreißig – *san shi* 三十

einunddreißig – *san shi yi* 三十 一

hundert – *yi bai* 一百

tausend – *yi qian* 一千
Zwischen Zahl und Subjekt wird ein Zählwort gesetzt. Es gibt etliche verschiedene, allgemein kann jeoch »ge« 个 verwendet werden: **ein Mensch** – *yi ge ren* 一个人

Zeit

Wie spät ist es? – *Ji dian?* 几点
... Uhr ... Minuten – *...dian ...fen* ...点 ...分。
Wann? – *shenme shihou?* 什么时候?
Wie lange? – *duo chang shi jian?* 多长时间?
jetzt – *xian zai* 现在
heute – *jin tian* 今天
morgen – *ming tian* 明天
gestern – *zuo tian* 昨天
täglich – *mei tian* 每天

Tageszeiten

morgens – *zao shang* 早上
nachmittags – *xia wu* 下午
abends – *wan shang* 晚上
nachts – *ye li* 夜里

Wochentage und Monate

Montag – *xing qi yi* 星期一
Dienstag – *xing qi er* 星期二
Mittwoch – *xing qi san* 星期三
Donnerstag – *xing qi si* 星期四
Freitag – *xing qi wu* 星期五
Samstag – *xing qi liu* 星期六
Sonntag – *xing qi tian* 星期天
Monat – *yue* 月
Januar = 1. Monat: *yi yue* 一月
Februar = 2. Monat: *er yue* 二月
Dezember = 12. Monat: *shi er yue* 十二月
... Jahr ... Monat ... Tag – *...nian ...yue ... ri* ...年 ...月...日

Orientierung

Wo ist ...? – *... zai nar?* 在那儿?
Bitte schreiben Sie die Adresse auf – *(Nengbuneng) qing ni ba dizhi xie xialai* (能不能) 请你把地址写下来。
Könnten Sie es mir (auf der Karte) zeigen? – *Ni nengbuneng (zai ditu shang) zhi gei wo kan?* 你能不能（在地图上）指 给我看?
Stadtplan/Landkarte – *ditu* 地图
rechts/links – *you / zuo* 右 / 左
geradeaus – *yi zhi zou* 一直走
hinter – *hou bian* 后边
vor – *qian bian* 前边
gegenüber – *dui mian* 对面
nah – *jin* 近
weit – *yuan* 远
an der Kreuzung – *shizi lukou* 十字路口
Norden – *bei* 北
Osten – *dong* 东
Süden – *nan* 南
Westen – *xi* 西

Unterwegs

Auto – *qi che* 汽车
Boot – *chuan* 船
Flugzeug – *fei ji* 飞机
Flughafen – *fei ji chang* 飞机场
U-Bahn – *di tie* 地铁
U-Station – *di tie zhan* 地铁站

Unterwegs im Taxi

Taxi – *chu zu che* 出租车
Ich möchte zum ... – *wo xiang qu...* 我想去...
Bitte stellen Sie das Taxameter an – *qing da biao* 请打表
Quittung – *fapiao* 发票
halten – *ting che* 停车!
Bitte halten Sie hier an – *qing zheli ting che* 请这里停车。
warten – *deng* 等
Bitte warten Sie (hier/am ...) auf mich – *Qing ni (zheli/zai...) deng wo* 请你（这里／在 ...） 等我。
Bitte holen Sie mich in/beim ab – *Qing jie wo zai...* 请接我在...

Unterwegs per Fahrrad

Fahrrad – *zi xing che* 自行车
Ich möchte ein ... mieten – *Wo xiang zu yiliang...* 我想租一辆...
Wie viel kostet es pro Tag (pro Stunde)? – *Yitian (yi ge xiao-shi) duoshaoqian?* 一天（一个小时）多少钱?
Pfand – *yajin* 押金

Unterwegs mit dem Bus

Bus – *gong gong qi che* 公共汽车

Bushaltestelle – *qichezhan* 长途汽车站

(Überland-)Busstation – *(changtu) qichezhan* 长途汽车站

Welcher Bus fährt nach …? – *qu… yao cheng ji lu qiche?* 去…要乘几路汽车?

Wo ist die Haltestelle? – *qichezhang zai nali?* 汽车站在哪里?

Ist dies der Bus nach … – *zhe she qu… de qi che ma?* 这是去…的汽车吗?

Wie viele Haltestellen? – *Yi gong you ji zhan?* 一共有几站?

Umsteigen – *huan che* 换车

Wo muss man umsteigen? – *nali yao huan che?* 哪里要换车?

Wann fährt der nächste Bus? – *xia yi ban che shenma shihou lai?* 下一班车什么时候来?

Wann fährt der erste/letzte Bus? – *tou / mo ban che shenma shihou lai?* 头/末班车什么时候来?

Unterwegs mit der Bahn

Bahn – *huo che* 火车

Bahnhof – *huo che zhan* 火车站

Ist dies die Bahn nach … – *zhe shi qu… de huoche ma?* 这是去…的火车吗?

Bahnsteig – *zhantai* 站台

Hart Sitzen – *yingzuo* 硬座

Hart Schlafen – *yingwo* 硬卧

Weich Sitzen – *ruanzuo* 软座

Weich Schlafen – *ruanwo* 软卧

Obere Koje – *shang pu* 上铺

Mittlere Koje – *zhong pu* 中铺

Untere Koje – *xiao pu* 下铺

Speisewagen – *can che* 餐车

Fahrkarten kaufen

CITS (China International Travel Service) – *zhongguo guoji lüxingshe* 中国国际旅行社

Ticketschalter – *shou piao chu* 售票处

Fahrkarte – *piao* 票

Ich möchte ein … – *wo yao yi-ge…* 我要一个。。。

Flugticket – *feiji piao* 飞机票

Bahnticket – *huoche piao* 火车票

Hin- und Rückfahrkahrte – *laihui piao* 来回票

Ich möchte ein/zwei Tickets kaufen – *wo xiang mai yi/liang zhang piao* 我想买一/两张票。

nach … – *dao…* 到…

Wann fährt (…) ab/kommt an? – *(…)jidian kai/dao? (…)* 几点开／到?

Wann fährt der Zug (der Bus) ab? – *che jidian kai?* 车几点开?

Wann kommt der Zug (der Bus) an? – *che jidian dao?* 车几点到?

Zugnummer – *che ci* 车次

Für diesen Zug gibt es keine Tickets mehr – *zhe tang che piao yi shou wan* 这趟车票已售完。

Für diesen Zug werden noch keine Tickets verkauft – *zhe tang che piao hai mei you kaishi chu piao* 这趟车票还没有开始出票。

Kommen Sie morgen wieder – *qing ni mingtian zai lai* 请你明天再来。

Übernachtung

Hotel – *binguan/fandian/jiudian* 宾馆／饭店／酒店

Gasthaus/Jugendherberge – *zhaodaisuo / qingnian lüshe* 招待所／青年旅舍

Bett – *chuang* 床

Ich suche ein Hotel – *wo zhao yi ge binguan* 我找一个宾馆。

Haben Sie ein Zimmer frei? – *nimen you fangjian ma?* 你们有房间吗?

Kann ich das Zimmer ansehen? – *Wo neng kankan fangjian ma?* 我能看看房间吗?

Ich hätte gern ein Einzelzimmer/Doppelzimmer – *Wo xiang yao yijian danrenfang/shuangrenfang* 我想要一间 单人房 ／ 双人房。

… mit Bad – *you yushide* 有浴室的

Ich habe ein Zimmer reser-

viert – Wo dingle yijian fangjian 我定了一间房间。
Für eine /zwei/... Nächte – *Zhu yi/liang/... ge wanshang* 住一／两／。。。个晚上。
Wie viel kostet ein Zimmer? – *Yi jian fangjian duoshao qian?* 间房间多少钱？
Pro Nacht – *meitian wanshang* 每天晚上
Pro Person – *mei ge ren* 每个人
Standardzimmer – *biaozhun fangjian* 标准房间
Deluxe Suite – *haohua taofang* 豪华套房
Mehrbettzimmer – *duo ren fangjian* 多人房间
Könnte ich die Visitenkarte des Hotels haben? – *You mei you binguan de mingpian?* 有没有宾馆的名片？
Ich/Wir reise(n) heute ab – *wo(men) jintian likai* 我(们)今天离开。
Wo können wir unser Gepäck lassen? – *nali keyi fang xingli?* 哪里可以放行李?
Das Licht geht nicht – *zhe ge deng huaile* 这个灯坏了。
Es kommt kein (heißes) Wasser – *mei you (re) shui* 没有热水
Könnte ich heißes Trinkwasser haben? – *ni neng gei wo kai shui ma?* 你能给我开水吗?
Bitte waschen Sie diese Kleidung – *qing ba zhe yifu xi ganjing* 请把这些衣服洗干净。
Klimaanlage – *kong tiao* 空调
Safe – *bao xian xiang* 保险箱
Dusche – *lin yu* 淋浴
Bettdecke – *beizi* 被子
Kopfkissen – *zhentou* 枕头

Einkaufen

Ich möchte... kaufen. – *wo xiang mai...* 我想买。。。
Haben Sie...? – *nimen you.... ma?* 你们有 ....吗?
Kann ich es ansehen? – *Neng kan kan ma?* 能看看吗?
Wie viel kostet (es)? – *duo shao qian?* 多少钱?
(Das ist) zu teuer! – *tai gui le!* 太贵了！
(Es) gefällt mir – *wo xihuan (...)* 我喜欢
(Es) gefällt mir nicht – *wo bu xihuan (...)* 我不喜欢
andere Farbe – *biede yan si* 别的颜色
größer – *geng da* 更大
kleiner – *geng xiao* 更小
mehr – *duo* 多
weniger – *shao* 少
Damen – *nü shi* 女士
Herren – *nan shi* 男士
Hose – *kuzi* 裤子
Rock – *qun zi* 裙子
Pullover – *mao yi* 毛衣
Schuhe – *xiezi* 鞋子

Im Restaurant

Restaurant – *fandian / fanguan* 饭店／饭馆
Haben Sie eine englische Speisekarte? – *Ni you yingwen caidan ma?* 你有英文菜单吗?
Abendessen – *wan fan* 晚饭
Frühstück – *zao fan* 早饭
Ich esse kein Fleisch – *Wo bu chi rou* 我不吃肉。
Ohne Glutamat bitte – *Wo bu yao weijinq* 我不要味精
Nicht so scharf bitte – *Qing bu yao tai la* 请不要太辣。
(Das ist) zu scharf! – *Tai la!* 太辣
Bitte bringen Sie Reis – *Qing xian lai mifan* 请先来米饭。
Kellner – fu wu yuan 服务员

Fotografieren

Entschuldigung, darf ich Sie fotografieren? – *qing wen, ke bu keyi gei ni pai zhao?* 请问，可不可以给你拍照?
Fotografieren – *pai zhao* 拍照
Farbfilm – *caise jiaoyuan* 彩色胶卷
Digitalfotografie – *shuma sheying* 数码摄影
Foto-CD brennen – *ba zhaopian dao guangpan shang* 把照片拷到光盘上。
Foto-(Kodak)-Fachgeschäft – *keda zhaopian chongxi dian* 柯达照片冲洗店
Batterie – *dian chi* 电池

Telekommunikation

Telefon – *dianhua* 电话
Telefonkarte – *dianhua ka* 电话卡

Post – *youju* 邮局
Brief – *xin* 信
Briefmarke – *you piao* 邮票
Postkarte – *mingxinpian* 明信片
Computer – *dian nao* 电脑
Internet – *yintewang* 因特网
Internetbar – *wang ba* 网吧
Wo kann ich ins Internet? – *Nali keyi shangwang?* 那里可以上网?

Bank, Polizei

Bank – *yinhang* 银行
Bank of China – *zhongguo yinhang* 中国银行
Geldautomat – *zidong guiyuanji* 自动柜员机
Geld wechseln – *huan qian* 换钱
Polizei – *jingcha* 警察 **bzw. PSB (public security bureau)** – *gong an ju* 公安局
Botschaft – *da shi guan* 大使馆
Pass – *hu zhao* 护照
Passnummer – *huzhao haoma* 护照号码
Visum – *qianzheng* 签证
Verlängerung – *yanchang* 延长

Gesundheit und Apotheke

Ich bin krank – *Wo bing le* 我病了。
Ich brauche schnell einen Arzt – *Wo dei kan yisheng* 我得看医生。
Gibt es einen Arzt, der Deutsch/ Englisch spricht? – *Zheli you hui jiang deyu/yingyu de daifu ma?* 这里有会讲德语／英语的大夫吗?
Arzt – *yi sheng* 医生
Zahnarzt – *ya yi* 牙医
Krankenhaus – *yi yuan* 医院
Hier tut es weh – *Zheli teng* 这里疼。
Ich bin allergisch gegen ... – *wo dui... guomin.* 我对。。。过敏
Wunde – *shang kou* 伤口
Ich habe ... – *wo...* 我 ...
Durchfall – *la duzi* 拉肚子
Verstopfung – *bian mi* 便秘
Kopfschmerzen – *tou teng* 头疼
Fieber – *fa shao* 发烧
Erkältung – *gan mao* 感冒
Erbrechen – *ou tu* 呕吐
Blähungen – *du zhang* 肚胀
Kreislaufstörung – *xue ye xunhuan zhang ai* 血液循环障碍
Husten – *ke sou* 咳嗽
Apotheke – *yao dian* 药店
Medizin – *yao* 药
Chinesische Medizin – *zhong yao* 中药
Westliche (Schul-)Medizin – *xi yao* 西药
Schmerzmittel – zhi teng yao 制疼药
Antibiotikum – *kangjunsu* 抗菌素
Penicilin – *qingmeisu* 青霉素
Kondome – *anquantao* 安全套
Damenbinden – *wei sheng jin* 卫生巾
Tampons – *yuejing miansai* 月经棉塞
Toilettenpapier – *wei sheng zhi* 卫生纸

Regionale Sprachen:

Kantonesisch:
Guten Tag – *nehih ho (ma?)*
Auf Wiedersehen – *bye bye / joih gin*
danke – *doh dse (für Geschenke etc.)*
danke – *m goih (nach Frage oder Einkauf)*
Wie viel kostet das? – *ni goh gei doh tchin a?*

Tibetisch:
Guten Tag – *tashi deleh*
Auf Wiedersehen – *kah leh phe (zur gehenden Person)*
Auf Wiedersehen – *kah leh shu (zur bleibenden Person)*
danke – *thu ci che*
Wie viel kostet das? – *gormo gatshö?*

Uighurisch:
Guten Tag – *salam / salam aleikum*
Auf Wiedersehen – *hosch*
danke – *rachmatt*
Wie viel kostet das? – *natsch-bul?*

KULINARISCHES

Reisgerichte

mifan 米饭 – *Reis*

chaofan 炒饭 – *frittierter Reis*

shucai chaofan 蔬菜炒饭 – *frittierter Reis mit Gemüse*

zhou 粥 – *Reissuppe (Frühstück)*

Nudelgerichte

mian 面 – *Nudeln*

miantiao 面条 – *dünne Nudeln, meist in Brühe mit Fleisch*

chaomian 炒面 – *gebratene Nudeln*

majiang mian 麻酱面 – *(kalte) Nudeln in Sesamsoße*

Teigtaschen etc.

baozi 包子 – *gedämpfte Hefeklöße mit Füllung (Fleisch, Gemüse oder Bohnenpaste)*

mantou 馒头 – *gedämpfte Hefeklöße ohne Füllung*

jiaozi 饺子 – *Teigtaschen, meist mit Schweinefleischfüllung*

shuijiao 水饺 – *gekochte Jiaozi*

zhengjiao 蒸饺 – *gedämpfte Jiaozi*

guotie 锅贴 – *knusprig gebratene Jiaozi*

cangyou bing 春卷 – *Frühlingsrolle*

xiaolong bao 小龙包 – *Miniatur-Baozi, oft mit Krabbenfleisch*

Geflügel

ji 鸡 – *Huhn*

ya 鸭 – *Ente*

bàngbàng ji 棒棒鸡 – *Huhn in Chili-Sesam-Soße*

gongbao jiding 宫爆 – *Huhn mit Erdnüssen und Chili*

jiaohuazi ji 叫花子鸡 – *»Bettlerhuhn« im Lotusblatt oder im Lehmtopf gegart*

Schweine

gouba roupian 锅巴肉片 – *Schwein mit knuspriger Reiskruste*

gulaorou 咕噜肉 – *frittiertes Schweinefleisch, süß-sauer*

mù er rou 木耳肉 – *»Holzohr«-Pilze mit Schwein*

zhurou 猪肉 – *Schweinefleisch*

Rind

niurou 牛肉 – *Rindfleisch*

haoyou niurou 蚝油牛肉 – *Rindfleischstreifen mit Austernsoße*

tieban niurou 铁板牛肉 – *Rind auf heißer Sizzling-Platte*

tudou niurou 土豆牛肉 – *Rind mit Kartoffeln*

Lamm

yangrou 羊肉 – Lammfleisch

Fisch und Meeresfrüchte

yu 鱼 – *Fisch*

longxia 龙虾 – *Languste*

pangxie 螃蟹 – *Krebs*

xia 虾 – *Garnelen*

youyu 鱿鱼 – *Tintenfisch*

Tofu-Gerichte

cuipi doufu 脆皮豆腐 – knusprig umhüllter Tofu

jiachang doufu 家常豆腐 – *»Tofu nach Art des Hauses«*

lushui doufu 卤水豆腐 – *geräucherter Tofu*

mapo doufu 麻婆豆腐 – *scharfer Tofu mit Hackfleisch*

Gemüsesorten

baicai 白菜 – *chinesischer Kohl*

doujiao 豆角 – *Bohnen*

helandou 荷兰豆 – *Zuckerschoten*

huang gua 黄瓜 – *Gurke*

huluobo 胡萝卜 – *Karotte*

mogu 蘑菇 – *Pilze*

nangua 南瓜 – *Kürbis*

qiezi 茄子 – *Auberginen*

tudou 土豆 – *Kartoffel*

xihongshi 西红柿 – *Tomate*

xilanhua 西兰花 – *Brokkoli*

Gemüsegerichte

luohan zhai 罗汉斋 – Fastenspeise mit verschiedenen Gemüsesorten

baicai xian shuanggu 白菜鲜双菇 – *Bok-Choy (China-Kohl) mit Pilzen*

hongshao qiezi 红烧茄子 – *»rot gekochte« Auberginen*
jiangzhi qingdou 姜汁青豆 – *Bohnen mit Ingwer*
tangcu oubing 糖醋藕饼 – *süß-saure Lotuswurzel*
pidan 松花蛋 – *»Hundertjährige Eier«*

Gewürze

dasuan 大蒜 – *Knoblauch*
jiang 姜 – *Ingwer*
lajiao 辣椒 – *Chili*
yan 盐 – *Salz*
hujiao 胡椒 – *Pfeffer*

Zubereitungsarten

chao (»fried«) 炒 – *kurz in der Pfanne gebraten*
hongshao 红烧 – *in Sojasoße gedämpft*
kao 烤 – *gebacken/geröstet*
youjian 油煎 – *frittiert*
zheng 蒸 – *gedämpft*
zhu 煮 – *gekocht*

Weiteres

huoguo 火锅 – *Feuertopf*
lengpan 冷盘 – *kalte Vorspeisen in kleinen Portionen*
tang 汤 – *Suppe*

Früchte

lizhi 荔枝 – *Lichi*
pingguo 苹果 – *Apfel*
xiangjiao 香蕉 – *Banane*
xigua 西瓜 – *Wassermelone*
fengli 凤梨 – *Ananas*

Nördliche Küche

beijing kaoya 北京烤鸭 – *Peking-Ente*
san mei doufu 三美豆腐 – *Tofu in Streifen mit China-Kohl*
shuan yangrou 涮羊肉 – *Feuertopf mit Lammfleisch*

Östliche Küche

jiang cong chao xie 姜葱炒蟹 – *kurz gebratener Krebs mit Ingwer*
mizhi xunyu 蜜汁熏鱼 – *Karpfen, honig-geräuchert*
qiezhi yukuai 茄子鱼块 – *Fischfilet in Tomatensoße*
qingzheng guiyu 清蒸鳜鱼 – *gedämpfter Mandarin-Fisch*
suanla youyu 酸辣鱿鱼 – *scharf-saurer Tintenfisch*

Westliche Küche

huigourou – *zweimal gebratenes Schweinefleisch* 回锅肉
shui zhu niurou 水煮牛肉 – zweimal gebratenes Rind mit Sellerie
yuxiang qiezi 鱼香茄子 – *Auberginengericht*
yuxiang rousi 鱼香肉丝 – Schwein »à la Fisch«
zhangcha ya 樟茶鸭 – Sichuan-Ente, in Tee und Kampfer geräuchert

Südliche Küche

dongjiang yanju ji 东江盐焗鸡 – *salzgebackenes Huhn*
bai zhuo xia 百灼虾 – *blanchierte Krabben mit Frühlingszwiebeln*
mi zhi chaoshao 蜜汁叉烧 – *gegrilltes Schwein mit Honig*
she rou 蛇肉 – *Schlange*
tangcu gulao rou 糖醋咕老肉 – *Schwein süß-sauer*

Getränke

cha 茶 – *Tee (meist grün)*
doujiang 豆浆 – *Sojamilch*
hongcha 红茶 – *schwarzer Tee*
kafei 咖啡 – *Kaffee*
kaishui 开水 – *abgekochtes Wasser*
kekou kele 可口可乐 – *Coca-Cola*
kuangquan shui 矿泉水 – *Mineralwasser*
suannai 酸奶 – *Joghurt*
zhi 汁 - *Saft*

alkoholische Getränke

baijiu 白酒 – *hochprozentiger Schnaps*
mijiu 米酒 – *Reiswein*
pijiu 啤酒 – *Bier*
putao jiu 葡萄酒 **(bai/hong)** 白 / 红 – *Wein (weiß/rot)*

Sonstiges

daozi 刀子 – *Messer*
chazi 叉子 – *Gabel*
tiaogeng 调羹 – *Löffel*
kuaizi 筷子 – *Essstäbchen*

GLOSSAR

Arhat (sanskr.; chin. »luohan«)
Der Begriff hat zwei Bedeutungen: Einerseits steht er für Buddhas Schüler, eine Gruppe von 18 namentlich bekannten Arhats oder 500 Arhats; andererseits ist ein Arhat ein buddhistischer Heiliger, der alle Fesseln des Daseins abgelegt und das Nirvana erreicht hat. Er wird nicht mehr wiedergeboren.

Bodhidharma
Ein indischer Mönch, der im 6. Jahrhundert nach Christus den Chan-Buddhismus in China begründete. Auf ihn soll der Ruhm des Shaolin-Klosters zurückgehen (→ Spezial, S. 204).

Bodhisattva (sanskr.)
Aus **»bodhi« (Erleuchtung) und »sattwa« (Wesen)** zusammengesetzt. Ein **Bodhisattva** ist ein buddhistischer Erleuchteter, der seinen Eintritt ins Nirvana verschoben hat, um anderen Wesen zu helfen, den Kreislauf der Wiedergeburten zu durchbrechen. **Bodhisattvas** werden oft bei Alltagsproblemen angerufen.

Buddha (sankr.)
Ein Erleuchteter, der aus eigener Kraft die Vollkommenheit des Geistes erlangt hat und zu Lebzeiten ins Nirvana eingetreten ist. Im Besonderen bezeichnet der Begriff den historischen Buddha Siddhartha Gautama, der etwa im 6. Jahrhundert vor Christus gelebt hat. Die »Buddhas der drei Zeitalter« (Vergangenheit, Gegenwart, Zukunft) sind eine häufige Figurengruppe in Tempeln.

Buddhismus
Eine Weltreligion mit über 2500-jähriger Geschichte und Wurzeln in Indien, die auf den Lehren Buddhas beruht (→ Im Fokus, S. 67). Ab dem 3. Jahrhundert nach Christus gelangte der Buddhismus auch in Gebiete außerhalb Indiens, wo er an örtliche Gegebenheiten angepasst wurde. In China setzte er sich erst im 7. Jahrhundert durch. Unter Mao und während der Kulturrevolution praktisch ausgelöscht, blüht der Buddhismus seit den Achtziger-Jahren wieder auf.
Der tibetische Buddhismus unterscheidet sich aufgrund von Einflüssen der älteren, schamanistischen Bön-Religion deutlich vom chinesischen oder südostasiatischen. Aufgrund der hohen Bedeutung religiöser Führer wird er auch als Lamaismus bezeichnet (Lama = Mönch). Als Nachfolger eines verstorbenen Lamas suchen Geistliche dessen Reinkarnation. Seit 2007 besteht jedoch ein Gesetz, nach dem ausgerechnet die Kommunistische Partei Reinkarnationen offiziell bestätigen muss.

Chan-Buddhismus
Ein in China entstandener und verbreiteter Meditationsbuddhismus, auch unter dem japanischen Begriff »Zen« bekannt. Daoistische und konfuzianische Einflüsse sind erkennbar.

Chörten (tibet.)
Tibetische Form des Stupa (siehe dort); wegen seiner Form auch Flaschenpagode genannt. Oft weiß getüncht, symbolisieren die Treppen den Weg zur Erleuchtung.

Dalai Lama
Religiöses und (ehem.) politisches Oberhaupt Tibets, Oberhaupt des Gelugpa-Ordens. Der Name des aktuellen Dalai Lama ist Tenzin Gyatso. 1959 musste er nach Indien fliehen. Im Konflikt, der vor den Olympischen Sommerspielen 2008 zwischen Tibet und China ausbrach, sprach er sich stets für eine friedliche

Lösung und gegen Proteste und Boykotte aus. Die chinesische Führung warf ihm separatistische Absichten vor.

Daoismus

»Dao«, das ist der »Weg«, und es bedeutet auch: kosmische Grundordnung. Die religiös-philosophische Lehre soll auf den Gelehrten Laozi zurückgehen (→ Im Fokus, S. 67).

Falungong

Umstrittene Lehre und Organisation, die je nach Standpunkt als Religion, Sekte oder Kult angesehen wird. Ihr Guru lebt in New York. In China ist Falungong verboten.

Feng-Shui (chin.)

Wörtl. Bedeutung: »Wind und Wasser« – Lehre, wie die räumliche Umgebung optimal und harmonisierend zu gestalten ist (→ Im Fokus, S. 69 und 79).

Fünf Elemente

Grundelemente des Universums (Metall, Erde, Wasser, Holz, Feuer), die u.a. für die Traditionelle Chinesische Medizin eine Rolle spielen.

Geistermauer

Niedrige Quermauer hinter dem Eingangstor, die die Geister abhalten soll. Westliche Reisende wundern sich häufig über hohe Türschwellen, die dieselbe Funktion haben. Da Geister auch keine Kurven gehen können, sind viele Brücken in Gärten im Zickzack angelegt.

Gelugpa (tibet.)

Wichtigster Orden des tibetischen Buddhismus, auch als »Gelbmützen-Orden« bekannt; gegründet von Reformator Tsongkhapa (14-15. Jh.). Oberhaupt ist der Dalai Lama (siehe dort).

»Großer Sprung nach vorn«

Politische, wirtschaftliche und soziale Kampagne Mao Zedongs, von 1958–60 (→ Damals und Heute, S. 60).

Guanyin (chin.)

Chinesische Form des Bodhisattva der Barmherzigkeit (sankr. Avalokiteshvara), meist weiblich dargestellt.

Guomindang (chin.); auch: »Kuomintang« (GMD/KMT)

»Nationale Volkspartei« – 1911 von Sun Yat-sen gegründete Partei; seit 1949, als sie in China den Bürgerkrieg gegen die Kommunisten verloren hatte, regierende Partei in Taiwan.

Hutong (mong.-chin.)

Altstadtgasse in Beijing (→ Spezial, S. 186).

Kader

Funktionäre der Kommunistischen Partei; allg.: Führungskräfte, die aus einem institutionell geschlossenen Personenkreis rekrutiert werden.

Karma (sankr.)

In indischen Religionen die Summe aller Taten eines Menschen, nach denen sich Auf- oder Abstieg im Rad der Wiedergeburten richten.

Kindespietät (Konfuzianismus)

Grundbegriff aus dem Konfuzianismus, der besagt, dass Kinder gegenüber ihren Eltern und Junge gegenüber Alten zu Fürsorge und Folgsamkeit verpflichtet sind.

Konfuzianismus

Von Konfuzius (Kongzi) entwickelte Philosophie, die auf Tugenden wie Güte, Rechtschaffenheit und Pietät beruht (→ Spezial, S. 218).

Kulturrevolution

Grausame politische Kampagne Mao Zedongs von 1966 bis 1976 (→ Damals u. Heute, S. 60).

Laozi (auch: Lao-tse)

Begründer des Daoismus (→ Im Fokus, S. 67).

Luohan (chin.)

→ Arhat

Maitreya (sanskr.)

Buddha des zukünftigen Zeitalters.

Mahayana (sanskr.)
Wörtl. »Großes Fahrzeug«; in Ostasien verbreitete Schule des Buddhismus, die allen Menschen die Möglichkeit der Erlösung verspricht.
Mahjiong
Höchst beliebtes Gesellschaftsspiel in China.
Miao (chin.)
Tempel, meist daoistisch.
Nirvana (sanskr.)
»Verlöschen« oder »Verwehen«; im Buddhismus Zustand frei von Leiden und individueller Existenz; die angestrebte Erlösung aus dem Kreis der Wiedergeburten.
Pagode
Sich nach oben verjüngender Stockwerkbau; ostasiatische Form des Stupa (siehe dort). Die Besonderheit der Pagode ist, dass man sie betreten kann.
Panchen Lama
Neben dem Dalai Lama hohe geistige Autorität im tibetischen Buddhismus; einflussreicher, spiritueller Lehrer des Gelugpa-Ordens. Der vom 14. Dalai Lama anerkannte Panchen Lama wurde 1995 von chinesischen Sicherheitskräften entführt.
Pinyin (chin.)
Offizielle Umschrift der chines. Zeichen in lateinische Schrift. Aussprecheregeln → S. 368.
Qi (chin.)
Wörtlich etwa »Atem«; philosophisches Konzept der kosmischen Energie. Spielt zum Beispiel im Taijiquan wie auch im Qi Gong eine Rolle.
Seelenweg
Von Steinfiguren gesäumter Weg zu einer Nekropole. Die meisten China-Reisenden besuchen den Seelenweg der Ming-Gräber (→ S. 181) bei Beijing.
Shakyamuni (sankr.)
Historischer Buddha Gautama.
Si (chin.)
Tempel, meist buddhistisch.
Stele
Aufrechtstehende Säule mit Inschriften.
Stupa
Ursprünglich ein Grabhügel. Im indischen Buddhismus wurde er zu einem rundlichen Turmbau zur Aufbewahrung von Reliquien gestaltet. In Tibet wurde daraus der Chörten (siehe dort), in China die Pagode (siehe dort).
Sutra (sankr.)
Heilige Lehre Buddhas. Eine Sutra zeichnet sich durch strenge Versform aus. Diese war notwendig, um die Texte korrekt zu memorieren, als sie nur mündlich weitergegeben wurden.
Taijiquan (chin.)
Aus Kampfkunst und daoistischen Atemübungen hervorgegangenes »Schattenboxen« (→ Spezial, S. 168). Wird heute noch von vielen, meist älteren Chinesen praktiziert.
Thangka (tibet.)
Religiöses (tibet.-buddh.) Rollbild auf Stoff.
Viererbande
Gruppe von vier höchstrangigen kommunistischen Führungspersonen, die maßgeblich an der Kulturrevolution und an anderen politischen Kampagnen beteiligt waren. Zur Viererbande gehörte unter anderem Mao Zedongs Ehefrau Jiang Qing.
Wächterfiguren auch: »Vier Himmelskönige«
Mächtige buddhistische Schutzgötter der Himmelsrichtungen, oft am Eingang eines Tempels.
Yin und Yang
Zwei polare, sich gegenseitig bedingende Kräfte. Yin ist dunkel, passiv, negativ kalt, weiblich; Yang hell, aktiv, positiv, warm, männlich.

Hier finden Sie alphabetisch aufgeführt alle in diesem Band beschriebenen Orte und Ziele, Hotels und Restaurants. Bei einzelnen Nennungen steht die Nummer einer Tourenkarte, wenn diese dort hinführt, z.B. (Tour 1). Außerdem enthält das Register sämtliche MERIAN Top Ten sowie wichtige Stichworte aus den »Spezials« sowie dem Kapitel »Der gute Tipp von MERIAN«. Wird ein Begriff mehrfach aufgeführt, verweist die **fett** gedruckte Zahl auf die Hauptnennung, eine *kursive* Zahl auf ein Foto.

Bildnachweis:

Cover: dpa Picture-Alliance

Agentur Focus (4) Greg Girard S. 352-353; Juan Manuel Silva S. 342-343; George Steinmetz S. 131; Michael Yamashita S. 328

Akg-images (1) Yvan Travert S. 310-311

Anzenberger (14) Franz Aberham S. 302-303; Oliver Bolch S. 169, 184, 204, 213; Pablo Castagnola S. 148; Philip Gostelow S. 266; Yadid Levy S. 2-3, 108; Daniele Mattioli S. 5, 10-11, 96, 256-257, 307

Arco Images (1) K. Stange S. 245

Banyan Tree Lijiang (5) Bildarchiv S. 123, 146, 147, 308-309, 312

Julia Berg (6) S. 230, 234-235, 241, 273, 274-275, 334

Bildagentur Huber (1) simephoto/Luca Da Ros S. 7

Bilderberg (4) Siegfried Martin S. 6, 168, 186-187, 330

Centre Culturel Alexandra David-Néel (1) S. 344

Commune by the Great Wall Kempinski (2) Bildarchiv 90-91, 92

Corbis (9) Bettmann S. 43; Godong/Barbara Castello S. 70; People Avenue/ Stephane Cardinale S. 81; photocuisine/ Bagros S. 104; rooklyn Production S. 150-151; Keren Su S. 111; Xinhua Press S. 158; Ding Xiaochun S. 20-21; zefa/Fridmar Damm S. 78

die bildstelle (1) REX FEATURES LTD. S. 12-13

Eye Ubiquitous (1) Hutchison S. 326

F1 Online (1) Uppercut S. 7

Getty images (3) Ian Mckinnell S. 224; Bruno Morandi S. 110; Peter Parks S. 112

Gmp Bildarchiv (1) Andreas Gärtner S. 134-135

Gruppe28 (1) Dorothea Schmid S. 38-39

IFA-Bilderteam (1) Jon Arnold Images S. 154

Imago Sportfotodienst (8) Gran Angula S. 311; Meuser S. 237; Jochen Tack S. 84; Xinhua S. 77, 114-115, 156, 219, 251

Interfoto (1) Archiv Friedrich S. 60

Jupiterimages (1) Stock Connection S. 58

Laif (74) Agence Vu/Bertrand Desprez S. 170; Li Bin S. 4, 22; China Foto Press: Wu Changqing S. 246, Li Chen S. 118-119, Bu Ensa S. 71, Gong Hui S. 316-317, Wang Huiming S. 189, Shen Jinkang S. 279, Kuang Linhua S. 128, Wu Lyming S. 324-325; Li Shaobai S. 183; Lan Tianyi S. 276-277, Lou Wei S. 18-19, Li Wie S. 292, Xie Yong S. 298-299, Den Yufei S. 178; Philipp Engelhorn S. 318, 346-347; Eyedea S. 50; Andreas Fechner S. 217; Gamma: S. 32, Olivier S. 136, Xinhua Photomall/ Yu Xiangquan S. 16-17; Hemispheres: S. 6-7, Bruno Barbier S. 200-201, 206-207, Romain Cintract S. 288, John Frumm S. 121, Bertrand Gardel S. 228, 284, Michel Gotin S. 350, Franck Guiziou S. 302-305, JB Rabouan S. 296; Frank Heuer S. 139; Hoa-Qui/ Christian Vaisse S. 280-281; Andreas Hub S. 176-177; Wang Huiming S. 2-3, 26-27; Imaginechina: S. 140-141, Yao Yuan S. 286-287; Chai Jijun S. 14-15, U4; Bernd Jonkmanns S. 260; Keystone France S. 40; Ulla Kimmig S. 68-69, 278; Axel Krause S. 188; Le Figaro Magazine/Patrick Delance S. 223; Thomas Linkel S. 86; Marcel & Eva Malherbe S. 248, 301, Modrow S. 29; Rapho: Herve Bruhat S. 163, Catherine Henriette S. 63; Redux/Mark Leong S. 72, 89; Tania Reinicke S. 175; Reporters/ Pierre Ache S. 74; Michael Riehle S. 164, 222, 332-333, 336, 338-339; Sasse U4; Sinopix: S. 190-191, Richard Jones S. 258-259, Ricky Wong S. 46; Dermot Tatlow S. 363; Ian Teh S. 24-25; Eric Vandeville S. 4-5, 268-269; Michael Wolf S. 64-65;

Look-foto (6) Karl Johaentges S. 142, 166, 205, 210, 220-221; Juergen Stumpe S. 262

Mauritius images (8) S. 37, 51, 80; Imagebroker.net S. 75, 348-349; Pureline S. 157; Steve Vidler S. 162; John Warburton-Lee S. 145

Photothek.net (1) Ute Grabowsky S. 30-31

picture-alliance (8) dpa S. 82-83, 160, 322; Imaginechina S. 327; KPA/HIP/The B S. 53; maxppp S. 56-57; Chen Shuyi S. 194; ZB/Bernd Settnik S. 197

Reuters (1) Bobby Yip S. 247

Jens Röhm (2) S. 66, U4

Schapowalow (1) Huber S. 315

Sinopictures (1) View China S. 116

Frantisek Staud (1) S. 254

StockFood (1) Eising S. 152